Hrsg.: Matthias Hugoth

Diana Güntner
Cornelia Schmitt-Tonner

10

Religiöse und ethische Bildung und Erziehung im katholischen Kindergarten

Haben Sie Anregungen oder Kritikpunkte zu diesem Produkt?
Dann senden Sie eine E-Mail an service@schubi.com
Autoren und Verlag freuen sich auf Ihre Rückmeldung.

Die Autorinnen

Dr. Diana Güntner ist Dipl.-Theologin (Univ) und Dipl.-Sozialpädagogin (FH). Seit 2000 ist sie in der religionspädagogischen Ausbildung und in der Fort- und Weiterbildung von Erziehern und Erzieherinnen tätig (Dozentin für katholische Theologie/Religionspädagogik an der Fachakademie für Sozialpädagogik und freiberufliche Referentin). Umfangreiche Erfahrungen erwarb sie sich in ihrer Tätigkeit als Religionslehrerin und als religionspädagogische Fachkraft in Kindergarten und Pfarrgemeinde. Zahlreiche Veröffentlichungen zu religionspädagogischen Themen.

Cornelia Schmitt-Tonner studierte Lehramt für Grund- und Hauptschule mit den Schwerpunkten Religionspädagogik und Musik (PH). Anschließend absolvierte sie eine Zusatzausbildung in integrativer Gestaltpädagogik in Erziehung, Seelsorge und Beratung bei Prof. Albert Höfer, Graz. Als Lehrerin sammelte sie vielfältige Unterrichtserfahrung in verschiedenen Altersstufen und Schultypen. Sie ist Mitarbeiterin in einem Kleinkindergottesdienst-Team und hat zwei eigene Kinder im Kindergartenalter. Sie veröffentlichte Geschenkbücher und -alben mit christlichen Inhalten.

Sie finden uns im Internet unter:
www.schubi.com
www.bildung-von-anfang-an.de

CH-8207 Schaffhausen
service@schubi.com
www.schubi.com

2. Auflage 2013

ISBN 978-3-86723-507-5

No BV 50 198

Inhalt

Vorwort des Herausgebers

Kindertageseinrichtungen sind Bildungseinrichtungen – diese Feststellung dominiert gegenwärtig die Diskussion um die Erziehung, Bildung und Betreuung von Kindern vor und neben der Schule. Nahezu alle Bildungs- bzw. Orientierungspläne der Bundesländer enthalten Themen wie „Soziale und ethische Erziehung", „Sinn" und „Werte". Niemand der Expertinnen und Experten, die sich in der aktuellen Bildungsdiskussion zu Wort melden, spricht sich ernsthaft dafür aus, den Bereich „Werteerziehung und Ethik" aus dem Kanon der Bildungsinhalte von Kindertageseinrichtungen zu streichen und diese Themen den Eltern und Familien zu überlassen, sie also zu privatisieren.
Anders verhält es sich bei der Frage nach den Gründen, nach dem Sinn und der Form der religiösen Erziehung. Hierin besteht keineswegs ein solcher Konsens wie etwa bei den Bereichen „Werte", „Ethik" und „Philosophie". „Religion ist Privatsache" – diese heute vielfach vertretene These scheint sich auch in den Bildungsplänen mancher Bundesländer niedergeschlagen zu haben, denn diese verzichten darauf, Religion in den Kanon der Themen aufzunehmen, die für die Bildungsarbeit in ihren Kindertageseinrichtungen verbindlich sind.
Doch wenn man konsequent vom Kind aus denkt und argumentiert, dann lassen sich durchaus Gründe dafür aufzeigen, warum das Kind ein „Recht auf Religion" hat (vgl. Friedrich Schweitzer (2005): Das Recht des Kindes auf Religion (2. Aufl.). Gütersloh: Gütersloher Verlagshaus) und dass man „Kinder nicht um Gott betrügen" darf (vgl. Albert Biesinger (2007): Kinder nicht um Gott betrügen (14. Aufl.). Freiburg: Herder Verlag).

Besonderer Begründungsbedarf: religiöse Erziehung

Wer für seine pädagogische Praxis vom Kind aus denkt, der nimmt auch zahlreiche Faktoren wahr, die religiöse Bildung begründen; zu diesen Faktoren zählen unter anderem folgende: Die Kinder wachsen hierzulande in einer Welt auf, die durch eine Pluralität von Werthaltungen, Lebensformen, sozialen Beziehungen, religiösen Überzeugungen und Praktiken bestimmt ist. Auch die Ansichten, die sie bei den Erwachsenen über die grundsätzlichen Fragen des Lebens beobachten, divergieren häufig deutlich voneinander.

Allein schon aufgrund des Orientierungsbedarfs, der für Kinder aus dieser Situation erwächst, ist es berechtigt und sinnvoll, den Bildungsbereich „Religion" in den Katalog der Bildungsarbeit in Kindertageseinrichtungen aufzunehmen.

Vor allem hinsichtlich dessen, woran die Menschen glauben und welcher Religionsgemeinschaft sie angehören, hat sich die Welt der Kinder pluralisiert. Bereits in ihrer unmittelbaren Lebenswelt, dann aber vor allem in ihrer Kindertageseinrichtung sowie an den Orten, an denen sich Kinder außerhalb der Familie und der Kita sonst noch regelmäßig aufhalten, begegnen sie fast immer Kindern aus verschiedenen Ländern. Die multikulturelle Gesellschaft spiegelt sich in der Lebenswelt der Kinder wider. Multikulturell heißt immer auch multireligiös.

Kinder sehen:

- Die meisten Menschen in unserem Land nennen sich Christen; sie sind Mitglieder einer Kirche – evangelisch oder katholisch – und pflegen mehr oder weniger intensiv diese Zugehörigkeit, indem sie die christlichen Feste feiern, Gottesdienste besuchen, beten, einiges aus der Bibel kennen und vor allem: an Gott glauben und an das, was er durch die Propheten im Alten und durch Jesus im Neuen Testament zu den Menschen gesagt hat.

- Es gibt aber auch fast in jeder Kita, in den Schulen, in Sport- und anderen Vereinen Kinder, die der muslimischen Religion angehören. Muslime glauben auch an Gott. Sie glauben aber daran, dass sich Gott, den sie Allah nennen, nicht nur durch die Propheten und Jesus mitgeteilt hat, sondern das letzte und entscheidende Mal durch den Propheten Mohammed. Was Allah den Menschen durch Mohammed gesagt hat, das steht im Koran, dem heiligen Buch der Muslime.

- Dann gibt es auch Menschen, die einer weiteren großen Religion angehören: Hindus und Buddhisten. Davon leben nicht so viele in unserem Land wie es Christen und Muslime gibt. Aber viele Menschen haben einige Inhalte und Praktiken aus diesen Religionen übernommen – beispielsweise die Auffassung, dass man nach dem Tod wiedergeboren wird, oder bestimmte Formen der Meditation, der Körperübungen und der Gestaltung von Wohnräumen.

- Eine weitere Religion sollte ebenfalls mitbedacht werden, auch wenn die Kinder in ihren Kindertageseinrichtungen Angehörige dieser Religion recht selten unmittelbar kennenlernen dürften – die Religion der Juden. Auch diese ins Gespräch zu bringen ist deshalb angebracht, weil zum einen zahlreiche Persönlichkeiten aus der Geschichte dieser Religion sowohl in der christlichen als auch in der islamischen Religion bekannt sind (z. B. Abraham, die Propheten). Zum anderen wächst die Zahl der jüdischen Mitbürger kontinuierlich, und das Judentum wird im öffentlichen Leben unseres Landes zunehmend präsent.

- Und dann erleben Kinder auch immer wieder, dass einzelne Menschen besonderen Glaubensgemeinschaften angehören, die von vielen Erwachsenen als Sekten bezeichnet werden: den Zeugen Jehovas, den Mormonen, den Anhängern Oshos (die früheren Baghwans).

- Kinder können ferner beobachten, dass es eine Reihe Erwachsener gibt, die aus unterschiedlichen Religionen bestimmte Auffassungen über Gott, Welt und Mensch, über das Leben und Sterben, über Gut und Böse übernommen und sich daraus eine eigene „Religion“ zusammengestellt haben; diese wird meist als „Patchworkreligion“ bezeichnet.

- Und schließlich erleben die Kinder natürlich auch, dass es viele Menschen gibt, für die Religion in ihrem Alltag offensichtlich keine Rolle spielt. Zumindest sprechen sie nicht davon, sie gehen in keinen Gottesdienst, haben in ihrer Wohnung keine religiösen Symbole und zeigen auch kein besonderes Interesse an der Welt der Religionen. Manche nennen sich Atheisten und meinen damit, dass sie an keinen Gott glauben und Religion für sie keine Bedeutung hat.

Auch wenn Kinder sich daheim oder in ihrer Kita nicht ausgiebig mit dem Thema „Religion“ beschäftigen, gehört sie doch zu ihrer Beobachtungs- und Erfahrungswelt.

- aufgrund der Präsenz der Religionen durch Kirchengebäude, durch Wegkreuze, durch das Läuten von Glocken, durch Moscheen, durch Menschen, die aufgrund ihrer Kleidung als zu einer Religion zugehörig erkennbar sind (z. B. Ordensschwestern, muslimische Frauen mit Kopftüchern); schließlich feiern die Menschen hierzulande Jahr für Jahr eine Reihe von Festen wie Weihnachten, Ostern und Pfingsten, die ursprünglich eine religiöse Bedeutung hatten, wie dies auch für die Sonntage galt. Kinder erleben, dass diese religiöse Begründung und Gestaltung von Sonn- und Festtagen für viele Menschen noch immer maßgebend sind;
- aufgrund der Antworten, die Menschen aus ihrer religiösen Überzeugung heraus auf die Fragen des Lebens geben; diese Fragen betreffen das Woher und Wozu des Lebens, die Frage nach dem, was nach dem Tod kommt, wie auch ganz alltägliche Fragen der Lebensgestaltung und der Art und Weise, wie man zu anderen Menschen in Beziehung steht. Vor allem die Frage, woraus man Mut und Hoffnung schöpft und woran man sich halten soll, um als ein guter Mensch zu leben, beantworten viele mit religiösen Überzeugungen;
- aufgrund der Tatsache, dass es in unserem Land die Kirchen gibt, die Kindergärten und Schulen, Krankenhäuser, Jugend- und Altenheime, Beratungsstellen und Sozialstationen unterhalten. Hierdurch wird ebenfalls die Religion in der Lebenswelt der Kinder präsent. Dies gilt bisher vor allem für die christliche Religion, zunehmend aber auch für die muslimische, da die Zahl der Kindergärten und anderer sozialer Einrichtungen zunimmt, die von einer Moscheegemeinde unterhalten werden.

Da die Religion also in der Lebenswelt der Kinder identifizierbar ist durch Menschen, durch Gebäude und Einrichtungen sowie durch Organisationen wie den Kirchen, gibt es keinen Grund, warum man diesen Bereich aussparen sollte, wenn man dem pädagogischen Gebot folgen will, den Kindern einen Zugang zu den Dingen der Welt und des Lebens zu ermöglichen. Viele Menschen „fahren gut" mit ihrem Glauben, finden darin Kraftquellen, Orientierungsmarken, Gründe für Hoffnung und Zuversicht, eine Heimat für Geist und Seele, eine Gemeinschaft Gleichgesinnter, eine Fürsorglichkeit füreinander – warum soll Kindern die Möglichkeit verwehrt werden, diese Dimension des Lebens kennenzulernen? Vor allem Menschen in Belastungssituationen finden Trost, Stärkung, Zuspruch und Maßgaben für ihr Leben im Raum der Religion. Das sollten Kinder wissen und erleben können.

Charakter und Inhalte des vorliegenden Handbuchs

In dem vorliegenden Handbuch wird die Frage nach dem Recht des Kindes auf Religion nicht detailliert entfaltet. Die Autorinnen gehen davon aus, dass diese Frage von den pädagogischen Fachkräften in den Kindertageseinrichtungen – und nicht nur in den konfessionellen – zugunsten einer religiösen Bildungsarbeit entschieden ist. Religiöse Fragen, das Erleben von Menschen, die einer Religion angehören und entsprechend ihr Handeln, ihren Umgang mit anderen Menschen, die Gründe von Hoffnung und Zuversicht in ihrem Leben aus ihrem Glauben ableiten, die Feste im Jahreskreis – all dies interessiert Kinder. Deshalb sind diese Aspekte auch Thema des vorliegenden Handbuchs. Es bietet:

- die Klärung einiger grundsätzlicher Fragen nach dem Warum und Wozu einer religiösen Bildungsarbeit in Kindertageseinrichtungen;
- einige grundlegende Ausführungen zu dem, was Erzieherinnen und Erzieher an Einstellungen und Haltungen, an Wissen und Kompetenzen mitbringen müssen, um religiöse Bildungsarbeit ebenso verantwortungsbewusst und professionell durchführen zu können wie die Bildungsarbeit in anderen Bereichen;
- die Behandlung zahlreicher Inhalte, die zu einer religiösen Bildungsarbeit wesentlich dazugehören;
- eine Fülle von Ideen, Anleitungen und Tipps für eine differenzierte Methodik der religiösen Bildungsarbeit;
- immer wieder den Versuch, zwischen den Inhalten und Formen der religiösen Bildungsarbeit und den Lebenswelten der Kinder Bezüge herzustellen; hierauf beziehen sich auch die Ausführungen zur interreligiösen Erziehung;
- einen Aufriss von Möglichkeiten und Formen, die Eltern in die religiöse Bildungsarbeit der Kindertageseinrichtung einzubeziehen und auch, wo es angebracht und sinnvoll ist, Bezüge zur Kirchengemeinde herzustellen;
- viele Hinweise und Anregungen, wo und wie Erzieherinnen und Erzieher Hilfen und Unterstützung für ihre religiöse Bildungsarbeit finden können.

Das Handbuch ist also in erster Linie für eine reflektierte Praxis der religiösen Bildungsarbeit erstellt worden. Es bietet zugleich Anhaltspunkte für eine grundsätzlichere Reflexion über die Gründe und den Sinn von religiöser Bildungsarbeit und über die Bedeutung, die diese für die Persönlichkeitsentwicklung der Kinder haben kann. Schließlich können auch Erzieherinnen und Erzieher einen persönlich Gewinn aus der Arbeit mit dem Werkbuch schöpfen, denn ihm liegt das Verständnis der Kindertageseinrichtung als eines „Lernortes des Glaubens für Kinder und Erwachsene" zugrunde (vgl. Matthias Hugoth: Kindertageseinrichtungen als Lernorte des Glaubens für Kinder und Erwachsene. In: Matthias Hugoth/Monika Benedix (Hrsg.) (2008): Religion im Kindergarten. Begleitung und Unterstützung für Erzieherinnen. München: Kösel Verlag, S. 58–73).

Prof. Dr. Matthias Hugoth
Katholische Fachhochschule Freiburg

In diesem Band wird aus Gründen der besseren Lesbarkeit und zur Vereinfachung von der Berufsgruppe der Erzieherinnen gesprochen; in diesen Fällen sind die männlichen Kollegen selbstverständlich immer mitbedacht.

1 Religiöse und ethische Bildung und Erziehung im katholischen Kindergarten …

1.1 … orientiert sich an der Situation und Lebenswelt des Kindes

1.2 … orientiert sich an allgemeinen Standards der Elementarpädagogik

1.3 … realisiert das Grundrecht des Kindes auf Religion

1.4 … geht vom christlichen Menschenbild aus

1.5 … begleitet und fördert Kinder in ihrer religiösen Entwicklung und entfaltet ein umfassendes Bildungspotenzial

1.6 … bietet ganzheitliche Entwicklungsräume und unterschiedliche Intensitätsstufen an

1.7 … ist Ausdruck der christlichen Nächstenliebe, der „caritas"

1.8 … ist christlich und konfessionell geprägt

1.9 … weist über den Kindergarten hinaus

1.10 … nimmt religiöse und weltanschauliche Diversität wahr

1.11 Aufbau und Inhalte des Buches

1.12 Themenübergreifende Fragen zur Qualitätssicherung

1 Religiöse und ethische Bildung und Erziehung im katholischen Kindergarten …

1.1 … orientiert sich an der Situation und Lebenswelt des Kindes

Kinder stehen in vielfältigen Situationen und Lebensweltbezügen. Religiöse und ethische Bildung und Erziehung im katholischen Kindergarten nimmt diese Situationen und Lebensweltbezüge in ihrer religiösen Bedeutung wahr und stellt einen lebendigen Bezug zum christlichen Glauben her. Die Ausführungen dieses Werkbuches beziehen sich zwar auf Grundsätze und Formen der religiösen Erziehung in katholischen Kindertageseinrichtungen; doch viele Elemente sowohl im grundsätzlichen als auch im praktischen Teil lassen sich ebenso auf die religionspädagogische Arbeit in nichtkatholischen Einrichtungen übertragen.

„Jesus stellte ein Kind in ihre Mitte." (Mk 9, 36)

- Kinder im Kindergarten befinden sich in einer je bestimmten *Entwicklungssituation*.
  In dieser Situation bewältigt das Kind zentrale Aufgaben: Es baut seine Identität auf und fasst Vertrauen. Es erweitert seine Fähigkeiten und lernt, Verantwortung zu übernehmen, es entdeckt die Welt und fügt sich in Gemeinschaften ein.
  Religiöse und ethische Bildung und Erziehung im katholischen Kindergarten nimmt wahr, dass sich in dieser Situation ein religiöses Grundbedürfnis äußert: das Bedürfnis nach einem Entwicklungsraum, der eine freie Entfaltung ermöglicht und der verlässlichen Schutz, Geborgenheit, tragfähige Orientierungen und Impulse bietet. Einen solchen Entwicklungsraum stellt die Beziehung zwischen Gott und dem Kind dar. In dieser Beziehung erfährt das Kind individuelle Annahme und Wertschätzung, Orientierung und sinnhafte Ordnung.
- Kinder im Kindergarten befinden sich in einer je bestimmten *biografischen Situation*.
  Sie leben in einer Familie oder im Heim. Sie haben Geschwister oder sind Einzelkinder. Sie kommen neu in den Kindergarten oder verlassen ihn bald. Sie haben Freunde, sie streiten und versöhnen sich. Sie feiern Geburtstag oder erleben Krankheit, Scheidung der Eltern, Sterben und Tod.
  Religiöse und ethische Bildung und Erziehung im katholischen Kindergarten nimmt wahr, dass Kinder diese Situationen bewältigen müssen, und bietet ihnen dabei Hilfen aus der Sicht des christlichen Glaubens an.
- Kinder im Kindergarten befinden sich in einer je bestimmten *soziokulturellen Situation*.
  Sie leben in einer sozialen Umwelt, die kulturell unterschiedlich geprägt ist. Sie wachsen in einer Gesellschaft auf, die Kindheit unter Bedingungen stellt, die Kinder fördern, aber auch benachteiligen.
  Religiöse und ethische Bildung und Erziehung im katholischen Kindergarten nimmt wahr, dass Kinder in diesen Situationen Orientierungen und konkrete Hilfen brauchen.

„Wenn die elementaren Fragen des Menschen als religiöse Fragen zu verstehen sind, gehört zu seiner Erziehungsbedürftigkeit wesentlich auch das Bedürfnis nach religiöser Erziehung. Religiöse Erziehung meint: das Eingehen auf die grundlegenden Lebensfragen des in der Ich-Werdung befindlichen Menschen. Meint weiter und konkreter: das Anbieten religiöser Glaubensüberlieferungen und -praktiken, um sich mit ihnen auseinanderzusetzen und sie auf ihre Bedeutung für die Findung von Lebenssinn und Handlungsmaßstäben hin zu überprüfen."
(KTK: Lebensräume erschließen. 2005, S. 51–52)

1.2 … orientiert sich an allgemeinen Standards der Elementarpädagogik

Religiöse und ethische Bildung und Erziehung im katholischen Kindergarten geschieht fachlich qualifiziert. Sie integriert die pädagogischen Standards der Elementarpädagogik und realisiert allgemein anerkannte pädagogische und methodische Prinzipien, wie z. B. die Prinzipien der Kindgemäßheit oder der Erfahrungsorientierung.

In ihrem Erziehungs- und Bildungsverständnis greift religiöse und ethische Erziehung und Bildung im katholischen Kindergarten gegenwärtige pädagogische Ansätze auf:

„Erziehung meint … einmal intentionales, zielorientiertes Handeln mit Kindern, um durch Ideen und Anregungen, durch Weckung von Lust und Fantasie, durch das Eingehen auf ihre Fragen und Bedürfnisse ihre Fähigkeiten und ihre Selbst-, Sach- und Sozialkompetenzen zu fördern. Erziehung soll helfen, Einstellungen und Wertorientierungen zu finden, um die Kinder auf den Weg zu einer individuellen Mündigkeit zu bringen und in ihnen die Bereitschaft und Fähigkeit zu einer mitgestaltenden Teilnahme am Leben der Gemeinschaft und Gesellschaft zu wecken. Zum anderen erfolgt Erziehung aufgrund alltäglicher Erfahrungen mit Mitmenschen und Umweltgegebenheiten, aufgrund der Identifikation mit Bezugspersonen, durch Erproben von Rollen, durch positive Verstärkung und Widerspruch. Dabei ist das Geschehen zwischen Kindern und Erziehenden von Wechselwirkung bestimmt."
(KTK: Lebensräume erschließen. 2005, S. 40–41)

„Bildung intendiert die Entwicklung des Menschen zu einer Persönlichkeit, die sich von Selbstentfremdungen emanzipiert und den Sinn für ihr Leben sowie die für sie maßgeblichen Werte und Normen in kommunikativer Auseinandersetzung mit anderen Menschen, mit vorfindlichen Religionen, Weltanschauungen und Wertsystemen auswählt und selbst bestimmt. Eine solche Persönlichkeit ist in der Lage, eine eigene Identität auszubilden, die von Emotionalität, Rationalität und Handlungsvermögen bestimmt ist."
(KTK: Lebensräume erschließen. 2005, S. 45)

Qualitative Anforderungen an institutionelle Kindertagesbetreuung fordert der Zwölfte Kinder- und Jugendbericht, 2005, S. 199.

Katholische Kindergärten erfüllen die qualitativen Anforderungen an institutionelle Kindertagesbetreuung, indem sie ihre pädagogische Qualität konzeptualisieren und weiterentwickeln.

Vgl. auch KTK: KTK-Gütesiegel, 2004 (Version 2003)

Als Instrument der Qualitätsentwicklung und Qualitätssicherung hat der Verband katholischer Tageseinrichtungen für Kinder (KTK) auf der Grundlage verbandlich abgestimmter Anforderungen ein Gütesiegel erarbeitet. Das KTK-Gütesiegel beschreibt neun Qualitätsbereiche mit Qualitätsanforderungen und Praxisindikatoren. Katholische Kindergärten können sich nach dem *KTK-Gütesiegel* zertifizieren lassen oder damit für sich Methoden und Prozesse entwickeln, um die einzelnen Inhalte umzusetzen.
Die Fachberatung und fachliche Fort- und Weiterbildung der pädagogischen Mitarbeiter ist ein zentrales Anliegen des kirchlichen Trägers. Dazu bieten die Diözesanverbände der Caritas und die Fachverbände ein weitreichendes und qualifiziertes Angebot.

1.3 … realisiert das Grundrecht des Kindes auf Religion

Kinder haben ein Grundrecht auf Religion. Dieses Grundrecht ist gültig und anerkannt in der Kinderrechtskonvention der Vereinten Nationen und im Grundgesetz der Bundesrepublik Deutschland verankert.

„Die Vertragsstaaten achten das Recht des Kindes auf Gedanken-, Gewissens- und Religionsfreiheit."
(Kinderrechtskonvention Art. 14)

„(1) Die Freiheit des Glaubens, des Gewissens und die Freiheit des religiösen und weltanschaulichen Bekenntnisses sind unverletzlich.
(2) Die ungestörte Religionsausübung wird gewährleistet."
(Grundgesetz Art. 4)

Die Religionsfreiheit hat zwei Bedeutungen: Sie meint zum einen, dass niemand gegen seinen Willen zur Ausübung einer Religion gezwungen werden darf, und sie meint zum anderen, dass niemand gegen seinen Willen an der Ausübung einer Religion gehindert werden darf.
In Verbindung mit dem Grundrecht auf Bildung (Kinderrechtskonvention Art. 28) und den Bildungszielen (Kinderrechtskonvention Art. 29) bedeutet das Grundrecht auf Religion das Recht auf religiöse Erziehung und Bildung.
Die meisten *Bildungs- und Erziehungspläne* der Bundesländer formulieren das Grundrecht auf Religion und religiöse Erziehung und Bildung für die pädagogische Arbeit in Kindertagesstätten aus. In fast allen Bildungs- und Erziehungsplänen ist der religiöse Bereich unterschiedlich stark und unter verschiedenen Stichworten berücksichtigt. Vgl. auch Lesehinweise zu diesem Abschnitt, S. 275.

- Sinn, Werte und Religion (Baden-Württemberg)
- Soziale und kulturelle Umwelt (Berlin, Hamburg)
- Soziales Leben (Brandenburg)
- Soziales Lernen, Kultur und Gesellschaft (Bremen)
- Verantwortungsvoll und wertorientiert handelnde Kinder. Religiosität und Werteorientierung (Hessen, Bayern)
- Religiöse Bildung, interkulturelles und interreligiöses Lernen (Rheinland-Pfalz)

- Soziale und kulturelle Umwelt, Werterziehung und religiöse Bildung (Saarland)
- Soziale Bildung: Werte und Weltanschauungen (Sachsen)
- (Inter-)Kulturelle und soziale Grunderfahrungen (Sachsen-Anhalt)
- Ethik, Religion und Philosophie (Schleswig-Holstein)
- Soziokulturelle und moralische Bildung (Thüringen)

In den *Bildungsvereinbarungen* des Landes Nordrhein-Westfalen ist religiöse Erziehung und Bildung als „trägerspezifischer Bildungsbereich" genannt, der in den jeweiligen Bildungskonzepten der einzelnen Träger berücksichtigt werden kann.
Im *Rahmenplan für die zielgerichtete Vorbereitung von Kindern in Tageseinrichtungen auf die Schule* des Landes Mecklenburg-Vorpommern findet sich kein Bezug zu religiöser Bildung und Erziehung.

Die religiöse und ethische Erziehung und Bildung im katholischen Kindergarten realisiert dieses Grundrecht. Sie setzt sich dafür ein und versteht sich als dessen Anwalt. Der konfessionelle Religionsunterricht in der Grundschule schließt daran an und erweitert und vertieft altersgemäß die Inhalte der religiösen Erziehung und Bildung.

1.4 … geht vom christlichen Menschenbild aus

„Gott schuf also den Menschen als sein Abbild; als Abbild Gottes schuf er ihn. Als Mann und Frau schuf er sie. Gott segnete sie und sprach zu ihnen: Seid fruchtbar und vermehrt euch, bevölkert die Erde, pflegt sie und sorgt für die Fische des Meeres, für die Vögel des Himmels und für alle Tiere, die sich auf dem Land regen." (Genesis 1,27–28)

Die Worte aus der Bibel geben keine naturwissenschaftlichen Angaben über die Entstehung des Menschen wieder, sondern die Grundüberzeugung des jüdisch-christlichen Glaubens: Der Mensch ist ein Wesen, das von Gott gewollt, geschaffen und gesegnet ist und dem Gott die Verantwortung über die Schöpfung zutraut.
Der Mensch ist das Abbild Gottes. In ihm spiegeln sich Wesenszüge Gottes wider: die Freiheit Gottes und mit ihr die Berufung zu einmaliger Individualität, Liebe und Verantwortlichkeit. Für diese Wesenszüge hat die Theologie einen eigenen Begriff geprägt: Der Mensch ist Person.

„Unser Bild vom Kind setzt bei seinem Personsein an. Diese Auffassung basiert nicht nur auf einer bloßen Zuschreibung, sondern auf unserem Menschenbild. Die zentrale Aussage dieses Menschenbildes lautet: Der Mensch besitzt eine elementare Würde, die in seinem Geschaffensein durch Gott gründet und in seinem ständigen Angebot der Zuwendung und Beziehung, schließlich in seiner Verheißung, dass die sehr wechselvolle, von Gelingen und Scheitern, von Wohlergehen und Leiden geprägte Geschichte nicht im Elend und Tod endet, sondern sich in einer … Geschichte des Heils vollendet."
(KTK: Lebensräume erschließen. 2005, S. 36)

Die *religiöse und ethische Erziehung und Bildung* im katholischen Kindergarten nimmt die Würde des Kindes als Person wahr: Sie achtet seine Freiheit, indem sie das Kind begleitet und unterstützt im Aufbau einer individuellen Identität und tragfähiger Beziehungen, in seiner Suche nach Sinn und Werten für sein Leben und in dem Bemühen um ein Leben in Verantwortung vor sich selbst, vor den anderen und der Umwelt. *Religiöse und ethische Erziehung und Bildung* im katholischen Kindergarten nimmt wahr, dass dieser Selbstwerdungsprozess ein religiöser Prozess ist, in dem sich die lebendige Beziehung zwischen Gott und dem Kind ausdrückt.

> *„Als sie auf dem Feld waren, griff Kain seinen Bruder Abel an und erschlug ihn."*
> *(Genesis 4,8)*

Der Mythos von Kain und Abel erzählt davon, dass Menschen ihre Freiheit missbrauchen. Menschen handeln aus Hass und Neid; sie zerstören Gerechtigkeit und Frieden. Sie werden ihrer Verantwortung nicht gerecht und laden Schuld auf sich.
Die *religiöse und ethische Erziehung und Bildung* im katholischen Kindergarten nimmt wahr, dass Kinder lernen sollen, ihre Freiheit zu gebrauchen. Sie unterstützt Kinder in der Ausbildung eines mündigen Gewissens, das sich aus einer liebenden Beziehung zu Gott aufbaut, das sensibel wird für das Gute und das fähig wird zu einer Kultur der Versöhnung und Vergebung.

> *„Für jetzt bleiben Glaube, Hoffnung und Liebe, diese drei; doch am größten unter ihnen ist die Liebe."*
> *(1 Korinther 13,13)*

Menschen erleben Unheil und Unfrieden, Unrecht und Schuld. Viele zerbrechen daran. Auch für Christen stellen Unrecht und Leid Herausforderungen dar. Doch sie glauben daran: Gott lässt die Menschen in dieser Situation nicht allein. Er selbst wird in Jesus Christus Mensch und schafft eine neue Lebensbasis, auf der eine Zukunft in Frieden und Gerechtigkeit möglich wird. Diese neue Lebensbasis ist ein neuer Geist: der Geist des Glaubens, der Liebe und der Hoffnung. In diesem Geist begegnen Menschen Gott selbst. Er ist der Heilige Geist, und er schenkt den Menschen, die ihn annehmen, eine neue Würde: die Würde der Kinder Gottes.

Die *religiöse und ethische Erziehung und Bildung* im katholischen Kindergarten nimmt dieses Heilsangebot Gottes wahr und lädt Kinder ein, auf ihrer Suche nach Freude und Glück Gott zu vertrauen, mit Optimismus und Hoffnung in die Zukunft zu blicken und die Liebe Gottes zu entdecken.

1.5 … begleitet und fördert Kinder in ihrer religiösen Entwicklung und entfaltet ein umfassendes Bildungspotenzial

Kinder stellen Fragen nach Gott und nach dem Guten. Sie machen sich Gedanken und entwickeln Bilder, wie sie sich Gott vorstellen. In Geschichten, religiösen Feiern, Symbolen und Gesten begegnen Kinder unterschiedlichen Formen des Glaubens und fragen nach deren Bedeutung. In manchen Situationen wenden sich Kinder an Gott und suchen nach geeigneten Ausdrucksformen.
Die entwicklungspsychologische Forschung hat deutlich gemacht, dass sich die Art und Weise, wie sich Kinder religiös verhalten und religiöse Vorstellungen machen, in Abhängigkeit zur persönlichen Entwicklung verändert.

James W. Fowler beschreibt sechs Stufen der Glaubensentwicklung. Kinder bis zum Grundschulalter bewegen sich auf der Stufe 1, *intuitiv-projektiver Glaube*: Das Kind überträgt (*projiziert*) unmittelbare (*intuitive*) Erfahrungen auf Gott; und auf der Stufe 2, *mythisch-wörtlicher Glaube*: Das Kind versteht Symbole wörtlich und entdeckt Sinn in erzählten Geschichten und Mythen.

Wichtige Ergebnisse erbrachten die Forschungen von James W. Fowler und Fritz Oser sowie Paul Gmünder.

Fritz Oser und Paul Gmünder teilen die Entwicklung des religiösen Denkens in sechs Stufen ein: Kinder bis zum Grundschulalter befinden sich meist in der Stufe 1, *Orientierung an absoluter Heteronomie:* Das Kind fühlt sich Gott total ausgeliefert und meint, dass Gott direkt in seine Lebenswelt hineinwirkt.
(Zu den Stufenmodellen und weiterführenden Literaturangaben siehe die Lesehinweise zu diesem Abschnitt, S. 275.)

Glaube ist nichts Statisches, sondern eingebunden in den Prozess der Selbstwerdung des Kindes: Es gibt einen Kleinkinder- und einen Kinderglauben, einen Glauben, der in die Pubertät kommt, und schließlich einen Glauben des Erwachsenen.
Die religiöse und ethische Bildung und Erziehung im katholischen Kindergarten nimmt wahr, dass sich Glaube und ethisch begründetes, moralisches Verhalten entwickeln, und begleitet und fördert das Kind in diesem Prozess. Sie nimmt die Gedanken und Einstellungen der Kinder ernst und regt sie zur Auseinandersetzung damit an. Dabei fragt sie nach und gibt Impulse aus dem christlichen Glauben heraus. Das Ziel ist die Entwicklung eines Gottesglaubens und der Aufbau einer religiösen Identität, die lebensförderlich sind. Dadurch liefert *religiöse und ethische Bildung und Erziehung* einen eigenständigen und wesentlichen Beitrag zur Erziehung und Bildung der Kinder überhaupt.

Religiöse und ethische Bildung und Erziehung entfaltet ein umfassendes Bildungspotenzial, weil sie integral mit vielen anderen Erziehungs- und Bildungsbereichen verbunden ist und zum Aufbau von wichtigen Basiskompetenzen beiträgt. In diesem Sinne ist religiöse Erziehung und Bildung nicht ein Erziehungs- und Bildungsbereich, der neben anderen und ohne Querverbindungen dazu existiert, sondern ein Erziehungs- und Bildungsbereich, der in andere hineinwirkt und mit ihnen vernetzt ist. Das wird zum Beispiel deutlich bei den Bereichen soziales Lernen, (inter)kulturelle Umwelt, Werte, Emotionen, Sprache, Musik und Kreativität. *Religiöse und ethische Bildung und Erziehung* ist wechselseitig mit den anderen Erziehungs- und Bildungsbereichen ver-

bunden. Das bedeutet, dass Maßnahmen der religiösen und ethischen Erziehung und Bildung Anliegen anderer Erziehungs- und Bildungsbereiche aufgreifen und dass diese umgekehrt inhaltliche Impulse aus dem Bereich der religiösen und ethischen Erziehung und Bildung aufnehmen.
Religiöse und ethische Bildung und Erziehung trägt zum Aufbau von Basiskompetenzen wie Vertrauen, Urteilsvermögen und Handlungssicherheit bei. Im Besonderen unterstützt sie den Aufbau von Resilienz, also von Widerstands- und Selbstbehauptungskraft, wenn das Kind Glaube und Religion als risikomildernde Faktoren bzw. als Ressource erfährt. Religiöse und ethische Erziehung und Bildung bietet dem Kind meditative und spirituelle Formen, Sinn- und Wertgeschichten, Symbole und Rituale, Beziehungen und Begegnungen, Gemeinschaften und Zugehörigkeiten an, die es stärken und mit deren Hilfe es Krisen und Risiken bewältigen kann.

1.6 … bietet ganzheitliche Entwicklungsräume und unterschiedliche Intensitätsstufen an

„Katholische Kindertageseinrichtungen schaffen Möglichkeiten, christlichen Glauben zu erleben, zu erfahren und zu praktizieren.“
(Peter Neher, Präsident des Deutschen Caritasverbandes, in: Der Beitrag des Deutschen Caritasverbandes zum Bündnis für Erziehung, 2006, S. 97–102, hier 100)

Religiöse und ethische Erziehung und Bildung im katholischen Kindergarten bietet dem Kind *religiös* geprägte *Begegnungs- und Beziehungsräume an:*
Erziehung und Bildung überhaupt geschehen in der vertrauensvollen Begegnung und Beziehung zwischen dem Kind und den Erziehenden. Religiöse und ethische Erziehung und Bildung ermöglicht Begegnungen und Beziehung aus den christlichen Werthaltungen des Glaubens, der Hoffnung und der Liebe. Eine solche pädagogische Beziehung ist geprägt von Vertrauen, Optimismus und wertschätzender Annahme. Kinder erleben diese Beziehung in der unmittelbaren Begegnung mit den Erziehenden und den Vertretern der kirchlichen Gemeinde, aber auch in der vermittelten Begegnung mit religiösen Gestalten aus der Bibel und der Geschichte des Glaubens.

Zur Entwicklung moralischer Handlungssicherheit kann aber auch die Auseinandersetzung mit unterschiedlichen Meinungen und Standpunkten beitragen. Kinder stehen wie Erwachsene immer wieder vor der Entscheidung, sich so oder anders zu verhalten, wobei für jede Verhaltensweise gute Gründe sprechen. Solche ethischen Dilemmasituationen zu bestehen, Streit auszufechten und zu einer Lösung, vielleicht zu einer Versöhnung zu kommen – auch solche Erfahrungen können Ansatzpunkte für eine religiöse und ethische Erziehung und Bildung sein.

Religiöse und ethische Erziehung und Bildung im katholischen Kindergarten bietet *religiöse Erlebnis- und Erfahrungsräume* bzw. *religiöse Handlungs- und Gestaltungsräume* an:
Die Kinder erleben und erfahren religiöse Räume, z. B. den Kirchenraum oder die Gebet- bzw. Stilleecke im Gruppenraum. Kinder erleben und erfahren religiöse Handlungen wie Rituale und kreative Gestaltungen (z. B. Bodenbilder oder Aufführungen),

ganzheitliche Gebetsformen oder religiös geprägte Meditationen, religiöse Feiern und Feste.
Die Kinder erleben schließlich auch, dass aus religiösen Überzeugungen und ethischen Standpunkten bestimmte Einstellungen, Haltungen und Handlungsweisen im gewöhnlichen Alltag hervorgehen; sie erleben, dass religiöse und ethische Auffassungen ein bestimmtes Handeln zur Folge haben.

Religiöse Erziehung und Bildung im katholischen Kindergarten bietet *religiöse Frageräume* an:
Die Erziehenden schaffen eine Atmosphäre, in der Fragen willkommen sind, und nehmen Fragen in ihrer religiösen Bedeutung wahr. Die Kinderfragen sind Ausgangspunkt und Weg, den christlichen Glauben zu erschließen. Die Erziehenden greifen dabei die Fragen der Kinder auf, regen die Kinder an, Fragen zu stellen, bringen selbst Fragen ein und begleiten die Kinder auf der Suche nach Antworten.

Religiöse Erziehung und Bildung im katholischen Kindergarten geschieht mit Kopf, Hand und Herz, mit Körper, Geist und Seele. Sie berücksichtigt das affektiv-empathische Erleben der Kinder, ihr Bedürfnis nach praktisch-kreativem Gestalten und kognitivem Verstehen. Sie ermöglicht Wahrnehmungen mit allen Sinnen des Körpers und ist sensibel für das Geistes- und Seelenleben der Kinder mit ihren Vorlieben und Interessen und mit ihrer je eigenen Spiritualität und Religiosität.

Religiöse Erziehung und Bildung im katholischen Kindergarten geschieht in *unterschiedlichen Intensitätsstufen*:

Kinder

- kennen, überblicken, gewinnen Einblicke und Eindrücke
- sind vertraut,
- üben ein, vertiefen,
- praktizieren, führen aus,
- gewinnen einen gefühlsmäßigen Zugang, lassen sich innerlich berühren bzw. werden innerlich berührt,
- identifizieren sich, integrieren in ihr Leben.

1.7 … ist Ausdruck der christlichen Nächstenliebe, der „caritas“

Religiöse und ethische Erziehung und Bildung geschieht im Geist der christlichen Nächstenliebe, der „caritas“.
Die *Nächstenliebe* ist zunächst die Hinwendung und Zuwendung zum Mitmenschen. Sie sieht den anderen mit den „Augen des Herzens“: Sie nimmt ihn in seiner Situation und seinen Bedürfnissen, seiner Würde und seinen Möglichkeiten wahr und steht ihm nach Bedarf (Hilfe zur Selbsthilfe) und ohne Hintergedanken („absichtslos“) bei. Nächstenliebe hat in diesem Sinn mit Barmherzigkeit, Menschenfreundlichkeit und Mitmenschlichkeit zu tun.

Christliche Nächstenliebe geht in ihrem Selbstverständnis und ihrer Ausrichtung über dieses soziale Verständnis hinaus. Sie setzt an bei einer der zentralen Überzeugungen des christlichen Glaubens.

„Caritas“ ist das lateinische Wort für Nächstenliebe. Das in griechischer Sprache abgefasste Neue Testament der Bibel verwendet dafür das griechische Wort „Agape“.

„Gott ist die Liebe.“ (Deus caritas 1)
„Der Christ weiß, dass Gott Liebe ist und gerade dann gegenwärtig wird, wenn nichts als Liebe getan wird.“ (Deus caritas 31c)
(Papst Benedikt XVI.: Enzyklika Deus caritas est, 2006; online unter http://www.vatican.va)

Die christliche Nächstenliebe hat Anteil an Gott und nimmt Maß an ihm, der die Liebe in Person ist. Sie weiß sich getragen und inspiriert von der Liebe Gottes, die in Jesus Christus Mensch geworden ist und die im Heiligen Geist unter den Menschen lebendig ist. Die Liebe Gottes erfasst jeden Menschen, und dort, wo aus Nächstenliebe gehandelt wird, ist Gott am Werk. Menschen, die den anderen mit den Augen der Liebe wahrnehmen, dürfen sich zuerst von Gott selbst geliebt wissen und daraus Kraft und Impulse schöpfen. Wer sich selbst geliebt weiß, kann auch Liebe weiterschenken. Gottesliebe und Nächstenliebe bedingen sich gegenseitig.
Christliche Nächstenliebe ist somit verwurzelt im Glauben und Glaubensleben des Einzelnen und verortet in der Gemeinschaft der Glaubenden, der Kirche.

Vorbilder der christlichen Nächstenliebe sind das Gleichnis vom barmherzigen Samariter (Lukas 10,25–37) oder der Heilige Martin. Sie zeigen: Die *christliche Nächstenliebe* gilt jedem Menschen, im Besonderen aber den Notleidenden und Hilfsbedürftigen. Sie ist barmherzige Menschlichkeit, absichtslose und unmittelbare Hilfe, allein orientiert an der Situation und dem Bedarf des Anderen. Dabei nimmt sie die Situation umfassend wahr: physisch und psychisch, individuell und sozial, geistig und seelisch.
Die *christliche Nächstenliebe* lässt aber auch Partei ergreifen für jene, die sich nicht wehren können, denen Unrecht geschieht, und für gerechtere und menschenfreundlichere Zustände.

Religiöse und ethische Erziehung und Bildung geschieht im Geist der christlichen Nächstenliebe, wenn

- die Erziehenden das Kind in seiner Individualität, mit seinen Stärken und Begabungen und mit seinem Angewiesensein auf Unterstützung, Begleitung, Zuwendung und Gemeinschaft erkennen und akzeptieren und auf es eingehen;
- sich die Erziehenden dem Kind zuwenden und es in seiner religiösen Situation und seinen religiösen Bedürfnissen, in seiner Würde als Person und seinen religiösen Möglichkeiten wahrnehmen und begleiten;
- die Erziehenden einen persönlichen Bezug zum christlichen Glauben und Glaubensleben haben, den sie als Ressource erleben und aus dem sie für ihr berufliches Handeln Motive, Impulse und Kraft schöpfen und eine berufliche Spiritualität aufbauen können;
- sich die Erziehenden als zugehörig zur Gemeinschaft der Glaubenden verstehen (auch in kritischer Loyalität) und diese Gemeinschaft als Ressource erleben, die nicht nur religionspädagogisches Fachpersonal, Räume (Kirchenraum) und Material zur Verfügung stellt, sondern die als Trägerin von Einrichtungen, von Aus-, Fort- und Weiterbildung und von Fachverbänden sozialpädagogische und religionspädagogische Arbeit im Geist der christlichen Nächstenliebe überhaupt erst möglich macht.

Vgl. auch die Lesehinweise zu diesem Abschnitt, S. 275.

1.8 … ist christlich und konfessionell geprägt

Religiöse und ethische Erziehung und Bildung im katholischen Kindergarten bietet die Begegnung mit dem christlichen Glauben katholischer Prägung an. Ausgehend von der Situation des Kindes ermöglicht sie dem Kind, sich die religiöse Glaubensüberlieferung und Glaubenspraktiken in Bezug auf und mit Bedeutung für sein Leben zu erschließen.

Religiöse und ethische Erziehung und Bildung umfasst dabei drei Ebenen:

- **Christlicher Glaube als Lebensstil**

> *„Die indirekte religiöse Erziehung durch den Alltag. Da gibt es Tage für Entdeckungen und Erlebnisse, Spielen und Singen; da sind die Beziehungen der Kinder und der Erwachsenen untereinander. Wie Kinder begrüßt werden, das gemeinsame Essen, aber auch das Aufräumen und das Sich-Auseinandersetzen, Trösten und Helfen. All dies prägt die Atmosphäre, die Kinder formt. Und in dem Maß, in dem diese Atmosphäre für Kinder und Erzieherinnen angenehm und anregend ist, erleben sie einen christlich geprägten Alltag." (Der Neue Trierer Plan, 1996, S. 25)*

- **Christlicher Glaube als Deutehorizont für Lebenssituationen**

> *„Die reflektierte religiöse Erziehung, die Arrangements für religiöse Erfahrungen schafft. Gemeint sind Situationen der Begegnung und des Entdeckens, die die religiöse Grundierung des Lebens bewusst machen: Entdeckungen in der Natur; Situationen, in denen*

„Dort, wo Menschen befreiend und heilend miteinander umgehen, dort lebt der christliche Glaube." (Der Neue Trierer Plan, 1996, S. 21)

„Es geht in dem allen mehr um eine Haltung des Fragens, um eine Praxis der Lebensgestaltung, als um die Vermittlung religiösen Wissens." Religiöse Grunderfahrungen und Werteentwicklung in Tageseinrichtungen für Kinder/Ministerium für Bildung, Jugend und Sport (MBJS, 14. April 2008).

Kinder einander helfen können; gemeinsame Feiern; Lösung von Konflikten – und vieles mehr. Hier geht es um religiös bedeutsame Lebenssituationen, durch die Einsichten und Haltungen angebahnt werden, die die Entwicklung des Kindes fördern. (Der Neue Trierer Plan, 1996, S. 25)

- **Christlicher Glaube als Vorrat für religiöse Lebensweisheiten, von gelungenen Lebens- und Glaubenserfahrungen und religiösen Ausdrucksformen**

„Die Begegnung mit Inhalten des christlichen Glaubens. Feste des Kirchenjahres, Heiligengeschichten, biblische Erzählungen – diese und andere Inhalte können Kinder einführen in die Erlebniswelt und in die Überlieferungen des christlichen Glaubens. Wenn die Geschichte vom Heiligen Martin erzählt wird, wenn Weihnachtslieder gesungen werden, wenn ein Geburtstag gefeiert wird, dann werden Kinder auch mit Ausdrucksformen des Glaubens vertraut. Und sie erfahren zugleich, dass dieser Glaube auch das Zusammenleben der Menschen und ihr Handeln bestimmt.“ (Der Neue Trierer Plan, 1996, S. 25)

Religiöse und ethische Erziehung und Bildung im katholischen Kindergarten geschieht im Raum der Kirche und ist deswegen konfessionell geprägt. Das wird im Besonderen in der dritten Ebene sichtbar: Hier geht es bei den Ritualen, Feiern und Festen, insbesondere bei den Heiligenfesten, um katholisch geprägte Ausdrucksformen des Glaubens. Vgl. auch die Lesehinweise zu diesem Abschnitt, S. 276.

1.9 … weist über den Kindergarten hinaus

Religiöse und ethische Erziehung und Bildung im katholischen Kindergarten nimmt das Kind in seinem familiären Umfeld wahr. Sie anerkennt die „überragende Bedeutung der Familie für die Bildungsbiografie von Kindern“. (Zwölfter Kinder- und Jugendbericht, hrsg. vom Bundesministerium für Familie, Senioren, Frauen und Jugend, 2005, S. 167)

Eltern sind deswegen für die religiöse und ethische Erziehung und Bildung wichtige Partner. Die Erzieherin und der Kindergarten fördern und unterstützen die Eltern*mit*arbeit und entwickeln „Wege zur Bildungs- und Erziehungspartnerschaft“ im Bereich der religiösen und ethischen Erziehung und Bildung.

Formen der Eltern*mit*arbeit können sein:

Angebote vor Aufnahme des Kindes	z. B. Gespräch oder Broschüre zur religiösen und ethischen Erziehung und Bildung in der Einrichtung
Angebote unter Beteiligung von Eltern und Erzieherinnen	z. B. Gruppenelternabende zu Themen religiöser und ethischer Erziehung und Bildung
Angebote unter Beteiligung von Familien und Erzieherinnen	z. B. Familiengottesdienste, Gruppenfeste
Eltern als Miterzieher	z. B. Mitwirken der Eltern bei Maßnahmen der religiösen und ethischen Erziehung und Bildung
Angebote nur für Eltern	z. B. religiös-ethischer Orientierungstag für Eltern

Einzelkontakte	z. B. Beratungsgespräch zu Fragen religiöser und ethischer Erziehung und Bildung
informative Angebote	z. B. Ausstellung religiöser Kinderbücher
Elternvertretung	z. B. Einbeziehen in die Planung, Vorbereitung und Gestaltung religionspädagogischer Maßnahmen

Religiöse und ethische Erziehung und Bildung im katholischen Kindergarten geschieht im Raum der *Kirche*. Der katholische Kindergarten und die *Pfarrgemeinde* nehmen sich gegenseitig als Lebensorte und Lernorte des Glaubens wahr. Die Erzieherin ist mit der Kirche vertraut, d. h. mit dem kirchlichen Auftrag und Angebot, den kirchlichen Strukturen und Abläufen. Das pädagogische Team des Kindergartens tauscht sich regelmäßig mit den hauptamtlichen (Pastoralteam) und ehrenamtlichen Mitarbeitern (z. B. Pfarrgemeinderat) über aktuelle Fragen zur religiösen und ethischen Erziehung und Bildung aus. Der katholische Kindergarten versteht sich dabei im Bezug zur Pfarrgemeinde und umgekehrt:

- Er sieht sich als Teil der Pfarrgemeinde und bringt sich in das Gemeindeleben ein.
- Er nimmt die Pfarrgemeinde als Kooperationspartner und als Ressource wahr. Dabei kennt er das pastorale, personelle, räumliche und materielle Angebot der Pfarrgemeinde und nutzt für seine religionspädagogische Arbeit Synergie-Effekte.

Vgl. auch die Lesehinweise zu diesem Abschnitt, S. 276.

1.10 … nimmt religiöse und weltanschauliche Diversität wahr

Religiöse und ethische Erziehung und Bildung im katholischen Kindergarten ist offen für alle Kinder und damit auch für Kinder aus unterschiedlichen religiösen und weltanschaulichen Familien. Sie nimmt dabei die religiöse und weltanschauliche Vielfalt nicht als Problem wahr, sie verdrängt sie nicht oder empfindet sie nicht als bedrohlich, sondern sie erfährt religiöse und weltanschauliche Vielfalt als bereichernd und macht sie zum Ausgangspunkt für interreligiöse Lernprozesse.
Die katholische Kirche vertritt in Bezug auf andere Religionen die theologische Position des *Inklusivismus*: Sie ist der Überzeugung, dass alle Religionen ihren je eigenen Wert haben. Die christliche Religion hat aber eine besondere Bedeutung. Sie umfasst das, was in den anderen Religionen wahr ist, und schließt deswegen alle anderen Religionen mit ein (*inklusiv*). Aus dieser Sicht unterstützt die katholische Kirche eine interreligiöse Erziehung, die im Horizont des christlichen Glaubens andere Religionen respektvoll wahrnimmt, in einen vergleichenden Dialog mit ihnen eintritt und darin zu einer vertieften Sicht des Christlichen kommt. Pädagogisch entspricht dieser Position der interreligiöse Ansatz, der in der Begegnung und dem Vergleich mit den anderen Religionen die Wahrnehmung und Identifikation mit der eigenen Religion vertiefen will.

Neben dem *Inklusivismus* gibt es noch zwei andere Positionen:
1. den *Exklusivismus*: Es gibt nur eine einzige wahre Religion. Dieser Position entspricht pädagogisch der monoreligiöse Ansatz, der nur eine Religion thematisiert, alle anderen aber verdrängt und abwertet.
2. den *Pluralismus*: *Alle Religionen sind gleich viel wert* und alle Religionen zusammengenommen ergeben die ganze Wahrheit. Dieser Position entspricht pädagogisch der multireligiöse Ansatz, der alle Religionen als gleich gültig nebeneinander thematisiert.

Die Modelle des im folgenden Kapitel vorgestellten Praxisordners ermöglichen interreligiöse Lernprozesse, indem sie den christlichen Glauben katholischer Prägung vorstellen und mit ihm vertraut machen. Sie bilden damit die Grundlage und den Ausgangspunkt für den Vergleich mit anderen Religionen und der vertiefenden Auseinandersetzung mit dem Christlichen. Insofern sind sie offen für den interreligiösen Dialog.

Praxistipps für interreligiöse Lernprozesse

- Miteinander reden und nicht übereinander reden
  Dort, wo Kinder und Erwachsene miteinander reden, sich gegenseitig erzählen und einladen, geschieht lebendiges Lernen.

- Einbeziehen und beteiligen, keinen Alleingang machen
  Die Eltern*mit*arbeit bekommt in der interreligiösen Erziehung und Bildung eine besondere Bedeutung. Befürchtungen und Sorgen entstehen aus Unsicherheit und Unkenntnis. Die Erzieherin sucht deswegen den Kontakt zu den Eltern, gibt ihnen Einblick in ihre pädagogischen Absichten (Ziele), Inhalte und Methoden und ist offen für Anregungen. Die Erzieherin kooperiert darüber hinaus mit den Religionsgemeinschaften und sucht geeignete Ansprechpartner.

- Das Eigene tun und nicht das des Anderen
  Die Kinder und die Erzieherin vollziehen nur religiöse Praktiken ihrer eigenen Religion und ihres eigenen Glaubens.

- Sich gegenseitig einladen und nicht vereinnahmen
  Interreligiöses Lernen geschieht dann, wenn sich Angehörige unterschiedlicher Religionen gegenseitig religiöse Gastfreundschaft schenken und sich gegenseitig zu religiösen Vollzügen einladen. Dabei muss im Einzelnen entschieden werden, wann die Gäste dem Geschehen nur beiwohnen und respektvoll zuschauen und wann Gäste und Gastgeber etwas gemeinsam tun.

- Sich professionelle und kompetente Hilfe holen und nicht dilettantisch arbeiten
  Die Pfarrgemeinden, die Fachdienste der Diözesen, die Fachberatung und die kirchlichen Fortbildungsträger bieten für Erzieherinnen umfassende und kompetente Hilfen an.

Vgl. auch die Lesehinweise zu diesem Abschnitt, S. 276.

1.11 Aufbau und Inhalte des Buches

Dieses Buch umfasst acht Kapitel, in denen exemplarisch zentrale Erziehungs- und Bildungsbereiche religiöser und ethischer Erziehung und Bildung im katholischen Kindergarten vorgestellt werden.

Im Mittelpunkt stehen dabei die konkreten Praxisvorschläge und Praxismodelle. Sie sind unterschiedlich aufgebaut: von einzelnen Anregungen und Bausteinen bis hin zu ausformulierten Angeboten.

Im Mittelpunkt stehen die konkreten Praxisvorschläge.

Die *Modelle* stellen überwiegend intentionale, zielgerichtete Erziehungs- und Bildungsprozesse dar. Sie sind einzubetten in die akzidentellen, alltäglichen und nicht ausdrücklich religiös ausgerichteten Lernprozesse der sozialpädagogischen und pädagogischen Alltagspraxis. In diese Lernprozesse der Alltagspraxis wirken sie hinein und werden durch sie sinnvoll ergänzt.

Die Modelle sind Vorschläge und müssen entsprechend der jeweiligen Situation in der Gruppe und vor Ort verändert und angepasst werden. Sie wollen den Erzieherinnen Anregungen für ihre Praxis bieten und sie zu eigenen Ideen anstoßen.

Die Modelle sind dabei offen für interreligiöse Lernprozesse und ermöglichen diese, indem sie den christlichen Glauben katholischer Prägung vorstellen und damit vertraut machen. Sie bilden somit eine Grundlage und einen Ausgangspunkt für die interreligiöse Auseinandersetzung.

Alle Bibelzitate stammen aus der Einheitsübersetzung der Heiligen Schrift, © 1980 Katholische Bibelanstalt, Stuttgart.

Aufbau der Kapitel

- Die *Anfangsseite* bietet eine erste inhaltliche Orientierung und stellt Bezüge zu anderen Kapiteln des Praxisordners vor. Die Fragen für die Erzieherin helfen, den Bezug der Erzieherin zum Thema zu klären. Die Fragen können einzeln oder auch gemeinsam im Team bearbeitet werden.

Anfangsseite

- Die *Bildungsperspektiven für Kindertagesstätte und Schule* stellen einzelne Zielperspektiven in den Bildungs- und Erziehungsplänen und für den katholischen Religionsunterricht in der Grundschule/Primarstufe vor. Grundlagen dafür sind der „Bayerische Erziehungs- und Bildungsplan“ und die länderübergreifenden „Kirchlichen Standards der Deutschen Bischofskonferenz für den katholischen Religionsunterricht in der Grundschule/Primarstufe“.

Bildungsperspektiven

- Die *Praxisteile* informieren einleitend und knapp über die pädagogischen und theologischen Hintergründe des Themas. Die Modelle werden im Einzelnen inhaltlich kurz vorgestellt und in den Zusammenhang mit Zielperspektiven gebracht. Die vorgeschlagenen Lieder sind im Anhang des Praxisordners zusammengestellt.

Praxisteile

- Die Eltern*mit*arbeit stellt in Anlehnung an Textor, R. Martin/Blank, Brigitte: „Elternmitarbeit. Auf dem Wege zur Bildungs- und Erziehungspartnerschaft“, hrsg. vom Bayerischen Staatsministerium für Arbeit und Sozialordnung, Familie und Frauen, 2. überarbeitete Fassung, München, 2004, Möglichkeiten und Angebote vor und gibt inhaltliche Anregungen.

Eltern*mit*arbeit

Vernetzungen und Bezüge

- Die *Vernetzungen und Bezüge* schlagen Kooperationsmöglichkeiten mit der Pfarrgemeinde vor und stellen Bezüge zu der Religion her, der Erzieherinnen im Kindergarten am meisten begegnen, dem Islam. Die Bezüge zum Islam zeigen erste Anknüpfungspunkte interreligiösen Lernens, indem sie sehr überblickshaft die jeweiligen Gemeinsamkeiten und Unterschiede zwischen Islam und Christentum anführen.

1.12 Themenübergreifende Fragen zur Qualitätssicherung

Intensitätsstufen

- sehr – ziemlich – zum Teil – weniger – nicht

Fragen zur Selbstvergewisserung

„Wo stehen wir?"

- Verantwortung der Leitung
  - War der Prozess mit dem Leitbild der Einrichtung vereinbar?
  - Waren die Aufgaben in den einzelnen Prozessen transparent und angemessen verteilt?
  - Wurden die Prozesse angemessen dokumentiert?
  - Gab es Rückmeldungen von Eltern und Kindern?
  - Verlief die Kommunikation während der Prozesse reibungslos und zufriedenstellend?
- Umgang mit Ressourcen
  - Waren die Erzieherinnen für die Prozesse genügend qualifiziert?
  - Brauchen die Erzieherinnen eine entsprechende Fortbildung?
  - Konnten die Erzieherinnen ihre Qualifikationen in den Prozessen zufriedenstellend einbringen?
  - Waren die Erzieherinnen für die Prozesse motiviert?
  - Arbeiteten die Erzieherinnen in den Prozessen zufriedenstellend zusammen?
  - Standen ausreichende Mittel für die Prozesse zur Verfügung?
  - Stand eine ausreichende Strukturqualität für die Prozesse zur Verfügung? (Raum, Zeit, Kooperationspartner)
- Realisierung der Prozesse
  - Wurden Erwartungen und Bedürfnisse der Kinder berücksichtigt?
  - Waren Vorlieben und Interessen der Kinder erkennbar bzw. konnten die Kinder Vorlieben und Interessen realisieren?
  - Waren die Kinder zufrieden?
  - Haben die Kinder die beabsichtigten Ziele erreicht?
  - Welcher weitere Bildungsbedarf besteht bei den Kindern?
  - Wurden Erwartungen und Bedürfnisse der Eltern berücksichtigt?
  - Zeigten Eltern Interesse und Neugier?
  - Waren die Eltern zufrieden?
  - Wurden Formen der Eltern*mit*arbeit realisiert?
  - Wurden Formen der Zusammenarbeit mit anderen Institutionen realisiert?
  - Wurden die Prozesse der Öffentlichkeit ausreichend vorgestellt?

Vgl. auch die Lesehinweise zu diesem Abschnitt, S. 276.

2 Wachsen und Vertrauen in das Leben entwickeln

2 Wachsen und Vertrauen in das Leben entwickeln

Positive Bindungserfahrungen wirken sich nachhaltig auf das ganze Leben und die religiöse Entwicklung aus.

Kinder brauchen Religion, auch in einer multikulturellen und pluralistischen Gesellschaft. Diese Aussage und Forderung der Bildungs- und Erziehungsdiskussion belegen zahlreiche Forschungsergebnisse und Publikationen mit stichhaltigen Argumenten. Religion (lateinisch: religio) meint im weitesten Sinne: Vertrauen in eine Rückbindung; Erinnerung an eine weitere und tiefere Dimension von Leben, die über das Beschreibbare hinausgeht, und die wir Gott nennen.

Für den Entwicklungspsychologen Erik Erikson ist das Urvertrauen die Basis aller Entwicklungsstufen in seinem achtstufigen Modell. Kinder sind von Anfang an auf menschliche Beziehung angewiesen. Sie schenken im Säuglingsalter ihren Bezugspersonen einen emotionalen Vorschuss, und wird dieser wünschenswerterweise mit elterlicher Liebe, Verlässlichkeit und Geborgenheit erwidert, erwächst das Grundvertrauen und vertrauensvolle Gefühl: „Ich bin als Kind willkommen und wichtig, so wie ich bin.“ Dem Grundvertrauen gegenüber den Bezugspersonen entspricht das religiöse Vertrauen, die Gewissheit der Geborgenheit in Gott. So basiert die Entwicklung von Religiosität und Glauben beim Kleinkind auf Erfahrungen, die das Kind von Geburt an macht (Bernhard Grom). Die ersten Lebensjahre prägen entscheidend die kindliche Entwicklung, wie die Bindungsforschung und moderne Hirnforschung betonen. Der dänische Familientherapeut Jesper Juul unterstreicht die Bedeutung einer authentischen Beziehung (statt Er-ziehung) zum Aufbau von Lebensfreude und Selbstvertrauen, Vertrauen zu sich, zu anderen Menschen und dem Leben. Vertrauen ist die Gewissheit, gehalten, geborgen und angenommen zu sein, ähnlich der Erfahrung von Kindern, die sich vertrauensvoll von Klettergerüsten in die Arme ihrer Bezugspersonen fallen lassen, darauf vertrauend, aufgefangen zu werden.

Links zum Thema „Bindung und Vertrauen“: www.jesperjuul.com www.yourcompetentchild.com

Die Tübinger Professoren für Religionspädagogik, Albert Biesinger und Friedrich Schweitzer, weisen darauf hin, dass Kinder ein Recht auf ihre Religion und auf religiöse Bildung haben und dass man sie nicht um Gott betrügen darf, denn Gotteserfahrung, Glaube und Hoffnung gehören zum Leben des Menschen. Vertrauen ist eine religiöse Grundbedingung für Glauben. Wir sprechen von Gottvertrauen, sich Gott anvertrauen und dem Vertrauen auf Gott. Wie Kinder Gott erfahren und „ausgestalten“, welche religiösen Inhalte sie damit verbinden, hängt von ihrer sozialen und religiösen Umwelt und ihren persönlichen Erlebnissen ab. Kinder sind Forscher, Künstler, Entdecker und Konstrukteure, neugierig, wissensdurstig und begeisterungsfähig. Sie wollen die Welt verstehen und handlungsfähiger werden.

Religiöse und ethische Bildung und Erziehung in der Tageseinrichtung lädt Kinder durch sensibilisierende Angebote ein zu frühkindlicher religiöser Erfahrung (Religiosität, Spiritualität) im Alltag: im Umgang miteinander, beim Spielen, Sich-Bewegen, kreativen Gestalten, bei Sinnes- und Naturerfahrungen, beim Beten, Singen und Feiern, bei Stille und Achtsamkeit, beim Hören von verschiedenen Geschichten, bei Gesprächen, beim Kennenlernen von religiösen Symbolen, beim Erforschen religiöser Orte, etwa der Kirche, und beim Handeln aus dem Glauben.

Wachsen und aufwachsen, Wachstum begleiten, das Vertrauen der Kinder in das Leben stärken, vertraut werden, Vertrauen bilden, Vertrauen schaffen.

Ethische und religiöse Bildung und Erziehung stellt sich aber auch den irritierenden und Angst auslösenden Erfahrungen, die Kinder in ihrem Alltag daheim und anderswo machen. Sie ist offen für die Warum-Fragen der Kinder, die sich oft daraus ergeben, dass die Erwachsenen widersprüchlich reagieren, dass Kinder von Unfällen, von Not und Leid anderer Menschen erfahren, von Krankheit, Streit, Krieg und Unglück. So können Kinder Anfänge religiöser Begleitung und Beheimatung erleben.

Verweise auf andere Kapitel

- Kapitel 4: Werte geben Orientierung im Alltag
- Kapitel 5: Die Natur als Gottes gute Schöpfung erleben
- Kapitel 6: Gemeinsam Stille und Gebet entdecken
- Kapitel 7: Kirchliche Feste und Feiern im Jahreskreis

„Wie stehe ich selbst zu dem Thema? – Was sind meine persönlichen Erfahrungen?“ – Fragen für Erzieherinnen und Erzieher

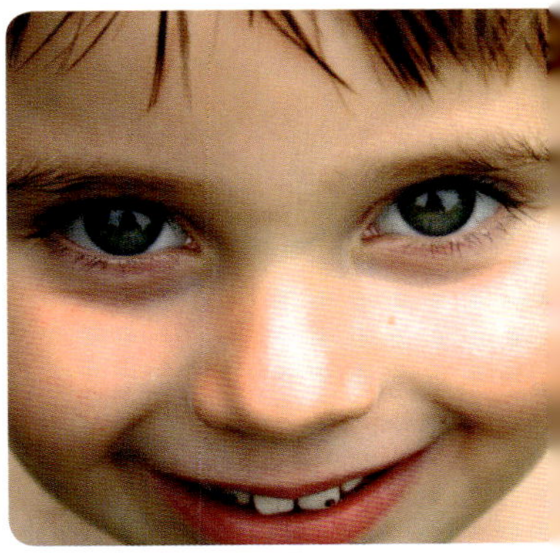

Erzieherinnen befinden sich in der alltäglichen Arbeit mit den Kindern wie auf einem gemeinsamen Weg, der immer wieder eigenes Wachstum und Vertrauen verlangt. Durch die Art, wie sie als Person „präsent“ und authentisch sind, ermutigen sie die Kinder, ihren eigenen Zugang zu Religion und Spiritualität zu entwickeln und zu vertiefen. Kinder haben ein ausgeprägtes Gespür für Echtheit und Glaubwürdigkeit. Daher ist es hilfreich, wenn Erzieherinnen sich mit ihrem eigenen Verständnis von Religion und Glaube auseinandersetzen und sich den Fragen nach dem Leben stellen. In einem Brainstorming können spontane Assoziationen und Bilder aufgeschrieben oder skizziert werden. Dabei sollen folgende Fragen wie Impulse zur Selbstreflexion und Klärung dienen:

- Was verbinde ich mit den Worten: Vertrauen, Ermutigung, Geborgenheit und Zuversicht?
- Kenne ich das Gefühl, mich loslassen zu können und zu vertrauen?
- Kann ich mir selbst und anderen Menschen vertrauen?
- Macht es mir Angst, wenn ich loslassen oder mich auf jemanden verlassen soll?
- Habe ich einen Bezug zum Thema Religiosität oder Spiritualität?
- Was bedeuten mir Religion und Glaube? Welche Stellung hat dieses Thema in meinem Leben?
- Kenne ich das Gefühl von Vertrauen und Zuversicht in eine Führung Gottes?
- Ist der Glaube an Jesus Christus und an Gott eine Basis, die mich trägt und die ich auch Kindern vermitteln kann und will?
- Ist Gott mir fremd, zu weit weg und zu rätselhaft, um mich auf ihn verlassen zu können?
- Kann ich etwas anfangen mit der Formulierung: Spuren Gottes in meinem Leben?

- Gibt es Bilder und Geschichten aus der religiösen und christlichen Tradition, die mir am Herzen liegen und die ich mit Geborgenheit in Verbindung setze?
- Wer bin ich durch meine Biografie geworden? Spielten dabei die Kirche und ihre Einrichtungen eine Rolle? Was hat mich aus dem Bereich meiner Religion nachhaltig geprägt?
- Welches Verständnis habe ich von Kirche? Was gefällt mir an Kirche? Was ist mir fremd? Was ärgert mich?
- Welche Aussagen der christlichen Botschaft stehen für mich im Vordergrund? Welche biblischen Geschichten gefallen mir?
- Gibt es Aussagen der Bibel, die für mich problematisch sind?
- Vermittle ich durch mein Leben und Arbeiten in der Tageseinrichtung den Kolleginnen und Kindern Ermutigung und Unterstützung?
- Kann ich die anderen in ihren Stärken und Schwächen annehmen und ihnen zu erkennen geben: Schön, dass du da bist? Bei wem und bei welchen Gelegenheiten fällt mir das schwer?
- Kann ich den Kindern, die nicht getauft sind, und ihren Eltern, die anderen oder keinen Religionen und Konfessionen angehören, mit Offenheit und Interesse begegnen und ihnen Verständnis und Wohlwollen entgegenbringen? Befremden mich vielleicht andere Religionen und Glaubensformen? Wie gehe ich damit um? Was sollte mir besser gelingen?
- Bin ich bereit zum interreligiösen Dialog?
- Suche ich das Gespräch mit Eltern anderer Konfessionen, Religionen, mit der Kirchengemeinde und dem Pfarrer?

2.1 Bildungsperspektiven für Kindertagesstätte und Schule

Zielperspektiven in den Bildungs- und Erziehungsplänen

Die Kinder können mit vorfindlicher Religiosität und unterschiedlichen Religionen umgehen.

Die Kinder

- werden sich der eigenen religiös-weltanschaulichen Identität bewusst;
- lernen zentrale Elemente der christlich-abendländischen Kultur kennen und haben auch andere Kulturkreise im Blick;
- erwerben ein Grundverständnis über den Stellenwert und die Bedeutung von Religion, Religiosität und Glaube für sich und andere Menschen in ihrem Lebensumfeld.

Die Kinder werden sich in ersten Ansätzen unterschiedlicher Wertigkeiten im eigenen Handeln bewusst und entdecken Orientierungspunkte.

Die Kinder

- können Mitgefühl und Einfühlungsvermögen aufbringen und ein ausgewogenes Verhältnis zwischen der eigenen Person und der Wertigkeit anderer Menschen sowie der Umwelt herstellen;
- erkennen jeden Menschen als etwas Besonderes;
- lernen mit Streit und Konflikten umzugehen.

Die Kinder sind fähig, eigene Sinn- und Bedeutungsfragen zu artikulieren und Antwortversuche zu erproben.

Die Kinder

- lernen das Leben nicht nur als eine Selbstverständlichkeit hinzunehmen, sondern als Geschenk zu erleben;
- lernen sich mit anderen über offene Fragen konstruktiv auszutauschen und bilden eine „Untersuchungsgemeinschaft";
- lernen es, Antworten auf Sinn- und Bedeutungsfragen auf das eigene Leben zu beziehen.

Die Kinder sind sensibel für ganzheitliche Erfahrungszusammenhänge.

Die Kinder

- hören Geschichten aus den heiligen Schriften der Religionen, in denen Gott als Wegbegleiter, Beschützer und Hoffnungsstifter zugänglich wird;

- lernen die Wirkung sakraler Räume kennen, die die Erfahrung von Geborgenheit, Gemeinschaft, Ruhe, Konzentration, Perspektivenwechsel und Horizonterweiterung vermitteln;
- lernen, die Symbolkraft von Weisheitserzählungen der Weltkulturen und verschiedene Formen der darstellenden und bildenden religiösen Kunst wahrzunehmen;
- lernen Formen des Handelns aus religiösen Überzeugungen heraus nach dem Vorbild bedeutender Persönlichkeiten der Geschichte und Gegenwart des Christentums.

KTK: Religiöse Erziehung als Bildung begreifen. Ein Argumentationspapier des KTK, Freiburg 2006

Bei den geforderten Kompetenzen für den Religionsunterricht in der Grundschule und Primarstufe werden viele Zielperspektiven der Bildungs- und Erziehungspläne wieder aufgegriffen.

Der katholische Religionsunterricht in der Grundschule/Primarstufe

Allgemeine Kompetenzen in Klasse 1–4:

- Wahrnehmen und entdecken
  Religiöse Räume als Orte der Feier des Gottesdienstes und der Gemeinschaft wahrnehmen und benennen
- Fragen stellen und bedenken
  Die Frage nach Gott stellen
- Deuten und gestalten
  Biblische Glaubenszeugnisse, Zeugnisse, Symbole deuten können
- Unterscheiden und bewerten
  Eine Meinung zu Fragen der Religion formulieren
- Sich ausdrücken und einander mitteilen
  Einander zuhören und im Gespräch aufeinander zugehen
- Anteil nehmen und Verantwortung übernehmen
  Die Perspektive eines anderen einnehmen können

Hinweise zum Gebrauch dieser Kapitel

„Vertrauen ist eine Oase des Herzens, die von der Karawane des Denkens nie erreicht wird.“ Khalil Gibran (1883–1931)

Wie es keine Liebesbeweise gibt, so gibt es keine Glaubensbeweise. Jede Wirklichkeitsbetrachtung oder Beschreibung ist individuell und kann nicht als absolut verstanden werden. Die Kapitelthemen: „Vertrauen“, „Herausforderungen“ und „Werthaltungen“ greifen ineinander. Die vorgeschlagenen biblischen Geschichten, Bilderbücher und Märchen können daher in mehreren Kapiteln verwendet werden, je nachdem, was gerade wichtig ist und auf welche Perspektive und Handlungsweise das Augenmerk gerichtet wird: Die Bartimäus-Geschichte beispielsweise kann als Vertrauens- und Herausforderungsgeschichte erzählt werden. Bei Zachäus kann der Blickwinkel auf die Umkehr von Zachäus gerichtet sein (Fehler einzusehen) oder darauf, dass er von Jesus wahrgenommen wird (ausgeschlossen sein und Freunde finden) oder dass Jesus den Mut hat, sich bei einem Verbündeten der Römer zu Hause einzuladen (mutig sein, auf andere zugehen). Beim Gleichnis des verlorenen Sohns kann die Umkehr des Sohnes im Vordergrund stehen oder die Haltung des Vaters, der alles verzeihen kann und sich freut, dass sein Sohn wiedergekommen ist. Auch die jeweiligen kreativen Beispiele sind als Ideen und Impulse zu verstehen, ohne Anspruch auf Vollständigkeit. Literaturhinweise zur weiteren Anregung finden sich im Anhang, S. 276f.

Bei allen Ideensammlungen und Handreichungen sollte die Hauptbemühung sein, aus der Sicht des Kindes zu denken, von seiner Lebenswelt und Verständnisebene, von seiner Neugier, seinen Fragen und auch von seinen belastenden und Angst machenden Erfahrungen. Die religiösen Inhalte, Geschichten, das Miteinander-Tun und Gestalten sollten durch eine interessierte, liebevolle Atmosphäre und wertschätzende Zuwendung zu den Kindern und durch Freude am gemeinsamen Erleben erfahrbar sein.

Erwachsene sollen die Fragen der Kinder als wichtige und gute Fragen würdigen, auch wenn sie nicht so schnell eine Antwort wissen. „Besser sei es zuzugeben, dass man diese selbst noch nicht beantworten könne“, meint Felicitas Betz. Und Rainer Maria Rilke formulierte, man solle die Fragen lieben, um vielleicht eines Tages selbst in die Antworten hineinzuwachsen.

2.2 Vertrauen hilft zu wachsen

2.2.1 Hintergründe

Die Welt der Kinder

> *„Einen Menschen zu lieben, heißt, ihn so zu sehen, wie Gott ihn gemacht hat.“*
> *(Fjodor M. Dostojewski)*

Kinder brauchen Schutz, Geborgenheit und Orientierung. Sie brauchen Ermutigung und Stärkung, um ihr Selbstwertgefühl aufzubauen und zu stabilisieren, und das Gefühl: Hier bin ich willkommen und anerkannt, so wie ich bin.

Jedes Kind ist einzigartig und ein Geschöpf Gottes mit seinem Wesen, seinen Fähigkeiten und Begabungen. Kinder erspüren in diesem Alter vieles noch intuitiv. Sie wachsen hinein in eine kulturell und vielfach immer noch religiös geprägte Welt, mit vielen unterschiedlichen Lebensentwürfen. Die Tagesstätte und Kindergruppe hat den Charakter einer zweiten Heimat als Lebens- und Erfahrungsort und bietet eine wohlwollende, vertrauensstiftende und -fördernde Umgebung, die gemeinsam gestaltet wird. Die ermunternde und wertschätzende Begleitung der Erzieherin ermöglicht

Resilienz meint die Befähigung, mit den Anforderungen des Alltags umgehen zu können, ohne an ihren Herausforderungen zu zerbrechen.

es den Kindern, von der Liebe Gottes zu erfahren. Eine positiv erfahrene Religiosität kann für Kinder im Laufe ihres Lebens Grundlage für Widerstandsfähigkeit (Resilienz) sein. Kinder aus Familien mit Distanz dem Religiösen gegenüber oder mit einer anderen religiösen Tradition müssen gewürdigt und miteinbezogen werden. Die Schulanfänger sind zu Beginn des Kindergartenjahres gegangen, neue Kinder kommen hinzu. Immer wieder kommt es zu Veränderungen in der Gruppensituation im Laufe des Jahres. Jedes Kind muss seinen Platz neu finden. Kinder wollen sich entwickeln, Neues erlernen und Zusammenhänge verstehen. Vertrauensvolle Bindungserfahrungen, Beziehungen und Freundschaften zu anderen Menschen ermutigen sie, es als sinnvoll zu erleben, in dieses Leben hineinzuwachsen. Sie erproben und vergleichen sich, spüren ihre Grenzen, wollen die Welt verstehen und stellen Fragen nach dem Woher und Warum des Lebens, auch nach Gott. Sie entwerfen ihre eigenen Gottesbilder und sind „Gäste, die nach dem Weg fragen“: Individuen auf der Suche nach Identität (wer bin ich, wer will ich sein?). Dabei haben es manche Kinder, die aus Familien in prekären Lebenssituationen kommen, schwerer als andere und brauchen eine besondere Aufmerksamkeit und Zuwendung.

Die Welt der Religion

Was hält das Leben im Innersten zusammen, was ist das „Absolute“, „Transzendente“, das „Sein“: Das sind Fragen, die Menschen sich im Laufe des Lebens stellen. Der Theologe Karl Rahner formulierte, dass es ganz wesentlich zum Menschen dazugehöre, ein Wesen der Freiheit, der Transzendenz, der Hoffnung, des Scheiterns und der Interkommunikation zu sein. Kinder ahnen in ihrem magischen Welterleben, dass es noch andere Dimensionen gibt als das Alltägliche. Für das Christentum, mit jüdisch-christlicher Tradition, ist die Bibel, die Heilige Schrift, die Überlieferungsgrundlage. Sie wurde zwischen 900 vor und 100 nach Christus niedergeschrieben und ist die Geschichte des Bundes zwischen Gott und dem Volk Israel, seinen Nachfahren und allen Völkern, seiner Offenbarung und unermüdlichen Zuwendung und Zusage, sie nicht alleine zu lassen, sondern zu begleiten, wo sie auch sind. JHWH, der hebräische Name Gottes, bedeutet: „Ich bin der Ich-bin-für-euch-da“ (Exodus 3,14). Die Bibel ist mit dem Alten oder Ersten Testament (Alter Bund) in hebräischer Sprache mit 46 Büchern von unterschiedlichen Verfassern (Urgeschichte, Erz-Väter-Geschichten, Geschichte Israels) zuerst die Heilige Schrift der Juden. Das Neue Testament, die Frohe Botschaft (griechisch euangelion) von Jesus Christus, dem Sohn Gottes, war zuerst mündlich überliefert und wurde von den vier Evangelisten Markus, Matthäus, Lukas und Johannes zwischen 50 und 100 n. Chr. aufgeschrieben. Zusätzlich wurden noch die Apostelgeschichte, die Briefe der Apostel an die Urgemeinden und die Offenbarung (27 Schriften) in die Sammlung (Kanon) aufgenommen.

Das Neue Testament wurde zuerst in Griechisch verfasst, dann ins Lateinische und bis heute in 2 000 Sprachen übersetzt.

2.2.2 Vertrauensbildende Erfahrungen in der Tageseinrichtung

Die folgenden Ideen sind als Anregungen oder Impulse gedacht.

> *„Gott behüte dich, wenn du fortgehst und wiederkommst von nun an bis in Ewigkeit.“*
> *(Psalm 121,8)*

Menschliche Beziehung und Aufmerksamkeit sind der Nährboden für eine Art religiöser Erfahrung: Das Vertrauen der Kinder kann in der Tageseinrichtung gestärkt werden durch einen stufenweisen Übergang vom Elternhaus, durch Begrüßungsrituale und feste Bezugspersonen, durch eine freundliche Atmosphäre, in der man sich zu Hause fühlen kann mit der Grunderfahrung: So, wie ich bin, bin ich willkommen, durch Beziehungen zu anderen Kindern, kommunikative Möglichkeiten, das Mitbringen-Können von vertrauten Spielsachen oder Kuscheltieren, das Mitnehmen-Dürfen von Bastel- und Malarbeiten, durch neue Fertig- und Fähigkeiten. Die christliche Tradition bezieht sich auf einen begleitenden, schützenden und liebenden Gott, der die Menschen bei ihrem Namen gerufen hat, der sich in Jesus (Gottes Sohn) ihnen zuwendet, und der seine Liebe gezeigt hat und zeigt (... denn er hat uns zuerst geliebt). So wie Gott die Menschen liebt, werden diese die Liebe weitergeben. Das soll für Kinder erfahrbar werden, damit in ihnen das Vertrauen zu sich selbst, ihrer Umwelt und zu Gott wächst und sie selbst Vertrauen schenken können. Vertrauensbildende Erfahrungen in der Tageseinrichtung können sein:

Materialien für eine gestaltete Mitte: Tuch, Blumen und Kerze, die im Folgenden Gotteskerze genannt wird. Diese Kerze soll eine Art der Sammlung vorbereiten und zeigen: Gott ist bei uns, Gott ist gegenwärtig, Gott ist das Licht, das für uns scheint und uns nicht vergisst.

- Ich bin willkommen, so, wie ich bin, und gehöre dazu.
- Bei Jesus und Gott sind alle willkommen.
- Ich bin gerufen.
- Wir sind behütet und beschützt.
- Gott möchte aber auch, dass wir danach handeln, was wir glauben.

Baustein A: Ich bin willkommen, so, wie ich bin, und gehöre dazu

„Lasst die Kinder zu mir kommen; hindert sie nicht daran!“ *(Markus 10,14)*

Die folgenden Angebote des Selbstausdrucks (Spiele, Gespräche) helfen Kindern, sich gegenseitig vorzustellen, näher kennenzulernen und wahrzunehmen in Bezug zueinander und zu Gott. Sie sollen spüren, dass sie von Gott so akzeptiert werden, wie sie sind, auch wenn sie vielleicht schon früh erfahren mussten, dass sie von ihren Eltern nicht immer bedingungslos geliebt wurden; denn Eltern machen ihre Zuneigung zu ihren Kindern immer wieder abhängig vom Verhalten der Kinder.

- **Kreisgespräch mit gestalteter Mitte, Geschichte und Kreativem:** *„Welches Tier mögt ihr? Wenn du ein Tier sein könntest, welches wärst du gerne? Gott mag alle Lebewesen, er ist für uns wie die Sonne, die uns Leben und Licht schenkt und alles wachsen lässt. Wir alle sind Gott wichtig, dafür danken wir.“*
  (Für die Kleinen das Lied: Hoch am Himmel, tief auf der Erde.)
  - Die Erzieherin erzählt die Geschichte „Das kleine Ich bin ich“ anhand des Bilderbuchs von Mira Lobe: Ein Stofftier, das weder Frosch noch Pferd, Kuh, Nilpferd oder Papagei ist, macht sich auf den Weg und fragt die anderen Tiere, wer es denn sei. Die Tiere antworten ihm: „Nein, eine Kuh, ein Pferd etc. bist du nicht.“ Da ist das Fantasietier sehr traurig und fragt sich, ob es denn niemand sei, doch plötzlich merkt es: „Ich bin ich, ja, das ist es: Ich bin ich!“
  - Die Kinder malen das Fantasietier und die anderen Tiere.
  - Die Fantasietiere und anderen Tiere können auf Karton vorgemalt sein, werden ausgeschnitten, an Schaschlik-Spießen befestigt und zu einem kleinen „Theater“ arrangiert.

- **Regeln:** Die Kinder lernen Gesprächsregeln wie: Wir lassen andere ausreden; wir versammeln uns zum Gespräch im Kreis. Es gibt einen Redestein, der herumwandert: Wer ihn in der Hand hält, darf sprechen. Ein Zeichen für Stille ist: den Finger auf den Mund legen.

- **Selbstwahrnehmung:**
  - Die Kinder betrachten sich in einem Spiegel. *„Was könnt ihr gut oder macht ihr besonders gerne? Jede und jeder von euch ist besonders und einmalig mit seinen Begabungen und Fähigkeiten. Gott mag uns so, wie wir sind, und mit dem, was wir können und nicht können. Und Gott sagt uns, was ihm gefällt, was wir tun sollen."* Sie machen einen Fingerabdruck mithilfe eines Stempelkissens, malen ein Bild von sich und von dem, was sie gerne tun.
  - Die Kinder stellen sich der Gruppe vor und hören die Namen der anderen Kinder: *„Das bin ich, Tim, und das sind Teresa und Max …"* Allmählich bildet sich ein Gruppengefühl: „Wir sind wichtig und gehören zusammen."

Materialien: Sonne, Hände aus Fingerfarbe

Materialien: Fotos, ein Baum aus Tonpapier, Karten aus Tonpapier, Fingerfarben, Malstifte, Tapetenrollen, Stempelkissen, Fotos, Tücher, Münze, Ball

Vgl. Stille-Übungen in Kapitel 6

- **Gestaltung:**
  - Die Erzieherin bereitet mit den Kindern einen Ausstellungstisch mit Fotos und Bildern der Kindergruppe: „Das sind wir. Wir sind willkommen."
  - Die Erzieherin teilt Kartonkarten aus. Die Kinder drucken mit Fingerfarbe ihre Hände darauf, die dann wie sich anfassend in einem großen Kreis, auf ein Plakat um eine vorgemalte Sonne geklebt werden; die Namen der Kinder werden dazugeschrieben: *„Gottes Liebe ist wie die Sonne, und das sind wir."*
  - Kinderfotos der Gruppe werden in einen Baum geklebt, den die Erzieherin auf einer großen Papierrolle vorbereitet hat. Jedes Kind wählt selbst, ob sein Foto lieber in die Äste zu den Vögeln oder lieber am Boden aufgeklebt werden soll.
  - Die Erzieherin breitet am Boden alte Tapetenrollen aus. *„Heute wollen wir sehen, wie groß ihr Kinder in der Gruppe schon seid, was ihr gerne anzieht und wie ihr ausseht. Jeder, jede sucht sich ein Kind aus der Gruppe aus. Einer oder eine legt sich als Erster oder Erste auf das Papier am Boden. Dann fängt das andere Kind an, mit einem dicken Buntstift rings um euch herum eine Umrisszeichnung zu malen. Danach können wir sehen, wie Tim, Leonie und die anderen auf das Papier gezeichnet sind. So groß seid ihr schon, unglaublich! Jetzt fehlen noch Haare, Augen, Ohren, Mund, der Pullover, die Schuhe …"*

- **Kreislied:** Die Kinder betrachten miteinander eine Münze. *„Merkt ihr, wie sie sich anfühlt und aussieht? Münzen sind kostbar, goldene, silberne – ihr alle seid kostbar, für eure Eltern, für Gott, diese Münze auch. Wir lassen sie jetzt vorsichtig herumwandern durch die Reihe der Kinder mit dem Lied: Taler, Taler, du musst wandern."* Die Kinder stehen im Kreis und geben die Münze weiter, ein Kind in der Mitte muss erraten, wo sie ist.

- **Begrüßungslieder:**
  - Ich bin da und du bist da …
  - Hoch am Himmel, tief auf der Erde …
  - Gottes Liebe ist wie die Sonne …

- Halli, hallo, schön, dass du da bist …
- Halte zu mir, guter Gott, heut den ganzen Tag …
- Ich sag dir guten Morgen …

■ **Feier:** Zu Beginn des Kindergartenjahres lädt die Erzieherin mit der Kindergruppe die Familien zu einem „Wir-begrüßen-uns-", „Wir-lernen-uns-kennen-Fest" ein mit einem kleinen Vorspiel oder einer Geschichte.

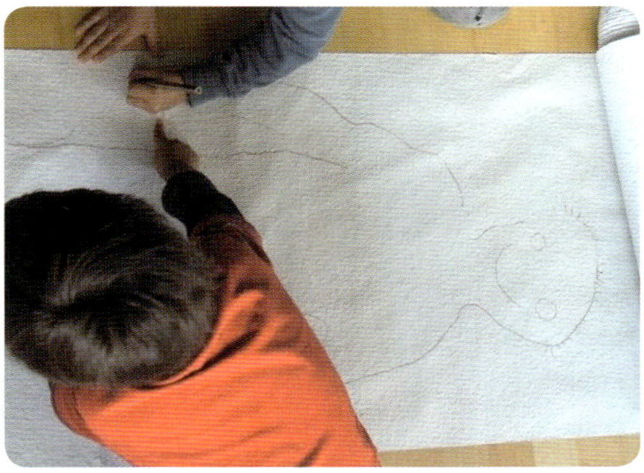

Baustein B: Ich bin gerufen

„Ich habe dich bei deinem Namen gerufen, du bist mein." *(Jesaja 42,1)*

Kinder erleben ihre Identität stark durch ihren Namen und sind empört, wenn man ihren Namen nicht weiß oder richtig ausspricht. Viele Namen haben eine Bedeutung, und Gott hat auch viele Namen. Gott hat sich Mose im Donner, im Feuer und im Dornbusch gezeigt, bei Ela im Windhauch und bei der Taufe Jesu im Jordan als Stimme vom Himmel. Gott ruft die Menschen, wie die Bibel erzählt. Um nur einige Beispiele zu nennen: Adam, Samuel, Jona und Ela werden von Gott gerufen.

Im Islam ist es üblich, dem Kind bei der Geburt den Namen ins Ohr zu hauchen.

■ **Sensibilisierung, Gespräch im Kreis:** Die Erzieherin sitzt mit den Kindern im Kreis um die Gotteskerze. *„Es ist gut zu wissen, Eltern oder liebevolle Menschen zu haben. Wie merkt ihr, dass ihr ihnen wichtig seid?"* Vermutlich werden die Kinder erzählen, dass sie in den Arm genommen werden, dass gemeinsam etwas getan wird. *„Dass sie euch mögen, für euch da sind, die Oma, die Freunde, das spürt man – aber wie? Das merkt ihr im Herzen. Sie freuen sich über euch, dass ihr da seid, was ihr macht, wie ihr bastelt, rennt, malt, klettert. Sie denken an euch, auch wenn ihr sie nicht immer seht. So ist es auch mit Gott: Er mag euch, auch wenn ihr ihn nicht seht. Doch immer wieder kann man merken, dass er da ist: Wenn wir beten, wenn wir die Kerzen anzünden, wenn wir von ihm erzählen, wenn wir freundlich miteinander umgehen. Oft zeigt er sich uns, ganz unscheinbar und leise."* Die Kinder können für das Leise sensibilisiert werden durch Flüstern, Auf-Zehenspitzen-Gehen, Einander-die-Hände-Reichen.

Lieder:
- *Gottes Liebe ist so wunderbar …*
- *Ja, Gott hat alle Kinder lieb …*
- *Wenn einer sagt, ich mag dich du*
- *Wir klatschen in die Hände und alle klatschen mit*

■ **Aktion:** Die Kinder sind noch im Raum verteilt. Die Erzieherin stellt die Gotteskerze dazu und flüstert leise die Namen der Kinder, die zu einem Sitzkreis am Boden zusammenkommen. Diese werden gefragt, ob sie wissen, was ihr Name bedeutet. Die Erzieherin erzählt den Kindern: *„Benedikt bedeutet: der Gesegnete, Jonathan bedeutet: Gottesgeschenk, Micha bedeutet: wer ist wie Gott … Gott, zu dem wir beten und mit dem wir sprechen können, hat jede/jeden von uns bei ihrem/seinem Namen gerufen. Wir alle und alles, was auf der Erde lebt, sind Gott wichtig. Wir können Gott nicht sehen, aber wir wissen, dass er es gut mit uns meint und uns begleitet."*
- Im Kreis sitzend einen Ball von Kind zu Kind rollen lassen zu diesem Lied: „Schön, dass ihr da seid: Ich bin Paul, Leo, Johanna …"
- Spiel: Mein linker, linker Platz ist leer, da wünsch ich mir die Paula her …

Materialien:
Namenlexikon zur Erkundung der Bedeutung der Namen

- **Gestaltung:**
  - Jedes Kind zeichnet den Umriss seiner Hand und schneidet diese aus. Die „Papierhände“ werden in einem Kreis um die Kerze gelegt. Die Kinder sprechen gemeinsam: *„Gott ruft mich. Ich bin da.“*
  - Verschiedene Figuren werden aus Tonpapier ausgeschnitten, ausgemalt und um eine Weltkugel geklebt.
- **Stille-Übung mit Duftölen:** Die Erzieherin macht eine Übung zur Selbstwahrnehmung mit leiser Musik: *„Wir stehen wie ein Baum, wir hören das Rauschen des Windes, wir wiegen uns hin und her und stehen doch ganz fest, wir schließen die Augen und hören, was um uns ist, nur das Atmen und das Rauschen des Windes …“*

Hinweis:
Kinder erfahren biblische Geschichten am eindrücklichsten ganzheitlich und mit allen Sinnen. Die gestaltete Mitte mit Bodenbildern lädt zum inneren Erleben ein. Nach einer Phase der Sensibilisierung, die die Lebenserfahrungen der Kinder aufgreift, wird die Geschichte erzählt, dabei können die Kinder mitwirken als Echo, Musikanten, Symbole- und Figurensteller oder Akteure. Im Anschluss können Gespräch und künstlerisches Gestalten vertiefend oder verarbeitend sein.

Die Freude der Kinder am Malen im Alter zwischen drei und sechs Jahren ist sehr unterschiedlich, so auch ihre künstlerischen Befähigungen: Einige mögen das Malen als Form des Selbstausdrucks gar nicht, können aber durch die Ermutigung anderer Kinder doch mitmachen, oder man bietet andere Formen des Gestaltens an wie: kneten, bauen, modellieren mit Ton, ausschneiden, kleben mit Papier …

Die Erzählanlässe können aufgegriffen werden je nach Gruppensituation oder als Aneinanderreihung. Das Kirchenjahr gibt von sich aus schon eine Reihe von biblischen Geschichten vor. Man kann auch nach Geschichten aus dem Islam suchen.

Baustein C: Bei Jesus und Gott sind alle Kinder willkommen (Markus 10,13–16)

„Und er legte ihnen die Hände auf und segnete sie …“ *(Markus 10,16)*

Die Kindersegnung (Markus 10,13–16; Lukas 18,15–17; Matthäus 19,13–15) beschreibt die besondere Zuwendung Gottes zu den Kleinen. Die Kinder erfahren, dass sie erwünscht und willkommen sind: Ich bin Gott wichtig.

Materialien: Kinderbibel, Kerze, gelbe Tonpapierstreifen, Holzscheite, Tuch

- **Gespräch, Erzählvorschlag mit Bodenbild im Kreis sitzend:** Die Erzieherin stellt die Gotteskerze in die Mitte und legt von dort aus gelbe Tonpapierstreifen auf den Boden, strahlenförmig, wie Lichtstrahlen: *„Gottes Licht scheint für uns wie die Sonne. Die immer und überall da ist. Geschichten, die von Gott und seinem Sohn Jesus berichten, sind in der Bibel aufgeschrieben. Es ist ein Buch aus vielen Büchern. Diese wurden in Israel, einem Land im Osten, weit weg von hier aufgeschrieben (eventuell weitere Erklärungen). Es gibt viele verschiedene Bibeln, in unterschiedlicher Sprache, für Kinder erzählt, für Erwachsene, mit viel Text oder Bildern, große und kleine Bibeln. Ich zeige euch einige. Wer hat auch eine Bibel zu Hause? Ihr könnt morgen auch eine Bibel mitbringen, wenn ihr eine zu Hause habt. Wie Jesus genau* *ausgesehen hat, das wissen wir nicht, es gab noch keine Fotoapparate, und jeder Maler hat ihn sich anders vorgestellt. Jesus ist mit seinen Freunden umhergewandert und hat mit den Menschen gesprochen, sie gesund und froh gemacht. Ich erzähle euch heute eine Geschichte aus der Bibel."*

- *„Vor vielen, vielen Jahren kam Jesus einmal in eine Stadt. Er sprach zu den Menschen, erzählte ihnen von Gott und heilte sie. Die Erwachsenen standen ganz eng um ihn herum.* (Holzscheite werden in einen engen Kreis auf die Sonnenstrahlen gestellt.) *Nun konnten die Eltern mit ihren Kindern gar nicht näher nach vorne zu Jesus kommen und ihn sehen. Die Kinder sahen nur Beine und Kleider. Ein Mann sagte ärgerlich: ‚Was wollen denn die vielen Kinder hier? Sie verstehen doch gar nicht, was Jesus sagt, und haben hier nichts zu suchen.' Da wurde Jesus sehr ärgerlich und sagte: ‚Macht den Kindern Platz und lasst sie zu mir kommen.'* (Die Erzieherin öffnet ihre Arme. Kinder stellen die Holzklötze nach außen auf die Kreisbahn, damit die Lichtstrahlen wieder durchlässig werden.) *Da nahm Jesus die Kinder in seine Arme, drückte sie freundlich an sich und sagte: ‚Gott mag euch Kinder sehr. Kinder haben ein offenes Herz und ein offenes Ohr für Gottes Wort. Er wird euch behüten.' Dann legte er ihnen die Hände auf den Kopf und segnete sie.* (Die Erzieherin legt den Kindern die Hände auf den Kopf, die Kinder ahmen eventuell die Geste nach.) *„Gott streckt uns in Jesus die Arme und Hände entgegen und will uns das Licht schenken. Nun kann der Schein des Lichtes zu allen kommen. Jesus ist das Licht, das für uns scheint."*

Lieder:
- *Lasst uns miteinander …*
- *Gottes Liebe ist so wunderbar … Ja, Gott hat alle Kinder lieb …*
- *Gottes Segen ist wie ein großes Zelt …*
- *Gott, dein guter Segen, ist wie ein großes Zelt*

Der Segen ist ein Zeichen für Schutz und Geleit Gottes. Er gehört mit in die Gottesdienstliturgie. „Gesegnet sein, ein Segen sein, Kinder sind ein Segen Gottes, Maria ist gesegnet unter den Frauen." „Der Herr segne dich und behüte dich."

Baustein D: Wir sind behütet und beschützt (Psalm 23)

> *„Von allen Seiten umgibt uns Gott und hält seine Hand über uns."*
> *(nach Psalm 139,5)*

Viele Kinder werden dem Psalm 23 (Psalm vom Vertrauen) vermutlich im Laufe ihres Lebens begegnen. Er ist Ausdruck von Schutz, Geborgenheit und Geleit. Viele Bilder darin sind den Kindern vertraut: der Hirte, das dunkle Tal, die Wiese, das Wasser. Kinder können sich mit dem Schaf identifizieren und erfahren: Ich bin beschützt. Andere Kinder erfahren sich weniger beschützt von ihren Eltern oder in der Welt, in der sie leben. (Die Spannung, in der Kinder zwischen Schutz und Bedrohung real in unserer Gesellschaft leben, muss bei der „Arbeit" mit Psalm 23 berücksichtigt werden.) Was den Psalm selbst betrifft, so werden einige Begriffe fremd sein: Verlangen stillen = sättigen, Aue = Feuchtwiese, Huld = Wohlwollen.

Gott kümmert sich wie ein guter Hirte um die Menschen. Bei ihm finden sie Schutz und Geborgenheit, auch in schwierigen Situationen.

Materialien:
helles Tuch, Gotteskerze, Schafe, Hirte, Naturgegenstände

- **Gespräch, Gestaltung im Kreis mit gestalteter Mitte:**
  - Die Kinder stellen mit Holztieren eine Schafherde auf und kommen ins Gespräch über Gefahren und Ängste.
  - Sie hören die Psalm-Worte und dass Gott wie ein guter Hirte die Menschen beschützt und für sie sorgt.
  - Sie gestalten eine Landschaft mit Hirten, Schafen und einer Schlucht und malen ihre Eindrücke.

- **Erzählvorschlag:** Die Gotteskerze wird angezündet. *„Ich werde euch heute ein altes Gedicht vorsprechen, das in der Bibel steht, im Buch der Psalmen. Dort sind Texte gesammelt, die manchmal zu einer Leier, einem alten Instrument, gesungen wurden."*

„Der Herr ist mein Hirte, nichts wird mir fehlen. Er lässt mich lagern an grüner Aue und führt mich zum Ruheplatz am Wasser. Er stillt mein Verlangen, er leitet mich auf rechten Pfaden, treu seinem Namen. Muss ich auch wandern in finsterer Schlucht, ich fürchte kein Unheil; denn du bist bei mir, dein Stock und Stab geben mir Zuversicht. Du deckst mir den Tisch vor den Augen meiner Feinde. Du salbest mein Haupt mit Öl, du füllst mir reichlich den Becher. Lauter Güte und Huld werden mir folgen mein Leben lang, und im Hause des Herrn darf ich wohnen für lange Zeit."

- **Gespräch:** Die Erzieherin betont: *„Welche Worte fallen euch noch aus der Erinnerung ein? Der Hirte bringt die Schafe zu neuen Weideplätzen und zum frischen Wasser. Er kümmert sich gut um sie. Wenn sie durch gefährliche Schluchten ziehen, beschützt er sie mit seinem Hirtenstab und wehrt die Wölfe ab, denn überall lauern Gefahren. Was könnte das sein? (Wölfe und Bären) Gott ist zu uns wie ein Hirte, der gut auf die Schafe aufpasst. Er geht mit uns und lässt uns nicht allein."*

2.3 Vertraut werden mit der Welt des Glaubens

2.3.1 Hintergründe

Die Welt der Kinder

Kindertheologie, das Theologisieren mit Kindern, meint, die Fragen der Kinder nach Gott aufzugreifen und die Herausforderung für alle Erziehenden anzunehmen.

„Das Gottesbild bei Kindern ist vor ihrem Lebenshintergrund zu betrachten." (Anton Bucher)

Kinder erobern schrittweise ihren Lebensraum und erfahren in einer wohlwollenden Atmosphäre: Ich habe Zutrauen, ich kann anderen vertrauen, ich traue mir etwas zu; ich fühle mich zugehörig und begleitet. Das macht Mut und Freude. Kinder entwickeln in ihrer magischen Weltwahrnehmung Fantasiebegleiter, die auch als Freunde, Engel und Gott tituliert werden. Immer wieder fragen sie, wie Gott aussieht, und warum er unsichtbar ist. Bei einem Streitgespräch auf dem Spielplatz stellte ein Junge fest: „Gott wohnt in den Herzen der Menschen." Daraufhin wurde ein anderer Junge sehr ärgerlich: „Das kann nicht sein, in meinem Buch über den

Körper steht davon gar nichts; das Herz pumpt unser Blut durch unseren Körper!" Wo also ist dieser unsichtbare Gott? „Warum kann Gott es nicht machen, dass es allen gut geht?" „Hat es Gott jetzt auch kalt, da wo er wohnt?", wollen Kinder wissen. Es ist eine große Aufgabe, mit Kindern im Alltäglichen Religion zu entdecken und zu begegnen. Denn Kinder erfahren, dass die Welt, in der sie leben, nicht heil ist. Hier werden Menschen, auch Kinder, krank; Menschen tun anderen Böses an; auch Eltern sind manchmal böse, sie schimpfen mit den Kindern, manche schlagen ihre Kinder sogar; Kinder werden von Autos totgefahren; es gibt Kriege und Katastrophen. Kinder erleben schon früh, dass es in der Welt, die Gott gemacht hat, auch viel Leid und Ungerechtigkeit gibt. Diese reale Welt steht in Spannung zu der Rede „vom guten Gott", die von der Erzieherin nicht überdeckt werden darf. Dies muss bei dem Bemühen, den Kindern einen Zugang zu Gott zu öffnen, bedacht werden.

Die Bibel birgt unsagbare Schätze, eine Vielfalt der Bilder, der Sprache, die mit den Kindern erkundet werden können. Unter dem Stichwort „Theologisieren mit Kindern" wurden in den letzten Jahren viele Forschungsergebnisse veröffentlicht. Kinder legen biblische Texte aus, sinnen über schöpfungstheologische und kosmologische Fragen nach und bringen Gottesbilder hervor. Sie staunen über das Leben, die Natur und brauchen Erwachsene, die sich (den) Fragen stellen, ohne sie vorschnell zu beantworten. Das Vertrautwerden mit den Schriften des Alten und Neuen Testamentes kann wegweisend und unterstützend sein: Jede und jeder ist geliebt und geachtet von Gott auf seine Weise, mit Schwächen und Stärken: Niemand muss etwas Besonderes sein.

Die Welt der Religion

Jedes Kind hat ein Recht auf Religion und auf seine eigene Religion.

Die Schriften der Religionen überliefern Auffassungen ihrer Religionsstifter über Gott (oder wie wir „ihn" auch nennen), die Welt und die Menschen. In der biblischen Tradition wurden die Geschichten zu Anfang vor oder in den Zelten der Nomaden des Orients erzählt, jahrhundertelang mündlich überliefert; später auf Papyrusrollen aufgeschrieben, dann auf Ziegenleder (Pergament) und immer wieder abgeschrieben, von den Mönchen in den Klöstern bis hin zum Buchdruck. Es sind Erzählungen von Menschen, ihren Begegnungen und Erfahrungen mit Gott und Jesus, dem Sohn Gottes, der sich mit seinen zwölf Freunden oder Aposteln der Not der Menschen annimmt und ihnen dadurch neues Leben schenkt. Sein Auftreten, seine Geschichten (Gleichnisse) erzählen von Gott selbst. („Wer mich sieht, sieht den Vater. Ich und der Vater sind eins.") So auch die Bildworte, die umschreiben, wie Gott ist oder sich gezeigt hat: Gott, der gute Hirte, der gütige Vater, der Weg, das Licht, das Brot des Lebens, die Sonne, die Leben schenkt, der schützende Adler, ein mütterlich-väterlich sorgender Gott, der den Menschen in Jesus Christus nahe sein will. Biblische Geschichten und Bilder erzählen von Vertrauen, Geborgenheit und Konfliktbewältigung und bieten vielerlei Identifikationsmöglichkeiten an: Sie sind daher auch „Resilienz-Geschichten" und bereiten auf das Leben vor. Und dieser Gott möchte, dass die Menschen, die an ihn glauben, seine Weisungen achten, den Nächsten zu lieben, für die gute Sache einzutreten, die Natur als Gottes Schöpfung zu schützen und zu pflegen.

2.3.2 Biblische und andere Geschichten erzählen von Vertrauen und Zutrauen

„Hören sollt ihr, hören, aber nicht verstehen; sehen sollt ihr, sehen, aber nicht erkennen.“ *(Matthäus 13,14b)*

„Wer Ohren hat zum Hören, der höre.“ *(Markus 4,9)*

„Ich rufe dich an, Gott, denn du erhörst mich. Wende dein Ohr mir zu, vernimm meine Rede.“ *(Psalm 17,6)*

Eine ganzheitliche Bibelbegegnung mit Kopf, Herz und Hand ist die sinnorientierte Pädagogik als Weg der Sinnsuche und Glaubensfindung (Ansatz von Franz Kett und Sr. Esther Kaufmann; vgl. www.rpa-verlag.de).

Unter Google finden sich viele Hinweise für Kurse zu biblischen Erzählfiguren.

Oft jedoch hören wir nur halb hin. Ganz Ohr sein, zuhören, aufhorchen, das können Kinder, wenn sie in Geschichten fast „versinken“. Das Ohr als Sinnesorgan hatte in der biblischen Tradition größere Bedeutung als das Auge, da es die Offenbarung Gottes empfangen hat. Durch das Hören von Geschichten werden Kinder vertraut gemacht mit dem „Dahinterliegenden“. Sie werden hineingenommen in die spürbare, liebevolle Zuwendung Gottes durch Jesus und sein Handeln: Ich kann zu Gott in jeder Situation kommen, kann mich anrühren oder „treffen“ lassen, das ist ermutigend, befreiend und Vertrauen stiftend.
Noachs Arche und der fürsorgliche Hirte, der sich auf die Suche nach dem verlorenen Schaf macht, sind Bilder des Schutzes, der Regenbogen, Gottes Zeichen des Bundes und der blinde Bartimäus, der wieder sehen kann, symbolisieren Hoffnung. Es ist sinnvoll, von der – oft ganz anders erfahrenen – Lebenssituation der Kinder auszugehen durch eine Hinführung, Sensibilisierung, bei der Begriffe thematisiert und in Beziehung zur Kinderebene gesetzt werden.

Baustein A: Der fürsorgliche Hirte, niemand geht verloren, alle sind wichtig (Lukas 15,3–7, Matthäus 18,12–14)

„Singet dem Herrn ein neues Lied, verkündet sein Heil von Tag zu Tag! Erzählt bei allen Nationen von seinen Wundern.“ *(Psalm 96,2–3)*

Auch wenn Gott in dieser Erzählung nicht explizit erwähnt wird, steht die Aussage im Zentrum: Niemand geht verloren, wenn man sich auf den Weg macht und eigene Schritte wagt. Das Gleichnis vom guten Hirten gehört mit zu den bekanntesten biblischen Texten. Jesus erzählte es, als viele sich empörten, dass er sich um Menschen verschiedenster Herkunft kümmerte. Die Kinder werden an Elemente der christlichen Glaubenssprache herangeführt und können einen Bezug zu ihrem Leben schaffen: Gott ist wie ein guter Hirte – er lässt auch mich nicht im Stich. Er ist für mich da, das schafft Vertrauen.

Die Kinder werden mit allen Sinnen an die Geschichte herangeführt: z. B. Schafwolle fühlen, Bilder betrachten von Schafen, einen Schäfer besuchen, evtl. sogar Schafskäse essen. Um alle Geschichten lassen sich Projekte aufbauen: durch Momente der Sammlung, Spiele, Lieder, Erkundungen, Erforschungen, Hören, Gestalten, im achtsamen Umgang miteinander und mit den Legematerialien und das Gespräch.

„Was macht ein Hirte, welche Tiere kennt ihr, wie ist es, wenn man nicht sehen kann usw.?“

„Der Hirte kümmert sich um das kleine Schaf; so kümmert sich Gott auch um jeden Menschen, auch um mich – ich brauche keine Angst zu haben, ich gehe nicht verloren, ich bin nicht allein."

- **Vorerfahrungen, Gespräch im Kreis mit Kerze und gestalteter Mitte:** Die Kinder bringen ihre Kuscheltiere, berichten im Vorfeld von ihren Haustieren und dass man sich um sie kümmern muss.

- **Überlegungen, Gestaltung:** Die Erzieherin regt zur Beschäftigung mit dem Thema Schafe an: *„Wozu werden Schafe gehalten, was ist das Besondere an ihnen ...?"* (schutzbedürftige Herdentiere zum Abweiden, für Wolle, Milch, Käse, Fleisch). Vielleicht kann in ländlichen Gegenden ein Schäfer besucht werden.
  - Die Kinder bringen Bücher und Materialien (ein Schaffell, Wolle, Pullover, gestrickte Socken ...) von zu Hause mit. Sie erfahren, dass man aus Wolle stricken kann und z. B. Socken herstellen. Verschiedene Bilderbücher werden gemeinsam zum Leben der Schafe betrachtet.
  - Die Kinder basteln aus einer Pappschablone und Watte oder Naturwolle kleine Schafe, die sie später aufstellen.

Materialien: Kuscheltiere Kinderbibel, braune, gelbe und grüne Tücher, Schafe

- **Erzählvorschlag:** Die Kinder haben ihre Lieblingskuscheltiere von zu Hause mitgebracht. Gespräch: *„Wie heißen eure Tiere? Sie sind euch sehr wichtig. Ihr wollt, dass sie immer bei euch sind. Und wenn sie mal verschwunden wären?"* Die Erzieherin zeigt den Kindern eine Kinderbibel. *(Eventuell Bildbetrachtung.)* Sie legt ein Bild *(„Der gute Hirte" von Sieger Köder,* als Postkarte bei www.schwabenverlag-online.de*)* in die Mitte und stellt eine Hirtenfigur dazu: *„Jesus hat einmal folgende Geschichte erzählt"*:
„Ein Hirte hatte hundert Schafe, die er alle sehr mochte. Er kannte sie beim Namen und kümmerte sich gut um sie. Jeden Tag zählte er seine Tiere, um sicher zu sein, dass keines verloren war. Denn oft gingen sie hoch in die Berge auf unbekannten Wegen, um zu den besten Weiden mit leckerem Gras zu kommen: Das mochten die Schafe. Sie freuten sich, dass sie sich satt fressen konnten. Sie hatten ein gutes Leben und blieben immer nahe beisammen. Für ein einzelnes Schaf wäre es sehr gefährlich dort, denn es gab Wölfe. An diesem Abend merkte der Hirte plötzlich: „Ein kleines Schaf fehlt!" Der Hirte war sehr aufgeregt; er musste das kleine Schaf wiederfinden. Er ließ die 99 Schafe bei seinen Schäferhunden zurück und rannte los. Überall schaute er nach dem kleinen Schaf: bei den Felsen, in der Höhle am Fluss, bei den Hügeln. Laut rief er den Namen des kleinen Schafes. Lange suchte er nach ihm und machte sich große Sorgen. *(Dornen oder Zweige in die Mitte legen.)* Da hörte er ganz leise ein Blöken, nur schwach war es zu hören. Der Hirte ging schnell der Stimme nach. Da sah er das kleine Schaf, das sich in einem Dornengestrüpp am Abhang verfangen hatte. Der Hirte befreite es. Er freute sich sehr, dass er das kleine Schaf gefunden hatte, und nahm es vorsichtig in seine Arme. Er trug es nach Hause zur Schafherde und zu seinen Hunden *(Kinder stellen ihre gebastelten Schäfchen dazu),* die ihn fröhlich empfangen. Auch das kleine Schaf sprang freudig herum, so froh war es, dass es wieder zu Hause sein konnte."

Materialien: Gotteskerze, Wolle, Schafe, Zweige, Dornen, evtl. ein Hirte als Erzählfigur, Abbildung von Sieger Köder: „Der gute Hirte" zur Bildbetrachtung, Bilderbücher

- **Lieder:**
  - Halte zu mir, guter Gott ...
  - Herr, wir bitten dich, komm segne uns ...

- **Vertiefung, Gespräch:** *„Es tut gut, wenn sich jemand um einen kümmert. Kennt ihr das auch? Wer kümmert sich um euch? Wie ist es dem kleinen Schaf wohl ergangen?*

Gott ist für uns da, er schaut nach uns. Wir können zu ihm beten und mit ihm sprechen.“ Die Kinder stellen ihre Schäfchen auf einen Ausstellungstisch. In kindgemäßer Sprache kann der Psalm 23 chorisch mit den Kindern nachgesprochen und Handbewegungen dazu gefunden werden:

- **Gebet:** *„Guter Gott, du bist wie ein Hirte zu uns, wie du auch für die Schafe sorgst und sie zu guten Weiden und an frisches Wasser führst. So lässt du uns auch in Dunkel und Gefahr nicht allein. Du begleitest und beschützt uns, wir müssen uns nicht ängstigen, denn du bist mit uns. Wir danken dir.“*

Baustein B: Noach und der Regenbogen – Gottes Zusage und Zuwendung (Genesis 6,1–9, 17)

Noach und der Regenbogen: Gott vergisst uns nicht.

„Gott sagt: Ich bin ein Gott, der für euch da ist und einen Bund der Freundschaft mit euch geschlossen hat. Gott sagt Ja zu den Menschen, die zu ihm beten, mit ihm sprechen und von ihm erzählen. Er ist da, auch wenn sie ihn nicht sehen können.“

Die Erzählung von Noach ist in Babylon entstanden, im Zweistromland, wo Euphrat und Tigris immer wieder über die Ufer traten und viele Menschen und Tiere ertranken. Kern dieser Erzählung ist der Gedanke des Bundes zwischen Gott und den Menschen. Gott stellt alle Tiere und Menschen unter seinen Schutz. Sichtbares Zeichen ist der Regenbogen. Gott prüft die Menschen, indem er das Unheil nicht gleich von ihnen abwendet, und richtet sie wieder auf. Er schließt einen Bund mit den Menschen und will Gerechtigkeit und Versöhnung. Doch die Menschen müssen sich selbst aktiv dafür einsetzen. In Zeiten von Angst und Überforderung suchen Kinder Schutz und Nähe. Durch die Geschichte können sie sich mit den Tieren und mit Noach identifizieren: Gott rettet und beschützt die, die ihm vertrauen.

Lieder:
- *Kommt geschwind, denn die große Flut beginnt …*
- *Er hält die ganze Welt …*
- *Kommt herbei, singt dem Herrn, ruft ihm zu, der uns befreit …*
- *Gottes Liebe ist so wunderbar …*
- *Ein großer Regenbogen ist übers Land gezogen …*

- **Vorkenntnisse, Verständnis, Kreisgespräch mit gestalteter Mitte:** Die Kinder beschäftigen sich im Vorfeld mit verschiedenen Tierarten, bringen ihre Lieblingstiere mit und wissen, dass es Angst macht, wenn ein Unwetter Menschen und Tiere bedroht. Sie agieren als Musikanten, „Figurensteller“/Gestalter oder Schauspieler.
  „Wir dürfen darauf vertrauen, dass Gott uns nicht vergisst. Er steht zu uns, auch wenn wir nicht immer gut miteinander umgehen, uns verletzen, Böses tun. Gott findet ein solches Verhalten nicht gut und hat das den Menschen immer wieder klargemacht. Aber er wendet sich uns immer wieder zu. Er hält zu uns auch in Zeiten der Dunkelheit. Er schließt einen Bund mit den Menschen: Wir sind mit ihm verbunden.“
- **Gespräch/Erzählvorschlag im Kreis:**
  „Gott freut sich an dem bunten Leben der vielen Kinder, Lebewesen und Tiere.“ Die Erzieherin zündet die Gotteskerze an und legt ein braunes, blaues und grünes Tuch dazu: *„Gott mag es, dass alles bunt und schön ist in seiner Schöpfung. Ich erzähle euch dazu eine Geschichte aus der Bibel.“*

„Vor langer Zeit sah Gott, dass die Menschen viel miteinander stritten, sie schrien sich an, sie stahlen und schlugen sich und wollten nicht mehr miteinander teilen. Da sprach Gott zu einem frommen Mann, der hieß Noach: ‚Bald kommt eine große Flut. Es wird Tag und Nacht regnen und erst nach vierzig Tagen wieder aufhören. Baue mit deiner Familie eine Arche, ein großes Schiff, Noach, und nimm immer zwei Tiere, ein Weibchen und ein Männchen, mit in das Schiff. So seid ihr gerettet.' Und Noach fängt an, mit seiner Familie eine Arche zu bauen. Sie holen große Holzbalken. Es ist eine schwere Arbeit. Die Arche muss wasserdicht sein, und sie streichen Pech über die Hölzer. *(Die Kinder setzen die Bauklötze wie zu einem Schiffsrumpf zusammen.)* Dann führt Noach die Tiere in die Arche. Da sind Giraffen und Elefanten, Esel und Zebras, Kühe und … (*Tierarten aufstellen*). Gott verschließt hinter Noach die Türe. Nun fängt es an zu regnen. *(‚Kennt ihr das auch, dass es regnet und regnet und nicht mehr aufhört?')* Der Regen wird lauter und lauter. Und das Wasser des Meeres steigt höher und höher. Überall ist nur noch Wasser, so weit das Auge reicht. *(Die Erzieherin legt blaue Tücher in die Mitte. Die Kinder trommeln mit den Fingern auf den Boden, stärker immer stärker.)* Die Tiere in der Arche werden unruhig. Die Löwen brüllen (*Kinder ahmen Tierstimme nach*), die Kühe muhen (*Echo*), die Katzen miauen … die Adler kreischen … Der Wind wird stärker und stärker (*aufheulen, Tücher und blaue Müllsäcke als Wellen bewegen*). Die Wellen schlagen hin und her. Die Menschen haben Angst und beten zu Gott, dass er ihnen hilft, z. B.: *‚Guter Gott, gib uns den Mut durchzuhalten, bis der Regen vorbei ist, bitte lass uns nicht allein, wenn wir Angst haben.'*

Materialien:
Gotteskerze, eventuell Erzählfigur für Noach, bunte und blaue Tücher für das Bodenbild, Bauklötze, diverse Kunststoff- oder Holztiere, eine Taube, einen Regenstab, Trommeln zur akustischen Untermalung

Doch endlich, nach vierzig Tagen, hört der Regen auf (*keine Geräusche mehr*). Noach lässt einen Raben losfliegen. Doch der kommt bald zurück, denn er hat kein Land gefunden. Ein paar Tage später schickt Noach eine Taube los. Auch sie kehrt bald wieder zurück. Doch sieben Tage später bringt sie im Schnabel einen Olivenzweig mit (*einen Zweig in die Mitte legen*). Nun wissen alle, dass nur noch wenig Wasser da ist. Und sieben Tage später kehrt die Taube nicht mehr zurück. Da hat Noach den Mut, an Land zu gehen. Er öffnet die Arche, und alle können aussteigen: Noach und seine Familie und alle Tiere verlassen die Arche (*Tiere herausnehmen*). Endlich haben sie wieder Boden unter den Füßen. Alle sind sehr froh. Menschen und Tiere freuen sich, dass sie endlich wieder an Land sein können. Und Noach baut einen Tisch aus Steinen, einen Altar, um Gott zu danken. Da sieht Noach einen großen Regenbogen (*mit Chiffontüchern auf den Boden einen Regenbogen legen. Kurzes Gespräch: ‚Habt ihr schon einen Regenbogen gesehen?'*). „Gott spricht zu Noach: ‚Der Regenbogen ist mein Zeichen: Ich lasse dich und euch nicht allein. Ich bin bei euch. Der Regenbogen ist wie eine Brücke von Gott zu den Menschen.' (*Kerzen anzünden*).

- **Vertiefung:** Die Kinder malen Tiere und Menschen unter dem Regenbogen: Gott ist mit uns.
  - Sie basteln eine Taube, kleine Papierstreifen werden als Flügel angeklebt.

- **Alternative Version für einen Gottesdienst:**
  - *Material:*
    Regenstab, Tambourin für die Tropfgeräusche des Regens, umgedrehter Tisch als Arche, blaue Müllsäcke, Tiermasken, Zweig, Altar aus Kartons, ein Regenbogenplakat
  - *Ablauf:*
    Die Kinder spielen verkleidet mit Masken die Tiere. Zwei Kinder bewegen blaue Müllsäcke als Wellen, andere machen die Geräusche dazu.
    Die Gruppe singt Lieder.
    Ein Kind, als Taube verkleidet, trägt einen Zweig.
    Die Gruppe baut einen Altar aus Kartons und hängt ein Regenbogenplakat auf.
    Abschließend wird ein Dankgebet gesprochen.

Baustein C: Bartimäus kann wieder sehen (Markus 10,46–52)

„Tut die Augen auf! Jeder Augenblick hat eine Chance in sich. Nützt sie! Versäumt sie nicht!“ *(Epheser 5,15)*

„Blinde sehen wieder, und Lahme gehen; Aussätzige werden rein, und Taube hören; Tote stehen auf, und den Armen wird das Evangelium verkündet.“ *(Matthäus 11,5)*

Bartimäus wird von Jesus geheilt und kann wieder sehen

Die Erzählung von Bartimäus gehört zu den vielen Heilungsgeschichten im Neuen Testament. Die Kinder merken, dass blinde Menschen aus der Gemeinschaft der anderen wie ausgeschlossen sind, weil sie nichts sehen können. Sie müssen alles erfühlen und brauchen Unterstützung.
„Es ist gut, Hilfe und Unterstützung zu bekommen, wenn man nichts sehen kann. Wir sind dankbar, dass wir sehen können.“

Materialien: Stock, Tücher, Gotteskerze, Augenbinde, Karte mit Blindenschrift, Zeichen für blinde Menschen, Abbildung von einem Blindenhund

- **Aktion, Gespräch:** Zur Einstimmung machen die Kinder Übungen von „Führen und Geführtwerden“ mit verbundenen Augen.
  - Sie machen Spiele wie Blinde Kuh, Topfschlagen und fühlen Dinge, die in einem Schuhkarton versteckt sind: Münzen, Nüsse, Wolle, einen Wachsstift, einen Löffel …
  - Sie ertasten Blindenschrift auf Karten und hören eventuell von Blinden im Umfeld (Werkstätten für Blinde, Blindenmission).
- **Erzählung im Kreis mit gestalteter Mitte und Gespräch:** Die Erzieherin zündet die Kerze an. *(„In der Bibel, die ihr jetzt schon kennt, wird folgende Geschichte erzählt:“)*
  „Vor der Stadt Jericho im Land Israel, weit weg von hier, lebte ein Mann mit Namen Bartimäus. Seit vielen, vielen Jahren kann er nichts sehen: keine Farben, keine Blumen, keine Menschen, keine Wolken, gar nichts. Er ist blind. *(Hand vor die Augen nehmen. „Das ist so, wie wenn ihr immer ein Tuch vor den Augen hättet. Man sieht gar nichts. Jetzt könnt ihr es euch vorstellen, denn ihr habt es vorhin erlebt.“ Kinder legen eine Augenbinde in die Mitte und einen Stock.)* Bartimäus kann nicht arbeiten und kein Geld verdienen, um sich etwas zu essen zu kaufen. Er muss betteln. Er

sitzt vor der Stadtmauer und streckt seine Hand aus. Er bittet die Vorbeigehenden um Geld. Manchmal geben die Leute ihm ein Geldstück. (*Kinder legen Münzen in die Mitte.*) Eines Tages hört Bartimäus, dass Jesus und seine zwölf Freunde, die Jünger, in die Stadt kommen. Eine große Menschenmenge hat sich schon um ihn versammelt. Da fängt Bartimäus an zu schreien: ‚Jesus, Jesus, komm zu mir und sieh, wie es mir geht!' (*Kinder chorisch*) Da drehen sich einige Menschen zu Bartimäus um und rufen: ‚Sei doch still, was willst du denn von Jesus?' Doch Bartimäus ruft noch lauter: ‚Jesus, komm doch zu mir und kümmere dich um mich. Schau, wie es mir geht.' Und siehe da: Jesus dreht sich tatsächlich zu ihm um und sagt zu den Leuten: ‚Ruft Bartimäus herbei!' Jesus legt seine Hand auf die kranken und blinden Augen von Bartimäus. Da kann Bartimäus wieder sehen. Er springt vor Freude auf und ruft: ‚Ich kann wieder sehen, wie herrlich und wundervoll!' Und er wird ein Freund von Jesus und wandert mit ihm.

- **Vertiefung/Gespräch:** Die Kinder schildern ihre Eindrücke und malen, was ihnen in der Geschichte wichtig ist. *„Auch wir können Menschen mit dem Herzen helfen, wenn sie unsere Hilfe brauchen, das wollte Jesus auch von uns."*
  „Guter Gott, oft sehen wir vieles nicht um uns herum. Wie blind laufen wir durch die Welt, wenn wir ärgerlich, eifersüchtig, neidisch oder gleichgültig sind. Auch wenn wir nicht so sind wie andere, sind wir froh, wenn wir gesehen und geachtet werden. Mach unser Herz weit und öffne unsere Augen, dass wir bereit sind, andere zu achten und ihnen zu helfen.

Wahrgenommen werden – gesehen werden – wieder sehen können

- Andere Biblische Geschichten zum Thema „Vertrauen", „Geborgenheit" und „Schutz", die auf ähnliche Weise aufbereitet werden können (Hinführung, Verständnis, Vorerfahrungen, Gespräch, Erzählung, Gestaltung, Lieder):
  – Abraham (Genesis 12,1–8)
  – Jakobs Traum (Genesis 28,10–19)
  – Josef (Genesis 37 ff.)
  – Moses Kindheit (Exodus 2,1–10)
  – Miriam, eine mutige Schwester (Exodus 2,1–10)
  – Die Speisung der 5000 (Markus 6,30–44)
  – Die Heilung des Gelähmten (Johannes 5,1–9)
  – Jesus, der gute Hirte (Johannes 10; 11,27–29)
  – Jesus, Brot des Lebens (Johannes 6,22–35)
  – Jesus, das Licht der Welt (Johannes 9,1–12)

2.3.3 Weitere Geschichten

Neben biblischen Geschichten sind die Lebensgeschichten der Heiligen für Kinder sehr eindrücklich. Sie sind Personen, die tiefe religiöse Erfahrung vermitteln und den Kindern eine Art Vorbild sein können: „Glaube hilft zu vertrauen und macht Mut zum Handeln."

Baustein A: Aus dem Leben der Elisabeth von Thüringen – Für andere da sein

Mithilfe von Bilderbüchern können die Lebensschilderungen der Heiligen, Personen der Kirchengeschichte oder Menschen des Glaubens sehr lebendig werden.

Ein Beispiel für gelebte Nächstenliebe, große Menschlichkeit und Gottvertrauen aus der Kirchengeschichte ist das Leben der Elisabeth von Thüringen. Sie wurde vor gut 800 Jahren, am 19. November 1207, auf der Burg Saros Patak in Ungarn geboren. Als Vierjährige und zukünftige Ehefrau von Landgraf Ludwig kam sie auf die Wartburg nach Thüringen und starb 1231 in Marburg. Sie war eine Frau, die aus ihrem Glauben lebte und aus ihrem Herzen handelte, Arme besuchte, Kranke pflegte, alles verschenkte, was sie hatte, und sehr früh sehr arm starb. Sie ist die Schutzheilige der Kranken. Ihr Erinnerungstag ist der 19. November. Dieser Tag ist der Namenstag für alle, die Elli, Lilly, Lisa oder Betty heißen. Elisabeths Lebensgeschichte lässt sich anschaulich durch die Abbildungen des schön gestalteten Bilderbuches von Eveline Hasler erzählen. Als Ergänzung bietet sich an ein Buch über die Zeit der Burgen, Ritter und Burgfräulein. *„Wie lebten diese Leute damals? Wie waren sie gekleidet? Was aßen sie? Was taten sie?“* (vgl. Lesehinweise, S. 278).

„Wenn das Brot, das wir teilen, als Rose blüht, und das Wort, das wir sprechen, als Lied erklingt, dann hat Gott unter uns schon sein Haus gebaut, dann wohnt er schon in unserer Welt …“ (Lied)

- **Kreisgespräch mit gestalteter Mitte:** Die Kinder berichten von ihren Aktivitäten zu Hause, was sie gerne machen und was weniger gern. Sie lernen Elisabeth als ein Kind kennen, das lieber spielt, anstatt strenge Tischsitten und gutes Benehmen auf der Burg zu lernen, und dass sie eine liebevolle und weitherzige Frau ist, die alles verschenkt und aus ihrem Glauben lebt.

- **Hinführung/Erzählvorschlag:**
  „Kinder in eurem Alter wurden früher oft schon verheiratet. Sie mussten weit weg von ihren Eltern zu ihren zukünftigen Ehepartnern. Wart ihr schon mal alleine unterwegs in den Ferien und habt woanders geschlafen? In anderen Familien gelten meist andere Regeln, die man erst kennenlernen muss, so ging es auch Elisabeth: Am Hofe muss man sich gut benehmen, und das fiel ihr schwer. Viel lieber wollte sie spielen und draußen herumtoben, anstatt Sticken zu üben. Die Leute auf der Burg fanden Elisabeth komisch.“
  Die Erzieherin legt in die Mitte ein Tuch, Krone, Bauklötze und Glitzersteine. *(Die Kinder werden aufgefordert, eine Burg, ein Schloss aus Bauklötzen und Glitzersteinen zu bauen. Sie hören mittelalterliche Musik.)*

„Im Jahre 1211 fährt ein vornehmer Reisewagen von Eisenach über Österreich nach Ungarn, um die vierjährige Elisabeth abzuholen und nach Eisenach zu bringen. Sie soll mit Ludwig, dem Sohn des Landgrafen Hermann verheiratet werden. Das haben die beiden Eltern beschlossen. Elisabeth muss Abschied nehmen: von ihren Eltern, ihrer Heimat und allem Vertrauten. Es fällt ihr sehr schwer. Mit einer Schar von Reitern und Mägden macht sie sich auf den Weg, mit Truhen voll prächtigem Schmuck und Kleidern (*eine Puppe, eine Kette in die Mitte legen*). So kommt Elisabeth auf der Burg des Landgrafen an. Nun soll sie dort richtiges Benehmen lernen. (*Kinder legen Messer und Gabel, eine Stricknadel in die Mitte.*) Wie viel lieber würde sie mit den anderen Burgkindern draußen herumtoben und mit Bällen, Pfeil und Bogen spielen. Oft fühlt sie sich einsam oder gar nicht verstanden und geht dann in die Kirche. Sie mag die Stille dort und betet zu Gott. (*Kinder legen eine kleine Bibel in die Mitte.*) An einem Tag legt sie dort alle ihre edlen Kleider ab und geht barfuß. Sie will keinen Schmuck und teure Stoffe mehr tragen (*Armreif hinlegen*). Sie will wie Jesus leben: arm und hilfsbereit gegenüber den Menschen. Dann heiratet Elisabeth Ludwig (*Kinder legen einen Ring dazu*), den sie sehr mag; sie haben gemeinsam drei Kinder. Bald darauf muss Ludwig in den Krieg ziehen, zu einem Kreuzzug in ferne Länder. (*Kinder legen ein Schwert in die Mitte.*) Elisabeth ist mit den drei Kindern alleine. Da bricht eine Hungersnot aus. Oft geht sie heimlich zu den Armen und schenkt ihnen Brot. (*Die Kinder legen ein Stück Brot in die Mitte.*) Da bringt ein Bote die traurige Nachricht, dass Ludwig gestorben ist (*ein Kreuz in die Mitte legen*). Elisabeth ist unglaublich traurig. Sie will nun nur noch den Armen helfen, denen es viel schlechter geht. (Hier beginnt nun die Legende.) Als sie eines Tages wieder ihre Körbe gepackt hat, um zu den Armen zu gehen, kommt der Bruder ihres verstorbenen Mannes und schreit sie an: ‚Was hast du in den Körben?' (*Kinder stellen einen Korb in die Mitte.*) Elisabeth erschrickt sehr und sagt: ‚Rosen!' Elisabeth wird von ihm nur ausgelacht. Der Schwager reißt das Tuch weg und staunt, als er die schönen Rosen im Korb sieht. In den anderen Körben sind frische Brote. Elisabeth mag nicht mehr auf der Burg bei ihrem unfreundlichen Schwager bleiben. Sie flieht mit ihren Kindern nach Marburg. Dort gründet sie ein Krankenhaus und pflegt die Kranken und Armen. (*Kinder legen Verbandsdinge und eine Flasche Hustensaft dazu.*) Jeder mag Elisabeth. Sie ist sehr gut zu den Menschen. Bald aber hat sie keine Kraft mehr, sie ist erschöpft durch die viele Arbeit. Elisabeth stirbt sehr jung."

Materialien:
Glitzersteine, Krone, Bauklötze, Tücher, Kerze, mittelalterliche Musik, Stricknadel, Faden, Gabel, Ring, Bibel, Brotkorb, Rosen aus Papier

- **Lied:** „Wenn das Brot, das wir teilen, als Rose …"
- **Vertiefung/Gestaltung:** Gemeinsam wird mit den Kindern Brot gebacken und ein Büchlein erstellt in Leporelloform mit den verschiedenen Stationen aus Elisabeths Leben:
  1. Elisabeth auf der neuen Burg
  2. Elisabeth in der Kirche
  3. Elisabeth heiratet und bekommt Kinder
  4. Ludwig stirbt im Krieg
  5. Elisabeth kümmert sich um die Armen
  6. Ein Korb mit Rosen und Brot

- **Szenisches Spiel, z.B. für einen Gottesdienst:** Kostüme und Kleider werden bereitgestellt zum freien Spiel für die Kinder, Blumen, Blüten aus Taschentüchern gefaltet.
- **Bildbetrachtung:** Die Kinder betrachten in Büchern oder auf Postkarten Kirchenfenster und Abbildungen mit der heiligen Elisabeth.
- **Segensspruch, von Gebärden begleitet:**

Text	Gebärden
Gott du bist innen und außen	Beide Hände zum Herzen und nach vorne führen
Und um mich herum.	Hände jeweils an der linken oder rechten Seite nach hinten führen
Gieß deinen Segen über mich aus.	Hände V-förmig, empfangend nach oben strecken
Du sollst bei mir wohnen.	Beide Handflächen wie zum Gebet vor die Brust führen
Ich bin dein Haus.	Handflächen zu einem Dach formen, wobei die Fingerspitzen sich berühren

(mündlich überliefert)

Baustein B: Bilderbücher und Märchen, die von Vertrauen und der Durchsetzungskraft des Guten erzählen

Volksmärchen wurden ursprünglich für Erwachsene erzählt und mündlich überliefert. Sie spiegeln Lebenswirklichkeiten auf einer tieferen, seelischen Ebene wider und wirken oft durch ihre Urbilder und Symbolsprache verschlüsselt und geheimnisvoll wie die Träume (nach Esser, S. 170). Kinder leben mit den Märchengestalten mit, die bedroht werden, alleine ihren Weg gehen müssen oder gefangen gehalten werden, und freuen sich, wenn alles sich zum Guten wendet. So vermitteln Märchen Mut und Vertrauen in das Leben. Es ist gut, sich zuvor mit einigen Themen oder Gegenständen zu befassen, die im Mittelpunkt stehen, wie z. B. Schloss, Wald, Wachteln, Lebkuchen. Zur Vertiefung können Märchen szenisch nachgespielt werden, Lieder gesungen, Textstellen mit Rhythmusinstrumenten untermalt werden, Eindrücke gemalt oder geknetet werden, ein Hörspiel angehört und Puppen oder Figuren gebastelt werden. Beispiele für Volksmärchen aus der Sammlung der Brüder Grimm, die Vertrauen, Schutz und ein gutes Ende spiegeln:

Muslimische Eltern einladen, die den Koran zeigen

- Der gestiefelte Kater
- Der Wolf und die sieben Geißlein
- Die Bremer Stadtmusikanten
- Aschenputtel
- Rotkäppchen
- Schneewittchen
- Der goldene Vogel

Lesehinweise:
Folgende Bilderbücher sind Beispiele aus der Lebenswelt der Kinder; sie erzählen von Vertrauen und Geborgenheit:

- Lionni, Leo: *Frederik und seine Mäusefreunde*, Beltz Verlag, 2005.
- Carigiet, Alois: *Schellenursli*, Orell Füssli Verlag, 24. Aufl., 2007. Ein Junge in den Engadiner Bergen möchte nicht die kleinste Schelle beim Umzug tragen. Er macht sich auf den Weg zum Maiensäß, einer Hochalpe, um die große, alte Glocke zu holen, und kehrt wohlbehalten zurück.
- Bernadette, Varenka: *Zürich*, NordSüd Verlag, 15. Aufl., 2001. Im Krieg bittet Varenka, dass Gott eine Mauer um ihr Haus errichten möge, damit Menschen Schutz finden können.
- Unter www.kinderbuch-couch.de finden sich viele Buchbesprechungen zu Themen, wie „Geborgenheit", „Vertrauen", „Mut", „Freundschaft".

2.3.4 Symbole als vertrauensstiftende Bilder erfahren

Symbole sind wie eine Bildsprache: Sie sind Schlüssel oder Wegweiser für etwas „Dahinterliegendes“. Gegenstände werden zu Bedeutungsträgern einer tieferen Wirklichkeit. „Die Symbolsprache bringt die Glaubenswelt und Lebensweisheit neu zum Klingen“ (Otto Betz). Die hier ausgewählten Symbole spiegeln Heimat, Schutz, Geborgenheit, und Vertrauen: 1. Weg, 2. Haus, 3. Hand, 4. Brot und 5. Licht

Die Kinder werden vertraut gemacht mit Symbolen unserer christlichen Tradition. Sie tragen Alltagsdinge und Gegenstände aus ihrer Lebenswelt zusammen, machen Erkundungstouren, sprechen über Symbole, erstellen einen Ausstellungstisch mit eigenen kreativen Arbeiten oder Sammlungen, hören Geschichten und singen Lieder. Die Arbeit mit Symbolen eignet sich sehr gut für Projekte.

Baustein A: Der Weg, unterwegs sein und behütet

„Mein Gott, auf dich vertraue ich. Zeige mir, Gott, deine Wege.“ (nach Psalm 25,2 und 4)

„Behüte mich Gott, denn ich vertraue dir. Du zeigst mir den Weg zum Leben.“ (nach Psalm 16,1 und 11)

„Des Menschen Herz denkt sich seinen Weg aus, aber Gott lenkt seinen Schritt.“ (Sprichwörter 16,9)

„Ich bin der Weg, die Wahrheit und das Leben.“ (aus Johannes 14)

Holzwege, Irrwege, Kreuzwege, Pilgerwege, Leidenswege, Umwege, Friedenswege, Wege der Versöhnung, unterwegs sein, Gott begleitet uns auf unserem Lebensweg. Kinder machen erste Erfahrungen mit dem Unterwegssein, beim Reisen und bei der Loslösung vom Elternhaus.

Lesehinweis: vgl. zu dieser Thematik: Hubertus Halbfas und sein symboldidaktischer Ansatz

Materialien: Pappe, Malstifte, Seile, Tücher, Schneckenhaus, Schere, Geschichtenbuch

- **Gespräch/Erkundung:** Die Erzieherin macht mit den Kindern einen Spaziergang oder Erkundungsgang. Gemeinsam werden verschiedene Wege entdeckt: steinige, holprige, geteerte Wege, Straßen, Naturwege, Feldwege, Waldwege, sandige Wege, Wege durch Wiesen, durch die Stadt … *„Wie sind sie denn beschaffen?"* Die Kinder bringen Postkarten von Orten mit, an denen sie schon waren. *„Wo seid ihr schon hingefahren?"*
- **Gestaltung/Vertiefung:**
  - Die Kinder malen einen Weg mit verschiedenen Farben und sich selbst dazu: Wir sind unterwegs.
  - Mit Tüchern und Naturmaterialien werden Wege gelegt.
  - Die Kinder umranden mit einem Stift ihre eigenen Füße auf Pappe und schneiden diese aus. *„Wir sind unterwegs, und Gott ist mit uns."*
  - Mit den Kindern wird ein Labyrinth gelegt und gegangen.
- **Geschichten:** Biblische und andere Wege-Geschichten, Geschichten vom Unterwegssein werden vorgelesen oder erzählt: von Abraham, Mose, Jesus, Josef, Emmaus, Märchen, z. B. Rotkäppchen …
- **Bewegung:** Mit den Kindern wird der Pilgerschritt gegangen: auf der Kreisbahn: rechts, links, rechts als Schrittfolge, dann einen Schritt zurück, wiegen, wieder vorwärts mit rechts.
- **Selbstwahrnehmung:** *„Schließt die Augen, wenn ihr mögt. Stellt euch fest auf den Boden. Ihr spürt eure Füße, wie sie da stehen. Mit unseren Füßen können wir unterwegs sein, langsam und schnell, auf sandigen und matschigen Wegen, auf steinigen und weichen Waldwegen. Ihr spürt eure Füße und kommt wieder langsam hier an, in diesem Raum und öffnet die Augen. Wie ist es euch ergangen? Was habt ihr gefühlt?"*
- **Achtsamkeitsübung, Gestaltung:** Ein Schneckenhaus gemeinsam betrachten. *„Wie sieht es aus, was für eine Schnecke hat da wohl drin gelebt?"*
  - Eine Schneckenhaus-Spirale aus Papier ausschneiden, eine Spiralrolle kneten.

Baustein B: Zu Hause geborgen sein, bei sich zu Hause sein

Das Haus als Symbolbild erfahren und erkunden.

„Du bist für mich Zuflucht und Burg, mein Gott, dem ich vertraue." (Psalm 91,2)

Das Gleichnis vom Haus, auf einem Fels gebaut (Matthäus 7,24-27)

*„Auch der Sperling findet ein Haus und die Schwalbe ein Nest für die Jungen, …
Wohl denen, die wohnen in deinem Haus, die dich allezeit loben." (Psalm 84,5)*

Häuser sind unterschiedlich gestaltet: das Kaufhaus, Rathaus, Bauernhaus, Gewächshäuser, Baumhaus, Schneckenhaus, Feuerwehrhaus, Jägerhaus und Hochhaus. Zelt, Hütte, Höhle, Turm, Schloss und Burg sind im weitesten Sinne auch Behausungen. Für Kinder ist ihr „Zuhause" sehr wichtig; auch wenn sie in Mietwohnungen leben, sprechen sie von einem Haus. Häuser sind Ausdruck von Beständigkeit, Sesshaftigkeit. Wir fühlen uns zu Hause, gehen nach Hause, sind froh, ein Dach über dem Kopf zu haben. In biblischer Zeit waren es meist Einraumhäuser ohne Fenster, nur mit Scharten für den Rauchabzug, mit Flachdach und einer Außentreppe. Kinder mögen es,

Häuser und Zelte zu bauen aus Tüchern, Stäben und Holz, sie spielen gerne mit Puppenhaus und Bauernhof. Das Symbolbild „Haus" trägt viele Aspekte von Geborgenheit und Schutz vor Regen, Sonne, Kälte. Für Teresa von Avila, die spanische Mystikerin, ist die Burg ein Bild für die Seele, in der Gott wohnt. Man spricht von himmlischer Wohnung, dem Haus Gottes, davon, dass die Kirche sein Haus sei. So sind Tempel, Moschee und Synagoge heilige Stätten oder „Häuser". Häuser werden gesegnet: Die Sternsinger schreiben in der Zeit nach Weihnachten: C*M*B* an die Haustüre: „Christus mansionem benedicat" (lateinisch): Christus, segne dieses Haus. Siehe auch Segensspruch in Kapitel 2.3.3, Baustein A.

- **Gespräch/Hinführung:**
  - *„Wo wohnt ihr, wie sieht es da aus? Malt euer Haus. In welchem Zimmer seid ihr am liebsten?"*
  - *„Wie und wo leben die Tiere?"* In Nestern, Kobeln, Höhlen, unterirdischen Gängen ... („geborgen wie ein Vogel im Nest")
  - Sie machen mit der Erzieherin einen Rundgang zu den Häusern, in denen sie mit ihrer Familie leben.
  - Man spricht vom Haus Gottes.
    „Gott wohnt, wo man ihn einlässt." (aus dem Chassidismus)
- **Bildbetrachtung, Gestaltung:**
  - Die Kinder sehen sich Abbildungen, Fotos von Häusern an: *„So leben Kinder in anderen Ländern. So sehen die Häuser dort aus"* (Lehmhäuser, Holzhäuser, Pfahlbauten, Schloss, Burg, Iglus, Zelte ... vgl. die verschiedenen im Lesehinweis genannten Bilderbücher).
  - Sie bauen aus Schuhkartons, Schachteln, Tüchern, Stoffen, Duplosteinen Hausmauern und Häuser.

Baustein C: Hände und was sie alles können

„Du hast den Himmel gemacht und die Erde, und auch mein Leben kommt aus deiner Hand." (Psalm 121,2)
„In deine Hände lege ich voll Vertrauen meinen Geist ..." (Psalm 31,6)
„Du hältst deine Hand über mir ..." (Psalm 73,23–24; Psalm 139,5)
„Er legte die Hände auf und segnete sie ..." (Matthäus 19,15)

Hand und Hände werden oft in biblischen Geschichten und in den Psalmen erwähnt. Die Hand ist ein Symbol für Geleit, Geborgenheit und liebevolles Empfangen und Behüten.

- **Gespräch/Hinführung:** Die Erzieherin betrachtet mit den Kindern die eigenen Hände und die der anderen Kinder. (*„Jede Hand sieht anders aus.“*) Die Kinder beschreiben ihre Hände und sagen, was diese alles können: streicheln, füttern, verbinden, Augen zuhalten, schützen, sich anfassen und wieder loslassen, winken, begrüßen, abwehren, werfen, schlagen, rühren, eine Faust machen, führen und zeigen, malen und schreiben, beten, schöpfen, essen, segnen, ein Kreuzzeichen machen, … *„Unglaublich viel können wir mit unseren Händen machen. Wir sind froh, dass wir sie haben. Man sieht Jesus auf vielen Bildern mit ausgestreckten Armen und Händen, das bedeutet: Ich freue mich über euch, ihr seid willkommen, ich bin für euch da. Jesus sieht die Not der Menschen und heilt sie …“*
- **Lieder:**
  - „Hände, die schenken, erzählen von Gott …“
  - „Gottes Hände sind wie ein großes Zelt …“
  - „Ich habe zwei Hände …“
  - „Er hält die ganze Welt …“
- **Gestaltung:** Auf ein Tonpapier oder großes Papier drucken die Kinder mit Fingerfarben ihre Hände oder machen einen Abdruck in Ton.
- **Bildbetrachtung:** Die Kinder schauen sich Hände an in Büchern, auf Fotos und Abbildungen von Kunstwerken. (siehe auch Bild von Sieger Köder: Geborgen in Gottes Hand, Albrecht Dürer: Betende Hände …)
- **Gebet:** Die Kinder lernen folgenden Spruch mit Handbewegungen:

Text	Gebärden
Gottes Hände sind wie ein großes Zelt,	Hände vom Herzen über dem Kopf zusammenführen
das die Erde ganz umspannt und fest zusammenhält, (Wiederholung)	Dann vor der Brust wie einen Reif zusammenschließen und enger schließen
für dich und mich (2x)	Hände zum anderen und zu sich selbst führen
und für die ganze Welt. (2x)	Mit den Händen einen Kreisbogen beschreiben
Weitere Strophen: 1. Gottes Liebe ist … 2. Gottes Frieden ist … 3. Gottes Segen ist …	 Hände zum Herzen Die anderen an der Hand fassen Hände nach oben führen

(mündlich überliefert)

Baustein D: Brot, Brot brechen und gesättigt werden

„Der Mensch lebt nicht vom Brot allein, sondern von dem, was der Mund des Herrn spricht.“ *(Deutoronomium 8,4)*

„Brich mit dem Hungrigen dein Brot …“ *(Kinderlied)*

„Gott gab ihnen Brot vom Himmel, da aßen alle und wurden satt.“ *(Psalm 78,29)*

„Jesus sagt: Ich bin das Brot des Lebens, wer zu mir kommt, wird nie mehr hungern, und wer an mich glaubt, wird nie mehr dürsten.“ *(Johannes 6,35)*

Unser tägliches Brot, sein Brot verdienen, Brot brechen. Der Mensch lebt nicht vom Brot allein, das Brot des Lebens. Eine tiefe Bedeutung steckt im Brot. Jesus selbst hat von sich gesagt: „Ich bin das Brot des Lebens. Wer davon isst, der wird leben …“ In der Eucharistie ist Christus anwesend im Brot: „Dies ist mein Leib …“ Jesus ist Gottes Brot für uns. Brot zur Sättigung, Stärkung und Versöhnung.

- **Sensibilisierung:** Die Kinder lernen die unterschiedlichen Arten der Getreide kennen und den Weg vom Korn zum Mehl und Brot. (Einen Bäcker in der Backstube besuchen. Abbildungen betrachten.)
  - Jesus ist das Brot für uns.
  - Die Kinder bringen Brot mit, betrachten und vergleichen es. *„Wie sieht denn dein Brot aus? Wie riecht es?“* Das Brot wird untereinander gebrochen und verteilt. Die Kinder erfahren, dass es zu Festtagen besonderes Brot gibt (z. B. Martinsmänner), und dass in anderen Ländern anderes Brot gegessen wird.
- **Gebet:** Die Kinder sprechen das Vaterunser: „Unser tägliches Brot …“
- **Lieder:**
  - „Wenn das Brot, das wir teilen …“
  - „Brich mit dem Hungrigen dein Brot …“

„Und er nahm das Brot, sprach den Lobpreis, brach das Brot und gab es ihnen.“ *(Lukas 24; 104,3)*

Baustein E: Licht erleben und Licht sein

„Mache dich auf und werde Licht …“ *(aus einem Kinderlied)*

„Ich bin das Licht der Welt. Wer mir nachfolgt, wird nicht in der Finsternis umhergehen, sondern das Licht des Lebens haben.“ *(Johannes 8,12)*

„Dein Wort ist meinem Fuß eine Leuchte, ein Licht für meine Pfade.“ *(Psalm 119,105)*

„Ihr seid das Licht der Welt … So soll euer Licht vor den Menschen leuchten …“ *(Matthäus 5,13–16)*

Ohne Licht ist kein Leben möglich. Viele Feste im Kirchenjahr stehen mit Licht in Verbindung. Wir zünden Kerzen an: an besonderen Orten, zu gewissen Anlässen, zum Geburtstag, bei Festtagen und Feiern, im Gottesdienst, das Licht im Advent, das Licht zu Weihnachten, die Osterkerze, Christus ist das Licht der Welt. (Die Sonne wurde in den altorientalischen Religionen oft als Gottheit verehrt, z. B. in Ägypten der Sonnengott Re.)

„Auch Jesus hat durch sein Leben immer gezeigt, dass er bei den Menschen sein möchte. Das Licht der angezündeten Kerzen bedeutet, dass Gottes Licht für alle leuchtet, auch wenn man Gott nicht sehen kann. Gott ist wie das Licht, das wir sehen, die Luft, die uns leben lässt, das Brot, das wir essen, die Hand, die uns beschützt, das Vertrauen und die Hoffnung, die uns ermutigt und wachsen lässt."

- **Umfeld-Erkundung:** Die Kinder entdecken „Lichtspender" in ihrer Umgebung: Lampen, Sonne, Lichter und benennen sie.
- **Betrachtung, Gestaltung:**
  - Sie vergleichen verschiedene Kerzen in ihrem Aussehen: dicke, dünne, große, in verschiedenen Farben ... und gestalten Kerzen selbst mit farbigen Wachsplatten.
  - Kleine Gläser werden mit Kleister eingestrichen und mit farbigen Schnipseln aus Transparentpapier beklebt und mit einem Teelicht bestückt.
  - Kerzen selbst gießen: Wachsreste aufkochen in einem alten Topf und das flüssige Wachs in Papierröhren gießen, die im Sand stehen. Docht hineinhängen, an Schaschlik-Spießen befestigt trocknen lassen.

Materialien: *Kerzendocht, alte Wachsreste*

„Gott ist das Licht und keine Finsternis in ihm." *(1 Johannes 1,5)*

„Bei dir ist die Quelle des Lebens, und in deinem Lichte sehen wir das Licht." *(Psalm 36,10)*

- **Gespräch:** *„Wie können wir für andere Licht sein, für sie da sein und helfen?"* Ideen sammeln, wie man etwas gemeinsam tun kann.
- **Lieder:**
  - „Das Licht einer Kerze ..."
  - „Tragt in die Welt ..."
  - „Im Advent, im Advent ist ein Licht erwacht ..."
  - „Gottes Liebe ist wie die Sonne ..."

„Gott ist die Freude: Darum hat er die Sonne vor sein Haus gestellt." *(Franz von Assisi)*

„Denn Gott der Herr ist Sonne und Schild." *(Psalm 84,3)*

- **Gestaltung:** Eine Sonne malen, drucken mit Moosgummi, kneten, eine Sonnenblume betrachten, abmalen.
- **Gebet:**
  „Gott du bist mein Licht, wenn es finster ist. Gott du verlässt mich nicht. Du zeigst mir den Weg und begleitest mich. Gott du bist mein Licht, wenn es finster ist.
  Wenn du bei mir bist, habe ich Mut, wenn du mir hilfst, bin ich stark. Gott du bist mein

Licht, wenn es finster ist. Gott du bist mein Schutz in der Nacht. Ich danke dir, dass du mir hilfst."
„Mit Vertrauen auf Gott: Lebensmut gewinnen. Gott sagt: „Ich bin für dich da: Ich sorge für dich. Ich beschütze dich: ich vergesse dich nicht und lasse dich nicht im Stich. Ich kümmere mich um dich, dass es dir wohlergeht, und ich begleite dich auf deinem Lebensweg."

- **Tanz:** Einen Sonnenstrahlentanz tanzen mit den Pilgerschritten, sich an den Händen fassend.
- **Gebete:**
  „Gott, du hast uns und anderen das Licht des Lebens geschenkt. Wir bitten dich, schenke uns das Licht des Vertrauens, dass unsere Augen sehen, wo Not ist. Hilf uns, dass wir auch für andere Licht sein können."
  „Jesus zeigt uns, dass Gott uns nicht alleine lässt. Kreuz, Kerze und Regenbogen sind Zeichen dafür. Es wird hell, Gott vergisst uns nicht."

2.4 Mit Kirche und Gemeinde vertraut werden

„Ihr alle seid durch den Glauben Söhne Gottes in Christus Jesus." *(Galater 3,26)*

„Er ist das Haupt des Leibes, der Leib aber ist die Kirche." *(Kolosser 1,18)*

Hineinwachsen in Kirche und Gemeinde

2.4.1 Hintergründe

Die Welt der Kinder

Kinder stellen Fragen wie: „Wenn Gott doch überall wohnt, wieso gibt es dann eine Kirche?" „Warum hat der am Kreuz nichts an, muss er denn nicht frieren?" „Wohnt Gott im Himmel oder in einem Haus?" „Ist die Kirche Gottes Haus?" Kinder begegnen Kirchenbauten in ihrem Umfeld, ob sie einen Bezug dazu haben oder nicht; fast jedes Dorf hat eine Kirche oder Kapelle, auch in Städten ist das Läuten der Glocken zu bestimmten Zeiten zu hören. Einige Kinder kennen die Kirche, das Singen von Liedern, Beten, Teile der Liturgie, das Aufstehen und Niederknien. Sie wissen, dass Gläubige zur Kommunion nach vorne gehen, sich bekreuzigen, die Hände reichen zum Friedensgruß. Sie kennen den Kirchenraum als Ausdrucksform des Religiösen und der Gemeinschaft durch Familiengottesdienste, Trauung, Taufe oder Beerdigung und die Hochfeste. Für einige Kinder wird ein Kirchenbesuch eine Erstbegegnung sein. Kinder staunen über das große Bauwerk (Kirche, Dom, Münster, Kathedrale). Sie zeigen Interesse an den Bildern und Figuren, die es zu entdecken gibt, und sind neugierig, was sich hinter den Türen verbirgt. Der Kirchenraum lässt sich durch eine Fülle an Sinneseindrücken erschließen, wie die Vielfalt der Bilder, Formen und Farben; das Hören der Stille, der Orgel, der hallenden Stimmen, des eigenen Singens und das der Schola; es riecht nach Holz, Weihrauch und Kerzenwachs.

Die Welt der Religion

Alle Religionen haben heilige Orte und Versammlungsräume, die Ausdruck der religiösen Praxis und Spiritualität (Besinnung, Gebet) sind. Die Tempel im Buddhismus und Hinduismus, die Synagoge im Judentum, die Moschee im Islam. Der Ursprung der Kirche, der *ekklesia* (lateinisch: Versammlung), liegt in Jerusalem. Jesus hatte vor seinem Tod Petrus (hebräisch: Kephas; griechisch: Fels) hingewiesen, dass er auf diesen Fels seine Kirche bauen wolle (Matthäus 16,18; nach historisch-kritischer Forschung eine nachösterliche Aussage). Die Jünger waren vorbereitet, dass der „Tröster" kommen werde. Als sie fünfzig Tage nach der Auferstehung Jesu (nach der Apostelgeschichte) in Jerusalem versammelt waren, kam der Heilige Geist Gottes über sie, und sie konnten in allen Sprachen sprechen. Petrus predigte, dass Jesus der Christus ist (*christos*, griechisch der Gesalbte; hebräisch Messias; Apostelgeschichte 2,2–37). Viele ließen sich taufen und erste Gemeinden entstanden. Mithilfe von Paulus verbreitete sich das Christentum über Kleinasien nach Europa (GR, I) (Beginn der Christianisierung).

Jesus Christus ist Ur-Sakrament.

Die Kirche ist Grund-Sakrament.

Die Kirche ist lebendiger Leib Christi und Heilsgemeinschaft (in: Katholischer Erwachsenen-Katechismus, 1985).

Kirche ist die Gemeinschaft der Getauften und Glaubenden, geschichtliches Zeugnis christlicher Kultur. Das Gebäude Kirche ist ein Kunstwerk der Baukunst und Innenarchitektur. Die Innenräume sind geprägt vom Glauben der Gemeinde, von Gottesdiensten, der heiligen Messe, den Sakramenten, von Musik, Kunst, Spiritualität und Begegnung; sie sind vielfältig ausgestaltet und geschmückt (Kerzen, Blumen etc.).

2.4.2 Die Kirche vor Ort erkunden

„Ihr alle seid durch den Glauben Söhne Gottes in Christus Jesus." *(Galater 3,26)*

- **Kreisgespräch, Sensibilisierung:** Zum Einstieg kann mit dem Symbol Haus „gearbeitet" werden: Am Boden wird mit Seilen ein Haus gelegt, und die Kinder raten. Jedes Kind bekommt ein Haus aus Tonpapier. *„Gottes Liebe zeigt sich auch in der Kirche, Gott möchte dort sein, er lädt uns ein und möchte bei jedem von euch sein."* Die Erzieherin stellt die Gotteskerze in die Mitte und kleine Teelichter zu den Häusern der Kinder. *„Kirche ist die Gemeinschaft von Menschen, die durch die Taufe zu Jesus und Gott gehören, an ihn glauben und in der Kirche ein Haus haben, in dem sie gemeinsam beten und Gottesdienst feiern."* (Die Kinder hören, dass Andersgläubige ihre eigenen religiösen Bauwerke haben: Moscheen, Tempel, Synagogen. Sie hören aber auch, dass es Menschen gibt, die keiner Religion angehören und deshalb kein Gebetshaus haben. Dabei ist darauf zu achten, dass es auch in Kindertageseinrichtungen zunehmend mehr ungetaufte bzw. konfessionslose Kinder gibt, bei denen eine traditionelle religiöse Sprache beim Erzählen über die Kirche, über Gott und Jesus eher befremdend als aufschlussreich und interessant wirken kann.).

Mit den Kindern kann man eventuell auch eine Moschee oder Synagoge besuchen.

- **Einstimmung:** Die Kinder werden auf den Besuch vorbereitet. Man könnte ihnen erklären: *„Wir wollen heute die Kirche anschauen, die zu unserer Tageseinrichtung gehört. Dort gibt es viel zu entdecken. Ihr dürft heute die großen Kirchenforscher sein. Schaut gut hin, was ihr alles finden könnt. Wir werden Gott und Jesus dort zu Beginn ein Lied singen. Die Kirche ist ein Ort der Feier, des Gebetes und der Stille. Das wollen wir achten und dort nicht herumtoben."*

- Organisatorisches: Vielleicht kann der Pfarrer die Kindergruppe bei ihrer Erkundungstour begleiten. Oder Ehrenamtliche der Gemeinde erzählen aus der Entstehungszeit der Kirche. Die Kinder lernen Personen der Gemeinde (Mesnerin, Pfarrer, die Ministrantinnen und Ministranten sowie die Kirchenmusiker) kennen.

Baustein A: Die Kirche von außen betrachten

Die Erzieherin steht mit den Kindern vor der Kirche.

- **Betrachtung:** Alle bestaunen die Größe des Bauwerkes von außen, das aussieht wie ein großes Haus.
- **Spiel:** Ich seh etwas, was du nicht siehst (Uhr, Turm, Skulpturen, Figuren).
  - Wo und in welcher Umgebung steht die Kirche? Wie sieht es um die Kirche herum aus, ist da ein Friedhof, ein Kirchplatz, eine Straße …?
  - Hat die Kirche einen Namen, welchen Namen würde sie von euch bekommen?
  - Wie groß oder hoch ist die Kirche? Aus welchem Material ist sie gebaut? Welche Farben haben die Steine? Die Kinder befühlen die Steine des Mauerwerks, sind sie sehr alt?
  - Der Pfarrer oder Gäste erzählen etwas aus der Geschichte.
  - Hat die Kirche einen Turm? Wer kann die Türen zählen? Welche ist die größte Türe, und wie sieht sie aus? Kann man von überall in die Kirche schauen? Wie sieht der Kirchenschlüssel aus?
  - Gibt es Darstellungen in Stein von Jesus, Engeln, Tieren oder Gegenständen?

  Weitere Einzelheiten zur Kirche können hier nicht vertieft werden.

Baustein B: Die Kirche von innen erkunden und kennenlernen

„Wo ich gehe, wo ich stehe, bist du guter Gott bei mir, wenn ich dich auch niemals sehe, weiß ich doch, du bist bei mir.“ *(überliefert)*

- **Ziele:** Die Kinder lassen den Raum auf sich wirken und gehen angeleitet auf Entdeckungstour: Sie lernen einzelne Gegenstände kennen und benennen und lernen liturgische Elemente und Handlungsformen kennen.
- **Sensibilisierung:** Beim Betreten halten alle kurz inne und horchen auf die Stille des Raumes. *„Merkt ihr, wie schön still es hier ist?“*
  - *„Wir gehen schweigend, ganz leise in der Mitte nach vorne zum Altar, ihr schaut euch um und erzählt nachher, was euch besonders gefallen hat. Vorne stellen wir uns in einen Kreis und berichten uns.“*

Die vier Evangelisten werden symbolisch dargestellt:
- *Johannes als Adler,*
- *Lukas als Stier,*
- *Matthäus als Engel und*
- *Markus als Löwe.*

Weinrebe („Ich bin der Weinstock") und Sonne sind oft Abbildungen auf Steinplastiken.

- Die Kindergruppe geht zum Mittelpunkt der Kirche, zum Altar, und beschreibt ihn als großen Tisch. *„Zu Hause treffen wir uns am Tisch zum Essen. Jesus hat mit seinen Freunden auch immer zusammen gegessen, daran erinnern wir uns. Der Altar ist der räumliche Mittelpunkt für die Handlungen der heiligen Messe des Pfarrers oder Priesters. Er ist beauftragt, im Gottesdienst wie der Leiter zu sein, wie der Hirte für die Schafe. Wir feiern Gottesdienst, Taufe, Trauung, Feste des Kirchenjahres oder eine Beerdigung."*
- Die Kinder stehen gemeinsam im Kreis, ein Gebet wird gesprochen, und sie singen ein Lied. Kerzen werden angezündet. *„Hört ihr, wie sich das im Raum anhört?"*

- **Lieder:**
  - Wo zwei oder drei …
  - Lasst uns miteinander …
  - Wir feiern heut ein Fest und kommen hier zusammen …
  - Gott baut ein Haus aus vielen Steinen …
  - Wir singen alle Halleluja …

- **Gebet:**
  - Guter Gott, du möchtest bei uns wohnen, bei jedem von uns. Du willst das ganze Leben bei uns bleiben und auch bei den andern Menschen. Schenke uns deinen Segen. Amen.

- **Verständnis:** Das Kreuz wird einigen Kindern auffallen. *„Jesus ist am Kreuz gestorben. Das Kreuz erinnert an seinen Tod und seine Auferstehung nach drei Tagen."*

- **Gespräch, Wahrnehmung:** Die Kinder schauen sich um und lernen die Ausstattung kennen: *„Findet ihr etwas Besonderes? Wie ist die Kirche heute geschmückt?"* (Je nach Zeit im Kirchenjahr finden sich Erntedankgaben, ein Adventskranz, eine Krippe, ein Hungertuch.)

- **Betrachtung, Erkundung:** *„Welche Bilder und Figuren könnt ihr sehen, die ihr schon kennt? Gibt es Bilder von Tieren? Oder Plastiken aus Holz, Stein von den Heiligen, Maria und dem Jesuskind, von Engeln …"* Sie sind aus Holz geschnitzt, mit dem Meißel in Stein gehauen. Gibt es Kreuzwegabbildungen, -stationen?

- **Entdeckung:** Alle betrachten die Fenster. *„Welche Muster oder Abbildungen könnt ihr erkennen?"*
  - Die Kinder suchen das Taufbecken. *„Im Sakrament der Taufe feiern die Menschen, dass Gott sie liebt und annimmt. Die Taufe verbindet alle Getauften miteinander in der christlichen Gemeinde. Segen und Taufe bedeuten: Du gehörst zu Gott und zur Gemeinschaft der Kirche, er vergisst dich nicht."* Einige Kinder sind getauft, andere nicht, da ihre Eltern sich für einen anderen Weg entschieden haben. *„Weiß jemand etwas über die Taufe?"* (Die Kinder können später Fotos von der Taufe mitbringen oder gemeinsam einen Taufgottesdienst besuchen.)
  - Die Kinder suchen das Weihwasserbecken: *„Das Wasser erinnert an die Taufe."* Die Kinder dürfen das Wasser mit den Fingerspitzen berühren und eventuell das Kreuzzeichen auf die Stirn machen. (Muslimische Kinder sollten

davon bewusst ausgenommen werden, weil das Kreuz für Muslime ein äußerst fragwürdiges, für viele ein ärgerliches christliches Symbol darstellt.)

- Die Kinder finden den Beichtstuhl und entdecken das Kästchen, den Tabernakel: *„Die geweihten Hostien der Eucharistie werden dort für die Krankenkommunion aufbewahrt, geweihtes Brot für die Kranken."* Die Kinder sehen die Kniebänke.
- Die Kinder werden zum Ambo geführt, dem Buchständer für die Heilige Schrift. *„Welches Buch liegt dort? Der Priester liest hier die Verkündigung des Gotteswortes."*

Erklärung: Maria, die Mutter Gottes, ist ein Bild für Schutz und Geborgenheit. Sie ist Inbegriff und Urbild von Mütterlichkeit und vielen bekannt aus der biblischen Weihnachtserzählung, der Flucht nach Ägypten, der Hochzeit in Kana, Jesu Tod am Kreuz. Maria stand Jesus sehr nahe. Sie hat ihn bis zu seinem Tod begleitet und hat stets an seine Auferstehung geglaubt. In der mittelalterlichen Frömmigkeit sah man in Jesus eher den strengen Richter, in Maria konnten die Menschen die mütterlichen Eigenschaften Gottes wie Nähe, Milde und Vertrauen verehren. Maria ist die bedingungslos Glaubende, die Betende, wie sie in der frühen Kirche dargestellt wurde, die Himmelskönigin, die Beschützende mit dem blauen Mantel und dem Jesuskind, die schöne Madonna. Sie hat für viele Menschen etwas emotional Anziehendes (vgl. Betz, 2009, S. 134).

Engeldarstellung: Engel sind Mittler und Boten zwischen Gott und den Menschen: Ein Engel verkündigt Maria die Geburt Jesu; Engel verkünden den Hirten die Frohe Botschaft, ein Engel sitzt vor dem Grab Jesu.

Ein Besuch auf der Orgelempore und in der Krypta:

- Gibt es eine Krypta? Wie viele Stufen gehen da hinunter? Wie riecht es da?
- Können die Kinder auf den Turm steigen? Kann der Organist auf der Orgelempore die Orgel vorstellen? Die vielen Orgelpfeifen und die verschiedenen Töne, je nach Registrierung, faszinieren Kinder.
- Finden die Kinder von oben die verschiedenen Bilder oder Engelsdarstellungen oder eine Marienfigur? *„Engel sind die Boten Gottes. Ihr kennt vermutlich die Schutzengel. Maria ist die Mutter von Jesus. Sie wird oft mit einem blauen Mantel abgebildet."*
- Sehen die Kinder das Ewige Licht und die Osterkerze?
  - Fallen ihnen die Deckengemälde auf?
  - Sehen sie die Säulen, Bilder, die Heiligendarstellungen, den Flügelaltar, die Seitenaltäre?
- **Abschluss:** Die Erzieherin (der Pfarrer) spricht ein Gebet oder einen Segensspruch vor dem Auszug der Kinder.
- **Vertiefung, Gestaltung:** Die Kinder erinnern in einem Nachgespräch die Namen der verschiedenen Gegenstände.
  - Sie bauen aus Schachteln, Papier oder Duplosteinen die Kirche, den Altar nach, sie bekleben Transparentpapiere mit durchsichtigen Papierschnipseln wie Kirchenfenster, sie malen ein Bild aus, das die verschiedenen Gegenstände in der Kirche dokumentiert, und machen ein Büchlein: Unsere Kirche.
- **Betrachtung, Gestaltung:** Die Kinder schauen sich Abbildungen von verschiedenen Kirchen an (Dom, Kathedrale, Kapelle). *„So unterschiedlich können Kirchen sein, es gibt auch ganz riesige."*

Menschen heiraten in der Kirche, Kinder werden getauft, Tote werden beerdigt.

„Gott hat seinen Engeln befohlen, dich zu beschützen, wohin du auch gehst." (nach Psalm 91,11)

- Mit den Kindern kann man Engeldarstellungen auf Kunstpostkarten anschauen und sie ihre eigenen Engelsvorstellungen malen lassen.
- Reproduktionen von Marienbildern aus der Kunstgeschichte anschauen: Maria mit blauem Schutzmantel, Madonna mit Kind usw.

Baustein C: Handlungsformen kennenlernen

Die Erzieherin erklärt den Kindern, dass die heilige Messe einen bestimmten Ablauf hat, der sich immer wiederholt, immer gleich ist. *„So wie ihr gewohnt seid, aufzustehen, die Zähne zu putzen, zu frühstücken."* Handlungsformen machen den christlichen Glauben sichtbar. Das bezieht sich auf das Gebet und den Gottesdienst, aber auch darauf, wie wir miteinander umgehen, wie wir mit der Natur umgehen, wie wir demjenigen helfen, der in Not ist, und wie sich Menschen versöhnen, die sich gestritten haben.
Hier konzentrieren wir uns aber auf liturgisches Handeln.

- **Erklärung, Verständnis:**
  - Salbung mit Chrisam, dem heiligen Öl, einer duftenden Salbe: Früher wurden die Könige gesalbt. Wenn heute ein Täufling gesalbt wird, bedeutet das, dass er Gott so wichtig ist wie ein König – er ist ein Königskind.
  - Die Menschen bekreuzigen sich, um ihre Nähe zu Jesus auszudrücken. Gott empfängt sie im Namen des Vaters und des Sohnes und des Heiligen Geistes.
  - Die Osterkerze wird angezündet: Gottes Licht leuchtet für das Leben der Menschen und ist immer da. Jesus ist Anfang und Ende, Alpha und Omgea.
  - Die Menschen reichen sich die Hand zum Friedensgruß, um dem anderen Wertschätzung zu zeigen: „Friede sei mit dir."
  - Die Gemeinde kniet nieder, um Ehrerbietung vor Gott zu zeigen.
  - Im Sakrament der Eucharistie ist Jesus Christus im Brot ganz da (Realpräsenz): „Das ist mein Leib" (1 Korinther 11,24) und somit auch die heilende Gegenwart Gottes. Die Sakramente schaffen eine Bindung zwischen den Menschen und Gott sowie Gemeinschaft mit Jesus Christus und der Kirche.
  - Beim Sakrament der Taufe wird mit Wasser getauft: Ohne Wasser gibt es kein Leben. Das Wasser ist Gottes Schöpfung. Es erhält das Leben, erfrischt, reinigt und bedeutet: Gott ist mit uns, wir sind eingeladen zum Leben mit Gott. Bei der Taufe zeichnet der Pfarrer dem Täufling ein kleines Kreuz auf die Stirn, um zu zeigen, dass Gott bei ihm ist.

2.5 Eltern*mit*arbeit

Angebote unter Beteiligung von Eltern und Erzieherinnen

- Viele Eltern sind heute unsicher, wie sie mit Kindern über Religion sprechen können oder diese vermitteln sollen. Oder sollten Kinder erst viel später selbst entscheiden dürfen? Die Tageseinrichtung unterstützt Eltern bei der religiösen Erziehung und Bildung und stellt im ersten Elterngespräch das religiöse Profil des Kindergartens dar.
  - Im gemeinsamen Gespräch erfahren Erzieherinnen von der religiösen Prägung der Familie, und welchen Stellenwert Religion hat, welche Wünsche und Erwartungen bestehen.
- Religiöse Angebote und religiöse Projekte werden den Eltern transparent gemacht (Erziehungspartnerschaft).
- Ein Gruppenelternabend kann gehalten werden zum Thema: Wie erfahren Kinder Religion?
  - Wie sieht das religiöse Angebot in unserer Einrichtung aus?
- Bei Bedarf kann die Tageseinrichtung einen „Elternkurs“ zu religiösen Fragen und Themen mit Referentinnen anbieten in Zusammenarbeit mit dem katholischen Bildungswerk wie z. B.:
  - Religiöse Entwicklung der Kinder im Kindergartenalter
  - Kinder erfahren biblische Geschichten und Symbole
  - Interreligiöses Lernen in einem multikulturellen Land
  - Die Grundlagen unserer christlichen Religion
  - Islam und Christentum

Interessante Homepage zur religiösen Begleitung des katholischen Bildungswerkes, Bonn mit weiteren Links: www.Kinder-brauchen-feste-Wurzeln.de

- Ein Elterncafé kann zu religiösen Fragen mit dem Pfarrer, mit andersgläubigen Eltern, mit Vertretern anderer Religionen oder zum Gespräch über „Gott und die Welt“ eingerichtet werden.

Elternbriefe zur religiösen Erziehung: www.vertrauen-von-anfang-an.de

- Es gibt eine Elternbefragung zum Thema religiöse Erziehung:
  - Welchen Stellenwert hat sie? (Fragebogen)
  - Sind biblische Geschichten den Kindern bekannt?

Angebote unter Beteiligung von Familien und Erzieherinnen

- Die Kinder zeigen Szenen aus der Schöpfungsgeschichte oder andern biblischen Geschichten bei einem Gruppenfest.
- Eltern und Familien machen einen Rundgang durch die Kirche.
- Es kann ein Gruppenfest stattfinden mit dem Thema: „Ich kann Gott vertrauen.“
- Zur Dokumentation der Aktionen können Fotoausstellungen durchgeführt werden.

Eltern als Miterziehende

- Die Eltern werden in die Planung durch aushängende Monats- und Wochenpläne einbezogen. Sie können sich zur Mithilfe bei Projekten und Aktionen eintragen: Wer mag mit dabei sein, wenn wir die Kirche, den Schäfer besuchen?
- Wer hat Bilderbücher zum Thema … und kann zu einzelnen Themen etwas erzählen, auch von seinem Glauben, seinen Erfahrungen zum Thema Vertrauen und Ins-Leben-Wachsen. Wer hat Material für …
- Eltern werden zur Mitarbeit oder Mithilfe einbezogen, um Kostüme herzustellen, Utensilien zu liefern usw.

Einzelkontakte: Tür- und Angelkontakte

- Gespräche mit den Eltern beim Bringen und Abholen der Kinder

Informative Angebote

- Einen Büchertisch mit Grundlagenliteratur im Eingangsbereich aufstellen.
- Eine Elternbibliothek einrichten mit Büchern zum Thema religiöse Erziehung.

2.6 Vernetzungen und Bezüge

Kooperationspartner Pfarrgemeinde

Familien leben heute in einer Welt unterschiedlicher Lebensentwürfe. Sie sollen in Glaubens- und Lebensfragen bei Bedarf durch die Tageseinrichtung unterstützt werden. In einem offenen und vertrauensvollen Klima können Familien anderer Nationen und Kulturen sich verstanden und aufgenommen fühlen.

- Die Tageseinrichtung ist ein Ort der Kirchengemeinde, und die Tageseinrichtung gestaltet Gemeinde mit.
  - Vielleicht kommt der Pfarrer regelmäßig zu den Kindergruppen und erzählt eine biblische Geschichte. Er ist mit dabei, wenn die Kinder die Kirche besuchen. Er feiert mit Kindern und Familien Gottesdienst.
  - Es gibt Ehrenamtliche, die eine Kinderbibelwoche anbieten oder Bibelnachmittage, um Geschichten kennenzulernen.
  - Es gibt einmal im Monat Kleinkindergottesdienste.
- Der Chorleiter oder die Organistin üben mit den Kindern, den Erzieherinnen und dem Kinderchor ein paar Lieder mit Instrumenten ein.
  - Ein Adventssingen in der Tagesstätte, im Seniorenheim, auf dem Dorfplatz oder in der Kapelle wird organisiert.
  - Beim Gemeindefest tragen Eltern und Kinder mit der Erzieherin Erfahrungen aus ihren Projekten als einen Programmpunkt bei.

- Es gibt einen Großelterntag oder Vatertag.
- Es gibt Vorträge mit anderen Bildungsträgern, Ausflüge und Exkursionen rund um religiöse Projektthemen.
- Die Gemeindeschwester erzählt von Projekten in der Gemeinde, der „Einen Welt“ und von Organisationen, die von der Pfarrgemeinde unterstützt werden.

Bezüge zum interreligiösen Dialog und zum interreligiösen Lernen

Hier speziell zum Islam (weitere Informationen in den Lesehinweisen am Ende des Bandes): Mohammed ist Gottes Prophet und wurde 570 n. Chr. in Mekka in Arabien geboren. 610 erschien ihm der Engel Gabriel und verkündete ihm: „Du bist der Gesandte Gottes, der Prophet!“, auch danach hatte Mohammed noch einige Visionen, fand jedoch in seiner Heimatstadt kein Gehör. 622 ging er nach Medina und war dort religiöser Führer, Krieger und Staatsmann. 630 eroberte er Mekka. Der Islam verbreitete sich über die ganze Halbinsel Arabiens. Mohammed starb 632. Da weder die Propheten noch Gott im Islam bildlich dargestellt werden dürfen, zeigen ihn Bilder oft mit verhülltem Gesicht. Die Moschee ist der Versammlungsraum der Muslime. Sie treffen sich dort am Freitag zum Gebet. Am Boden sind nur Teppiche ausgelegt oder Matten, da man zum Gebet kniet und die Schuhe auszieht. Eine halbrunde Nische, Mihrab, zeigt Richtung Mekka im Osten, wohin die Gläubigen sich beim Gebet wenden. Der Koran, das heilige Buch der Muslime, ist in arabischer Sprache geschrieben, die einzelnen Kapitel nennt man Suren.

- Muslimische Eltern erzählen von ihrem Glauben und ihren Ritualen:
  wie sie beten, dass sie kein Schweinefleisch essen dürfen, von ihren Festen, vom Fasten, was das Kopftuch bedeutet. Der Koran und seine eindrücklichen Schriftzeichen werden gezeigt. Die Erzieherin besucht mit den Kindern eine Moschee. Es gibt ein Fest der Nationen.
- Die Kinder betrachten Bilderbücher zu anderen Religionen:
  In allen Religionen gibt es heilige Schriften, Bücher und Orte, darüber hinaus Gebete und Zeiten der Stille, Versammlungsorte für die Menschen und das Gebet (Tempel, Moschee, Kirche); manche Religionen haben Speisevorschriften.

3 Herausforderungen für Kinder heute

3 Herausforderungen für Kinder heute

Herausforderungen gehören zum Leben und sind für Kinder zu Beginn des schnelllebigen 21. Jahrhunderts (der Wissensgesellschaft und des Medienzeitalters) andere als für Kinder zu anderen Zeiten. Herausfordernde Anforderungen werden zum einen von außen in Form von Erziehungs- und Wertevorstellungen an die Kinder herangetragen. (Sie müssen erlernt und eingeübt werden wie: Grenzen und Regeln anerkennen, respektvoll und achtsam miteinander umgehen und Konflikte möglichst gewaltfrei lösen usw.) Herausforderungen, die mit der Werteerziehung in Verbindung stehen, werden in Kapitel 4 näher beleuchtet.
In diesem Kapitel werden unter Herausforderungen die Wechselwirkung von inneren emotionalen und äußeren Anforderungen verstanden, aus dem was mit vielfältigen Geschehnissen umgehen zu können meint und diese als Wachstumschance zu nutzen. (Erik H. Erikson geht in seinem Modell von altersphasenspezifischen Krisen und ihrer Bewältigung aus, als Gefahr oder Reifungsmöglichkeit.) Kinder sind in ihrem Lebensumfeld häufig mit Situationen konfrontiert, die ihr Urvertrauen (Erikson) auf die Probe stellen: durch familiäre Probleme (Ängste, Konflikte, finanzielle Sorgen, psychische Krankheiten, Überforderung, Vernachlässigung), Vereinzelung (Mangel an sozialen Kontakten und familiärer Einbindung), Schicksalsschläge (Tod, Umweltkatastrophen, Krankheiten, Behinderung, Gewalt- oder Trennungserfahrungen, Scheidung), Miss- oder Verachtung (Enttäuschungen, Eifersucht, Kränkungen, Einsamkeit, Ausgrenzung und Probleme der Integration), einen Mangel an klaren Verhaltensnormen (Laissez-faire-Erziehung, extreme Überbehütung, übermäßiger Konsum als Vertröstung, unverarbeitete Eindrücke durch Medien), um hier negative Extrembeispiele zu nennen. Diese physisch-seelischen Erfahrungen tragen Kinder in den Alltag der Kindergruppe. So ist das soziale Miteinander auch eine alltägliche Herausforderung, wie das morgendliche Abschiednehmen oder der Übergang zur Schule: sich eingliedern, den eigenen Platz finden, sich streiten und versöhnen, ausgeschlossen und wieder integriert werden. Kinder wollen sich entfalten, Selbstvertrauen entwickeln, Freude und Glück erleben, ihr Umfeld erkunden und mitgestalten, ihren Fragen nachsinnen und mit andern Kindern ihr Weltverständnis erweitern, Orientierung und dabei Verständnis und Trost erfahren durch andere Menschen.

Zahlreiche Aufsätze zur emotionalen Erziehung findet man unter: www.kindergartenpädagogik.de (Hrsg.: Martin R. Textor)

www.erziehung-in-grenzen.de

Frühkindliche religiöse und ethische Bildung und Erziehung in der Tageseinrichtung lädt Kinder ein, ihre unterschiedlichen Gefühle von Freude, Vertrauen, Angst, Einsamkeit, Wut und Verunsicherung wahrzunehmen und sich damit angenommen zu wissen, von Gleichaltrigen, der Erzieherin und von Gott. Es ist hilfreich und gut, wenn Kinder in der Gruppe Raum und Zeit finden, ihre Gefühle bewusst kennenzulernen, zu äußern oder zu kanalisieren und so in ihrem Vertrauen zu Gott, zu sich selbst, zu den Mitmenschen und zur Welt zu wachsen. Kinder werden ermutigt, zu „glauben, zu lieben und zu hoffen" durch Gespräche, Mut machende und stärkende Geschichten, Bilder und Symbole, aber auch durch Herausforderungen, wie die Fragen nach Gott und der Welt, nach der Lösung von zwischenmenschlichen Konflikten und nach ihrem Beitrag zur Sorge um ein gutes Miteinander und um die Natur. Nach Auffassung der christlichen Religion ist Gott gerade in und trotz aller Herausforderungen des Lebens da: Er ist in, um und unter den Menschen und begleitet sie, was auch kommen mag.

Gefühle sind ein wesentlicher Bestand menschlichen Lebens. Zur emotionalen Kompetenz, dem emotionalen Lernen und der emotionalen Intelligenz wurden in den letzten Jahren viele Bücher veröffentlicht.

Verweise auf andere Kapitel

- Kapitel 2: Wachsen und Vertrauen in das Leben entwickeln
- Kapitel 4: Werte geben Orientierung im Alltag
- Kapitel 6: Gemeinsam Stille und Gebet entdecken
- Kapitel 7: Kirchliche Feste und Feiern im Jahreskreis

„Wo stehe ich?" – Fragen für Erzieherinnen und Erzieher

Das Leben und Arbeiten mit Kindern zeigt sich immer wieder als spannend und überraschend und stellt Erzieherinnen oft vor hohe persönliche Herausforderungen, was Toleranz, Geduld, Empathie und klare Strukturen anbetrifft. Die Auseinandersetzung mit der eigenen Lebensgeschichte kann in vielen herausfordernden Situationen sehr hilfreich sein, um sich und die Kinder zu verstehen:

- Kann ich mich und meine Lebensgeschichte und Lebenssituation annehmen?
- Freue ich mich auf das Erleben und Gestalten mit den Kindern?
- Erinnere ich schwierige Situationen aus meiner eigenen Biografie?
- Was hat mich gestützt und mir geholfen?
- Habe ich Vertrauen zu anderen Menschen und kann ich mich mitteilen?
- Habe ich erfahren können, dass es so etwas gibt wie Gott, der mich trägt, der mir Hoffnung schenkt und Vertrauen?
- Konnte ich erfahren, dass nach Phasen des Dunkels wieder andere, helle Zeiten kommen, dass „letztlich alles unter dem Himmel seine Zeit hat"?
- Trage ich in mir Ressourcen (Kraftquellen), die ich auch den Kindern vermitteln kann?
- Signalisiere ich Offenheit und Kooperationsbereitschaft im Team, problematische Situationen im Alltag anzusprechen?
- Kann ich mit Tod, Trauer und Verlust umgehen?
- Was sind für mich im Berufsalltag besondere Herausforderungen mit den Kindern? Mit welchen Eigenarten der Kinder habe ich Mühe und komme an meine Grenzen?
- Kann ich zu meinen Stärken und Schwächen stehen und diese auch vor den Kindern zugeben? Kann ich die Kinder ermutigen, ehrlich zu ihren Schwächen zu stehen?
- Sehe ich meine Schwächen im Umgang mit einzelnen Kindern und würde auch professionelle Unterstützung suchen, um diese zu klären?
- Biete ich den Kindern Herausforderungen? Ermutige ich die Kinder, diese zu ergreifen, um daran wachsen zu können?
- Kann ich den Kindern verständlich machen, dass alle Gefühle: sich ängstigen, sich freuen, wütend sein, traurig sein, zum Leben dazugehören?

Kinder sind mal fröhlich, mal glücklich, mal wütend, mal ängstlich oder traurig. Sie können auf Unbekanntes und unbewältigbar Erscheinendes aggressiv oder in sich gekehrt reagieren, sie sind trotzig oder flüchten sich in Opfer- oder Bestimmer-Rollen. Der morgendliche Abschied kann schmerzhaft sein, der Übergang zur Schule erleichternd oder verunsichernd.

- Kann ich mit Freude, Interesse und Wohlwollen die ersten Schritte in der religiösen Bildung und Erziehung der Kinder begleiten?
- Kann ich mich selbst an der Tiefe, Fülle und Vielfalt von Spiritualität oder Religiosität erfreuen?

„Befiel dem Herrn deine Wege und hoffe auf ihn, er wird es wohl machen."
(Psalm 37,5)

3.1 Bildungsperspektiven für Kindertagesstätte und Schule

Zielperspektiven in den Bildungs- und Erziehungsplänen

Die Kinder können mit vorfindlicher Religiosität der unterschiedlichen Religionen umgehen.

Die Kinder

- erwerben ein Grundverständnis über den Stellenwert und die Bedeutung von Religion, Religiosität und Glaube für sich selbst und andere Menschen in ihrem Lebensumfeld.
- setzen sich mit vorfindlichen Formen von Religionen, Religiosität und Glaube auseinander, nehmen Unterschiede wahr und werden sich der eigenen religiös-weltanschaulichen Identität bewusst.

Die Kinder werden sich in ersten Ansätzen unterschiedlicher Wertigkeiten im eigenen Handeln bewusst und entdecken Orientierungspunkte.

Die Kinder

- erwerben Klarheit darüber, was wichtig ist und worauf man verzichten kann, was Glück ausmacht und was ärgert und verletzt.
- lernen, Konflikte auszuhalten und auszutragen und sind bereit, gemeinsam Lösungen zu finden, Nachsicht zu üben und die eigenen Fehler zuzugeben.
- lernen, mit Schwächen, Grenzen und Versagen der eigenen Person umzugehen.
- lernen, die Kraft zu entwickeln, Misslungenes neu anzupacken und mit schwierigen Lebenssituationen umzugehen.
- lernen, jeden Menschen als etwas Einzigartiges und Besonderes wahrzunehmen und ihm Achtung und Toleranz entgegenzubringen.
- lernen aber auch, auszuhalten, dass der andere anders ist, denkt, handelt und es keine intensiven Gemeinsamkeiten gibt, lernen Diversität als Bestandteil ihres Lebens zu akzeptieren.

Die Kinder sind fähig, eigene Sinn- und Bedeutungsfragen zu artikulieren und Antwortversuche zu erproben.

Die Kinder

- beziehen Antworten von Sinn- und Bedeutungsfragen auf das eigene Leben.
- entwickeln eine Grundhaltung des Staunens, Dankens und Bittens und entdecken hierfür Ausdrucksformen.

Die Kinder sind sensibel für sinnstiftende ganzheitliche Erfahrungszusammenhänge.

Die Kinder

- erleben Erzählungen aus der Bibel und finden ihr eigenes Leben darin wieder und darin enthaltende Anregungen für die eigene Lebensgestaltung
- nehmen die Symbolkraft von Weisheitserzählungen und Formen der darstellenden Kunst wahr

Der katholische Religionsunterricht in der Grundschule/Primarstufe

Die hier vorgestellten Kompetenzen und Kriterien für eine gute religionspädagogische Arbeit in der Schule treffen auch weitgehend auf die religionspädagogische Arbeit in Kindertageseinrichtungen zu:

Siehe dazu Kirchliche Standards für den katholischen Religionsunterricht, die Deutschen Bischöfe, Nr. 85.

Allgemeine Kompetenzen:

- *Wahrnehmen und entdecken*
  - Unterschiedliche Erfahrungen im Zusammenleben mit anderen wahrnehmen und beschreiben
  - Elementare Zeichen und Symbole entdecken und ihre Bedeutung benennen
- *Fragen stellen und bedenken*
  - Fragen nach sich und den anderen nach der Herkunft und Zukunft, nach Gut und Böse, nach dem Sinn des Lebens und Tod stellen und bedenken
  - Wissen, dass das Fragen und Suchen nach Antworten zum Menschsein gehören
- *Deuten und gestalten*
- *Sich ausdrücken und einander mitteilen*
  - Menschliche Grunderfahrungen wie Freude, Trauer, Hoffnung, Schuld, Vergebung sprachlich, bildlich oder szenisch darstellen
  - Einander zuhören und im Gespräch auf einander eingehen
- *Unterscheiden und bewerten*
- *Anteil nehmen und Verantwortung übernehmen*
  - Die Perspektive eines anderen einnehmen und Einfühlungsvermögen zeigen
  - Verantwortung für sich und andere übernehmen

„Doch die Finsternis wird verscheucht, wer jetzt in Not ist, bleibt nicht im Dunkel.“ (Jesaja 8,23)

3.2 Herausforderungen meistern

3.2.1 Hintergründe

„Ja, Gott ist meine Rettung, ihm will ich vertrauen und niemals verzagen.“ (Jesaja 12,2)

„Das wünsch ich sehr, dass immer einer bei mir wär, der lacht und spricht: fürchte dich nicht …“ (Kinderlied)

Grundlegend für die Ausbildung der eigenen Gottesbeziehung ist das durch die Familie erworbene Grundvertrauen.

Die Welt der Kinder

Kinder wollen aktiv und kreativ sein und sich in ihren Ideen ausdrücken. Sie wünschen sich Anerkennung, Geborgenheit, eine heile Familie, gute Beziehungen und Freundschaften, ohne Leistungsdruck oder das Gefühl, etwas Besonderes sein zu müssen. Sie brauchen Plätze zum Spielen und Orte des Rückzuges. Kinder wollen Bestärkung, dass sie gemocht werden, jenseits davon, was gerade „in" ist, wie man sich zu kleiden hat, was „cool" ist. Sie suchen Herausforderungen (Anforderungen) und Ermutigung, Verständnis und lebensbejahende Vorbilder, dazu Zuspruch, dass man ihnen etwas zutraut, und Vergebung, wenn sie etwas falsch gemacht haben. Sie benötigen Nähe und Beistand, wenn sie sich unwohl oder krank fühlen; und Schutzräume oder Verarbeitungsmöglichkeiten, um die Überfrachtung durch Hektik, Lärm und Gewalt in den heutigen Medien abbauen zu können. Konsum und eine Medienvielfalt (Leben aus „zweiter Hand") zu Hause ersetzen nicht die menschliche Zuwendung und natürliche Spielmöglichkeiten. Not und Armut vor Ort sind heute auch Themen, die in Betracht gezogen werden müssen.

Belastungen, Fragen und Ängste finden ihren Raum.

Ein Kind mit Selbstvertrauen zu sich, seinen Fähigkeiten und mit Vertrauen zu verlässlichen Bezugspersonen wird einfacher mit den zahlreichen Herausforderungen umgehen können, so zeigen die Forschungen zum Thema „Resilienz". Widerstandsfähigkeit wird erst sichtbar im kompetenten Umgang mit problematischen Lebensumständen (individuelle und familiäre Belastungen) oder gesellschaftlichen Veränderungen, und zwar aufgrund von personalen und sozialen Ressourcen (Kraftquellen), dazu gehören: Vertrauen, Selbstwertgefühl (sicheres Bindungsverhalten), positive Rollenmodelle, Freundschaftbeziehungen, Lebensbejahung (positive Lebenserfahrung), Kooperationsbereitschaft, Talente, Kreativität und Interessen, Konfliktmanagement (flexibles Bewältigungsverhalten mit Lösungsstrategien), Verantwortungsübernahme und nicht zuletzt: religiöser Glaube. Kinder, die lernen, sich Gefühlen und Problemen zu stellen, und die wahrnehmen können, was ist, was sie brauchen, werden in sich selbst oder mithilfe von Gleichaltrigen und Erwachsenen Lösungsmöglichkeiten finden (Selbstkompetenz) und erfahren: Ich bin nicht allein, ich werde gesehen (auch von Gott) mit allem, was mir Mühe macht, und finde einen Weg. Es ist gut, wenn Erzieherinnen im Verhalten der Kinder die versteckten Botschaften empathisch und geduldig erspüren und auf die „leisen Zwischentöne hören" können.

Als Erzieherin im Verhalten der Kinder die leisen Zwischentöne hören und die versteckten Botschaften erspüren

Die Welt der Religion

Schon der biblische Dichter Kohelet stellte um 250 v. Chr. fest, es gäbe nichts Neues unter der Sonne, des Menschen Glück sei ein Geschenk Gottes. Für Kohelet sind Herausforderungen menschliche Lebenserfahrungen: „Für alles gibt es eine Zeit" (Kohelet 3,1–8): „Alles hat seine Stunde. Für jedes Geschehen unter dem Himmel gibt es eine bestimmte Zeit: eine zum Gebären, ... zum Sterben, ... zum Niederreißen, ... zum Bauen, ... zum Weinen, zur Klage, ... zum Tanz, ... zum Lieben, ... zum Hassen ..."

Das Leben beinhaltet Frohmachendes und Schreckliches, Liebevolles und Grausames. Manche Menschen sehen im Leiden den Beweis, dass es Gott nicht geben kann: „Wie kann ein barmherziger Gott Leid, Trauer und Naturkatastrophen zulassen, ohne einzuschreiten? Wie kann man ihm vertrauen angesichts so vieler Grausamkeiten auf der Welt?" Die Fragen nach der Gerechtigkeit Gottes, die Theodizee- Frage, ist so alt wie die Menschheit und fand in der Theologie unterschiedliche Beantwortung. Das alttestamentliche Buch Ijob erzählt eindrücklich von Ijobs Zweifeln, und am Ende steht Ijobs Überzeugung: Ich kann glauben trotz vieler Schicksalsschläge und gerade deswegen. Gott ist im Leid und Leiden präsent. Die Lebensgeschichten vieler Menschen, die ausweglosen Situationen entkamen und überlebten, geben Zeugnis von dieser tiefen Gewissheit: Sich dem „Schicksal" „ergeben und einwilligen" (wie etwa Alfred Delp SJ, Dietrich Bonhoeffer …) und in absoluter Einsamkeit und Verzweiflung erfahren: Gott ist. Verzweifeln und Vertrauen gehören zusammen und nach der „dunklen Nacht der Sinne", wie es Johannes Tauler, ein mittelalterlicher Mystiker, ausdrückt, kommt ein „heller Morgen".

„Ich glaube an die Sonne, auch wenn sie nicht scheint. Ich glaube an die Liebe, auch wenn ich sie nicht spüre. Ich glaube an Gott, auch wenn ich ihn nicht sehen kann." (Inschrift an einer Mauer im Warschauer Ghetto)

„Denn ich bin gewiss: weder Tod noch Leben, weder Engel noch Mächte, weder Gegenwärtiges noch Zukünftiges, weder Gewalten der Höhe oder Tiefe noch irgendeine andere Kreatur können uns scheiden von der Liebe Gottes, die in Christus Jesus ist, unserem Herrn." (Römer 8,38)

Kinder erfahren Vertrauen zu Gott durch Menschen, die sie bestärken, dass Gott sie begleitet, durch Lieder, Gespräche und Geschichten der Bibel. Sie spüren beim Zuhören: auch andere haben sich geängstigt und gefürchtet, aber Gott begleitet und beschützt sie. Er kann Hilfe und Trost geben im Gebet und durch andere Menschen. Verzweiflung und Trauer können sich in Hoffnung verwandeln.
Die Religionspädagogen F. Oser und Bernhard Grom SJ weisen darauf hin, dass das Gottesbild der Kinder sich mit vier oder fünf Jahren von dem beschützenden Gott, den man „braucht" („Mach doch, dass morgen die Sonne scheint"), zu einem Gott mit ganz widersprüchlichen Seiten wandelt, der das Leben bewahrt, aber nicht verhindern kann, dass Leid geschieht.

Das Angebot der christlichen Religion lautet: Gott ist in Jesus Christus Mensch geworden, und in seiner Nachfolge können Menschen diese Liebe Gottes erfahren und weitertragen: durch Verzeihen und Teilen, durch Anteilnahme und Einander-Trost-Spenden. Gott ist wie ein Freund, ein guter Vater, der geleitet auf Wegen und Umwegen des Lebens. Kinder drücken ihre Ambivalenz-Erfahrung in Fragen aus, die Widersprüchlichkeiten wahrnehmen und helfen, damit umzugehen: „Warum lässt Gott den Karies wachsen, will er uns ärgern?" „Warum zeigt der sich nicht, wenn er uns doch mag?" „Wozu lässt er die Zecken leben, die sind doch nicht gut für die Menschen?"

„Kehrt um zu mir mit ganzem Herzen, mit Fasten, Weinen und Klage. Zerreißt eure Kleider, und kehrt um zum Herrn, eurem Gott!" (Joel 2,12)

Die Warum-Frage als eine Frage nach der Herausforderung steht auch in Verbindung mit der Frage nach dem Schuldigsein und der Schuld. Die Bibel spricht von Erkenntnis der Sünde, Sühne (Wiedergutmachung), in der Schuld stehen, von Vergebung und Erlassen der Schuld, wie auch wir sie unseren Schuldnern erlassen (Vaterunser), und von Schuldbekenntnis. Jesus antwortete auf die Frage, wer gesündigt habe, das taube Kind oder seine Eltern (Johannes 9,1–41): Keiner, sondern Gottes Wirken solle offenbar werden. Schuldigwerden hat mit Menschsein zu tun und ist eine Herausforderung. Doch die Zusage Gottes und die Liebe Jesu vergeben Schuld und machen Mut zum Leben. Jesus hat alle Schuld auf sich genommen als Versöhnung.

> *„Doch Gott, der Herr, wird mir helfen; darum werde ich nicht in Schande enden. Deshalb mache ich mein Gesicht hart wie einen Kiesel; ich weiß, dass ich nicht in Schande gerate.“*
> *(Jesaja 50,7)*

3.2.2 Sich Herausforderungen stellen und Gefühle äußern

> *„Lasst uns dem Leben trauen, weil wir es nicht allein zu leben haben, weil Gott es mit uns lebt.“* *(Alfred Delp SJ)*

Als Projekt kann „Unsere Gefühle“ im Vordergrund stehen. Abbildungen, Bilderbücher und Spiele sind hierbei unterstützend, ebenso wie Malen, Lautmalereien oder Theaterspielen.

Es ist wünschenswert, dass Kinder sich in der Tageseinrichtung mitteilen und ausdrücken können, was sie erfreut, bedrückt und beschäftigt; damit ist schon ein großer Schritt getan. So nehmen andere Anteil und, „geteiltes Leid ist halbes Leid“. Gemeinsam werden Entlastung, Heilung, Lösungen oder Versöhnung gesucht.

- **Gespräch im Kreis mit Kerze, Betrachtung und Selbstausdruck:** Die Erzieherin verdeutlicht den Kindern: *„Mal geht es auf unserem Lebensweg bergauf, mal bergab, einmal fühlt sich unser Leben froh und leicht an, dann wieder schwer. Mal ist es in und um uns dunkel, dann wieder hell. Einmal bin ich fröhlich, einmal bin ich traurig!“*
  - Die Erzieherin betrachtet mit den Kindern Abbildungen oder Karikaturen von Gefühlsausdrücken. Die Kinder versuchen diese zu identifizieren. *„Was sind Gefühle? Wie merkt man, wie sich jemand fühlt? Wie kann man die Gefühle wahrnehmen? Durch die Stimme, die laut oder leise ist, die schreit oder schimpft. Auch wie man dasteht und am Gesichtsausdruck kann man spüren, in welcher Stimmung der Mensch ist, ob ängstlich, ärgerlich, fröhlich …“* Die Kinder versuchen im Kreis stehend Gefühle durch Mimik, Stimme und Körperhaltung pantomimisch oder stimmlich auszudrücken. Die Gruppe soll erraten, an welches Gefühl gedacht wurde.
  - Die Kinder zeigen Gefühle in einer Geheimsprache, die ihnen gerade einfällt (beramita koko mifa sitizu), fröhlich, trotzig, ärgerlich.
  - Sie drücken Gefühle mit Rhythmusinstrumenten aus wie: Trommel, Rassel, Schellenkranz, Triangel, Hölzern, Xylofon. *„So haben es die großen Komponistinnen und Komponisten auch gemacht. Sie wollten mit Orchestermusik einen Fluss darstellen“* (Moldau/B. Smetana; weitere Beispiele: Peter und der Wolf/S. Prokofjew; Carneval der Tiere/C. S.-Saens). Mit den Kindern kann man ein Musik-Beispiel auf CD anhören: *„Musik kann Gefühle ausdrücken, und wir können das spüren.“*

Symbolik der Farben:
Rot: Energie, Leben, Liebe, Zorn, Blut, Feuer, Begeisterung.
Orange: Harmonie, Heiliger Geist.
Gelb: Licht, Sonne, Gold, Tod, Gemeinschaft.
Grün: Wachstum, Hoffnung, Natur, Erneuerung, Wuchern.
Blau: Besinnung, Transzendenz, Treue, Spiritualität, Himmel, Kälte.
Indigo: Gottvertrauen, Gelassenheit, Sammlung.
Violett: in Berührung mit Gott kommen.
Schwarz: Nacht, Tod.
Weiß: Summe der Farben, Vollendung (vgl. Otto Betz, 1992)

- **Gestaltung, Gespräch:** Die Kinder wählen Farben und malen ein Gefühle-Stimmungsbild. Sie denken darüber nach: „Was macht uns fröhlich, ängstlich, traurig, ärgerlich, wütend …? Was stört uns und wollen wir anders haben?" (Jesus wurde ärgerlich im Tempel, die Frau freut sich über die wiedergefundene Münze, die Jünger sind ängstlich auf dem See.)

- **Lieder:**
  (Nach der Gospel-Melodie von „Kumba yah, my Lord"): Wenn ich fröhlich bin, weißt du was …

  „Wenn ich fröhlich bin, freut sich Gott (3x wiederholen); bin ich
  fröhlich, freut's auch Gott.
  Wenn ich traurig bin, tut's Gott leid (3x); bin ich traurig, leidet Gott.
  Wenn ich einsam bin, sagt Gott: Du (3x); bin ich einsam, ist Gott da.
  Wenn ich wütend bin, hört Gott zu (3x); bin ich wütend, hört Gott zu.
  Wenn ich lustig bin, sagt Gott ja (3x); bin ich lustig, lacht auch Gott."
  (Aus: Biblische Texte und Kindersituationen. Vorschläge für die religionspädagogische Arbeit im Kindergarten BW, 1991)

Baustein A: Wenn ich glücklich bin – von der Lebensfreude

> *„Dies ist der Tag, den der Herr gemacht hat, wir wollen jubeln und uns an ihm freuen."*
> *(Psalm 118,14)*

Kinder können sich über vieles freuen, auch über kleine Aufmerksamkeiten, Unternehmungen. (Eine Menschenmenge freute sich, als Jesus vor dem Passahfest auf einem Esel nach Jerusalem einzog und rief: „Hosianna …" Menschen die von Jesus geheilt wurden, freuten sich. Der Hirte, der sein Schaf vermisste, freut sich beim Wiederfinden. Der Psalmist spricht vom „Gott der Freude" (Psalm 43,4). Gottes Wort ist für Jeremia „Glück und Herzensfreude" (Jeremia 15,16).

- **Sammlung, Gestaltung:** Die Kindergruppe sitzt mit der Erzieherin im Kreis um eine gestaltete Mitte mit einem hellen Tuch und der Gotteskerze. Verschiedene Gegenstände werden hineingelegt, die für Freude stehen können: die Abbildung eines Regenbogens, eine Feder, ein lachendes Gesicht … Im Hintergrund steht eine Schachtel mit kleinen Gegenständen zum Legen und Gestalten für die Kinder.
  – Die Kinder können ihre Gefühle anhand von diversen Bildmaterialien ausdrücken und kreieren mit Legematerialien und Tüchern ein gemeinsames Bodenbild zum Thema: Was mich fröhlich macht.

- **Hinführung, Impulse:** Unter dem Stichwort: „Ich bin glücklich und fröhlich, wenn …" werden Postkarten im Sitzkreis ausgelegt. Der Reihe nach darf sich jedes Kind eine Postkarte nehmen und beschreiben, was es sehen kann. Er begründet, warum ihm gerade dieses Motiv gefällt. (Sonnenuntergang, ein Garten, Tiere, Blumen …)
  – *„Wisst ihr, was mich fröhlich macht? Ich bin fröhlich, wenn ich am Morgen aufwache, die Sonne sehe und meine Katze freundlich miaut. Wenn ich dann eine Tasse Tee trinken kann und in den Garten schauen kann, wo die Vögel zwitschern."* Kleine Holzstäbchen für eine Sonne und eine Teetasse werden in die Mitte gelegt. *„Und*

wie ist das bei euch? Nun seid ihr an der Reihe. In meiner Schatzkiste sind viele Bilder und Dinge. Ihr könnt euch zwei Dinge aussuchen, die ihr dann, wenn ihr an der Reihe seid, in den Kreis legen könnt. Teresa, was fällt dir ein? Was macht dir Freude und lässt dir gute Laune machen?"

- **Lied:**
  - „Bist du glücklich, klatsch doch einfach in die Hand …" (Kinderlied)
- **Gebet:**
  - *„Guter Gott, es tut gut, fröhlich zu sein und sich beschwingt und glücklich zu fühlen, dafür danken wir."*
- **Gespräch, Gestaltung:** *„Manchmal fühle ich mich wie eine Feder, wie ist das? Bunt, leicht und luftig: Es tut gut, wenn unser Herz leicht ist wie eine Vogelfeder oder ein Luftballon."* Hier kann mit einem Schwungtuch gearbeitet werden: Softbälle werden in die Luft geworfen und die Kinder rufen dazu: „Ich bin glücklich, wenn ich Erdbeeren essen kann …, Seilspringen kann, Trampolinspringen darf …"
  - Die Kinder kleben kleine, bunte Federn und Fäden auf Karten, die ihre frohmachenden Erlebnisse symbolisieren, malen dazu und erklären: *„Ich bin fröhlich, wenn wir Schneebälle werfen … Ich freue mich, wenn wird in den Zoo gehen … wenn Freibadzeit ist …"*
  - Die Kindergruppe legt mit farbigen Tüchern einen bunten Weg und malt ein Bild: „Wenn ich fröhlich bin".
- **Lieder:**
  - Wir sind eingeladen zum Leben …
  - Lasst uns miteinander …
  - Er hält die ganze Welt …
  - Wenn ich glücklich bin, weißt du was …
  - Heut ist ein Tag, an dem …
  - Wir singen vor Freude …
- **Geschichten:** Vom verlorenen Schaf (unter 2.3.2, C), von der wiedergefundenen Münze, Zachäus (3.3.3, A) Christophorus (3.3.4, A), Sarah und Abraham freuen sich.

Materialien:
Schatztruhe für ein Bodenbild, farbige Holzstäbchen, Muggelsteine, Postkarten, Bilder, Bauklötze, Legematerialien

Symbolik:
Luft und Wind, sanft und kraftvoll. Begeisterung.

Fastnacht ist eine Möglichkeit, ausgelassen und fröhlich zu sein und in andere Rollen zu schlüpfen durch Kostüme und Schminkfarbe: der lustige Pirat, der traurige König, die lustige Prinzessin, der zornige Zauberer, der freundliche Clown, der herzliche Bär, der ängstliche Drache, das zornige Krokodil.

Baustein B: Freundschaft tut gut und macht Mut

„… manch ein lieber Freund ist anhänglicher als ein Bruder." (Sprichwörter 18,24)

„… Jonathan schloss David in sein Herz und liebte ihn wie sein eigenes Leben." (1 Samuel 18,1)

Einige biblische Geschichten erzählen von Freundschaft wie die zwischen Jonathan und David (1 Samuel 18–20,23). Freunde und Freundinnen machen das Leben bunt, bereichern das gemeinsame Spiel, sie stehen den Kindern bei und fordern sie heraus. In vielen Bilderbüchern geht es um Freundschaft und was dazu gehört: Glück, Streit, Versöhnung. Manchmal müssen zuerst einige Begriffe im Gespräch geklärt werden. Man kann mit den Kindern gemeinsam die Bilder betrachten und anschließend zur Vertiefung ein Bild malen lassen oder etwas dazu basteln.
Buchempfehlungen zum Thema „Freundschaft" siehe unter Lesehinweise im Anhang, S. 279 f.

Bilderbücher und Abbildungen unterstützen die Auseinandersetzung mit Gefühlen: Bilder betrachten, Gespräch, Begriffe klären, Vertiefung.

Streiten und Sich-Versöhnen wird unter 3.2.4 behandelt.

- **Kreisgespräch mit gestalteter Mitte:** Die Erzieherin unterhält sich mit den Kindern über den besten Freund, die beste Freundin: *„Was ist an Freundinnen und Freunden so toll, was kann man mit ihr/ihm machen? Die Kinder basteln, bauen, erforschen mit euch, hören euch zu, denken mit euch mit, vergessen euch nicht."*
- *„Und wenn man keinen Freund hat – was macht man dann? Wie bekommt man einen Freund, wie gewinnt man eine Freundin?"*
- **Buchempfehlungen zum Thema „Freundschaft":**
  - Lindgren, Astrid (2007): *Pippi Langstrumpf*, Hamburg, Oetinger
  - Fatio, Louise (1983): *Mein Freund der glückliche Löwe*, 8. Aufl., Freiburg, Herder
  - Amy Hest (2003): *Du schaffst das Mischa Bär*, Düsseldorf, Sauerländer
    Gemeinsam mit Mama Bär backt der kleine Bär Kuchen und packt sie hübsch ein, dann verteilt er die Päckchen an seine Freunde.
  - Limmer, Hans (1968): *Mein Esel Benjamin*, Luzern; Düsseldorf, Patmos, Miniausgabe 2002
  - Janosch (2007): *Post für den Tiger*, Weinheim, Beltz
    Die zwei Tiere sind dicke Freunde, und es ist nett zu lesen, wie freundlich sie miteinander umgehen, sich mögen und telefonieren und Briefe schreiben wollen …
  - Janosch (1978/2007): *O wie schön ist Panama*, Weinheim, Beltz
    In dieser Janosch-Geschichte wird sehr liebevoll von der Freundschaft von Tiger und Bär erzählt, die sich vor nichts fürchten und nett miteinander umgehen; Sie „haben ein gutes Leben", der eine angelt Fische, der andere sammelt Pilze … Sie sind Freunde und fürchten sich vor nichts und „haben alles, was das Herz begehrt". Als sie eine alte Bananenkiste mit der Aufschrift Panama finden, machen sie sich auf den Weg, das Land ihrer Träume zu finden: sie treffen eine Maus, eine Kuh, den Fuchs, den Igel und den Hasen, die Krähe und kommen schließlich wieder zu Hause an, weil sie im Kreis gegangen sind: aber alles ist viel schöner als zuvor und sie freuen sich sehr. Man muss nicht so weit gehen,

um zu sehen, wie gut man es hat; und zum Glücklichsein im Leben braucht es nicht so viel.
- Janosch (1978/2007): *Komm, wir finden einen Schatz*, Weinheim, Beltz

- **Lieder:**
  - Gottes Liebe ist so wunderbar …
  - Ich möcht' ein bisschen glücklich sein, ich möchte mich mit anderen freun', …
  - Danke für alle guten Freunde, danke o Herr für jedermann …
  - Unser Lied nun erklingt. Auch wir Kinder sind da …
  - Wenn ich glücklich bin, weißt du was …
  - Bist du glücklich, klatsch doch einfach in die Hände …

- **Geschichte:** Erzählung von der Jünger-Berufung: Jesus findet Freunde. (Markus 1,16–20; 2,13–14; 3,13–15)

- **Gespräch; Spiel:**
  - Die Kinder erzählen von ihrer eigenen Familie.
  - Sie spielen Memory: Was zusammengehört.
  - Sie danken Gott für Freundinnen, Freunde und ihre Familie.

- **Gebet:**
  - *„Gott ist da und will, dass wir leben. Er sorgt für uns auch in schwierigen Lebenssituationen. Er will, dass unser Leben gelingt. Dafür danken wir, Amen."*

Baustein C: Traurig zu sein, kann sich verändern

„Ich sage zu Gott, meinem Fels: ‚Warum hast du mich vergessen …?' (Psalm 42,10)

„… aber euer Kummer wird sich in Freude verwandeln" (Johannes 16,19)

„… vielmehr ist euer Herz von Trauer erfüllt." (Johannes 16,6)

Traurig zu sein ist für Kinder mit Abschiednehmen, unerfüllten Wünschen, Einsamkeit, Verlust und dem Gefühl, ausgeschlossen und unverstanden zu sein, verbunden. Die Bibel berichtet von Traurigkeit aufgrund von Verlassenheit von Gott, Kinderlosigkeit und Jesu Leiden und Tod.

- **Hinführung, Kreisgespräch mit gestalteter Mitte:** Die Erzieherin legt ein Bild mit einem traurigen Gesicht und einen dunklen Stein in die Mitte. Sie beginnt mit den Kindern eine Erzählrunde: *„Es gibt Tage, da haben wir das Gefühl, als ob ein Stein auf unserem Herzen läge, ein schwerer, dunkler Stein. Wir sind traurig: die nette Freundin ist weggezogen, der Papa kommt immer so spät nach Hause, die Oma wohnt so weit weg … Fallen euch auch solche Geschichten ein? Was macht euch traurig?"* Die Erzieherin lässt einen dicken Stein herumgehen. Die Kinder versuchen eigene Erlebnisse zu formulieren. Sie malen, kneten, modellieren aus Ton einen dunklen Stein: „Ich bin traurig, wenn …!" *„Alle Traurigkeiten, die auch der Stein gehört hat, können wir jetzt in den Korb packen."* (Kinder legen ihn in den Korb.)

Materialien:
Tuch, trauriges Gesicht, Stein, Knetmasse

Materialien: dunkle Wolken, Stein, graues Tuch

- **Bildbetrachtung, Gestaltung:** Es können Abbildungen (z.B. ein brennendes Haus, Kinder, die weinen, ein verletztes Kind, ein Auto, das wegfährt ...) gewählt werden, die speziell die Thematik Ängste, Belastungen ansprechen. Sobald die Erzieherin merkt, dass die Kinder etwas bedrückt, jedoch mit Vorsicht! *„Auf der Welt geschieht viel Leid, werden viele Tränen geweint: durch Krieg und Flucht, Menschen verlieren ihr Zuhause, haben Hunger, Durst, keine Heimat mehr, keine Eltern ...“* Vgl. Kapitel 3.3 und 7.
  - Mit den Kindern ein Gemeinschaftsplakat gestalten: „Das gefällt mir nicht, das macht mich traurig.“ *(„Die Jünger Jesu waren auch traurig.“)*

Da sind Kinder, die sich immer in den Mittelpunkt stellen, alles bestimmen, jegliche Form von Aufmerksamkeit auf sich ziehen und wütend werden, wenn sie nicht beachtet werden, oder die ganz Stillen und Schüchternen, die eher zu Einzelgängern werden.

- **Gebet:**
  - *„Guter Gott, wenn ich traurig bin, tut es gut, wenn ich einen Freund, eine Freundin, einen lieben Menschen um mich habe, mein Kuscheltier oder mein Haustier. So fühle ich mich verstanden und nicht so alleine. Und dann kann ich irgendwann auch wieder froh sein. Ich danke dir.“*
- **Lieder:**
  - Menschen öffnen Türen, sie machen auf ihr Haus, aus Städten und aus Dörfern kommen sie heraus ...
  - Halte zu mir guter Gott ...

Baustein D: Dann bin ich wütend – die eigenen Kräfte spüren, aber niemandem wehtun

„Denn im Zorn tut der Mensch nicht das, was vor Gott recht ist.“ (Jakobus 1,20)

Aktionen: Wut-Spiele, denn Wut tut gut: Kissenschlacht, Tauziehen, Ballonzertreten, Ballons in Kopfkissenbezüge stecken und werfen, Hahnenkampf, alte Zeitungen zerreißen. Im Kreis stehen und stampfen, so laut es geht „Nein!“ rufen, in der Kreismitte zeigen, wie man wütend ist, oder sich in der Wut-Ecke austoben.

Aggression und Wut sind starke Lebensgefühle, die für andere oft schwer zu ertragen, aber lebensnotwendig sind. Wenn sie zugelassen und nicht verdrängt werden, können sie sich wandeln. Manchmal steigern Kinder sich in ihren Zorn hinein und sind kaum zurückzuholen, doch sie spüren deutlich, inwieweit ihr Gegenüber ihren Zorn aushält, ernst nimmt und Angebote zur Veränderung macht. Das Alte Testament berichtet vom Zorn Gottes, von Strafgericht und Zerstörung, „... Gottes Zorn bleibt auf ihm“ (Jona 3,36). Auch Jesus wurde sehr wütend, als er im Tempel das Geld der Wechsler und die Käfige mit den Opfertieren sah (sprichwörtlich: heiliger Zorn). Die Bibel weist auf die Gefahr des Zornes hin, wenn er maß- und endlos wird.

- **Hinführung, Kreisgespräch, Gestaltung: Ähnlich wie bei Baustein C:** (Traurig sein), jedoch mit einem roten Tuch und Regenwolken. *„Kennt ihr das auch? Es ist regnerisch draußen, kalt und grau. Man hat zu nichts Lust. Ich ärgere mich, dass ich vergessen habe, Spaghetti zum Mittagessen zu kaufen, die Freundin hat abgesagt, ich bin* *richtig ärgerlich. Was macht ihr dann? Ich werde laut und stampfe mit dem Fuß auf oder haue auf mein Kissen."* Antworten der Kinder in einer Erzählrunde sammeln.

- *„Was könnte man denn machen, dass dabei nichts kaputt geht und niemand Schaden nimmt? Wenn wir auf das Stoffkrokodil schlagen, Spiel-Autos zertreten und mit Bauklötzen gegen die Wand werfen, kann das gefährlich werden, denn es sind auch viele andere Kinder da!"*
- *„Welche Farbe ist für euch eine Wut-Farbe?"* Die Kinder gestalten.

Materialien:
Kerze, Regenwolken, rotes Tuch, Fingerfarben, Papier

Sich-schuldig-Fühlen erzeugt auch oft Wut und Beschämung. Was könnte ich zur Wiedergutmachung beitragen?

- **Gebet:**
  - *„Guter Gott, manchmal bin ich so schrecklich wütend und könnte alles zertreten, kaputt machen, herumschreien und herumwerfen. Und irgendwann kann ich wieder ruhiger atmen und die Welt wie neu sehen, ich danke dir."*

Baustein E: Mal fühle ich mich ängstlich, dann wieder mutig

> *„Bei Gott allein kommt meine Seele zur Ruhe, von ihm kommt mir Hilfe. Er ist mein Fels, meine Hilfe, meine Burg, darum werde ich nicht wanken."* *(Psalm 62,1–3)*

Einsamkeit und Unbekanntes erzeugen Angst und Unbehagen. Kinder haben oft Angst vor dem Alleinsein, der Dunkelheit, vor Neuem (Situationen, Orte, Veränderungen), vor Drachen, Räubern und Naturgewalten (Gewitter und Unwetter), vor wilden Tieren und fremden oder bestimmten bekannten Personen. Sie sollen ermutigt und gestärkt werden: *„So wie die Sterne am Himmel in der Finsternis leuchten, seid ihr nicht allein. Es gibt liebe Menschen, die euch begleiten, und Gott beschützt euch."*

- **Kreisgespräch mit gestalteter Mitte:** die Erzieherin fragt die Kinder, was sie ängstlich macht, wovor sie Angst haben und was ihnen hilft. Erinnern die Kinder Situationen, in denen sie sehr mutig waren? Merken sie, dass man mal ängstlich und dann wieder mutig ist?

Materialien:
gestaltete Mitte, Bilderbücher

- **Geschichten:** Erzählung von der Sturmstillung, Jona. Vgl. Kapitel 3.3.
- **Geschichten zum Mutmachen:**
  - Scheffler, Axel: *Der Grüffelo*, Weinheim 1999, Beltz.
    Wenn man ängstlich ist, tut es gut, einen Freund zu haben, der einem zur Seite steht. Doch wenn man keinen hat, muss man einen erfinden, beschließt die kleine Maus: den Grüffelo, er wird allen Tieren Angst machen, so schrecklich, wie er aussieht … Das Schwindeln ist hier in Ordnung, um sich selbst Mut zu machen.
  - Prokofjew, Sergej (1958/1997): *Peter und der Wolf*, Berlin, München, Parabel Verlag oder: Zürich, NordSüd Verlag, 1999. Ein russisches Märchen über die Angst vor dem Wolf und ihre Überwindung mithilfe des kleinen Vogels und der Katze.
  - Moßmann, Bärbel (2005): *Willi traut sich was*, Stuttgart, Thienemann Verlag
  - Grimms Märchen: *Das tapfere Schneiderlein*
  - AT: Josef und seine Brüder (Genesis 37,1–36) David besiegt Goliath (1 Samuel 17,1–58)
- **Lied**
  - Wenn du singst, sing nicht allein, steck andre an …

„Wo ich gehe, wo ich stehe, ist der gute Gott bei mir, wenn ich ihn auch niemals sehe, weiß ich dennoch: Gott ist hier!" (unbekannte Quelle)

3.2.3 Vom Starksein und Schwachsein

Stark zu sein ist nicht das Wichtigste im Leben. Manche Menschen haben große innere Kraft, das sieht man äußerlich nicht. Auch Jesus war nicht immer stark: Geboren in einem Stall, sterbend am Kreuz, weiß er, wie es ist, ausgeliefert und ohnmächtig zu sein.

Die Buch-Beispiele und Geschichten können gut in einem Gottesdienst verwendet werden als Anspiel.

„Wenn ihr nicht umkehrt und wie die Kinder werdet … Wer so klein sein kann wie ein Kind, der ist im Himmelreich der Größte!“ (Matthäus 18,3 und 4)

Das Bewältigen von Herausforderungen hilft Kindern, ihre Stärken und Schwächen anzunehmen. Kinder stolpern und fallen hin; sie merken, dass mit der Schere zu schneiden und die Schuhe zu binden mühsam sein kann. Oft leiden sie darunter, dass sie etwas nicht so gut können wie andere, und messen sich untereinander. Es kann zu körperlichen Auseinandersetzungen kommen. Kinder, ob Jungen oder Mädchen, wollen sich behaupten, stark und heldenhaft wirken, um anerkannt zu sein; auch bei den Erwachsenen erleben sie, dass Ansehen und Macht wichtig sind. (Vgl. Kapitel 4, Werteerziehung.) In den Medien ist Gewalt oftmals die einzige Sprache der Verständigung. Kinder mit ihren Gefühlen ernst zu nehmen lässt sie mehr und mehr einen selbstverständlichen Umgang mit eigenen widersprüchlichen Gefühlen von Misstrauen und Vertrauen, Macht und Ohnmacht, Versagen und Versöhnen erleben: *„Ich bin mal so und dann wieder so, mal stark, mal schwach – ich kann mich verändern. Ich bin nicht für immer festgelegt, ich kann auch anders sein, nicht immer gemein. Menschen unterstützen mich.“* (vgl. auch Lagerlöf, Selma: Nils Holgersson) In Fabeln, Märchen und biblischen Geschichten sind zahlreiche Beispiele zu finden von schwierigen Ausgangssituationen, die sich wandeln: Das geringste Erbe, ein Kater, verhilft dem Müllerburschen zu Reichtum (Der Gestiefelte Kater). Der Stärkste hat nicht immer Stärke (Christophorus-Legende, Kapitel 3.4). Den Kleinsten und Jüngsten im Märchen traut man am wenigsten zu, doch Glück und Unterstützung, um Gefahren und Prüfungen zu meistern, sind auf ihrer Seite. Jesus wurde in einem Stall arm geboren, er hatte „Vollmacht“, von Gott zu erzählen, Kranke zu heilen; jedoch nicht wie ein König mit Prunk und Gloria, er diente den Menschen „unscheinbar“, aber mit großer Wirkung und wollte das Wohl der Menschen.

- **Kreisgespräch mit gestalteter Mitte, Bastelarbeiten:** *„Woran erkennt man einen König?“* Die Kinder tragen ihre Vorschläge zusammen und basteln eine Krone. Es gab auch Könige, die besonders waren durch das, was sie taten.

- **Gebete:**
  „Guter Gott. Oft meinen wir, es käme auf viel Kraft und Mut an, aber es ist wichtiger, ein offenes Herz zu haben und wache Augen.“

  „So ist das Leben, und es ist gut so: manches kann ich nicht so gut, dafür gelingt mir anderes wieder besser. Ein Kind kann schnell rennen, das andere kümmert sich prima um die Tomatenpflanzen. Eines malt tolle Bilder, das andere klettert wie eine Katze. So, wie wir sind, sind wir einmalig und besonders. Danke guter Gott.“

Baustein A: Was ich gut kann – was mir Mühe macht

Kinder müssen den Schatz ihrer Fähigkeiten immer mehr erweitern. Ihre Neugier, Freude und Voraussetzungen sind sehr unterschiedlich.

- **Sensibilisierung:** Einen Spiele-Parcours aufbauen mit Malstation, Geschicklichkeitsübungen zum Balancieren, Kriechen, Werfen …

- **Kreisgespräch und Aktion mit gestalteter Mitte:** Die Kinder erzählen, was sie gut können, und erfinden hierfür ein Symbol, das sie auf eine Karte malen. (Fußball, Fahrrad …) *„Also Meike, du kannst gut rennen, und du Max? Das sind eure Stärken. Jedes Kind kann etwas besonders gut, ein anderes wieder etwas anderes. Es ist schön zu sehen, wie verschieden ihr seid und welche unterschiedlichen Begabungen ihr habt. (Talente: „Jeder mit der Gabe, die er empfangen hat!" (1 Petrus 4,7–11) Es gibt aber auch Eigenschaften und Fähigkeiten des Herzens, wenn jemand ein starkes und großes Herz für andere hat. Wer kann das denn gut? Was fällt euch dazu ein?"*
  - Die Kinder suchen Antworten wie: anderen eine Freude machen; merken, was andere glücklich und fröhlich macht; helfen und zuhören; verstehen oder fühlen, was andere brauchen, wenn sie traurig oder einsam sind! Sie gestalten ein großes Herz.
  - Weitere Antworten beziehen sich weniger auf das Gutsein anderen gegenüber, sondern darauf, dass Kinder ihre eigene Meinung vertreten können, auch wenn andere eine andere Meinung haben. Oder Kinder sagen, woran sie glauben, und bleiben dabei, auch wenn andere Kinder oder Erwachsene ihnen dies ausreden wollen.

Geschichte einer Tierolympiade (für einen Gottesdienst). Der Löwe soll der Schiedsrichter sein. Das Zebra ist der schnellste Läufer, der Elefant der beste Gewichtheber, der Frosch der Weitspringer, der Affe klettert am besten, die Ente schwimmt am besten. Alle jammern und streiten. Der Löwe ermuntert sie, sich zu freuen, dass jeder doch etwas gut kann.

Baustein B: Vom Fremdsein oder Anderssein und dem Wunsch, doch dazuzugehören

Krankheit war zur Zeit des Alten Testaments immer mit Ausgeschlossensein und Vereinzelung verbunden und galt als „unrein" und getrennt von Gott, weshalb man ausgestoßen wurde. Die biblischen Heilungsgeschichten, beispielsweise vom Aussätzigen, der gekrümmten Frau, der verdorrten Hand, vom Gelähmten, von der Schwiegermutter (Markus 2,1–12; Markus 1,29–39) zeigen Situationen vom Anderssein, Kranksein. Jesus nimmt sich dieser Menschen an, geht auf sie zu, heilt sie und integriert sie wieder (Zachäus, Bartimäus, vgl. Kapitel 2.3.2; 3.3.2). Sich fremd oder anders als die anderen zu fühlen und doch den Wunsch nach Kontakt und Freundschaft zu haben, kennen alle Kinder. Kinder mit Sprachfehlern, einer anderen Hautfarbe, mit Krankheiten oder einer Behinderung; auch sie sollen in der Kindergruppe erfahren dürfen: Ich bin anders als ihr, aber ich gehöre trotzdem dazu. Ich kann nicht rennen wie ihr, aber dafür etwas anderes … (Vgl. zum Wert des Einzelnen, Schatz, Kapitel 4.)

„Guter Gott, wir sind so verschieden: mal ernst, mal spaßig, still und mit 1000 Fragen, einmal wollen wir im Mittelpunkt stehen oder uns lieber verstecken, mal sind wir schüchtern oder draufgängerisch, schnell beleidigt oder verträumt, mal singend, mal bastelnd oder im Sand und Matsch wühlend. Du magst uns so, wie wir sind, und bist bei uns. Das tut gut. Wir danken dir. Amen."

Jesus ist Gott ganz nahe. Er hat sich besonders um die gekümmert, die niemand mochte, die Kranken, Einsamen, Verachteten, die die sonst niemand mag. Er schickt niemanden weg, er hört den Sorgenvollen, Leidenden zu und öffnet sein Herz für sie.

- **Gespräch mit den Kindern:** *„Ihr wollt auch mit dazugehören und nicht ausgeschlossen sein. Was kann man dann machen?"* Im Gespräch werden die Ideen der Kinder gesammelt.
  - Gespräch über Krankheiten und Behinderung sowie Integration.
- **Bilderbücher mit der Thematik des Fremd- oder Andersseins:**
  - Lionni, Leo (2004): *Tico und die goldenen Flügel*, Weinheim, Beltz Verlag

Der Vogel Tico ist ohne Flügel geboren. Sehnlichst wünscht er sich Flügel. Da wachsen ihm nachts goldene Flügel. Die anderen Vögel sind neidisch auf Tico und wenden sich von ihm ab. Traurig fliegt Tico davon und verschenkt alle Federn seiner Flügel. Als er wieder schwarz ist, heißen ihn seine Freunde willkommen.

- Burningham, John (2005): *Borka*. Die Erlebnisse einer Wildgans, Sauerländer Verlag.
  Borka hat keine Federn und kann nicht fliegen …
- Lionni, Leo (1967): *Frederik*, Weinheim, Beltz Verlag
  Frederik sammelt nicht Vorräte, wie die anderen Mäuse. Am Ende des Winters aber, als die Vorratskammern leer sind, kann Frederik den anderen Mäusen von seinen gesammelten Schätzen abgeben.
- Janisch, Heinz (2002): *Her mit den Prinzen!*, München, Annette Betz Verlag. Wer den Drachen besiegt, darf die Prinzessin heiraten. Doch der Drache will nicht kämpfen, sondern lieber Ball- und Versteckspielen und lachen, einen Handstand machen und Kirschkerne spucken …
- Kirchberg, Ursula (1993): *Selim und Susanne*, 5. Aufl. München, Ellermann Verlag.
  Susanne lebt in einem Stadtteil von Hamburg, dort wohnt auch Selim mit seinen Eltern, die eine Näherei haben. Selim hat noch keine Freunde, er versteht kaum die deutsche Sprache. Nach einer Rauferei fehlt ein Puppenarm, den Selims Vater wieder annäht. In den Sommerferien kann Susanne am Gardasee die Sprache der anderen Kinder nicht verstehen …

■ **Biblische Geschichten:** Zachäus, Bartimäus. Vgl. dazu Kapitel 3.3.2.

„Kummer im Herzen bedrückt den Menschen, ein gutes Wort aber heitert ihn auf.“
(Sprichwörter 12,25)

3.2.4 Konflikte und Streit gehören dazu

„Lass dich nicht ein auf törichte Auseinandersetzungen …, auf Streit und Gezänk.“
(1 Titus 3,9)

„… denn ich verzeihe ihnen die Schuld“ *(Jeremia 31,31)*

„Der Mensch sieht, was vor Augen ist, der HERR aber sieht das Herz.“ *(1 Samuel 16,7)*

Im Alten und Neuen Testamen finden sich einige Beispiele für Streit und Versöhnung: Wer hat das bessere Opfer, wer darf welche Weide benutzen, wer erhält den Segen? (Vgl. Kapitel 4, „Esau und Jakob“, S. 133 f.) Kinder wollen gut mit ihren Freundinnen und Freunden auskommen, doch trotzdem kommt es zu Streit und Auseinandersetzungen, weil alle recht haben wollen. Konflikte müssen ausgetragen werden, nur wie? „Der ist schuld“, „Ich will die nicht dabeihaben.“ „Und vergib uns unsere Schuld …“, heißt es im Vaterunser. Kinder benötigen Hinweise und Hilfestellungen, um das eigene Fehlverhalten zu erkennen und einzugestehen. Sie müssen spüren, dass sie jemandem wehgetan haben oder „schuldig sind“. Es ist eine Stärke, Fehler zuzugeben und um Entschuldigung zu bitten. Damit ist der erste Schritt für einen Neuanfang gewagt, der meist große Überwindung von Scham und Stolz kostet, ehe Kinder einander wieder die Hand zur Versöhnung geben können oder signalisieren, was nicht gut oder verletzend war. Streit unter Erwachsenen kann für Kinder bedrohlich sein, doch wenn sie verstehen, warum gestritten wird, müssen sie sich nicht schuldig fühlen.

Baustein A: Vergeben und sich versöhnen können

- **Kreisgespräch mit gestalteter Mitte, Kreatives:** Es dient dazu, die Kinder für Empathie zu sensibilisieren. Sie sollen spüren, was man tut, wie es für andere Kinder ist, und gemeinsam nach neuen Lösungen der Verständigung suchen.
  - *„Wie wagen wir den ersten Schritt? Wie können wir uns versöhnen? Wer gibt zuerst die Hand?"*
  - Formulierungsmöglichkeiten: *„Ich sehe ein, dass das nicht in Ordnung war …" „Ich bitte dich um Entschuldigung. Ich möchte mich wieder mit dir vertragen." „Ich verzeihe dir."*
  - *„Wie kann ein Bild von Versöhnung aussehen?"*
  - Ermutigung: Die Kinder werden auf Versöhnungsrituale hingewiesen.
- **Bilderbuch zum Thema:** Singer, Isaac Bashevis (1985): Noahs Taube, Hildesheim, Gerstenberg Verlag.
  Die Tiere streiten um einen Platz in der Arche und was sie alles besser können als die anderen … Mehr Vorlese- und Bilderbücher zum Thema Streiten, vgl. Lesehinweise im Anhang.
- **Biblische Geschichte aus dem Neuen Testament:** Zachäus (vgl. Kapitel 3.3).

Baustein B: Fehler machen und schummeln und dazu stehen können

Fehler zu machen ist menschlich, und heute drohen meist keine so harten Strafen mehr, wie es noch früher üblich war. Begriffe wie Sünde, Schuld, das böse Tun, dem Buße oder Sühne folgten, sind Kindern heute eher fremd. Das Heranführen und In-Ordnung-Bringen, die logischen Konsequenzen aber sind notwendig. Es ist wichtig, dass Kinder lernen sich Fehler einzugestehen, wenn sie ein Glas umgeschüttet oder etwas kaputt gemacht haben. Sie können den Schaden selbst bereinigen (Wiedergutmachung), mit Putzlappen oder Kehrschaufel, ohne Tragik und erhobenen Zeigefinger. So üben sie, Verantwortung für ihr Tun zu übernehmen. Auch das Schummeln und die „kleinen Lügen" bedürfen der Klärung. Über die Ebene der Tiere und mit Humor ist dies oft leichter zu vermitteln. Vgl. auch Kapitel 4 zum Thema „Werte" sowie die Lesehinweise im Anhang, S. 282 f.

3.3 Biblische Geschichten und Märchen erzählen von Herausforderungen

„Gott ist uns Zuflucht und Stärke, ein bewährter Helfer in allen Nöten. Darum fürchten wir uns nicht, wenn die Erde auch wankt, wenn Berge stürzen in die Tiefe des Meeres, … und Berge erzittern.“ (Psalm 46,2–4)

3.3.1 Hintergründe

Die Welt der Kinder

Gebet: „Wie oft meinen wir, so oder so sein zu müssen. Es tut gut zu wissen, dass du, guter Gott, uns so magst, wie wir sind, mit unseren Schwächen und Stärken. Geld zu haben und stark zu sein ist gar nicht das Wichtigste im Leben.“

Die Urangst und somit Überlebensangst des Säuglings ist die Angst, verlassen zu werden. Kinder begegnen in ihrer Entwicklung vielen Verunsicherungen und Ängsten. Vertrauen ist die Basis für Leben, sonst gewinnen Sorgen, Furcht und Misstrauen die Oberhand. Eltern und Bezugspersonen werden sich wünschenswerterweise bemühen, dass ihre Kinder sich geborgen und geliebt fühlen, Verständnis, Geborgenheit, Bestärkung und Zuspruch erfahren: Das Leben kann in seiner Vielschichtigkeit gelingen, mit allen Widerwärtigkeiten und Unannehmlichkeiten, mit Verunsicherungen und Angst. Das Erzählen, Vorlesen und Gestalten von biblischen Geschichten und Märchen hilft Kindern, sich und ihre Lebenssituation in den Texten widergespiegelt zu finden. Die Jünger Jesu hatten große Angst im Sturm, doch ihnen wurde geholfen, Bartimäus schrie um Hilfe und konnte wieder sehen, Zachäus war unbeliebt, doch nachdem er Jesus zu Gast hatte, gab er sogar das Geld zurück, das er an der Zollstation zu viel eingenommen hatte. Christophorus wird verwandelt durch die besondere Begegnung mit dem Jesuskind, der Ritter Georg besiegt den bösen Drachen. Die Hauptpersonen in den Märchen können mit Mut, einem offenen Herzen, List oder Schlauheit viele Prüfungen und Gefahren bestehen und werden erlöst oder belohnt. Letztlich wendet sich vieles zum Guten.

Die Welt der Religion

„Unter den Flügeln von Gott bist du geborgen und sicher. Du brauchst dich nicht zu beunruhigen und ängstigen. Gott kannst du vertrauen.“ (nach Psalm 91,3–4)

Für die christliche Religion gehören Angst, Bedrängnis, Bedrohung und der Tod ganz selbstverständlich zum menschlichen Leben. Das Neue Testament erzählt in vielen Kapiteln vom Wirken Jesu, der vermutlich drei Jahre vor seinem Tod in Galiläa und Umgebung Kranke heilte, sich den „Unwürdigen“ und Bedürftigen zuwendete, als Freund den Verachteten und Armen ihre Würde wiederschenkte und damit Gottes Liebe zeigen wollte. Kinder erfahren durch die Verknüpfung ihrer Lebenswelt mit den Schilderungen der biblischen Erzählwelt: Ausgrenzung kann durch Akzeptanz überwunden werden, Unaufrichtigkeit kann vergeben werden, Angst kann Vertrauen weichen, Dunkelheit kann sich in Licht verwandeln (Ostergeschichte), aus dem Tod erwächst neues Leben, in meiner Freude und Angst kann ich mich beschützt wissen; trotz Einsamkeit, kann ich mich geborgen fühlen und Freunde finden. Vieles kann

sich wandeln, und kleine „Wunder“ sind im Alltag möglich. Diese Erfahrung vermag das Vertrauen zu Gott zu stärken, bei ihm Zuflucht zu suchen und in bedrängender Lage zu wissen: Ich bin nicht alleine und kann mich an ihn wenden.
Die Geschichten der Bibel sind primär nicht für Kinder geschrieben worden. Sie sind Lebens- und Glaubenserfahrungen von Menschen, die vor langer Zeit lebten, und die sich mit ihren Ängsten, Schwierigkeiten und mit ihrer Freude Gott zuwendeten, seine Nähe erfahren konnten und neue Wege wagten.
Die folgenden Erzählbeispiele sind nahe an die Bibel angelehnt. Es gibt verschiedene Erzählansätze, die auch das ausgeschmückte Erzählen favorisieren.

3.3.2 Biblische Geschichten gegen die Angst

„Denn er befiehlt seinen Engeln, dich zu behüten auf allen deinen Wegen. Sie tragen dich auf ihren Händen, damit dein Fuß nicht an einen Stein stößt.“
(Psalm 91,11–12)

Baustein A: Jesus besänftigt den Sturm (Lukas 8,22–25)
Gott ist da, wenn wir uns ängstigen

„Fürchte dich nicht und hab keine Angst, denn der Herr dein Gott ist mit dir bei allem, was du unternimmst.“
(Josua 1,9)

Die Erzählung von der Sturmstillung (Markus 4,35–41; Matthäus 8,23–27; Lukas 8,22–25) ist eine Geschichte von Angst, Vertrauen und Nachfolge. In der jüdischen Vorstellung bedrohen drei Chaosmächte die Schöpfung: Wasser, Wüste und Nacht (Widersacher in der Wüste, Sturmstillung, Nacht in Gethsemane). Die Geschichte sollte Ermutigung für die junge nachösterliche Kirche sein, die den Stürmen des Lebens ausgesetzt war.

- **Ziele:** Die Kinder hören, dass Gott die Naturgewalten besänftigt und Jesus mit Vollmacht redet und handelt. Sie spüren: Kräfte bejahen das Leben und helfen, die Angst zu überwinden. Sie dürfen als Echo und Verstärker in der Erzählung die Geräusche nachahmen, Wellen bewegen …

- **Sensibilisierung, Kreisgespräch mit gestalteter Mitte:** *„Angst habt ihr sicherlich alle schon gehabt. Wie war das denn? Die Menschen zur Zeit Jesu, das ist schon lange her, haben vieles erlebt, wie auch ihr, und sie haben gemerkt, dass Gott sie nicht verlässt, was auch kommen mag.“*

- **Erzählvorschlag:** Die Erzieherin zündet die Gotteskerze an: *„Ängste kennen wir alle. Ich möchte euch heute eine Geschichte aus der Bibel erzählen, von Jesus und seinen Freunden, als diese sehr Angst hatten. Ihr dürft mitspielen und das Echo sein.“*
„Einmal ist Jesus mit seinen Freunden am See Genesareth bei den Fischern. Es wird dunkel, und sie gehen an Bord eines kleinen Bootes. (Boot dazustellen) *Die Freunde*

Materialien:
ein kleines Boot, ein blaues Tuch; blaue Müllsäcke, ein kleines Boot, eine Figur für Jesus, Rhythmusinstrumente zur Verstärkung, Papier zum Boote falten

rudern los, denn sie wollen schnell ans andere Ufer kommen und dort übernachten. Jesus schläft sofort ein. Da kommt ein gewaltiger Sturm auf. (Sturmgeräusche, Wellenbewegungen mit blauen Tüchern durch die Kinder) *Das Boot schwankt hin und her* (Kinder hin und her schwanken), *das Wasser schwappt ins Boot, der Sturm heult unheimlich.* (Geräusche nachahmen) *Die Jünger schöpfen das Wasser (Schöpfbewegungen) und können kaum die Ruder festhalten* (anklammern). *Die Wellen werden höher und höher* (Geräusche, Handbewegungen). *Die Freunde versuchen das Wasser aus dem Boot zu schöpfen. Sie haben große Angst. Sie schreien: „Jesus, so wach doch auf.* (Wiederholung) *Hilf uns!“* (Echo) *Da wacht Jesus auf und schaut sie an: „Warum habt ihr so große Angst? Wo ist euer Vertrauen auf Gott?“ Die Jünger sind ganz unsicher* (sich fragend anschauen). *Da erhebt Jesus die Hände und gebietet dem Wind und Wasser: „Hör auf, sei still!“* (Echo) *Der Wind hört auf zu heulen, und das Wasser des Sees wird wieder ruhig. Die Freunde schauen sich an. Sie haben verstanden, dass Gott hilft, wenn man ihm vertraut. Sie rudern weiter, bis sie das andere Seeufer erreichen.“*

- **Lieder:**
  - Das wünsch ich sehr …
  - Kleines Senfkorn Hoffnung, mir …
- **Bildbetrachtung:**
  - Bilder aus einer Kinderbibel zeigen
- **Gespräch:** *„Seid ihr auch schon einmal mit einem Boot unterwegs gewesen bei Sturm? Was tut euch dann gut?“* Die Kinder schildern ihre eigenen Erlebnisse.
  - Fragen: *„Warum hatten die Jünger keine Angst mehr? Was hat ihnen geholfen?“*
- **Gestaltung:** Ein Schiff basteln aus Papier und ein Angstbild hineinlegen: „Was uns Angst macht.“

Baustein B: Verweigerung und Einwilligung – dann geht Jona nach Ninive! (Jona 1–4)

„Guter Gott, du bist immer bei uns, ob wir uns gut oder schlecht fühlen. Schenke uns Mut, dich und die Menschen um Beistand zu bitten, und lass uns auch anderen beistehen.“

Jona will sich verstecken, aber Gott findet ihn.

Materialien: Tücher, ein Boot, ein Fisch, eine Figur für Jona

Angst und Verweigerung – Hören und Einwilligen

Die Geschichte des Jona stammt vermutlich aus dem 4. oder 3. Jahrhundert vor Christus und steht im Ersten Testament im Buch des Propheten Jona. Beschrieben wird dessen Auftrag und Erfahrung mit Gott, seine Verweigerung und dann Einwilligung, in die Stadt Ninive zu gehen, um die Menschen dort zu warnen. Die Thematik Angst, Verweigern und Einwilligen ist den Kindern gut bekannt. Die Geschichte kann ermutigen, eine Sache anders zu sehen und neue Einstellungen und Haltungen zu erproben.

- **Kreisgespräch, Hinführung, Erzählvorschlag mit gestalteter Mitte:** Die Erzieherin setzt sich mit den Kindern in den Kreis und gestaltet eine Mitte mit einem blauen und einem braunen Tuch. Sie zündet die Gotteskerze an. *„Ihr dürft immer wieder Sätze wiederholen, die ich rufe, ihr seid wie ein großes Sprachrohr bei der Geschichte, die ich jetzt erzählen werde: Vor langer, langer Zeit lebte in einem Land, ganz im Osten, ein Mann namens Jona. Eines Tages hört Jona Gott zu ihm sagen: ‚Jona, steh* *auf und geh in die Stadt Ninive.* (Nun seid ihr dran: Jona, steh auf … und nochmals) *Die Menschen dort tun viel Böses. Sie streiten sich und betrügen sich. Sie nehmen den Armen das Wenige weg, was sie noch haben. Sag ihnen, es wird sie eine harte Strafe treffen, wenn sie nicht damit aufhören, Schlechtes zu tun.“* (Hört auf damit, euch zu ärgern und zu betrügen.) *Jona aber hat Angst. Er will nicht nach Ninive gehen. Er denkt bei sich: ‚Nein, ich will nicht. Lieber renne ich weg und verstecke mich.‘* (Was denkt Jona: Nein, ich will nicht!) *So läuft er bis ans Meer und besteigt ein Schiff. ‚Hier wird Gott mich nicht finden‘, denkt er.* (Ihr: Hier wird Gott mich nicht finden.) *Bald darauf schläft er ein. Das Schiff fährt los. Ein starker Sturm kommt auf, die Wellen peitschen gegen das Schiff, die Matrosen haben Angst.* (Meeresgeräusche machen: pusten und pfeifen und heulen) *‚Wach auf, Fremder, das Schiff geht unter, wie kannst du jetzt schlafen?‘, rufen die Männer Jona zu.* (Wiederholung: Wach auf …) *‚Hilf uns und bete für uns!‘ ‚Vielleicht hat Gott den Sturm geschickt, weil ich mich versteckt habe‘, denkt Jona.* (Wiederholung) *‚Werft mich ins Meer‘, sagt er zu den Matrosen.* (Echo) *Aber die Männer haben Angst und wollen Jona nichts tun. Der Sturm wird immer heftiger. Jona berichtet den Matrosen, dass er vor Gott davongelaufen ist. Er bittet sie nochmals, ihn ins Meer zu werfen. Da werfen sie Jona ins Meer.* (Handbewegung) *Ein riesiger Fisch schnappt Jona.* (Schnapp!) *Nun sitzt Jona im dunklen Bauch des Fisches und denkt nach: ‚Sicherlich hat Gott den Fisch geschickt, um mich zu retten. Ich bin so froh darüber.‘* (Echo) *Drei Tage sitzt Jona im Bauch des Fisches und betet zu Gott. Dann spuckt der Fisch ihn an den Strand. Nun will Jona nach Ninive gehen und den Menschen sagen, dass Gott sie bestrafen wird, wenn sie nicht aufhören, Böses zu tun, und er geht los.“*

Gebet:
„Guter Gott manchmal haben wir einfach keine Lust, das zu tun, was dran ist. Gib uns Mut und offene Augen zu sehen und ein Herz, das einwilligen kann.“

- **Verständnisfragen, Gestaltung:** *„Warum will Jona denn weglaufen? Was geschieht ihm?“*
  - Die Kinder basteln einen Fisch und setzen eine kleine, ausgeschnittene Jonafigur hinein: Jona im Bauch des Fisches
- **Lieder:**
  - Halte zu mir guter Gott …
  - Gottes Liebe ist so wunderbar …

3.3.3 Ausgrenzung überwinden – Freundschaft erleben

„Guter Gott du magst alle Menschen, auch die, die sonst keiner mag. Du willst unser Freund sein, das macht uns froh. Bleibe immer bei uns.“

Baustein A: Jesus und Zachäus (Lukas 19,1–10)

Die Geschichte von Zachäus, dem Zöllner, zeigt Gottes Zuwendung zu den Ausgegrenzten, die sich eine Veränderung ersehnen: Zachäus gibt nach der Begegnung mit Jesus das Geld zurück, das er zu viel eingenommen hat. Das Gefühl, ausgeschlossen zu werden, klein und unbeliebt zu sein, kennen Kinder gut. Durch die Erzählung können sie miterleben: Gott schließt niemanden aus. Gott befreit, verwandelt und lässt neuen Mut wachsen. Das zeigt sich auch daran, dass er dem Menschen etwas zutraut und ihm Aufträge gibt. Auch Jesus wollte ja, dass sich Zachäus ändert.

Zachäus will Jesus sehen und klettert auf einen Baum.

Materialien: *Kinderbibel, Bildmaterial (Stadttor), Gotteskerze, Münzen, Pflanze als Baum; Erzählfigur, Brot*

- **Lieder:**
  - Wenn einer sagt, ich mag dich du …
- **Hinführung:** Die Kinder sehen ein Stadtbild mit Stadtmauer aus der Zeit Jesu. Sie lernen zuvor die verschiedenen Berufe von damals kennen: Fischer, Bauern, Händler auf Märkten, Töpfer, Tischler, Zimmermann (Bildmaterial, Kinderbibel).
  - Die Kinder wirken bei der Erzählung als Echo mit. Kostüme, Tücher werden bereitgelegt zum Verkleiden und Nachspielen an der Stadtmauer.

Alternative: *die Erzählung als szenisches Spiel mit Requisiten proben und dabei verschiedene Erzählperspektiven einzunehmen, aus der Sicht eines Raben, Kindes …*

- **Erzählvorschlag/Hinführung mit gestalteter Mitte:** Die Erzieherin zündet die Gotteskerze an. In die Mitte legt sie ein farbiges Tuch. *„Wenn man früher in Palästina in eine Stadt hineinwollte, um zum Markt zu gehen, musste man Steuern am Stadttor bezahlen. Die Münzen, die Denare, waren für den römischen Kaiser. Der Mann, der dort saß, wurde Zöllner genannt. Noch vor ein paar Jahren gab es auch bei uns an der Landesgrenze Männer in blauen Uniformen, die die Pässe kontrollierten. So ist es auch noch, wenn man in ferne Länder fährt. Zoll muss bei der Ein- und Ausfuhr von Waren bezahlt werden. Dieser Zöllner in der folgenden Geschichte will sein Geld verdienen, aber er betrügt auch, um noch mehr Geld zu bekommen. Das ist die biblische Geschichte von Zachäus. Er war Zöllner am Stadttor* (gemaltes Stadttor hinlegen). *Zachäus* (Erzählfigur oder Kopie aus einer Kinderbibel) *will reich werden, deshalb verlangt er immer mehr Geld, als abgemacht, und steckt einen Teil davon in die eigene Tasche* (Münzen legen). *Die Menschen mögen Zachäus nicht und sagen: ‚Du bist ein Betrüger und Halsabschneider. Du ziehst uns das Geld aus der Tasche. Du bist ein Freund der Römer. Wir wollen nichts mit dir zu tun haben.' Eines Tages hört Zachäus, dass Jesus in die Stadt Jericho kommt. Er hat schon viel von Jesus gehört: dass er so freundlich zu allen Menschen ist, Kranke heilt, den Armen hilft und sie froh macht. Zachäus will Jesus unbedingt sehen. Er läuft der Menschenmenge nach. Dicht gedrängt stehen die Menschen; aber Zachäus kann nichts sehen, denn er ist sehr klein. ‚Geh weg, du Betrüger. Dich wollen wir hier nicht mit dabeihaben, verschwinde,' schimpfen die Leute, als sie Zachäus sehen. Zachäus stellt sich auf die Zehenspitzen. Doch er kann trotzdem nichts sehen. Er klettert schnell auf einen Maulbeerbaum. Von hier oben kann ihn niemand verjagen, und er kann alles gut sehen. Die Leute rufen laut: ‚Da kommt Jesus, macht Platz.' Jesus stellt sich direkt unter den Baum, auf dem Zachäus sitzt und schaut Zachäus an: ‚Komm runter, Zachäus, ich will heute Abend bei dir zu Hause essen."* (ein Brot dazulegen) *Zachäus bekommt Herzklopfen, so aufgeregt ist er. Doch er freut sich sehr und rutscht, so schnell er kann, vom Baum herab. ‚Was, bei dem Kerl hat sich Jesus eingeladen, warum denn bei ihm?' ‚Zachäus ist ein Betrüger, und ausgerechnet bei ihm will Jesus essen!', schimpfen die Leute und schütteln die Köpfe. Jesus bekommt im Haus von Zachäus ein leckeres Essen mit Oliven, Schaffleisch und Fladenbrot. Zachäus entschuldigt sich bald und sagt: ‚Es tut mir leid, dass ich die Leute betrogen habe, ich will es wieder in Ordnung bringen. Die Hälfte meines Geldes sollen die Armen bekommen. Denen ich zu viel Geld genommen habe, sollen viermal so viel wieder zurückerhalten.' Jesus freut sich über die Einsicht von Zachäus und sagt: ‚Viele hier mögen dich nicht, Zachäus, aber Gott liebt alle Menschen. Ich freue mich, dass ich bei dir zu Besuch sein konnte.'"*

Mit den Kindern Oliven, Feigen Datteln, Kürbiskerne, Schafskäse, Sesammus, Kichererbsen, Fladenbrot essen (kosten), am Boden sitzend (siehe auch Pflanzen der Bibel und biblisches Kochbuch).

Zachäus kann auf einmal einsehen, dass er anderen Unrecht getan hat.

- **Gespräch:** *„Was ist geschehen?"*
- **Gebet:**

  „Guter Gott, es gibt so viele Wege, und jeder geht seinen Weg. Zeige uns immer wieder, dass wir auf dem rechten Weg sind und auch auf dem Weg zu dir. Lass uns immer wieder den Weg zu anderen Menschen finden."

3.3.4 Märchen und Legenden erzählen von Herausforderungen

Märchen und Legenden sind Sinn- oder Weisheitserzählungen. In vielen Märchen haben die Hauptpersonen sehr schwierige Ausgangssituationen: Hänsel und Gretel werden durch Bosheit und Neid der Stiefmutter in den Wald geschickt. Auch Schneewittchen, Frau Holle, Brüderchen und Schwesterchen oder Aschenputtel werden mit einer bösen Stiefmutter konfrontiert. Bei Rapunzel und Dornröschen liegt ein böser Zauber über dem Kind. Beim gestiefelten Kater, in Tischleindeckdich und dem Goldenen Vogel bekommt der Jüngste das kleinste Erbe. Bei Rumpelstilzchen muss die arme Müllerstochter etwas erfüllen, was sie eigentlich gar nicht kann, und die Prinzessin im Froschkönig will sich ihrem Versprechen entziehen. Die Hauptfiguren in den Märchen müssen schwere Wege gehen, um erlöst und gerettet zu werden: Wölfe, Drachen, Hexen und Riesen werden überlistet und getötet, Proben müssen bestanden werden durch Arbeitsdienste und Hilfsbereitschaft. Wo Gefahr ist, ist das Rettende da, meint Hölderlin: So findet sich Unterstützung durch Zwerge, Bären, den Fuchs, die Tauben, und die Heldinnen und Helden werden reich belohnt: Sie heiraten die Königstochter oder den Königssohn und bekommen das Leben geschenkt.

- Die schönen Abbildungen aus Märchenbüchern können den Kindern gezeigt werden. Die Märchen können, wie die biblischen Geschichten, mit Lege-Materialien im Kreis erzählt, verklanglicht und szenisch nachgespielt werden.
- Ein aufgeschlagenes Märchenbuch kann zur Veranschaulichung auf einem Ausstellungstisch liegen.

„Guter Gott, wir sind froh, dass du immer bei uns bist. Du stehst uns zur Seite in schwierigen Situationen und beschützt uns, wenn wir uns fürchten. Du bist um uns, wenn wir jemanden verletzt haben und uns bei Abmachungen gedrückt haben. Du stellst immer wieder Menschen an unseren Weg, die uns weiterhelfen. Wir danken dir für deine Begleitung.“

Baustein A: Christophorus erfährt Neues

„Sei mutig und stark, fürchte dich nicht und hab keine Angst, denn der Herr dein Gott ist mit dir bei allem, was du unternimmst.“ (Josua 1,9)

Christophorus lebte vermutlich im 3. Jahrhundert in Kleinasien und starb als Märtyrer. Zum ersten Mal wurde er im 5. Jahrhundert in Chalkedon am Bosporus verehrt. Im 12. Jahrhundert wird in der „Legenda aurea“, einem Legendenbuch, von Christopherius, dem Christusträger, gesprochen. Er gilt als Brückenheiliger und Schutzpatron der Pilger und Reisenden. Seine Statuen, Bilder und Abbildungen sollen die Reisenden an gefährlichen Wegstellen beschützen. Heute gilt er als Schutzheiliger für Verkehrsteilnehmer. Christophorus wird als Riese mit Wanderstab dargestellt, der das Jesuskind durch das Wasser trägt. Die Legende um ihn ist in verschiedenen Varianten bekannt. Er ist auf der Suche nach dem mächtigsten König der Welt und nach seiner Lebensaufgabe. Da trifft er ein Kind, Jesus, und wird durch diese Begegnung verwandelt: Nicht das Starksein ist entscheidend, sondern dass man sich im Herzen anrühren lässt. „Alle gehören zu Christus und tragen ein Stück von ihm.“

Materialien: Puzzleteile von Christophorus, Wanderstab, Gotteskerze, Krone, Säbel der Räuber Speer, Tuch, Kreuz, Bibel, Blüte

■ **Hinführung im Kreis mit gestalteter Mitte/Erzählvorschlag:**
Die Erzieherin bereitet die Mitte vor und zündet die Gotteskerze an. Sie hält im Hintergrund einen Rucksack: *„Hin und wieder fahrt ihr sicherlich auch in den Urlaub, in die Ferne. Manchmal ist der Weg beschwerlich und unbekannt, manchmal vertraut.* (Sie legt einen kurzen Wanderstab in die Mitte.) *Heute möchte ich euch eine alte Legende, eine alte Geschichte erzählen von einem Mann. Man nannte ihn Opherus oder Reprobus. Er war riesengroß und hatte Muskeln wie aus Eisen und Kräfte wie ein Bär. Er konnte umgekippte Wagen wieder aufstellen und Wölfe verscheuchen. Viele fürchteten sich vor ihm, und einige Leute sagten, er habe einen Kopf wie von einem Hund und nannten ihn: Reprobus, den Verdammten. Eines Tages sagte Reprobus zu sich: ‚Immer bin ich nur am Arbeiten. Aber ich will von nun an nur noch für den mächtigsten König der Welt arbeiten! Ihn will ihn suchen!‘ Und er zog los und kam zu einem König: ‚Bist du der mächtigste König?‘, fragte er ihn. Und dieser antwortete: ‚Ja!‘* (Krone in die Mitte legen) *Eines Tages kam ein Musikant vorbei und sang ein Lied über den Teufel. Reprobus sah, dass der König zusammenzuckte und sich ängstigte. ‚Warum hast du Angst vor dem Teufel?‘, wollte er wissen* (kleines Instrument dazulegen). *‚Ich habe Angst, dass der Teufel mich doch noch eines Tages beherrschen könnte‘, antwortete der König. ‚Dann muss ich weiterziehen‘, entgegnete Reprobus enttäuscht, ‚wenn du Angst vor dem Teufel hast, ist dieser mächtiger als du. Dieser soll von nun an mein Dienstherr sein, ich kann dir nicht länger dienen. Ich will den Teufel suchen!‘ Und er ritt los und kam in eine wüste Gegend. Da traf er auf eine Gruppe von Raubrittern, die grausam und wild aussahen und Reprobus den Weg versperrten.* (Säbel in die Mitte legen) *‚Ich suche den Teufel und will ihm dienen‘, sagte er. ‚Da bist du bei mir genau richtig‘, antwortete der Anführer und lachte grimmig. Und Reprobus blieb bei ihm. Eines Tages ritten sie auf einer breiten Straße und an einem Wegkreuz vorbei. Da bog der Raubritter schnell ab und galoppierte durch das Gestrüpp. Reprobus fragte ihn, warum er denn einen solchen Umweg machte* (Kreuz hinlegen), *und der Räuber antwortete ihm: ‚Immer wenn ich ein Kreuz sehe, muss ich an Jesus Christus denken, der am Kreuz gestorben ist, und das macht mir Angst.‘ ‚Dann kann ich nicht länger bei dir bleiben‘, antwortete Reprobus: ‚Dieser Jesus Christus wird mächtiger sein als du. Ihm will ich dienen.‘ Und er machte sich auf den Weg. So ritt er viele Jahre landauf, landab, doch er konnte Jesus nicht finden. Da begegnete ihm eines Tages ein Einsiedler, der ihm von Jesus erzählte. ‚Was muss ich tun, um Christus zu dienen?‘ fragte Reprobus ihn. ‚Du musst viel fasten, das heißt: Du darfst nichts essen‘* (alle Gegenstände wegnehmen aus der Mitte) *sagte der Einsiedler. ‚Ich möchte lieber mit etwas anderem dienen‘, sagte Reprobus ‚denn ich bin groß und brauche viel zu essen.‘ ‚Dann sollst du viel beten.‘ ‚Ich brauche viel Bewegung und kann nicht ständig am Boden knien und stille sein.‘ Der Einsiedler entgegnete: ‚Kennst du den Fluss, an dem schon viele ertrunken sind? Trage dort die Menschen durch das Wasser ans andere Ufer!‘* (blaues Tuch legen) *Und Reprobus zog zum Fluss. Dort baute er sich am Ufer eine Hütte. Er nahm einen dicken Stab, auf den er sich stützten konnte und trug die Menschen ans andere Ufer. Eines Tages hörte er die Stimme eines kleinen Kindes, das ihn bat, hinübergetragen zu werden. Doch Reprobus sah niemanden. Noch zwei Mal hörte er die Kinderstimme; dann sah er ein kleines Kind. Er nahm seinen Stock, setzte das Kind auf seine Schulter und ging ins Wasser. Doch je weiter er ging, umso höher und höher wurde das Wasser. Das Kind wurde schwerer und schwerer, sodass er Angst hatte, ertrinken zu müssen. Am anderen Ufer sagte er zu dem Kind: ‚Fast wäre ich ertrunken; du warst so schwer wie die ganze Welt!‘ ‚Ich bin es, Jesus Christus, der die Welt gemacht hat, den du getragen hast. Wenn du andern hilfst, hilfst du auch mir. Du sollst von nun an nicht mehr Reprobus heißen, sondern Christophorus, der Christusträger. Trage mich in deinem Herzen weiter. Nimm den Stab und stecke ihn in die Erde, dann wirst du sehen, dass ich die Wahrheit gesagt habe!‘ Dann war das Kind*

verschwunden. Reprobus pflanzte den Stab neben seiner Hütte, und am nächsten Tag war der Stab voller Blüten und Früchte, wie der Baum im Paradies. (Blüten in die Mitte legen) *Als er zum Fluss kam und sein Spiegelbild sah, war da kein Hundegesicht mehr: ‚Christus hat aus mir einen richtigen Menschen gemacht, sagte er zu sich, ich bin so froh.' Und Christophorus beschloss, den Menschen von Jesus zu erzählen und zog durch das Land."*

- **Aktion, Gespräch:** Die Kinder puzzeln die Abbildung einer Christophorus-Figur. Sie wiederholen die einzelnen Stationen.
  - *„Christophorus hat gemerkt: Nicht Starksein ist immer das Wichtigste, sondern ein offenes Herz zu haben. Was gehört denn alles zu einem König dazu, den Christophorus zuerst gesucht hat?"* Im Gespräch können die Kinder Königseigenschaften und -ausstattung zusammentragen.
  - *„Wer kann scheußlich-furchterregende Grimassen schneiden? Solche Gesichter könnt ihr auch malen!"*

Unter: www.wikipedia/Christophorus finden sich diverse Abbildungen von Christophorus.

Materialien: *Malstifte, Puzzle einer Figur*

- **Besinnung, Gestaltung:** *„Christophorus sollte beten und fasten, ich mache euch ruhige Musik an; ihr könnt euch dazu auf den Boden legen mit geschlossenen Augen: Ihr werdet innerlich ganz ruhig und still."*
- **Übungen, Spiele zum Tragen:** Immer zwei Kinder versuchen ein Kind zu tragen. Ein Becher mit Wasser wird auf einer Linie balanciert, eine Kartoffel auf einem Kochlöffel.
- **Bildbetrachtung, Gestaltung:** Die Kinder betrachten verschiedene Christophorus-Abbildungen. Sie gestalten ein Leporello mit den verschiedenen Wegstationen: König – Teufel – der Einsiedler – am Fluss – ein Kind – Blütenstab.
  - An einen Stab werden bunte Papierknäuel geklebt oder gebunden (Blütenstab).

- **Lieder:**
  - Heut ist ein Tag …
  - Gottes Liebe ist so wunderbar …
  - Lasst uns miteinander …
- **Gebet:**
  „Gott, führe uns den rechten Weg. Gott, scheine für uns hell in der Einsamkeit und Dunkelheit. Gott, sei für uns, wie eine Quelle, bei der wir immer wieder neue Kraft schöpfen. Gott, sei uns ein fester Fels, der uns schützt. Gottes Regenbogen erinnere uns, dass wir ihm vertrauen können. Gottes Haus schütze uns."

Baustein B: Sankt Georg überwindet Bedrohliches

> *„Gott dein guter Segen ist wie ein großes Zelt, hoch und weit, fest gespannt über unsre Welt …"* *(Kinderlied)*

Kinder, besonders Jungen, sind fasziniert von Drachen, von allem, was wild und gefährlich ist und was überwunden und besiegt werden muss: Dann kann das Gute siegen.

Der Heilige Georg wurde im 3. Jahrhundert in Kapadokien oder Byzanz geboren und starb vermutlich als Märtyrer unter Kaiser Diokletian, zur Zeit der Christenverfolgun-

Im Internet findet man bei Google unter „Malvorlagen" viele Abbildungen zum Ausmalen.

Materialien: *Drachenabbildungen, Tuch, Kreuze, kleines Schwert*

gen, am 23. April 303 in Palästina oder Nikomedia. Die Legende des Drachentöters Georg stammt vermutlich aus der Zeit der Kreuzzüge. Er gehört zu den 14 Nothelfern und ist Schutzpatron von Ländern, Familien und einer der beliebtesten Heiligen. Das Georgskreuz ist das rote Kreuz auf weißem Grund. Der Heilige Georg wird meist mit Lanze, Drachen und Pferd dargestellt oder mit einem Palmwedel.

- **Sensibilisierung im Kreis mit gestalteter Mitte:** Die Kinder betrachten Abbildungen von Drachen und beschäftigen sich eventuell im Vorfeld mit Drachen. *„Kennt jemand Geschichten von Drachen?"*

- **Hinführung, Erzählung:** Die Erzieherin zündet die Gotteskerze an: *„Heute möchte ich euch eine Legende, eine alte Geschichte erzählen. Wahrscheinlich mögen viele von euch Geschichten mit gefährlichen Drachen. In Nordafrika, in Libyen, wo es sehr heiß ist, gab es eine Stadt, die hieß Silena. Dort lag ein großer See, und darin lebte ein riesiger, giftiger Drache.* (Drachenfigur oder Abbildung in die Mitte legen) *Viele Menschen hatte der Drache schon in die Flucht geschlagen. Jeden Tag zog das Ungeheuer zur Stadtmauer, vergiftete mit seinem stinkenden Atem die Menschen und fraß zwei Schafe. In seiner Not beschloss der König, dass dem Drachen immer ein Schaf und ein Mensch geopfert werden sollten. Als schon viele junge Menschen getötet worden waren, war die Reihe an der schönen und einzigen Tochter des Königs. Doch der König war entsetzt und bat das Volk um Nachsicht: Er wolle ihnen alle Schätze geben, wenn nur seine Tochter verschont bliebe. Da wurde das Volk zornig und rief: ‚Gib deine Tochter heraus. Sie ist nun an der Reihe! Es gibt keine Ausnahmen!' Schweren Herzens verabschiedete sich der König von seiner Tochter, und diese zog an den See. Dort wartete sie auf den Drachen. Plötzlich kam ein junger Ritter mit Lanze, Rüstung und Helm* (kleines Schwert in die Mitte legen) *mit Namen Georg auf sie zu geritten. Er war ein Christ und wollte den Menschen auf seinen Reisen von Jesus Christus erzählen. Er fragte die weinende Königstochter, was sie denn hier mache. ‚Fliehe von hier, edler Ritter, sonst wird dich der Drache auch verschlingen', antwortete sie aufgeregt. Aber der Ritter fürchtete sich vor nichts und wollte lieber bei ihr bleiben. Als der Drache aus dem See kam, ritt Georg mit seiner Lanze auf ihn zu und verletzte ihn. Dann forderte er die Königstochter auf, den Drachen wie einen Hund an ihrem Gürtel in die Stadt zu führen. Die Bewohner der Stadt bekamen Angst und schrien: ‚Wir sind alle verloren!' Aber Georg rief: ‚Fürchtet euch nicht, Gott, der Vater von Jesus Christus, hat mich geschickt. Ich bin gekommen, euch von dem Unglück zu befreien, und Gott gibt mir die Kraft dazu. Lasst euch taufen!' Die Menschen waren beeindruckt von den Worten des edlen Ritters und ließen sich taufen. Dann tötete Georg den Drachen, und der König bot ihm viele Goldschätze. Doch Georg schwang sich auf sein Pferd und ritt weiter, um den Menschen von Jesus zu erzählen und den Notleidenden zu helfen. Die Schätze wurden an die Armen verteilt und der König ließ eine Kirche bauen. Darin gab es eine Wasserquelle, und alle, die daraus tranken, wurden gesund."*

- **Bildbetrachtung, Gestaltung:** Die Kinder sehen sich Abbildungen von Sankt Georg an (Skulpturen, Bilder) und malen ihre Eindrücke zu dieser Geschichte. Sie kneten eine Drachenfigur.

> *„Tu mir kund deine Wege, leite mich in der Wahrheit, denn du bist der Gott, der mir hilft, auf dich hoffe ich."* *(Psalm 24,4–5)*

3.4 Abschied und Übergänge bedenken

3.4.1 Hintergründe

Die Welt der Kinder

„Meine Zeit steht in deinen Händen." *(Psalm 31,16)*

„Doch die Finsternis wird verscheucht; denn wer jetzt in Not ist, bleibt nicht im Dunkel." *(Jesaja 8,23)*

Kinder wachsen hinein in eine Welt mit unterschiedlichsten Lebenskonzepten, Angeboten und Erfahrungshintergründen, in der aber kleine und große Abschiede bleiben: Liebgewonnenes loslassen und Altvertrautes hinter sich lassen: Der Freund zieht weg, die Praktikantin muss gehen, ein Haustier stirbt, die Oma kommt schwer krank ins Krankenhaus, ein Kindergartenkind ist bei einem Verkehrsunfall verunglückt, die Nachbarin stirbt.

Der Entwicklungspsychologe Jean Piaget berichtet in seinem Buch „Das Weltbild des Kindes" (1978), dass für viele Kinder unter fünf Jahren der Tod nichts Endgültiges hat, sondern eher wie der Schlaf oder eine Reise ist, etwas Zufälliges, das nur anderen widerfährt. Die realistische Wahrnehmung des Todes beginnt ungefähr mit dem vierten Lebensjahr.

Schon in den ersten Lebensjahren entwickeln Kinder Vorstellungen, dass etwas abstirbt oder unbelebt ist: ein Baum, eine Pflanze, eine Schnecke. Tod bedeutet Trennung, Entzug, Entbehrung von Wichtigem, wie eine Trennung von den Eltern. Dies ist schmerzvoll und kann Verlustangst erzeugen. Kinder beschäftigen sich gedanklich auch mit dem Töten-Dürfen (Insekten), sie bauen Gräber für Regenwürmer und Hummeln und stellen Fragen wie: „Mama musst du auch sterben? Ich will das aber nicht." „Warum ist die Oma so krank?" „Warum hat mein Hamster sterben müssen?" „Wo sind die Toten?" „Warum macht Gott das so und lässt uns nicht alle am Leben?" „Warum können wir nicht kurz einschlafen und dann weiterleben, wie bei Jesus? Da hat Gott es doch auch so gemacht. Warum können die Menschen nicht immer leben?" „Warum sehen wir Gott nicht?" Alle Menschen müssen einmal sterben, alle Pflanzen und Tiere. Kinder wollen es oft genau wissen und nicht nur vertröstet werden, dass er/sie nun keine Schmerzen mehr hat. Durch das Sprechen verliert der Tod an Fremdheit und Bedrohlichkeit, denn letztlich ist die Gefahr allgegenwärtig: im Straßenverkehr, auf dem Spielplatz. Den direkten Fragen der Kinder gegenüber, was und warum der Tod sei, sind Erwachsene oft unsicher oder hilflos. Kann man aber den Kindern mit einer ehrlichen Offenheit erklären, dass vieles „selbst für die Großen" unverständlich ist, können sie dies besser akzeptieren als dogmatische Vorstellungen oder Festlegungen (vgl. Schweitzer, Friedrich, (2000), (Hrsg.): Musst du auch sterben? Kinder begegnen dem Tod, Lahr, Kaufmann Verlag und Gütersloher Verlagshaus, S. 9).

Die Welt der Religion

„Ich bin das Licht der Welt, wer zu mir kommt, wird nicht mehr wandeln in der Finsternis, sondern das Licht des Lebens haben." *(Johannes 9,5)*

Fast alle Religionen beschäftigen sich mit dem Tod und was danach kommt. Der christliche Glaube an die Auferstehung meint, dass die Menschen im Sterben und nach dem Tod bei Gott sein werden. Wie, das weiß letztlich niemand, und bloße

Vorstellungen sind spekulativ. Jesus konnte dem Kreuzestod nicht entrinnen, aber sagen: „Gott, in deine Hände befehle ich meinen Geist." Gott hat ihn zu sich genommen und auferweckt, das ist unsere Hoffnung. Der Tod hat mit dem Osterglauben seine Endgültigkeit und Grausamkeit verloren. So steht Gott den Menschen im Leben und Sterben bei und befreit sie durch Leid und Tod hindurch zum „ewigen Leben". Vgl. Kapitel 7.2 zu Ostern, S. 204 ff.

„Ich bin die Auferstehung und das Leben: Wer an mich glaubt, wird leben, wenn er auch stirbt." *(Johannes 11,25)*

3.4.2 Dem Tod begegnen

„Gott wird abwischen alle Tränen von ihren Augen: der Tod wird nicht mehr sein, weder Trauer noch Klage." *(Offenbarung 21,5)*

In der Leidensgeschichte Jesu geht es um die Thematik: Angst, Entmutigung, Tod, Trauer und Freude.

Der Tod ist wie eine Grenze des aktiven Lebens, etwas Fremdes, das plötzlich alles verändert und sich dem menschlichen Einfluss entzieht. Soll man mit Kindern vorbereitend über den Tod sprechen oder erst dann, wenn sie ihn erleben? Kinder finden einen toten Vogel, der gegen die Scheibe geflogen ist. Sie sehen, wie die Katze eine Maus verschleppt. Sie hören von Verkehrstoten und wollen ihr Meerschweinchen begraben. Mal erleben sie den Tod direkt, mal indirekt in der Verwandtschaft oder Umgebung. Der Tod lässt erschaudern, macht Angst, kann aber auch „befreien". Menschen können den Prozess nicht verhindern, dass das Leben zu Ende geht: Das Haustier wurde gut gepflegt, doch manchmal schafft es das kleine Herz nicht mehr, die Krankheit ist stärker. Anfang und Ende des Lebens sind wie Tore, niemand weiß, wie lange der Lebensweg eines jeden dauert. Vielleicht können Erzieherinnen auf diese Weise authentisch zu den Kindern sprechen und von ihrem eigenen Verständnis. Es ist wichtig, dass Kinder mit ihren Gedanken und Erinnerungen einbezogen werden und es Zeiten für Trauer und Abschied geben darf. So können Kinder den Tod eher verstehen und Dankbarkeit entwickeln für das ihnen geschenkte Leben.

- **Sensibilisierung:** Kinder können durch Naturbeobachtungen erleben, dass Altes abstirbt und Neues wieder hervorkommt. Sie sehen im Resultat des Grünens, dass nach dem Säen von Weizenkörnern die Samen sich in der Erde verwandeln: „Leben wächst selbst aus dem Tod."

- **Körperübung:** Wenn man die Kindergruppe in zwei Gruppen teilt, kann die eine Gruppe schauspielerisch tätig sein, die andere macht die musikalische Untermalung mit Rhythmusinstrumenten: Körner fallen in die dunkle Erde, vergehen, aus ihnen wächst neues Leben, langsam wachsen die Halme dem Licht entgegen und werden immer größer.

- **Lied:** Das Weizenkorn muss sterben, sonst bleibt es ja allein …

Baustein A: Vom Abschiednehmen: Warum musste das Tier, das Kind, der Mensch sterben?

„Der Glaube ist wie ein Vogel, der singt, wenn die Nacht noch dunkel ist."
(überliefert von einem indischen Christen)

- **Kreisgespräch mit gestalteter Mitte:** Die Kinder sprechen ihre Gedanken, Erinnerungen aus und formulieren ihre Wünsche für den oder die Verstorbenen, was sie ihnen mit auf den Weg geben wollen, und verabschieden sich.
  - Fragen werden beantwortet: „Warum ist die Oma tot, wie ist das, wenn man tot ist, wo ist man dann?"
  - Die Kinder werden ermutigt, dass der oder die Verstorbene in den Herzen weiter anwesend ist bei denen, die ihn oder sie kannten, und dass er oder sie aufgehoben ist bei Gott.
- **Gestaltung:** Ein Erinnerungstisch wird gestaltet mit Bildern, Blumen, einer Kerze, einem kleinen Kreuz.
- **Aktion:** Die Maus, der Vogel wird gemeinsam begraben und das Grab gestaltet
  - Die Gruppe macht einen Besuch auf dem Friedhof am Grab, bringt Blumen, singt ein Lied oder spricht ein Gebet.

Materialien: *Abschiedsrituale gestalten durch Tücher, Kerze, Namensschild, Blumen; oder: Blumenzwiebeln pflanzen, Weizenkörner säen.*

Vgl. heilende Abschiedsrituale in Kapitel 8.2.6, S. 250 ff.

„Euer Herz lasse sich nicht verwirren. Glaubt an Gott und glaubt an mich. Im Haus meines Vaters sind viele Wohnungen ... Ich gehe, um einen Platz für euch vorzubereiten."
(Johannes 14,1–2)

Baustein B: Hilfreiche Unterstützung durch Bilderbücher

- In den Bilderbüchern von Abedi, Isabel: *Abschied von Opa Elefant* (2006, Hamburg, Ellermann) und Weigelt, Udo: *Der Alte Bär muss Abschied nehmen* (2003, Hamburg, Nord-Süd), wird auf einfühlsame Weise das Thema Tod beleuchtet. Die Welt der Tiere ist den Kindern nahe und schafft doch Distanz. In beiden Beispielen verabschieden sich die Tierfreunde von dem alten und kranken Tier und fragen, wo es hingehe, wann es wiederzurückkehre, ob jemand mitkommen dürfe. Sie bekommen zur Antwort, dass jeder seinen eigenen Tod habe und diesen Weg allein gehen müsse, dass derjenige aber doch immer bei ihnen sein werde auf andere Weise. Die Tiere verabschieden sich und können ihren Freund in Frieden sterben lassen.
- Schneider, Antonie (1997): *Leb wohl Chaja*, Hamburg, Nord-Süd
  Oma zieht zu ihrer Tochter und den beiden Enkeln und bringt auch ihren kleinen Vogel mit. Dieser stirbt bald und Mira und Valentin denken mit Oma über das Sterben nach. Dann stirbt auch Oma ...
- Langen, Annette (2008): *Vier Pfoten am Himmel*, Freiburg, Herder. Eine einfühlsame Geschichte über eine große Freundschaft zwischen Emma, einem Mädchen und ihrer Hündin Fee, die auf einmal für immer einschläft ...

Vgl. weitere Vorschläge in den Lesehinweisen im Anhang, S. 281.

Baustein C: Der Besuch auf dem Friedhof

„Er wird alle Tränen von ihren Augen abwischen: der Tod wird nicht mehr sein, keine Trauer, keine Klage.“ (Offenbarung 21,4)

Der Tod ist für die Hinterbliebenen etwas Endgültiges, doch besagt die christliche Hoffnung, dass es dann ein Leben bei Gott gibt. Vielleicht begleitet der Pfarrer die Gruppe mit zum Friedhof. Der Gang zum Friedhof kann eine letzte gemeinsame Würdigung des oder der Verstorbenen sein und bedarf einer Vorbereitung der Kinder:

Die Kinder betrachten die Grabsteine. Welche Abbildungen, Zeichen entdecken sie? Fallen ihnen die Grableuchten oder kleinen Weihwasserbecken auf? Sehen sie eine Maria oder Jesus am Kreuz?

- **Sensibilisierung:** *„Der Friedhof ist ein Ort der Stille, die auch eingehalten werden soll. Dort sind Angehörige der Verstorbenen, die in Stille am Grab beten wollen. Es ist ganz wichtig, dass wir als Kindergruppe auch achtsam mit der Stille sind. Beim Gang zum Grab sind wir leise, sprechen ein Gebet, legen unsere Blumen nieder, machen eventuell das Kreuzzeichen.“*
- Man kann auch bei Wunsch oder Bedarf andere Gräber besuchen, die den Kindern bekannt sind. *„Ihr könnt die Gräber von euren Verwandten den anderen Kindern zeigen.“*
- *„Wir wollen die Grabsteine betrachten: Was könnt ihr sehen? Welche Abbildungen kennt ihr? Im Grab liegt nur der tote Körper. Die kleinen Gräber sind von Kindern. Auf dem Grabstein steht der Name der verstorbenen Person und wann sie gestorben ist. Manchmal sind noch ein Bibelspruch oder Abbildungen wie eine Rose, das Kreuz, eine Taube dabei.“*

„Er ist erstanden, Halleluja! Freut euch und singet …“ (nach dem afrikanischen Kirchenlied Mfurahnini Haleluya)

- Die Erzieherin spricht ein Gebet oder einen Segensspruch, und die Kindergruppe verabschiedet sich.

Gebärden	Text
Arme nach vorne, dann überkreuzen	Gott sei vor dir, um dir den rechten Weg zu weisen. Er sei neben dir, um dich in die Arme zu schließen und zu schützen.
Arme zurückführen	Er sei hinter dir, um dich zu bewahren vor Menschen, die es nicht gut mit dir meinen.
Hände wie ein Schale	Er sei unter dir, um dich aufzufangen, wenn du fällst.
Arme vor dem Herzen kreuzen Arme am Körper vorbeiführen Hände auf den Kopf legen	Er sei in dir, um dich zu trösten, wenn du traurig bist. Er sei um dich herum, um dir immer beizustehen. Er sei über dir, um dich zu segnen. So segne dich der gütige Gott

3.4.3 Bilder und Symbole fordern heraus

Die folgenden Symbole stehen in Verbindung mit dem Thema „Herausforderungen". Der Stein in seiner Vielschichtigkeit ist Symbol für Ewigkeit, Belastung und Grundlage von Bauwerken. Das Kreuz ist Ausdruck des Todes und der Auferstehung. Die Tür als Symbol steht für Ein- und Ausgang des Lebens, das Feuer bedeutet Bedrohung und Nützlichkeit, der Himmel ist Sitz des Ewigen und der Toten. Die Kinder können anhand der Symbole die Vielgestaltigkeit und Einmaligkeit des Lebens erfahren und viele Beispiele aus ihrer Alltagswelt finden, auch wenn sie diese Symbole in ihrem Welterleben noch wörtlich nehmen. Die Beispiele sind exemplarisch zu sehen und lassen sich auf alle Symbole übertragen.

Baustein A: Was ist ein Stein?

„Wer könnte uns den Stein vom Eingang des Grabes wegwälzen?" (Markus 16,4)

„… lasst euch als lebendige Steine zu einem … Haus aufbauen." (1 Petrus 2,5)

„Den Stein, den die Bauleute verwarfen, er ist zum Eckstein geworden." (Psalm 118,22)

„… eine Zeit zum Steine werfen und Steine sammeln." (Kohelet 3,5)

Steine sind Zeichen von Dauerhaftigkeit und Stabilität. In frühesten Zeiten waren sie Werkzeug und Waffe, Schreibunterlage und Opferstein. Würdenträger von Kirche und Welt trugen und tragen in ihrer Kleidung und Kopfbedeckung wertvolle Steine, Edelsteine. Diese besonderen Steine faszinieren durch ihre ausdrucksvollen Farben und ihren Glanz. „Ganz normale" Steine liegen am Wegrand, Kieselsteine finden sich in einem Bach, diese sind rund, eckig und haben verschiedene Formen und Schattierungen. Felsen und Berge (oft Sitz der Götter) können Schutz bieten und sind Herausforderungen zum Klettern und Bergsteigen. Steine werden verarbeitet oder geformt zu Altarsteinen, Grenzsteinen, Mühlsteinen, Grabsteinen, Gedenksteinen, Grundsteinen, Schleifsteinen, Taufsteinen, Mauersteinen, Pflastersteinen, Steinkreuzen, Skulpturen, Ziegeln und Fliesen. Aus Steinen kann man viel machen: Städte sind aus Steinen gebaut, es gibt Tunnel, Brücken und Steinmauern. Man spricht von „lebendigen Steinen", vom „Stein des Anstoßes"; Simon wird von Jesus Kephas (Petrus, Fels) genannt. Man sagt: „Das liegt mir wie ein Stein im Magen", man spricht von „einem Herzen aus Stein". Steine beschweren, und durch ihr Gewicht stürzen Wölfe im Märchen in den Brunnen (Der Wolf und die sieben Geißlein).

Symbole lassen sich erkunden mithilfe von Liedern, Geschichten, Kalenderblättern, Fotos, Postkarten, Abbildungen aus der Kunst. Es gibt vielfältige Möglichkeiten des Gestaltens und des Gesprächs.

- **Aktion, Gestaltung:** Die Gruppe geht auf Steinsuche und Erkundungstour und sammelt, erfühlt und beschreibt die Steine.
  - Steine werden beklebt, bemalt, Steinmännchen werden gebastelt, ein Mosaik wird gelegt.
  - Eventuell kann man einen Steinmetz besuchen, an einer Baustelle beobachten, wie Stein auf Stein gesetzt wird.

– Verschiedene Bauwerke und Mauersteine werden bei einem Rundgang betrachtet und anschließend in Büchern. *„Alles hier ist aus Steinen gebaut, Steine sind ganz wichtig."*

- **Betrachtung:** Schöne Kristalle und Edelsteine (oder auch Versteinerungen) werden mit den Kindern betrachtet: *„So farbig und unterschiedlich sind Edelsteine!"*
- **Spurensuche:** Mit den Kindern sucht man Wörter, was man mit Steinen alles machen kann: einen Staudamm bauen (im Bach), eine kleine Brücke (aus Backsteinen) bauen, eine Mauer errichten (oder mit Schuhkartons, auf Karton eine Mauer malen), Steine ins Wasser werfen.
- **Lieder:**
  - Gott baut ein Haus aus vielen bunten Steinen …
  - Mit meinem Gott überspringe ich Mauern …
- **Steingeschichte:** Vom Turmbau zu Babel (Genesis 11,1–9)

Baustein B: Das Kreuz

„Gott behüte deinen Ausgang und Eingang von nun an bis in Ewigkeit."
(Psalm 121,8)

„Wenn Jesus doch lebt, warum hängt er dann am Kreuz?", fragt ein Kind. Das Kreuz ist das häufigste Motiv in der christlichen Kunst, ein Urzeichen der christlichen Überlieferung, aber auch ein Urzeichen der Menschheit. Schon alte Steinritzungen archaischer Kulturen zeigen die Kreuzgestalt: Horizontale und Vertikale treffen sich: die Kreuzung als Schnittpunkt gegensätzlicher Dimensionen, die zusammenlaufen. Oben und unten, außen und innen, warm und kalt, Pole werden verbunden. Man findet diese Form auch in der menschlichen Gestalt: Die beiden Balken können die Richtungen menschlichen Lebens ausdrücken: die Senkrechte (Wirbelsäule, Kreuzbein) als Verwurzelung in der Erde und ausgestreckt zum Himmel mit Vorstellungen und Ideen; die Vertikale (Schultern) als Hinwendung zur Welt, den Austausch mit anderen, in Gemeinschaft mit der Welt (umarmend). In vielen Kulturen findet sich das Kreuz als Schnittstelle der Vierheit oder Fünfheit, in Meditationsbildern und Bauplänen für Tempel, bei Wegkreuzungen. Ein Henkelkreuz (Anch-Zeichen) ist bei den Ägyptern bekannt als Symbol ewigen Lebens, bei den Griechen ein gleichschenkliges Kreuz, das Andreaskreuz (wie ein X). Das christliche Kreuz ist das Erinnerungszeichen der Christen an Jesu Sterben und Auferstehung. Vermutlich hatten die Kreuze zur Zeit Jesu eher eine T-Form (Antoniuskreuz). Das Kreuz ist Zeichen des Todes und seiner Überwindung: Anfang, Neubeginn und Aufbruch, Hoffnung und Leben. Vgl. Betz, Otto: Elementare Symbole; vgl. auch Kapitel 7.2 zu Ostern und zur Karwoche, S. 204 ff.

- **Körperübung, Besinnung:** Die Erzieherin leitet die Kinder zu einer Fantasiereise an: *„Stellt euch aufrecht hin, schließt die Augen. Eure Arme hängen schwer herunter. Euer Kopf scheint in den Himmel zu wachsen. Ihr werdet länger und länger. Ihr spürt eure Füße. Sie stehen fest auf dem Boden, als wollten sie wie Wurzeln in den Boden wachsen. Nun nehmt eure Arme langsam nach oben und streckt sie nach außen aus, als* *würdet ihr die ganze Welt umarmen wollen, ganz weit. Es kann ein wenig ziepen, ziehen und ist recht anstrengend, so gerade dazustehen. Jetzt könnt ihr die Augen aufmachen und euch umschauen. Seht euch die anderen Kinder an, wie sie dastehen mit ausgebreiteten Armen, fest verankert mit dem Boden. Wie sehen sie denn aus? Ja, wie kleine Vogelscheuchen, oder? Wie Kreuze könnte man sagen …"*

Eine Körperübung zum Kreuz und kreatives Gestalten

- **Bildbetrachtung, Kreisgespräch mit gestalteter Mitte:** *„Wo habt ihr schon einmal ein Kreuz gesehen? Wo stehen Kreuze? Wisst ihr was sie bedeuten?"*
  - Mit den Kindern werden Abbildungen auf Postkarten und in Büchern von Kreuzen und der Kreuzigungsszene angeschaut. Die Erzieherin spricht mit den Kindern über das Kreuz und das Bekreuzigen.
- **Erkundung, Gestaltung:** Im ländlichen Raum kann man einen Rundgang machen und Flurkreuze entdecken.
  - Die Kinder versuchen mit Stöcken und Stäben Kreuze nachzubauen und sie zu verzieren. Sie können beim „Waldtag"/Waldprojekt aus Zweigen, Ästen und Moos unterschiedliche Kreuzformen legen, die mit Blättern oder Blumen geschmückt werden. Sie „basteln" ein Kreuz aus zwei Zweigen, das mit Fäden zusammengebunden wird, und stellen es in einen sandgefüllten Blumentopf, damit es aufrecht stehen kann.
  - In der Holzwerkstatt kann eine Gruppe von Kindern ein Kreuz aus Hölzern zusammenhämmern.
  - Eine andere Gruppe kann aus verschiedensten Fäden, Tüchern und Stoffresten ein Fadenkreuz legen und kleben.

Baustein C: Türen öffnen und schließen

„Ich bin die Tür zu den Schafen!" *(Johannes 10,7)*

- **Formulierungen:**
  Himmelstür, Herzenstür, Haustür, Kirchentür, Türöffnungen – Türen sind verschieden wie auch Menschen. Sie sind aus unterschiedlichen Materialien: Holz, Glas, Metall bunt oder einfarbig, mit und ohne Verzierungen, mit Riegel, Schloss und Schlüssel. Türen sind mal verschlossen, mal offen, sie führen in den Keller, auf den Dachboden, hinein in Hütten, Schlösser, Burgen, Klöster, Scheunen, Zimmer … Was versteckt sich wohl dahinter? (Fantasiereise)
- **Impuls:** Eine Geschichte von zwei Mönchen (ähnlich wie „Oh wie schön ist Panama" von Janosch) erzählt, dass beide das Glück suchen und die Welt durchstreifen. Schließlich kommen sie an eine Tür, öffnen diese und sind wieder zu Hause in ihrem Kloster angekommen. Das Gute liegt oft so nah; man muss nicht in die Ferne schweifen, sondern ganz da sein, wo man gerade ist.
- **Erkundung, Gespräch, Gestaltung, Bildbetrachtung:** Einen Rundgang machen und Türen betrachten. Die Kinder malen ihre Türe. *„Zu welchem Gebäude gehört sie? Ist sie*

offen oder zu? Was könnte dahinter sein, in welches Zimmer führt sie, oder führt sie in den Garten?" (Abbildungen von Türen werden angeschaut.)

Baustein D: Da berühren sich Himmel und Erde

„Der Himmel geht über allen auf, auf alle über, über allen auf …" *(Lied)*

„Im Anfang schuf Gott Himmel und Erde." *(Genesis 1,1)*

Himmel und Erde werden vergehen, zum Himmel aufsehen, die Säulen des Himmels, der verschlossene Himmel, die Himmelsleiter, das Himmelszelt, die Himmelstür. Wir beten: „Vater unser im Himmel …" Der Himmel als Wohnung Gottes, Christus „fährt auf" in den Himmel. Auf alten Gemälden sitzt Christus auf einer Wolke über der Erde. Der Himmel wirkt geheimnisvoll, wenn Luft- und Gasballone zum Himmel aufsteigen, Wolken am Himmel ziehen, Flugzeuge und Raubvögel am Himmel kreisen.

- **Betrachtung, Gespräch, Gestaltung:** Mit den Kindern den Himmel beobachten, die Wolken, die Vögel und ein Himmelsbild malen: *„Wie sieht euer Himmel aus?"*
- **Geschichte:** Eine Leiter zum Himmel (Genesis 28,10–19)
- **Lieder:**
  - Weißt du, wo der Himmel ist …
  - Der Himmel geht über allen auf …

Baustein E: Das Feuer lodert und brennt

„Unser Gott kommt und schweigt nicht; Feuer frisst vor ihm her, um ihn stürmt es gewaltig." *(Psalm 50,3)*

Beschäftigung mit den Elementen: Feuer, Erde, Wasser, Luft

Feuer hatte für die Menschen immer eine große Bedeutung: als Schutz vor wilden Tieren, für Fackeln, als Licht, Feuerstelle zum Braten und Kochen, als Wärmequelle oder zum Verbrennen von Opfergaben, zur Reinigung und Leichenverbrennung. Feuer ist Ausdruck des Gerichtes. Feuer kann verletzen und gefährlich werden (Waldbrände)! Das Feuer ist bei Mose Ort der Begegnung mit Gott (Exodus 3,1–8 a,13–15). Man spricht von den Flammen des Pfingstwunders, die den Heiligen Geist darstellen, dem Feuer der Begeisterung. Feuer brennt: lodernd, prasselnd, flackernd, unruhig, ruhig, und erlischt. Kinder machen gerne Feuer zum Grillen, als Lagerfeuer.

- **Gespräch im Kreis und Aktion:**
  - Verklanglichung: Fantasiereise zum Thema Feuer: entzünden, brennen, lodern, knistern, prasseln, Glut, Asche (mit Rhythmusinstrumenten untermalen).
  - Die Kinder malen ihre Eindrücke in Rottönen.

3.5 Eltern*mit*arbeit

Angebote unter Beteiligung von Eltern und Erzieherinnen

- Im Rahmen der Erziehungspartnerschaft werden verschiedene Angebote zur Stärkung der elterlichen Erziehungskompetenz über die Diözese gemacht, wie z. B. die „Kess-Elternschule".
- Referenten werden eingeladen zu Fachvorträgen oder Elternabenden in Verbindung mit der kirchlichen, psychologischen Beratungsstelle, dem Bildungswerk, der Familienbildungsstätte, der VHS und dem Pfarrheim über Themen wie die Medienflut und die daraus resultierenden Einflüsse, Gewaltszenen, neue „Superman"-Vorbilder – Wie gehen wir damit um?
- Ein Elternabend zur emotionalen Intelligenz und Kompetenz, zum differenzierten Wahrnehmen und Ausdrücken von Gefühlen wird veranstaltet.
- Bei einem Elternabend steht das zum kindlichem Erleben und Verarbeiten von Ängsten, Verlust und Tod im Vordergrund.

Aufsätze zu Erziehungsfragen unter: www.familienhandbuch.de

Weitere Informationen unter: www.kindergarten-paedagogik.de

Angebote unter Beteiligung von Familien und Erzieherinnen

- Ist ein, den Kindern vertrauter Mensch in der Gemeinde verstorben, kann man gemeinsam zum Friedhof gehen und Blumen zum Grab bringen.
- Eltern und Familien werden zu verschiedenen religiösen Angeboten eingeladen.
- Ein Familiengottesdienst mit Beteiligung von Eltern zum Thema Hoffnung, Gefühle, Freundschaft wird gefeiert.
- Eine Ausstellung mit Fotos von Sammelergebnissen, Mal- und Gestaltungsarbeiten einer Kindergruppe zu Projekten wie „Unsere Gefühle", „Rund um die Symbole" wird organisiert.
- Ein Gruppenfest wird veranstaltet mit einer kleinen Vorführung oder der Vorstellung des Projektes: „Hier geht es nur um Steine".
- Die Eltern gestalten ein Nachmittagsangebot in der Einrichtung wie z. B.: Märchen und andere Bilderbücher vorlesen.

Eltern als Miterziehende

- Eltern werden eingeladen als Begleiter zum Besuch auf dem Friedhof.
- Eltern kommen als Erzählende (Märchen) und Vorlesende regelmäßig in eine Gruppe.
- Eltern werden zu Projekten wie „Unsere Gefühle" oder eine biblische Geschichte eingeladen

Starke Eltern, starke Kinder, ein Seminar des Kinderschutzbundes

Informative Angebote

- Ein Büchertisch wird eingerichtet mit Elternratgebern und Bilderbüchern der Buchhandlung zu diversen Themen, wie etwa Sterben und Tod, Ängste, Streit und Versöhnung, Ausgrenzung und Integration.
- Ein Elternbrief, der die Eltern über anstehende Projekte informiert, wird herausgegeben.
- Eine Dokumentationsmappe mit Fotos über die Projekte wird zum Anschauen und Bestellen ausgelegt.

3.6 Vernetzungen und Bezüge

Mit der Pfarrgemeinde

Verbindungen zum Seniorenheim, zu Partnergemeinden knüpfen, Experten von außen einladen

- Die Vernetzung der Tageseinrichtung als Familienzentrum kann eine Begegnungsmöglichkeit der verschiedenen Generationen sein: Vielleicht wollen Omas, Opas oder „enkellose Menschen" mit Freude an Kindern gerne an einem Nachmittag vorlesen, mit basteln, Anteil nehmen oder mitmachen, auch wenn Hemmschwellen überwunden werden müssen.
- Unter dem Stichwort: Familienzentrum kann das Pfarrbüro Kinderbetreuungsangebote und Ferienaktionen sammeln und bei Bedarf vermitteln.
- Die Gemeindeschwester kann der Kindergruppe von ihrer Arbeit erzählen.
- Eine Kindergruppe bringt im Seniorenheim ein Ständchen im Advent oder zu einer anderen Jahreszeit. Die Kinder erleben so, unter welchen Bedingungen ältere Menschen zum Teil leben, und werden auf diese Weise von klein auf mit hineingenommen in einen „Dialog der Generationen".
- Kinder besuchen das Seniorenturnen im Pfarrheim und machen dort mit.
- Eine Kindergruppe und musizierende Eltern bereiten einen Gottesdienst vor mit Spendenaufruf für Spielsachen und Kleidungsstücke für Kinder einer Partnergemeinde oder für bedürftige Kinder im Stadtteil.
- Ein Bibelnachmittag für Kinder wird von Pastoralreferenten im Gemeindehaus angeboten sowie Bibelgespräche für Familien.
- Beim Gemeinde-, Dorf- oder Stadtteilfest mag die Tageseinrichtung einen kulturellen Beitrag vorbereiten.
- Der Pfarrer begleitet die Gruppe beim Gang zum Friedhof.
- Es werden mit dem Pfarrheim Familienwochenenden, Familienkreise und Bibelnachmittage angeboten.

Bezüge zum interreligiösen Dialog – Vorstellungen zu Sterben und Tod im Islam

Fast eine Milliarde Menschen bekennen sich zum Islam, was „Hingabe an Gott" bedeutet. Muslime erkennen Allah (arabisch: Gott) als den „Größten und Mächtigsten" an, und versuchen ihr Leben nach ihm auszurichten. Von Allah sind 99 Namen bekannt, aber der hundertste ist unaussprechlich. Der Koran, das heilige Buch der Muslime, ist unmittelbar von Gott gegeben: „Lob sei Gott dem Barmherzigen und Gnädigen ... Dir dienen wir, und dich bitten wir um Hilfe, führe uns den geraden Weg ..." Shahada ist das Glaubensbekenntnis, dort heißt es: „Es gibt keinen Gott außer Allah, und Mohammed ist sein Prophet." Die Stadt Mekka in Saudi-Arabien ist eine der heiligen Stätten der Muslime. Im Zentrum steht die Kaaba, ein würfelförmiges Gebäude und Heiligtum mit dem schwarzen Stein, der schon vor Mohammed verehrt wurde. Der Islam lehrt, dass Leiden und das Böse vom Teufel und seinen Nachstellungen kommen: „Und wenn du von Seiten Satans zu Bosheit und Gehässigkeit aufgestachelt wirst, suche Zuflucht bei Gott." Der Mensch selbst ist Ursprung und Ursache böser Taten. Der Tod als Ende des Lebens führt den Menschen wieder zu Gott, und nach dem Tod warten die Seelen auf das Gericht, in dem darüber entschieden wird, ob sie ein Leben im Paradies bei Gott verbringen dürfen. Nach rituellen Waschungen soll der Verstorbene schnell beerdigt werden, in Tücher gewickelt und mit dem Blick nach Mekka. Viele Muslime, die im Ausland sterben, werden in ihre frühere Heimat überführt.

Lesehinweise:

Tod und Bestattung im Islam: www.religion-online.info/islam

Krankheit, Leiden und Tod im islamischen Denken: www.sankt-georgen.de

4 Werte geben Orientierung im Alltag

4 Werte geben Orientierung im Alltag

Von Werteverfall und Wertepluralismus der Postmoderne wird heute geredet und geschrieben. Tageseinrichtungen für Kinder und Schulen werden ermahnt, die Werteerziehung wieder stärker in den Blick zu nehmen. Eltern scheinen verunsichert, wie und auf welche Ziele hin erzogen werden soll. Doch können öffentliche Einrichtungen Erziehungsdefizite ausgleichen?

Die Autorin Susanne Stöcklin-Meier plädiert für fünf Kernwerte im privaten und öffentlichen Leben: Liebe, rechtes Handeln, Wahrheit, Friede und Gewaltlosigkeit. Stöcklin-Meier, Susanne, 2007: Was im Leben wirklich zählt.

Kinder suchen im Alltagsgeschehen nach Orientierung und Unterstützung. Sie müssen Regeln, Werte und Normen zuerst in ihrem Umfeld wahrnehmen, um diese zu verstehen und einzuüben. Die Bibel beschreibt in zahlreichen Schriften und Kapiteln den Weg des Menschen (mit seinem ganzen Spektrum an Eigenschaften) und Gottes, der sich ihm immer wieder zuwendet: Der Mensch hat einen Wert und Würde (Genesis 1,27). „Unsere Werte“ entstammen der christlich-abendländischen Kultur (aber auch der jüdischen, wie die Zehn Gebote) und haben mit die demokratische Verfassung geprägt. Das Wort Wert leitet sich vom lateinischen Wort „valere“ ab und bedeutet: kräftig, bedeutsam sein; im Althochdeutschen versteht man darunter die kostbare Ware. Werte unterliegen Bewertungen; unterschiedliche Gruppierungen formulieren diese subjektiv, und Wertmaßstäbe sind nicht für alle verbindlich, sondern müssen immer wieder neu überdacht werden.

Ein Artikel dazu auch in www.familienhandbuch.de

Kinder und Heranwachsende wollen wissen: „Wie viel bin ich wert? Was ist wertvoll im Leben?“ Sie bauen ihr Selbstwertgefühl durch die Wertschätzung ihrer Bezugspersonen auf. Jeder Mensch hat Grundbedürfnisse wie Nahrung, Kleidung, Gesundheit, körperliche Unversehrtheit, Liebe, Schutz, Zugehörigkeit, Anerkennung, Heimat, Mitbestimmung, Geborgenheit, Sicherheit und ein befriedigendes Leben; dazu kommt eine große Sehnsucht nach Sinn und Glück, Gerechtigkeit und Frieden, unabhängig von seiner Kultur. Diese Bedürfnisse werden in ihrer Wichtigkeit unterschiedlich gewertet. Kinder erfahren Werte vor allem dadurch, dass andere Menschen diese vorleben (soziale Fähigkeiten, Sozialisation). Sie imitieren Haltungen und Handlungen, stellen Haltungen infrage und „testen ihre Grenzen“ aus. Sie merken, dass es angenehm ist, wenn ein freundlicher Umgangston herrscht, gegenseitige Unterstützung stattfindet und der Kuchen geteilt wird, wie ein gemeinsames Gespräch helfen kann, anstatt sich zu schlagen, wie anderen eine Freude zu bereiten einen selbst froh machen kann. Sie erfahren von Kindern, die wenig oder kaum etwas zu essen haben, und dass man sich freuen kann, wenn man keinen Hunger leiden muss. Kinder können nachvollziehen, dass Tiere und Pflanzen ebenso eine achtsame Umgangsweise brauchen.

Entscheidend für eine Werteerziehung sind die Sensibilisierung und Stärkung des Einfühlungsvermögens (Empathie), um unsere Welt lebenswert zu gestalten und zu erhalten für Menschen, Tiere und Pflanzen, und darauf aufbauend Respekt, Wertschätzung und Achtung (nach: Psychologie heute, 9/2008).

Kinder erleben aber auch, dass Erwachsene widersprüchlich reden und handeln und etwas als gut und wertvoll darstellen oder ein bestimmtes Verhalten erwarten, selbst aber ganz anders agieren und sprechen. Kinder erfahren auch, dass Erwachsene sich zwischen unterschiedlichen Werten entscheiden müssen, und man z. B. einen Menschen verletzen muss um des anderen willen usw. Kinder werden innerhalb der Wertewelt mit Dilemmata konfrontiert. Diese Konflikte müssen in einer religiösen und ethischen Erziehung bedacht und einbezogen werden neben der Erkundung und Erprobung von Werten.

Religiöse und ethische Bildung und Erziehung in der Tageseinrichtung lädt Kinder ein, auf Spurensuche zu gehen und verstehen zu lernen, was gut und wertvoll für das Leben ist, welche Werte für den Einzelnen und für viele wichtig und bedeutungsvoll sind. Die Kinder werden bei diesem Entdeckungs- und Einübungsprozess unterstützt und begleitet. Es braucht laut der Hirnforschung viele, viele Male, bis sich Grundsätze von Regeln und Wertvorstellungen im Gehirn einprägen. Eine wertorientierte sensibilisierende Erziehung ist ein entscheidender Beitrag zur Friedenserziehung.

Verschiedene Modelle von Sigmund Freud, Erich Fromm und Lawrence Kohlberg beschäftigen sich mit der Entstehung von Moral. Bei Freud entsteht das Über-Ich in der frühen Kindheit durch elterliche Gebote und Verbote, die die Triebwünsche des Kindes einschränken und sich im schlechten Gewissen äußern, wenn „Ich", „Es" oder „Über-Ich" in Konkurrenz treten.
Erich Fromm berichtet von einem kindlichen Gehorsamsgewissen im Kleinkindalter aufgrund elterlicher Verbote und Gebote, die auch dem Schutz dienen. Menschen wollen anderen gefallen und handeln danach. Missfallen erzeugt Schuldgefühle.
Für Lawrence Kohlberg sind Kinder im Kindergartenalter auf der vorkonventionellen Ebene und handeln aufgrund von Lohn und Strafe. (Seine Untersuchungen beginnen allerdings erst bei 6-Jährigen!)

Verweise auf andere Kapitel

- Kapitel 2: Wachsen und Vertrauen in das Leben entwickeln
- Kapitel 3: Herausforderungen für Kinder heute
- Kapitel 5: Die Natur als Gottes gute Schöpfung erleben
- Kapitel 6: Gemeinsam Stille und Gebet entdecken
- Kapitel 7: Kirchliche Feste und Feiern im Jahreskreis

„Wo stehe ich?" – Fragen an die Erzieherinnen und Erzieher

- Empfinde ich meine Arbeit mit den Kindern als wertvoll, und kann ich mich selbst und meine Fähigkeiten wertschätzen?
- Was ist für mich wichtig und wertvoll? Was möchte ich den Kindern vorleben und verständlich machen?
- Welche Wertvorstellungen haben mich geprägt? Welche Wertvorstellungen stehen für mich an erster Stelle?
- Was erwarte ich von den anderen? Was ist für mich ein Minimum an verbindlichen Regeln für ein menschenfreundliches Miteinander?
- Haben wir in der Einrichtung und mit Kolleginnen einen Konsens über gemeinsame Werte?
- Wo setze ich meine Prioritäten? Wie ist mein Umgangston?
- Bevorzuge ich manche Kinder, bin ich hin und wieder ungerecht in meinen Äußerungen und Einschätzungen (Lieblingskinder)?

- Merke ich es, dass mir einige Kinder eher am Herzen liegen als andere? Mache ich hin und wieder vorschnelle Bemerkungen wie: „Heute haben die Mädchen wieder schneller aufgeräumt als die Jungen!“
- Kann ich Niederlagen einstecken? Kann ich den ersten Schritt machen, um Probleme anzusprechen?
- Kann ich andere im Team wertschätzen, Kontakt suchen und anstehende Probleme klären?
- Kann ich persönliche Wünsche und Interessen formulieren?
- Finden wir im Team Übereinkünfte und können uns verständigen?
- Suche ich die Beziehung und das Gespräch zu den Kindern, anstatt nur Regeln einzufordern?
- Kann ich den Kindern mitteilen, was mir nicht gut tut und was ich nicht in Ordnung finde?
- Kann ich den Kindern meine eigenen persönlichen Grenzen kundtun?
- Kann ich den Kindern Vorbild und Widerpart sein und Regeln einfordern?
- Wie kann ich mit Streit und Auseinandersetzung umgehen?
- Finde ich für Streit- und Konfliktsituationen plausible Lösungsmöglichkeiten?
- Kann ich die Werte anderer Kulturkreise der Kinder wertschätzen? Habe ich Kontakte zu Eine-Welt-Projekten?
- Kann ich mich als „Ko-Konstrukteurin von Bildungsprozessen“ der Kinder sehen und diese ermutigen und konfrontieren mit anderen Meinungen und Verhaltensweisen?
- Traue ich mich einzugreifen und zu reagieren, wenn mir das Verhalten von Kindern stark auffällt (Zivilcourage)?
- Kann ich Probleme früh genug ansprechen und darin einen Lernprozess sehen?

4.1 Bildungsperspektiven für Kindergarten und Schule

Zielperspektiven für die Bildungs- und Erziehungspläne

Die Kinder können mit vorfindlicher Religiosität und unterschiedlichen Religionen umgehen.

Die Kinder

- setzen sich auseinander mit den vorfindlichen Formen von Religionen, Religiosität und Glaube, nehmen die Unterschiede wahr und werden sich der eigenen religiös-weltanschaulichen Identität bewusst.
- lernen zentrale Elemente der christlich-abendländischen Kultur kennen und haben andere Kulturkreise im Blick.

Die Kinder sind sich in ersten Ansätzen unterschiedlicher Wertigkeiten im eigenen Handeln bewusst und entdecken dafür Orientierungspunkte.

Die Kinder

- erfahren, dass Schwächen Fehler und ebenso eine Kultur des Verzeihens und der Umkehr zum Leben dazugehören.
- entwickeln ein ausgewogenes Verhältnis zwischen der Wertigkeit der eigenen Person und der Wertigkeit anderer Menschen sowie der Umwelt und in diesem Zusammenhang Mitgefühl und Einfühlungsvermögen.
- lernen sich selbst bestimmen, anstatt sich von fremdem Aktionismus, Animation und Konsumverhalten bestimmen zu lassen.
- behaupten sich gegen Ausgrenzung und Diskriminierung der eigenen Person und können anderen beistehen.
- lernen auf gewaltsame Auseinandersetzungen zu verzichten zugunsten eines verbalen Aushandelns von strittigen Punkten.
- entwickeln die Kraft Misslungenes neu anzupacken und mit schwierigen Lebenssituationen umzugehen.
- lernen Konflikte auszuhalten und auszutragen und sind bereit, gemeinsame Lösungen zu finden, Nachsicht zu üben und die eigenen Fehler zuzugeben.

Die Kinder sind fähig, eigene Sinn- und Erprobungsfragen zu artikulieren und Antwortversuche zu erproben.

Die Kinder

- nehmen das Leben nicht nur als Selbstverständlichkeit hin, sondern erleben es als Geschenk.
- beziehen Antworten auf Sinn- und Bedeutungsfragen auf das eigene Leben.

Die Kinder sind sensibel für sinnstiftende ganzheitliche Erfahrungszusammenhänge.

Die Kinder

- lernen Rituale kennen, die das Leben ordnen und strukturieren helfen.
- erleben Erzählungen der Bibel, Geschichten und Legenden und lernen Zusammenhänge mit dem eigenen Leben entdecken.

Kompetenzen für den katholischen Religionsunterricht wahrnehmen und entdecken

Die Kinder sollen im Religionsunterricht der Grundschule unterschiedliche Erfahrungen im Zusammenleben mit anderen wahrnehmen und beschreiben lernen.

- Fragen stellen und bedenken
  Fragen nach sich und den anderen, nach Herkunft und Zukunft stellen und bedenken und die Frage nach Gott stellen
- Deuten und gestalten
  Biblische Texte im szenischen Spiel und im praktischen Tun gestalten
- Unterscheiden und bewerten
  Unterschiedliche Verhaltensweisen von Menschen erkennen und benennen
  Folgen von Handlungsweisen anhand konkreter Beispiele bewerten
  Maßstäbe christlichen Handelns kennen und auf konkrete Situationen beziehen
- Sich ausdrücken und einander mitteilen
  Wesentliche Elemente der christlichen Glaubenssprache verstehen und angemessen verwenden
  Elementare Ausdrucksformen des Glaubens verstehen und angemessen verwenden
  Mut haben, lass das, tu ihm nicht weh, hinsehen und hinstehen können, Zivilcourage, für den andern eintreten, dem Schwächeren helfen
- Anteil nehmen und Verantwortung tragen
  Die Perspektive eines anderen einnehmen und Einfühlungsvermögen zeigen
  Verantwortung für sich und andere übernehmen

Wie entsteht Gewissenbildung und Moral bei Kindern? Kinder sind bis drei Jahren stark von ihren persönlichen Bedürfnissen gesteuert. Das ist ihre Möglichkeit, sich zu entscheiden. Mit zunehmender sozialer Erfahrung steigt die Fähigkeit des Kindes, die Interessen anderer mit einzubeziehen. Man spricht von moralbezogenen Einstellungen und persönlicher Präferenz (vgl. Reinders, Angela, in: Wie entwickeln Kinder Wertvorstellungen? Das Online-Handbuch des IFP, www.familienhandbuch.de)

„O Herr, mache mich zum Werkzeug deines Friedens, dass ich Liebe übe, wo man sich hasst, dass ich verzeihe, wo man sich beleidigt, dass ich verbinde, wo Streit ist, dass ich die Wahrheit sage, wo der Irrtum herrscht, dass ich den Glauben bringe, wo der Zweifel drückt, dass ich Hoffnung wecke, wo Verzweiflung quält, dass ich dein Licht anzünde, wo die Finsternis regiert, dass ich Freude bringe, wo der Kummer wohnt …“

(Franz von Assisi, 1182–1226)

Ich weiß einen Stern,
gar wundersam,
darauf man lachen
und weinen kann.
Mit Städten, voll
von tausend Dingen.
Mit Wäldern, darin
die Rehe springen.
Ich weiß einen Stern,
darauf Blumen blühn,

darauf herrliche Schiffe
durch Meere ziehn.
Wir sind seine Kinder,
wir haben ihn gern:
Erde, so heißt
unser lieber Stern.
(Josef Guggenmos, 2006, S. 124)

4.2 Werte und Werthaltungen unterstützen ein gutes Miteinander

4.2.1 Hintergründe

Die Welt der Kinder

> *„Darum nehmt einander an, wie auch Christus uns angenommen hat, zur Ehre Gottes."*
> *(Römer 15,7)*

Eltern wollen erziehen, damit es ihren Kindern gut geht; damit ihre Kinder Vertrauen und Zuversicht zu einem selbstständigen Leben entwickeln; damit ihre Kinder zu verantwortungsbewussten Persönlichkeiten in der Gemeinschaft mit anderen Menschen heranwachsen. Eltern wollen erziehen, weil sie ihre Kinder lieben.

Erziehung (althochdeutsch „irziohan", herausziehen) setzt immer einen Zögling und einen Erziehenden voraus sowie ein Menschenbild, auf dessen Grundlage erzogen wird. Nach der autoritären und antiautoritären Erziehung spricht man heute von der autoritativen Erziehung. Bezugspersonen beabsichtigen aufmerksam und einfühlsam aufzutreten, Kindern Grenzen aufzuzeigen und diese auch einzufordern (Bündnis für Erziehung, Psychologie heute, 7/2008). Das bedeutet, sich Gedanken zu machen, was im Leben wirklich wichtig ist. Welche persönlichen Eigenschaften und sozialen Fähigkeiten (personale, soziale Kompetenz) sinnvollerweise zu entwickeln sind, um Kinder in ihrer Persönlichkeitsentwicklung zu stärken und auf die Welt von morgen vorzubereiten. (Die früheren Werte und Tugenden wie Tapferkeit, Gehorsam und Anpassung scheinen „veraltet".) Kinder haben ein ausgeprägtes Gefühl für Gerechtigkeit (moralisches Urteil beim Kinde: L. Kohlberg; Stufenentwicklung, F. Oser, J. Fowler). Sie spüren, wer mehr Aufmerksamkeit genießt und was in ihren Augen ungerecht ist. Wertebindung geschieht zuerst emotional, dann kognitiv. Kinder sind sehr sensibel, auf welche Weise Erwachsene ihre Wertschätzung und Fürsorge zeigen, und nicht so sehr, was sie darüber sagen. In der Kleinkindzeit prägen Wertvorstellungen und Werthaltungen gegenüber dem Leben und den Dingen entscheidend das kindliche Weltbild. Kinder brauchen Menschen unterschiedlichen Alters, an und mit denen sie sich finden und wachsen können, um ihr Selbstwertgefühl, Selbstvertrauen und ihre Selbstständigkeit (Selbstkompetenz) für das Alltägliche aufzubauen, sowie ein Verantwortungsbewusstsein (Kooperationsbereitschaft) für sich, ihre Mitmenschen und die Umwelt. Hinzu kommen Fähigkeiten wie Achtung gegenüber Materialien und Dingen, gewaltfreie Konfliktlösung (Konfliktmanagement), Schwächen zu erkennen und auszuhalten (Frustrationstoleranz), Zuverlässigkeit, Verzicht und Geduld üben zu können, Sprachfähigkeit (Kommunikationsfähigkeit) und die Freude an kleinen Dingen und Ereignissen. Kinder brauchen Anleitung, um Werte als sinnvoll zu verstehen und anzuerkennen, um Regeln, wie Ordnungs-, Freundlichkeits-, und Begrüßungsformen zu leben. Die moderne Hirnforschung und Entwicklungspsychologie sprechen von Entwicklungsfenstern und sensiblen Phasen für das Erlernen von Fertigkeiten. Kinder brauchen ehrliche Rückmeldungen, um Vertrauen aufzubauen, dazu Klarheit und verständliche Erklärungen beim Einfordern von Regeln und Absprachen. So können sie ihre eigenen Kräfte durch Disziplin und Eigensteuerung entdecken: Mir wird etwas zugetraut, ich kann mich verantwortlich und hilfreich fühlen und weiß, woran ich dran bin. Unterstützend für die Erziehungspartnerschaft, Erzieherinnen/Eltern, ist ein gemeinsamer Wertekonsens, damit Kinder ganz selbstverständlich im alltäglichen Miteinander in ihre Lebenswelt und in die Welt der Werte hineinwachsen: lebensnah entdeckt, praktisch erfahren und selbstverständlich gelebt.

Vgl. auch Literatur und Links in den Lesehinweisen zu diesem Kapitel (Anhang, S. 282 f.).

Die Welt der Religion

„Sucht das Gute, nicht das Böse, dann werdet ihr leben und dann wird, wie ihr sagt, der Herr, der Gott der Heere, bei euch sein. Hasst das Böse, liebt das Gute, und bringt bei Gericht das Recht zur Geltung!“ (Amos 5,14–15)

Nach Auffassung der Bibel und der christlich-jüdischen Tradition hat Gott den Menschen zu seinem Ebenbild (Genesis 1,27) geschaffen. Daraus resultiert die unantastbare Würde des Menschen. Die biblische Überlieferung geht davon aus, dass der Mensch hin- und hergeworfen ist zwischen Gut und Böse, dass es in der menschlichen Natur liegt, Fehler zu begehen und „Böses zu tun“, so schreibt Paulus: „Denn ich tue nicht das Gute, das ich will, sondern das Böse, das ich nicht will“ (Römer 7,19), oder im Vaterunser: „... und erlöse uns von dem Bösen ...“. Von Satan, Teufel und Sünde, Abtrennung von Gott, ist die Rede, Begriffe, die Kindern heutzutage (glücklicherweise) nicht mehr geläufig sind. Gott ist, auch nach dem „Sündenfall“, der Vertreibung aus dem Paradies und dem Turmbau zu Babel, immer wieder in Kontakt zu den Menschen getreten: Er hat mit Noach einen Bund geschlossen, er offenbarte sich Abraham, dem Stammvater und Vater des Glaubens (Abram, babylonisch „abiram“, mein Vater = Gott), Isaak, Jakob, Mose und den Propheten, um Wegweisung zu geben und die Menschen zur Umkehr zu rufen. Letztlich kam Gott in Menschengestalt zu den Menschen, in Jesus Christus, um in ihm, seinem Reden und Wirken, seine Liebe zu zeigen oder zu veranschaulichen: Gott ist barmherzig und zeigt Erbarmen; Gott ist gütig (Matthäus 19,17). Das Gute zu suchen und zu tun, in Bezug zu Gott und den Menschen, ist daher die Antwort des Menschen auf das „Handeln Gottes“. Wenn Spiritualität und Religiosität der Ausdruck der menschlichen Suche nach Gott, dem Göttlichen ist, um das Dunkle hinter sich zu lassen und Erlösung vom Leid zu erfahren, dann ist eine Ethik des rechten Handelns der Weg, die verschiedenen, verborgenen Seiten des Menschen zu kanalisieren und der religiösen Haltung Ausdruck zu geben. Auch die Zehn Gebote des Alten Testaments sind Lebensregeln, die unsere Kultur stark geprägt haben, speziell die Verfassungen. Im Neuen Testament wird vom neuen Bund gesprochen, durch Gottes Sohn, Jesus Christus, dem Heiland, der durch seine Fürsorge für Bedürftige und Notleidende, die voller Sehnsucht auf Veränderung waren, Nächstenliebe und Barmherzigkeit zeigte und den Weg der Liebe und das Reich Gottes verkündete: Gott steht auf der Seite der Einsamen, der Kleinen, der Witwen und Waisen, der Fremden und Schuldigen. Neben zahlreichen Bildern des Friedens (Schwerter zu Pflugscharen) finden sich in der Bibel viele Beispiele für rechtes Handeln und aufrichtige Haltung, wie z. B. in den Seligpreisungen (der Bergpredigt, Matthäus 5,3–12). Jesus wurde einmal gefragt: „Was soll ich tun, um das ewige Leben zu erhalten?“, und er antwortete: „Halte die Gebote ... und folge mir nach.“ In den Gleichnissen benutzte Jesus eine aus dem Alltag entnommene Bildsprache, vom guten Hirten, vom Weizenkorn, vom Weinstock, Senfkorn, Brot, Licht und dem Weg, vom Schätzesammeln, den Vögeln und Lilien, dem Feigenbaum. Es sind Bilder, die Hoffnung, Geduld, Akzeptanz, Feindesliebe und Versöhnung ausdrücken. Zentral steht das Doppelgebot der Liebe: der Liebe zu Gott und den Menschen (Nächstenliebe).

Die Schriften vieler Religionen beinhalten ethische Grundwerte, Vorschriften und Gesetze zu Opferriten, Fasten, Speisen, Waschungen, Gebetszeiten, Reinheit, Almosengaben, Askese und Kleidung. Darin drücken sich menschliche Werthaltungen aus wie Verzicht, Bescheidenheit, Rücksichtnahme, Teilen und Hilfsbereitschaft, als Lebens-Richtschnur für ein „gottgefälliges" Leben. Das Böse wird biblisch verstanden als: Faulheit, Lüge, Mord, Habsucht ... Für die Entscheidung zum sittlichen Handeln spielt später das Gewissen eine Rolle (lateinisch „conscientia", griechisch „syneidesis"), das Mitwissen um etwas, der Anspruch, Gut und Böse zu unterscheiden (wird dreißig Mal in Briefen der Apostel erwähnt).

„... und dafür zeugt auch unser Gewissen, dass wir in der Aufrichtigkeit, wie Gott sie schenkt, gehandelt haben ... aufgrund göttlicher Gnade." *(2 Korinther 1,12)*

4.2.2 Ein Werteklima schaffen – Gemeinsam erleben, was wertvoll ist

„Die Frucht des Geistes aber ist Liebe: Friede, Freude, Langmut, Freundlichkeit, Güte, Treue, Sanftmut und Selbstbeherrschung ..." *(Galater 5,22)*

„Für jetzt bleiben Glaube, Liebe, Hoffnung, diese drei; doch am größten unter ihnen ist die Liebe." *(1 Korinther 13,13)*

Wie sind die Umgangsformen in der Kindergruppe und in der Tageseinrichtung? Gibt es einen Werte-Konsens mit den Eltern? Wie wird „rechtes Handeln" erfahren und eingeübt? Um das Einüben zu vertiefen, könnte man immer einen Tag in der Woche unter ein Motto stellen: ein Tag der Freundlichkeit, ein Tag der Hilfsbereitschaft, ein Tag der Freundschaft (Susanne Stöcklin-Meier). Es ist eine große Aufgabe, Kinder in ihrem Selbstwert zu stärken, dabei Normvorstellungen zu integrieren, und sie zu ermutigen, dass sie mit ihren Qualitäten, ihrem Widerspruchsmut und ihrem So- und „Eigensein" wertvoll sind. Wie können Kinder das Doppelgebot der Liebe erfahren, das anfangs abstrakt klingen mag, aber letztlich doch schlüssig und erklärlich ist: mit dem Herzen zu handeln, freundlich und hilfsbereit, und Gott zu suchen, z. B. im Gebet?

Baustein A: Jeder ist einmalig und wertvoll – von Toleranz und Wertschätzung

„Du sollst den Herrn deinen Gott lieben mit ganzem Herzen, mit ganzer Seele und mit all deinen Gedanken. Ebenso wichtig ist das Zweite: Du sollst deinen Nächsten lieben wie dich selbst." *(Matthäus 22,37–39)*

Materialien: *Tuch, CD, Gotteskerze, Schatztruhe, Edelsteine, Glassteine, Malstifte*

- **Sensibilisierung/Fantasiereise im Kreis mit gestalteter Mitte:** Die Erzieherin zündet die Kerze an und lässt leise Musik laufen. Die Kinder haben die Augen geschlossen: *„Wir machen ein kleine Reise. Jeder von euch ist unglaublich wertvoll, wichtig und einmalig, wie eine Perle, ein funkelnder Edelstein, ein großer Schatz, das sagen euch eure Eltern auch. Ihr habt plötzlich eine große Schatztruhe entdeckt und öffnet den Deckel. Ihr schaut hinein und seht viele verschiedene funkelnde Edelsteine, einer davon fällt euch besonders auf: Er glitzert wunderschön, und ihr nehmt den schönen*

Stein heraus. Ihr dreht ihn in euren Händen und schaut ihn an. Ihr betrachtet ihn von allen Seiten genau. Wie sieht er aus? Wie fühlt er sich an? Ist er groß oder klein, rund oder eckig, welche Farbe hat er? Wenn ihr die Augen jetzt aufmacht, dürft ihr euch ein Papier nehmen und Farbstifte und euren besonderen Stein malen."

- **Betrachtung, Gespräch, Gestaltung:** Gemeinsam werden Perlen, Münzen, Edelsteine und Glassteine angeschaut: Könige und Piraten hatten meist große Schatztruhen, voll mit Gold, Silber und Schmuck. *„Was ist euch wertvoll und wichtig? Ich finde es wichtig, dass wir freundlich zueinander sind, und wie ist das bei dir Maja …?"* Gemeinsam wird ein Mandala am Boden mit den Glassteinen gelegt.
- **Geschichte:** Vom Schatz im Acker und von der Perle (Matthäus 13,44–46). Vgl. auch Kapitel 3.3.3, Ausgrenzung überwinden – Freundschaft erleben, S. 89
- **Gespräch:** Die Kinder werden gefragt, ob sie sich untereinander gut kennen. *„Was können denn die anderen Kinder gut? Was weiß denn Julian über Sofia?"*
  - *„Alle Kinder sind sehr unterschiedlich in der Gruppe, sehen verschieden aus, kommen aus unterschiedlichen Familien, aber wir wollen alle gut miteinander auskommen."*

Das Andersen-Märchen vom hässlichen jungen Entlein oder „Des Kaisers Nachtigall" vorlesen und darüber sprechen, Eindrücke malen lassen.

- **Feier:** Einen „Tag der Wertschätzung" feiern: Jedes Kind macht dem anderen eine Freude, bastelt oder malt ein Bild. Die kleinen „Wertschätze" werden zusammengerollt und in einen Korb gelegt. Jeder darf eines nehmen und die kleinen Künstlerinnen und Künstler geben sich zu erkennen.

Unter: www.kinderkirche.de/Themen finden sich ausgearbeitete Entwürfe und Hinweise.

- **Gestaltung:** Die Kinder malen Szenen aus der Geschichte, „Komm, wir finden einen Schatz" (siehe Lesehinweis, S. 282). Der Text eignet sich gut für einen Familiengottesdienst, wenn er vorgelesen wird und die Kinder als pantomimische Schauspieler agieren.
- **Märchen:** „Der Korb mit den wunderbaren Sachen" von Hubertus Halbfas wird vorgelesen und das Geheimnisvolle gemalt (in: Kaiser, Heidi [Hrsg.]: Das Kinderbuch von Himmel und Erde, München, Annette Betz, 1993).
- **Besinnung:** *„Guter Gott, es tut uns allen gut, sich gegenseitig zuzuhören und zu achten, nett miteinander umzugehen und uns gegenseitig zu zeigen, dass wir es gut miteinander meinen und uns gern haben. Schlechte Laune und Gedanken können einfach vorbeiziehen, wie Wolken. Dafür danken wir. Amen."*

Baustein B: Die Goldene Regel – Wie ich behandelt werden möchte, so verhalte ich mich auch anderen gegenüber

*„Alles, was ihr also von anderen erwartet, das tut auch ihnen!
Darin besteht das Gesetz und die Propheten."* (Matthäus 7,12; Lukas 6,31)

„Was du nicht willst, das man dir tut, das füg auch keinem andern zu." (Sprichwort)

Symbole finden für Höflichkeit, Freundlichkeit, Hilfsbereitschaft

- **Kreisgespräch mit Kerze:** *„Damit jeder sich hier gut fühlt, brauchen wir Regeln. Was ist dir, euch hier in der Tageseinrichtung wichtig und wertvoll?"* Es können symbolische Zeichen gefunden werden für die Aussagen der Kinder, die auf ein Plakat aufgeklebt werden. Das können z. B. sein:

- dass wir nett miteinander umgehen: Höflichkeit,
- dass wir sagen, was uns gefällt, und was nicht: Ehrlichkeit,
- dass wir aufeinander achtgeben, einander achten: Schutz,
- dass wir uns nach dem Streit wieder vertragen: Versöhnung,
- dass wir miteinander essen und kochen: Essen-Teilen,
- dass wir miteinander singen und feiern: Lieder und Feiern,
- dass wir basteln, malen und werken: Kreativität,
- dass wir viel spielen können: Zeit,
- dass es schöne Sachen gibt: Spielsachen,
- dass wir in den Wald gehen und miteinander kochen: Aktionen,
- dass es hier ordentlich und gemütlich aussieht: Ordnung.

- **Überlegung:** Durch Gegensatzpaare können die Kinder sensibilisiert werden: *„Was wäre, wenn alles Durcheinander wäre? Die Kinder sich nur schlagen und streiten würden? Wenn andere in unser Brot beißen und die Spielsachen kaputtmachen würden? Wenn alle wegschauen, wenn sie begrüßt werden, und immer reinreden, wenn andere sprechen? Wenn man aneinander vorbeiläuft und wegschaut, wenn sich jemand wehgetan hat. Wenn man ausgelacht und geärgert wird? Was wäre dann? Dann würde sich hier niemand mehr wohlfühlen." „Wenn ich möchte, dass die anderen nett zu mir sind, ist es gut, wenn ich nett zu ihnen bin. Wenn ich möchte, dass mir jemand hilft, kann ich anderen auch Hilfe anbieten."*
- **Bestärkung:** Die Erzieherin ermutigt die Kinder, so miteinander umzugehen, wie man es selbst gerne mag: mit Freundlichkeit, Höflichkeit, Aufmerksamkeit.
- **Absprachen:** Ein Werteplakat wird aufgehängt mit einem Symbol, das über den Tag begleitet, nachdem man sich mit den Kindern auf einen Wert geeinigt hat: *„Das üben wir heute."*
- **Rituale erklären:** Begrüßungs- und Verabschiedungsrituale sind als feste Größen eingeführt: Die Erzieherin wird mit Handschlag begrüßt und verabschiedet. Die Kinder schauen sich im Morgenkreis gegenseitig an und wünschen sich einen guten Morgen. *„Das ist eine Form der Wertschätzung und Wahrnehmung. Ich freue mich, wenn andere mich grüßen und wahrnehmen. So machen es die Menschen. Tiere haben andere Begrüßungsformen: Hunde wedeln mit dem Schwanz und beschnuppern sich. Wir begrüßen Gott und zünden eine Kerze an zum Stillwerden und zum Gebet."*
  - Zum Aufräumen, Ordnunghalten und Mithelfen in der Gruppe: *„Es ist angenehm, in einer schönen Umgebung zu spielen. Danach werde ich die Dinge wieder an den Platz räumen, damit andere Kinder sie auch benutzen können."*
- **Lied:** Viel Glück und viel Segen auf all unsren Wegen, Gesundheit und Freude sind auch mit dabei ... (auch unabhängig vom Geburtstag zu singen)

Lieder:
- *Wir feiern heut' ein Fest ...*
- *Alle Kinder dieser Erde ...*
- *Gottes Liebe ist so wunderbar ...*
- *Wenn einer sagt ...*
- *Heut ist ein Tag ...*
- *Wenn einer sagt ...*

Baustein C: Um Unterstützung bitten können

> *„Bittet, dann wird euch gegeben; sucht, dann wird euch geöffnet. Denn wer bittet, der empfängt; wer sucht, der findet; und wer anklopft, dem wird geöffnet."*
> *(Matthäus 7,7–8)*

Um Hilfe zu bitten ist oft ein Gebetsanliegen. Es ist aber auch eine Fähigkeit und Form der Höflichkeit, andere Menschen um etwas zu bitten: „Geben Sie mir bitte das

Buch? Darf ich bitte die Brezel haben?“ Um Unterstützung zu bitten setzt die Einsicht voraus, dass ich es nicht alleine schaffe.

- **Überlegungen, Gestaltung, Gespräch im Kreis mit Kerze:** *„Wann müsst ihr andere bitten, dass euch geholfen wird? Wofür bittet ihr?“* Eine Anleitung geben, Fürbitten zu formulieren.
- **Anfrage, Gestaltung:** *„Eine Brücke ist eine Verbindung zwischen zwei Ufern. Wenn wir anderen helfen, sind wir wie eine Brücke. Wobei könnt ihr anderen behilflich sein, in der Kindergruppe oder zu Hause?“* Die Kinder formen aus Knetmasse eine Brücke oder mit Duplosteinen und Bauklötzen. Sie malen ihre Ideen zum Thema: Hier kann ich behilflich sein, und Brücken kneten.

Materialien: gestaltete Mitte, Knetmasse, Duplosteine, Bauklötze, Malutensilien, Plakat

- **Dienste:** Helferdienste sind eingeführt: Den Tisch für alle decken, für andere Kinder die Teller spülen, die Blumen gießen … Gemeinsam wird ein Wir-helfen-uns-Plakat entworfen.
- **Geschichten:** Die Heilungsgeschichten der Bibel sind in dem Sinne auch „Geschichten „von der Bitte um Hilfe“ (Bartimäus, die gekrümmte Frau, der Gelähmte; Markus 2,1–12).

Baustein D: Dankbarkeit empfinden

> *„Wie schön ist es, dem Herrn zu danken, deinen Namen, du Höchster zu singen, …“*
> *(Psalm 92,2)*

In den Psalmen finden sich viele Beispiele von Dankliedern: für Gottes Hilfe, Gnade, Rettung und Dankbarkeit, mit Herz, Mund und Händen. Dankbar zu sein gehörte mit zu den Tugenden früherer Zeiten. Nicht alles als selbstverständlich hinzunehmen und danken zu können ist eine Form der Wertschätzung gegenüber aufmerksamen und helfenden Personen und gegenüber Gott: Das Leben ist ein Geschenk. Das Bewusstwerden, wofür man danken kann, kann durch stille Momente gestärkt werden. Miteinander Gott singen, loben und danken, heißt es in einem Lied.

- **Sensibilisierung, Gespräch, Gestaltung:** Die Erzieherin sitzt mit den Kindern um eine Kerze, und alle machen sich Gedanken, wofür man danken möchte, worüber man dankbar ist. *„Ich bin dankbar, dass wir jetzt eine neue Sandlandschaft in der Einrichtung haben für alle Kinder. Und was meinst du, Jan?“* Die Ideen werden kreativ ausgedrückt: durch Basteln, Kleben, Werken, Malen.

> *„Selig, die arm sind vor Gott; denn ihnen gehört das Himmelreich.*
> *Selig sind die Trauernden; denn sie werden getröstet werden.*
> *Selig sind, die keine Gewalt anwenden; denn sie werden das Land erben …*
> *Selig die Barmherzigen, denn sie werden Erbarmen finden.*
> *Selig die ein reines Herz haben, denn sie werden Gott schauen.*
> *Selig die Frieden stiften, denn sie werden Gottes Kinder genannt werden.“*
> *(aus den Seligpreisungen der Bergpredigt, Matthäus 5,3–9)*

Miteinander ein Schöpfungsfest feiern. Erntedank feiern.
Vgl. auch Kapitel 5: Was wir essen.

- **Überlegungen, Gespräch:** Zeit für das zu haben, was man gerne tut, ist keine Selbstverständlichkeit. Spielen zu können, anstatt Geschwister zu betreuen oder auf den Feldern arbeiten zu müssen … Die Kinder formulieren ihre Aktivitäten:

José in Bolivien muss Wasser holen gehen und die Tiere füttern, Mjpo hat nur alte Blechdosen zum Spielen, Tzuja muss den ganzen Tag ihre kleine Schwester auf dem Rücken herumtragen …

„Ich habe Zeit, um ins Freibad zu gehen, ins Ballett, zum Handball, in den Zoo …" Vgl. Kapitel 4.2.3, Baustein B.

- **Lieder:**
  - Heut ist ein Tag, an dem ich bitten, teilen, helfen, nett sein, danken, mich versöhnen, ehrlich, friedlich, froh sein kann.
  - Lasst uns miteinander singen, loben, danken

Baustein E: Über den Tellerrand schauen

> *„Gut und gerecht ist der Herr, darum weist er die Irrenden auf den rechten Weg."* *(Psalm 25,8)*

Das Aufmerksam-Werden und Sich-Einsetzen für andere Menschen hilft, „über den Tellerrand zu schauen". In vielen Tageseinrichtungen begegnen die Kinder Kindern anderer Herkunft, Hautfarbe, Muttersprache und Lebensweise. Das Kennenlernen anderer Nationen, ihrer Bräuche und Traditionen ist eine große Bereicherung.

Kinder müssen heute eine Wertschätzung für das Alltägliche wieder „lernen" wie auch den achtsamen Umgang mit Essen in einer Gesellschaft, in der alles im Überfluss vorhanden ist. Dies kann durch Bilder und Geschichten geschehen von Kindern anderer Kulturen, die einen Kontrast zur eigenen Lebenswelt darstellen. Aufgrund des Gefühls und der Erfahrung, wie unterschiedlich Kinder leben, können sie ein Gespür für das eigene Leben und die Not anderer Kinder bekommen: *„Manche Kinder müssen morgens stundenlang laufen, um an der Wasserstelle Trinkwasser zu holen; sie haben keine Süßigkeiten, da die Eltern kaum Geld haben oder der nächste Laden viele Stunden zu Fuß entfernt ist; viele Kinder sind krank vor Hunger und sterben; andere werden verfolgt und haben schlimme Krankheiten."* Dabei kann eine Kinderfigur eingeführt werden, z. B. „Paco" (Lina, Tschostscho), der immer wieder in bestimmten Situationen erzählen wird, was in seinem Land üblich ist. (Dazu gibt es gute Bilderbücher mit vielen Fotos, siehe Lesehinweise im Anhang.)

- **Geschichte:** Von der Speisung der 5000, Jesus macht die Menschen satt (Matthäus 14,13–21), und vom großen Gastmahl (Matthäus 22,1–6).

- **Lied:**
  - Wir sind eingeladen zum Leben …

> *„Fünf Brote und zwei Fische, fünftausend werden satt, wenn Jesus lädt zu Tische, den, der da Hunger hat."* *(Kinderlied)*

- **Gespräch, Sensibilisierung im Kreis mit gestalteter Mitte:** *„Viele Kinder haben Hunger, da kann man nicht einfach das Brot wegwerfen!"* Hier kann angeknüpft werden an: Wie leben Kinder in anderen Ländern?
  - *„Für uns ist vieles ganz normal, selbstverständlich, aber in anderen Ländern ist das nicht so. Es gibt Kinder, die müssen das Wasser erst kilometerweit vom Fluss oder Brunnen holen, und es ist nicht immer sauber. Wasser ist etwas ganz Besonderes,*

ohne Wasser könnten wir nicht leben. (Zur Vertiefung eignet sich ein Projekt zum Wasser.) *Fleisch gibt es bei Paco fast nie zu essen …"*

- *„Aber auch bei uns gibt es Kinder, deren Familien es nicht so gut geht, weil der Papa arbeitslos geworden ist und die Mama nicht viel Geld verdient; nicht alle Familien können sich dasselbe leisten. Deshalb ist es gut, wenn die Spielsachen in unserer Einrichtung für alle da sind."* (Diese Bemerkung soll zeigen, dass man Kindern nicht den Eindruck vermitteln sollte, bei uns ginge es allen gut und Kindern in anderen Ländern schlecht; oder dass Kinder zu der Meinung kommen könnten, es gehe Kindern in Afrika schlecht, nur weil sie schwarz sind.)

■ **Aktionen, Vertiefung, Gestaltung:** Einen Besuch auf dem Wochenmarkt machen, damit die Kinder das Angebot an Früchten, Obst, Gemüse sehen können. Was wollen die Kinder einkaufen? Was ist ihnen wichtig? *„Einiges wächst hier, anderes kommt aus anderen Ländern. Wir haben vieles in unserem Land, was wir kaufen können. Dafür danken wir."*

- Die Kindergruppe macht einen Besuch auf dem Bauernhof oder in einer Gärtnerei, um zu verstehen, wo das Gemüse herkommt, wie es angebaut wird und wächst; dass z. B. die Milch von den Kühen kommt.
  „Guter Gott, wir danken dir für unser Leben, für alles, was wir so selbstverständlich hinnehmen können, dass es für uns da ist. Lass uns immer wieder merken, dass das Leben ein Geschenk ist, und wir achtsam damit umgehen."
- Gemeinsam wird ein Atlas oder Globus angeschaut: *„Welche Länder kennt ihr schon?"* Mit den Zeilen von *„Tschu, tschu, tschu die Eisenbahn, wer will mit nach … fahren?"* können andere Länder besucht werden. Als Projekt kann jeweils ein Land näher beleuchtet werden: Wie leben die Kinder dort? Was spielen sie? Was essen sie? Was arbeiten die Kinder? Wie wohnen sie? Was wächst dort Landestypisches?
- Bunte Papierstreifen werden zum Flechten verwendet, ähnlich wie bei den Schlafmatten.
- In Anlehnung an die bunten Stoffe der Indios oder vieler afrikanischer Völker kann man bunte Muster auf Papier entwerfen, Stoffe oder Papier bedrucken.
- Verschiedene Kinderlieder aus diesen Ländern dürfen die Kinder von MC, CD hören. Aus Dosen und anderen Materialien bauen sie Rasseln zur Begleitung. Sie hören Märchen aus anderen Kulturen.

Gemeinsam etwas Landestypisches kochen und am Boden sitzend z. B. Cous-Cous, Hirsebrei, Süßkartoffeln, Reis essen.

Baustein F: Mitbestimmen dürfen und teilhaben

„Die Frucht des Geistes aber ist Liebe, Freude, Friede, Langmut, Freundlichkeit, Treue, Sanftmut und Selbstbeherrschung …“ *(Galater 5,22)*

Es ist sinnvoll, die Kinder miteinzubeziehen bei Entscheidungen und sie mitbestimmen zu lassen. Dadurch können sie merken, dass ihre Interessen und Wünsche wahrgenommen und berückichtigt, ihre Vorschläge auf- und ernst genommen werden. Dies fördert das Gefühl, wichtig zu sein, und die Bereitschaft, sich einzusetzen.

- **Besuch/Aktion:** Mit den Kindern eine Stadtbücherei besuchen und verschiedene Themen vorstellen: Tiere, der Wald, die Erdteile, die Sterne, die Steine, die Urzeit, Pflanzen, … „Was interessiert euch, was wollt ihr gerne wissen?“ Die Erzieherin kann Bücher ausleihen und immer wieder daraus vorlesen oder ein Projekt entwickeln.

4.2.3 Werthaltungen erfahren und einüben

„Ich schenke euch ein neues Herz und lege einen neuen Geist in euch. Ich nehme das Herz von Stein …“ *(Ezechiel 36,26)*

Redensarten: Sich etwas zu Herzen nehmen, sich ein Herz fassen, hartherzig, herzensgut sein, etwas im Herzen tragen, jemandem ans Herz wachsen …

Lange Zeit sprach man von Respekt, Respekt den Eltern und Erziehenden gegenüber. Wie können Kinder sich respektvoll zeigen und verhalten? Früher wurde dies durch Strafen, Unterwürfigkeit und Gehorsampflicht eingefordert, oder Erwachsene hatten eine natürliche Autorität, die Kinder geachtet haben. Vielleicht braucht er heute eher Mitgefühl und Empathie, um sich in andere hineinzuversetzen (Perspektivenwechsel statt Eigenrotation), um dadurch Mitmenschen und Umgebung lernen zu achten und

zu respektieren. Früher hätte man vermutlich anstelle von Mitgefühl gesagt, man müsse ein gutes Herz haben, oder mit dem Herzen sehen. Kinder mit einem „guten Herzen" werden andere respektieren und achten. Kinder spüren schnell, wenn jemand traurig ist, ärgerlich oder keine Lust hat. Aber wie kann man daraus ein Handeln ableiten, das Empathie und Respekt ermöglicht? Kinder, die nie selbst respektiert wurden in ihrer Würde, werden andere auch nicht wertschätzen können. Helfen kann man nur, wenn man sich in andere hineinversetzen kann. Das Herz ist das Zentrum des biologischen und seelischen Lebens des Menschen und Sitz der Seele. Herz und Liebe stehen in engem Zusammenhang wie die Beispiele zeigen: Mit dem Herzen sehen, das geht mir zu Herzen, ein Herz aus Stein haben, ein verstocktes Herz, dem Herzen folgen, sich ein Herz fassen, sein Herz verschenken. Für die Bibel ist das Herz der Sitz aller Gefühle (Angst, Schmerz, Trotz, Freude) und auch des Verstandes. Im Herzen Gottes drückt sich seine Barmherzigkeit aus. Das Symbol Herz ist den Kindern geläufig durch Aktionen zum Muttertag wie: Herzen aus Filz schneiden, Herzen drucken, stempeln, malen.

Baustein A: Von der Hilfsbereitschaft – mit dem Herzen handeln

„Ein Mensch sieht, was vor Augen ist, Gott aber sieht das Herz an." *(1 Samuel 16,7)*

- **Gespräch, bildnerisches Gestalten:** Gemeinsam wird darüber nachgedacht, wo es gut ist, mit dem Herzen zu sehen, ein gutes Herz zu haben. *„Wie zeigt sich ein gutes, offenes Herz im Alltag? Wie merken das die anderen?"* Die Kinder malen und basteln ein Herz und überlegen sich eine Aktivität dazu: „Ich bin hilfsbereit, ich kann mit meinem Herzen sehen und … tun, machen."
- **Geschichte:** Das Märchen der Sterntaler hören (siehe Kapitel 4.3).
- **Nachforschen:** Die Kinder suchen nach Menschen in der Umgebung oder in Geschichten, die ein gutes Herz haben/hatten:
  - Elisabeth von Thüringen, Mutter Teresa, die Oma …

Baustein B: Teilen und abgeben können – gastfreundlich sein

„Miteinander essen, das kann schön sein, froh zu Tische sitzen, lieben wir. Gaben lasst uns teilen und auch noch verweilen, schön, dass wir zusammen sind."
(Kinderlied)

Gemeinschaft beim Essen, eine Mahlgemeinschaft sein, macht Freude: Man spricht vom Herrenmahl, der Eucharistie. Kinder mögen es, eingeladen zu sein, zum Geburtstag bei Oma und Opa, wenn miteinander geteilt und gefeiert wird.

- **Aktion:** Bewusst etwas miteinander teilen, was mitgebracht wurde: einen Kuchen, Brot, Obst. *„Jedes Kind bekommt etwas ab, dafür danken wir."*
- **Lied:** Gibst du mir von deinem Apfel ab, weil ich heute nichts zu essen hab … (aus: „Das große Liederbuch" von Rolf Krenzer, Kevelaer, Lahn-Verlag, 3. Aufl., 1997, Jannssen)
- Gespräch im Kreis zu Geschichten von Sankt Martin, Sankt Nikolaus (vgl. Kapitel 4.3).
- **Überlegungen:** *„Was können wir noch teilen, abgeben?"* Bei einer Aktion mitmachen und z. B. Spielsachen für bedürftige Kinder sammeln.

Baustein C: Mitgefühl wagen – sich in andere hineinversetzen können – von Empathie, Respekt und Rücksichtnahme

„Ich war hungrig, und ihr habt mir zu essen gegeben, ich war durstig, und ihr habt mir zu trinken gegeben. Ich war fremd und obdachlos, und ihr habt mich aufgenommen … Was ihr für einen meiner geringsten Brüder getan habt, das habt ihr mir getan."
(Matthäus 25,35–36,40)

„Mitgefühl und Liebe sind wertvolle Dinge im Leben. Sie sind nicht kompliziert. Sie sind einfach, aber sie sind schwierig zu praktizieren."
(Tenzin Gyatso, aus: www.wikiquote.de, Stichwort: Mitgefühl)

- **Sensibilisierung:** Es werden Bilder ausgelegt zu verschiedenen Situationen (auch aus Bilderbüchern): Streiten, Weinen, Hinfallen, Fallenlassen … *„Wie mag es den Kindern gehen? Wie fühlen sie sich wohl?"* (vgl. auch Kapitel 3.2 zu den Gefühlen)
  - *„Wie geht es einem Baum, wenn man seine Blätter ausreißt? Wie mag es der Katze ergehen, wenn sie am Schwanz gerissen wird? Wie fühlt sich der Junge, wenn seine Jacke in den Dreck geworfen wird? Was ist mit dem Papier, das einfach nur zerknäult und weggeworfen wird, das Wasser, das ständig aus dem Wasserhahn tropft?"*

In vielen Indianergeschichten kommt eine achtsame Haltung der Natur gegenüber gut zum Ausdruck

- **Überlegungen:** *„Jeder Mensch hat bestimmte Bedürfnisse, die wir im Miteinander achten müssen: Kinder sind oft den Nachbarn zu laut, der Papa will manchmal einen Mittagsschlaf machen, die Mama will mal Zeitung lesen. Es ist gut, wenn wir merken können oder mit dem Herzen hören, was andere brauchen. Fällt euch dazu auch etwas ein?"*
  - Einen achtsamen, sorgsamen Umgang mit Papier, Spielsachen und Alltagsdingen einüben: *„Es tut nicht gut, wenn Bauklötze rumgeschmissen werden, Bilder und Basteleien kaputt gemacht werden!"* (vgl. auch Psalm 104; Matthäus 22,37).
  - Einen achtsamen Umgang mit der Natur üben: *„Die Tiere wollen auch, dass wir gut mir ihnen umgehen, sie nicht quälen und töten. Die Natur muss auch sorgsam behandelt werden! Menschen, die ganz in und mit der Natur leben, gehen sehr sorgsam mit ihr um, da sie wissen, dass wir ohne die Erde nicht leben können. Wenn wir sie zerstören, haben wir keine Lebensgrundlage mehr."*

„Jeder Teil dieser Erde ist meinem Volk heilig."
(Text Häuptling Seattle, 1854, auch als Kanon/Kinderlied)

„Alles Geschaffene ist vergänglich. Strebt weiter, bemüht euch unablässig, achtsam zu sein.“ *(Siddharta Gautama Buddha, letzte Worte, 483 v. Chr.)*

Unter dem Stichwort bei Google: „Häuptling Seattle, Rede“ sind seine Gedanken im Internet zu lesen

- **Dienste:** Aufgaben werden aufgeteilt, ein „Chefplan“ organisiert: Wer ist heute der Blumengießchef?
- **Gebet:** *„Guter Gott, öffne unsere Augen und Ohren und unser Herz, dass wir hören können, wenn jemand unsere Hilfe braucht. Öffne unser Herz, damit wir spüren, was richtig und gut ist. Lass uns mit ganzem Herzen auf dich vertrauen und zu dir beten.“*

4.2.4 Werte sind sinnvoll und geben Sinn

Eine tibetische Weisheit meint *„(…) Wenn ein Kind verstanden und toleriert wird, lernt es, geduldig zu sein. Wenn es ermutigt wird, lernt es, sich selbst zu vertrauen. Wenn es gerecht behandelt wird, lernt es, gerecht zu sein!“*

Viele Familien haben nur wenige oder keine klaren Normen und Ordnungsmuster mehr, trotz einer Fülle an Erziehungsliteratur. Es herrscht eine Verunsicherung aufgrund Erziehungspluralität, Individualität und Erziehungsfreiheit. Kinder wachsen häufig ohne Geschwister auf, haben nur noch einen Elternteil und wenig soziale Vernetzungen. Oft sind die Medien aufgrund des Zeitmangels der Eltern das Hauptgegenüber. Viele Kinder entwickeln Rollenmuster wie verwöhnte Paschas, rücksichtslose Machos, empfindliche, fordernde Prinzessinnen, aggressive Besserwisser, die ewigen Egoisten, das kleine Opfer, die schnell Beleidigten und wilden Medienhelden. Kinder brauchen, um ein Spektrum an Rollen auszuprobieren und immer wieder zu wechseln, Begleitung und Widerpart, Menschen, die mit ihnen darüber sprechen, was ihnen nicht gefällt, was verletzend, grenzüberschreitend oder nervend ist. Menschen, mit denen sie ihre Gedanken austauschen können und Rückschlüsse ziehen können: „Wenn Gott mich liebt, wie ich bin, dann liebt er auch die anderen Menschen.“ Kinder im Vorschulalter wollen im Grunde das tun, was gut in ihren Augen ist. Sie wünschen sich Gerechtigkeit, Nächstenliebe und rücksichtsvolles Tun, „wie Gott auch“. Aber wie werden diese Kinder „gute Menschen“? Durch eine Orientierung an Menschen, die ihnen lebensbejahende und frohe Hilfestellungen geben und das Interesse wecken, sich in dieser Welt einzusetzen und sie mitzugestalten; durch Menschen, die die Kinder ihre eigene Kompetenz spüren lassen, mit ihnen nach Fragen und Antworten suchen und im Alltag Verhaltensweisen, Formulierungen und Absprachen einüben.

Baustein A: Wahrhaftig und aufrichtig sein

„Warum siehst du den Splitter im Auge deines Bruders, aber den Balken in deinem Auge bemerkst du nicht?“ *(Lukas 6,41)*

„… aber wir sind Glieder, die zueinander gehören.“ *(Römer 12,5)*

Durch Worte und Verhalten geben Erwachsene ihre Einstellungen weiter und haben Einfluss auf die Kinder: authentisch sein, Fehler zugeben können, Vergeben können, sich entschuldigen und Dinge klären. Einiges kann im Morgenkreis angesprochen

Ermutigung: „Ich kann mich mitteilen und sage, was mich stört. Ich äußere meine Bedürfnisse, ohne zurückzuschlagen. Es macht mich traurig, wenn mein Bild zerknüllt wird, es tut mir weh, wenn ich gehauen werde. Ich lache andere Kinder nicht aus. Ich mache keine Sachen kaputt und muss mich nicht immer vordrängen." „Wenn ich ärgerlich bin, kann ich mal schreien. Wenn ich etwas möchte oder nicht möchte, kann ich mich äußern und treffe kleine Entscheidungen."

werden. Kinder mögen keine falschen Versprechungen und brauchen Verlässlichkeit, ähnlich wie Erwachsene auch. Oft fällt es einem selbst schwer, ehrlich zu sich zu sein, Fehler einzugestehen oder seine Grenzen einzuschätzen.

- **Kreisgespräch mit gestalteter Mitte:** *„Was gefällt euch nicht so sehr?"* Die Kinder werden ermutigt, sich zu wehren und auch widersprechen zu dürfen (Partizipation als Prävention).
  - Sie werden gefragt, ob ihnen die Absprachen bewusst sind wie: „Wir melden uns ab, dass die anderen wissen, wo wir sind. Wir ziehen die Schuhe aus, sonst tragen wir den Schmutz in die Zimmer und jemand muss wieder putzen."
- **Rückmeldung als Lob:** *„Es gefällt mir, dass, du so hilfsbereit zu anderen Kindern bist …, dass du, Maurice, gleich einen Lappen geholt hast …"*
- **Übung:** Den Kindern die Augen verbinden und wieder öffnen: Hinschauen, was ist.

„Guter Gott, manchmal ist es schwer, Fehler zuzugeben und zu verzeihen. Gib uns den Mut, genau hinzuschauen, ehrlich zu sein, und uns nicht zu scheuen, den ersten Schritt der Versöhnung zu wagen."

Baustein B: Den Frieden wachsen lassen

„Meide das Böse, tue das Gute; suche den Frieden und jage ihm nach." (Psalm 34,15)

„Richtet nicht, dass ihr nicht gerichtet werdet! Denn wie ihr richtet, werdet ihr gerichtet werden …!" (Matthäus 7,1–2)

Um mit Antoine de Saint-Exupéry zu sprechen, wächst der Friede langsam, wie ein Baum. Reinhold Schneider meinte, dass der Weltfriede in unserem Haus, in unserem Herzen beginnen müsse. Der Begriff „Friede" mag Kindern abstrakt erscheinen und muss erst einmal hinterfragt werden: *„Was versteht ihr unter Frieden? Wann ist für euch Frieden?"* Jedes Kind wird andere Begriffe damit verbinden. *„Man kann ein Licht für den Frieden anzünden mit einer Kette von Teelichtern eine Friedensbrücke bauen, Schritte und Wege zum Frieden wagen …"* Taube und Regenbogen sind Bilder für den Frieden. In der religiösen Erziehung soll es nicht um falsch verstandene Friedfertigkeit gehen, darum, Gemeinheiten zu erdulden und sich nicht zu wehren. Kinder müssen spüren, was sie wollen, was sie mögen, was ihnen wehtut, wo sie sich schutzlos, ausgeliefert und schlecht behandelt fühlen, und dies zur Sprache bringen (Gewaltprävention und Schutz vor sexuellem Missbrauch), aber auch, wo sie andere beeinträchtigen. Vgl. auch Kapitel 3 zu Versöhnung, S. 84 f.

> *„Dann wohnt der Wolf beim Lamm, der Panter liegt beim Böcklein. Kalb und Löwe weiden zusammen, ein kleiner Knabe kann sie hüten. Kuh und Bärin freunden sich an, ihre Jungen liegen beieinander. Der Löwe frisst Stroh, wie das Rind. Der Säugling spielt vor dem Schlupfloch der Natter."*
>
> *(Jesaja 10,6–8)*

Materialien: *gestaltete Mitte, Kerze*

- **Gespräch im Kreis mit gestalteter Mitte und Bildbetrachtung:** Die Kinder betrachten ein Bild oder eine Postkarte: Kind mit Taube (Pablo Picasso), Frieden nach Jesaja (Sieger Köder) und versuchen etwas davon nachzuzeichnen.
- **Gespräch und eigene Gestaltung zum Jesaja Text:** *„Was gefällt euch daran?"*
- **Lieder:**
  - Die Tauben bringen den Frieden mit …
  - Hewenu Schalom alejchem. Wir bringen Frieden … (Melodie aus Israel)
  - Herr, gib uns deinen Frieden … (Edelkötter)
  - Regenbogen, Friedenszeichen, Gott reicht uns seine Hand …
  - Jeder Schritt auf dieser Erde soll ein Schritt zum Frieden sein, dass sie Gottes Erde werde. Dazu ist kein Schritt zu klein …
- **Bildnerisches Gestalten:** Die Kinder drucken ihre Hände mit verschiedenen Fingerfarben auf ein großes Plakat. *„Wir sind alle ganz unterschiedlich, überall auf der Welt, aber haben doch so viel Gemeinsames."*

> *„Schweige und höre, neige deines Herzens Ohr, suche den Frieden …"* *(altes Lied)*
>
> *„Lasst euch ermahnen, … und lebt in Frieden! Dann wird der Gott der Liebe und des Friedens mit euch sein!"* *(2 Korinther 13,11)*

Im Innehalten und Atem holen: Das Leben ist Geschenk.

Kinder wünschen sich eine sichere Zukunft und entwerfen Fantasien und Visionen dafür. Sie brauchen Träume und Ideen, die ihren Mut und ihre Neugier auf das Leben wecken. Sie wollen wissen, was richtig und falsch ist. Sie wünschen sich Gerechtigkeit und Frieden für alle: „Warum schenkt Gott nicht allen genug zu essen?"

Baustein C: Vom Geduldigsein und Wartenkönnen

„Nur in Umkehr und Ruhe liegt eure Rettung, nur Stille und Vertrauen verleihen euch Kraft.“ *(Jesaja 30,15)*

Durch einen Garten oder Naturbeobachtungen an Pflanzen in und um die Tageseinrichtung können Kinder das Phänomen des Wachsens der Äste, Blätter, Blüten mit verfolgen. *„Vieles wächst im Stillen und Verborgenen, darüber staunen wir. Oft wissen wir noch gar nicht, was daraus wird, das ist sehr spannend.“* Die Kinder erleben das Keimen und Gedeihen von Sonnenblumen-, oder Bohnensamen (Kresse keimt am schnellsten) in einem Blumentopf: *„Da wächst etwas, das verändert sich. Mal regnet es, mal ist es heiß und die Pflanze braucht Wasser – auch ich wachse und verändere mich.“*

- **Biblische Geschichte:** Simeon wartet auf Jesus (Lukas 2,25–32). Vom Wachsen und Werden: Noah muss warten, bis die Taube zurückkommt, Abraham muss warten, bis er einen Sohn bekommt.
- **Lieder:**
  - Wir sind Kinder einer Erde ...
  - Kleines Senfkorn Hoffnung ...

Baustein D: Das ist aber ungerecht! – Gedanken über Gerechtigkeit – Erste Neue Schritte wagen – Grenzen überwinden

Beobachtungen des Wachstums von Pflanzen zeigen: Man braucht Zeit und Geduld.

„Wenn einer alleine träumt, ist es nur ein Traum. Wenn viele gemeinsam träumen, ist es der Beginn der Wirklichkeit.“ *(Dom Helder Camara)*

Viele Menschen wünschen sich Gerechtigkeit. Kinder erleben bewusst Unterschiede. Das zeigen ihre Fragen: „Warum muss der sterben, warum kriegt die mehr als ich, der andere hat aber tollere Schuhe und ein cooleres Shirt!“ Das Leben ist oft ungerecht, und es gibt vermutlich keine objektive Gerechtigkeit. Man kann nur versuchen, immer von Neuem im Einklang mit dem eigenen Herzen das Gerechte zu tun.

Viele Märchen ermutigen, Neues zu wagen, sich im Vertrauen auf unbekannte Wege zu begeben, und das Rettende zeigt sich immer wieder in äußersten Situationen. Oder wendet das Schicksal sich, wie bei Sterntaler, Brüderchen und Schwesterchen, Hans im Glück, Rumpelstilzchen ... So zeigt auch das Leben Jesu neue Verhaltensweisen im Umgang mit den Menschen. Das Vorlesen von Geschichten kann helfen, Neues zu wagen.

- **Sensibilisierung:** Die Kinder beschäftigen sich im Vorfeld mit den vier Grundfarben. (Das Thema Farben allein ist schon ein Projekt wert.) Sie suchen rote, gelbe, blaue, grüne Dinge aus ihrem Umfeld und der Natur und ordnen diese auf den jeweiligen farbigen Tüchern. Das folgende Bilderbuch zeigt eine Möglichkeit, die alten Vorstellungen der Erwachsenen zu ignorieren und die Welt neu zu sehen.

- **Bilderbuch:** Ruck-Pauqet, Gina (2001): *Das Vier-Farben-Land*, Freiburg, OZ Velber Verlag.
  Ein Junge mag die Enge nicht mehr und wischt die Landesgrenzen der vier Länder aus: Dann werden alle Kinder bunt, auch wenn die Erwachsenen es gerne verhindert hätten. (Abwandlung: Kinder sehen die Farben des Regenbogens und wollen sich eine Farbe daraus holen, aber das Strecken und Recken bleibt erfolglos. Da tanzen sie miteinander und werden alle bunt. (Bunte Klebepunkte im Gesicht der Kinder verteilen oder mit Schminkfarbe Punkte auftragen.) Freunde und Freundinnen machen das Leben bunt!

Materialien:
Tücher, gesammelte Materialien, vier T-Shirts und Hocker in den Farben, Regenbogen, bunte Klebepunkte

- **Aktion und Gespräch im Kreis mit Kerze:** Die Kinder werden gefragt, aus welchem Land sie kommen: *„Wie ist das bei euch zu Hause, was esst ihr, weißt du etwas von deinem Land?“* Die Eltern der Kinder mit Migrationshintergrund können dazu eingeladen werden, um vielleicht etwas aus dem Heimatland zu erzählen. So können die anderen Kinder der Gruppe Etwas über ihre Freunde und Freundinnen erfahren, auch Regeln oder Bräuche wie: Warum muslimische Kinder kein Schweinefleisch essen dürfen.
  - Mit den Kindern auf einem Globus anschauen, wo die Länder liegen, aus denen die Kinder kommen. Im Rahmen eines Projekts Flaggen malen, Postkarten betrachten, Landestypisches essen, ein Fest feiern.

- **Lieder:**
  - Rote, Grüne, Blaue, Gelbe, Gott hat sie alle lieb …
    (nach: Schwarze, Weiße, Rote, Gelbe, Gott hat sie alle lieb …)
  - Wir sind Kinder einer Erde …
  - Wir feiern heut ein Fest … Ja Gott hat alle Kinder lieb

4.3 Biblische Geschichten und andere Geschichten beinhalten Werte

4.3.1 Hintergründe

Die Welt der Kinder

Kinder sind oft über die Ebene von Geschichten einfacher anzusprechen als direkt: Erzählungen aus ihrer heutigen Lebenswelt, Märchen und biblische Geschichten. Darin können sie eigene Lebenssituationen wiederfinden und sich mit einzelnen Personen identifizieren; da geht es um Hilfsbereitschaft (Sankt Martin, Nikolaus), Freundschaft, Streit (Esau und Jakob) und Versöhnung, um Verzeihen und Reue, eine Art Gewissheit, immer umkehren zu können und aufgenommen zu werden (gütiger

Hinweis: Exemplarisch sind in den Kapiteln 2.3.2 und 3.3 biblische Geschichten vorgestellt, die immer nach ähnlichem Schema aufbereitet werden können: Hinführung, Sensibilisierung, Erzählung, Gespräch, Gestaltung, Vertiefung.

Vater), darum, ein offenes Herz und offene Augen (barmherziger Samariter) für das erlittene Unrecht zu haben. Die Märchen bieten einen reichen Schatz an Urbildern von Geborgenheit, alten Lebensweisheiten und Lebensthemen wie Sinnfindung, Hoffnung und Erlösung, Herausforderungen und Prüfungen, Bewährung und Überwindung des Bösen. „Kinder brauchen Märchen", formulierte der Kinderpsychologe Bruno Bettelheim. In den Märchen kommen den Kindern Themen entgegen für ihre Entwicklungs- und Reifungsschritte wie Fleiß, Mithilfe, Geduld, Aufrichtigkeit und Dankbarkeit und Achtsamkeit gegenüber dem Unscheinbaren (Tiere, Zwerge, Gnome) wird belohnt.

Die Welt der Religion

„Die Frucht des Geistes ist Liebe, Freude, Frieden Freundlichkeit, Güte und Treue."
(Galater 5,22)

In den biblischen Geschichten ist Gott die Macht, die Leben schenkt und Befreiung und Erlösung durch Jesus Christus. Jesus selbst hat Sinngeschichten erzählt in Form von Gleichnissen, beispielsweisee vom Sauerteig, Senfkorn, von der Perle, vom Schatz im Acker, dem Wirken Gottes in den Menschen: Dann kann sich die Welt in das Reich Gottes verwandeln. Die Gottesbeziehung kann für Menschen in allen Situationen unterstützend sein aufgrund von Hoffnung und Vertrauen auf Begleitung und Schutz eines menschenfreundlichen Gottes. Jesus hat Herz, Ohr und Hand für die Notleidenden. Er spricht von Nächstenliebe und Fürsorge für Arme und Kranke und handelt danach. Es gibt Geschichten, die erzählen vom Geduldhaben, etwa mit dem Feigenbaum, von einem fürsorglichen Vater-Gott, der zu den Menschen steht, auch wenn sie schuldig werden und Fehler machen (Jakob und Esau), von einem Gott, der es gut meint, der für Neuanfang und Versöhnung ist. So wie es in dem Segensspruch heißt: „Der Herr segne und behüte dich, er lasse sein Angesicht leuchten über dir und sei dir gnädig." Ethische Werte wie Ehrfurcht vor Gott, Nächstenliebe, Achtung vor der Würde des Einzelnen, solidarisches Handeln und letztlich das Herz und die Liebe stehen über Gesetzen und Vorschriften, wenn es um Entscheidungen geht (barmherziger Samariter). Die Geschichten geben Wegweisung: Segen für andere zu sein, gute Helfer, hilfreiche Engel, Licht und Salz für andere. Oder wie R. O. Wiemer es ausdrückt, dass die Engel nicht immer Männer mit Flügeln sein müssen, die einem die Hand reichen und helfen.

Baustein A: Barmherziger Samariter (Lukas 10,25–37)

„Du sollst den Herrn deinen Gott lieben mit ganzem Herzen, mit ganzer Seele und mit all deinen Gedanken. Das ist das wichtigste und erste Gebot. Ebenso wichtig ist das zweite: Du sollst deinen Nächsten lieben wie dich selbst." *(Matthäus 22,37–39)*

In diesem Gleichnis geht es um das rechte Sehen, das Sehen mit dem Herzen. Die Ursprungsfrage der Gelehrten war, wenn man Gott liebt, wer ist aber dann der Nächste, den man auch lieben soll? Und Jesus antwortete mit dem Gleichnis. Die Leute aus Samarien lebten eine andere Frömmigkeit und waren nicht gut angesehen. Männer der religiösen Praxis, von denen man glauben könnte, sie würden helfen, laufen in diesem Erzählbeispiel vorbei, aber der Fremde hilft.

Die Kinder sind mit vielen andern Kindern in der Gruppe zusammen. Wer ist denn mein Nächster, meine Nächste? Es gilt, auch die wertzuschätzen, von denen man nicht viel hält. Jeder Mensch ist wertvoll: Die so tun, als seien sie etwas Besonderes, sind vielleicht nicht so toll – und andere sind ja auch noch da!

- **Sensibilisierung, Gespräch im Kreis mit gestalteter Mitte:** „Unsere Sinne und das Herz (vgl. Kapitel 4.3), was können die tun? Unsere Ohren, was können sie? (hören, lauschen, das Leise hören ...) *Und das Herz?* (Ein gutes Herz haben, helfen, mit dem „Herzen hören und sehen" ...) *Die Augen?* (Sehen, das Schöne, das Traurige, wo es jemandem schlecht geht ...) *Die Hände?* (Sie können helfen, zupacken, tragen, trösten.)"
- **Gestaltung:** Die Erzieherin gestaltet mit den Kindern eine Wüstenlandschaft mit gelben Tüchern und Steinen, einer Palme, etc. ... *„Die Gesetzeslehrer in Israel, die Gelehrten, haben Jesus einmal eine Frage gestellt: ‚Was muss ich tun, um das ewige Leben zu bekommen, wie muss ich leben, dass es Gott gefällt?' Sie wissen aus ihren Gesetzesbüchern, dass sie Gott lieben sollen mit ganzem Herzen, aber auch die Menschen. ‚Aber welche soll man denn lieben. Wer ist da gemeint? Sind es Eltern und Freunde oder die Nachbarn?'*, fragen sie. Und als Antwort hat Jesus die folgende Geschichte erzählt: *„Ein Mann ging von Jerusalem nach Jericho, die steile Schlucht hinunter. Er wurde von Räubern überfallen, die plünderten ihn aus und schlugen ihn nieder. Dann ließen sie ihn liegen.* (Figur legen) *Zufällig kam ein Priester vorbei auf dem Weg zum Tempel, er sah den Verletzten, hatte es aber eilig und ging weiter. Seine Religion sagt, dass er vor dem Tempeldienst keine Kranken oder Verletzten anfassen darf.* (Schritte nachahmen) *Dann kam ein Levit, ein Tempeldiener, vorbei, auch er sah den verletzten Mann und ging weiter.* (Echo der Schritte) *Schließlich kam ein Fremder, ein Kaufmann aus Samarien, einer der die Gebote anders versteht.* (Schritte) *Als er den Mann sah, kniete er sich nieder, wusch seine Wunden mit Öl aus und gab ihm zu trinken. (Handbewegungen nachahmen mit den Kindern: waschen, zu trinken geben) Dann legte er ihn auf seinen Esel* (Esel hinstellen) *und brachte ihn zum nächsten Gasthaus. Am anderen Morgen gab er dem Wirt zwei Denare* (Geld in die Mitte legen) *und sagte zu ihm: „Sorge gut für den Mann, und wenn du mehr Geld brauchst, so will ich es dir das nächste Mal geben, wenn ich wiederkomme."*

Materialien:
Kerze, Tücher für eine Wüstenlandschaft, ein Esel, zwei Figuren

- **Gespräch, Gestaltung:** *„Hättet ihr das auch so gemacht? Wenn die Geschichte in unserer heutigen Zeit gewesen wäre, wären sicher viele auch vorbeigelaufen? Wer denn? Der Mann hat es gut gemacht, dass er sich um den anderen Mann kümmerte. Es braucht offene Augen und ein offenes Herz und Ohr und manchmal auch Mut: Ein Kind ist hingefallen, man kann Hilfe holen, einem alten Menschen ist die Einkaufstasche umgefallen ... Wo könnt ihr anderen helfen direkt vor Ort, wenn euch jemand braucht? Was können eure Herz-Augen oder euer sehendes Herz, euer Augen-Herz sehen?"*
  Die Kinder können ein „Herzauge" und ihre Ideen, wo sie helfen könnten, malen.
- **Gebet:** „Guter Gott schenke uns immer wieder Mut, offene Augen und ein weites Herz, dass wir sehen, wenn es anderen schlecht geht. Gib uns tatkräftige Hände und die Bereitschaft zu helfen, wo Not ist. Jesus sieht die Not der Menschen und hilft ihnen. Er geht auf die Menschen zu, er gibt ihnen die Hand, er spricht mit ihnen. Er will, dass auch wir die Not der Menschen lindern und nicht wegschauen."

Eine weitere biblische Erzählung vom Helfen: Mirijam, ein Mädchen, das hilft (Exodus 2, 1–10). Ein ähnliches Motiv findet sich auch im Märchen Frau Holle: das Naheliegende sehen und das Notwendige tun.

Baustein B: Der gute Vater – der verlorene Sohn (Lukas 15,11–24)

„Versöhnt euch wieder miteinander. Seid freundlich und hilfsbereit zueinander und verzeiht euch gegenseitig.“ *(Epheser 4,23–32)*

„Und vergib uns unsere Schuld, wie auch wir vergeben unseren Schuldigern.“ *(aus dem Vaterunser)*

„Meide das Böse und tue das Gute; suche den Frieden und jage ihm nach.“ *(Psalm 34,15)*

Materialien:
Tücher, Kerze, Münzen. Figuren, Becher, Schwein aus Papier oder Bauernhoftier, Ring und Kleid aus Papier

Das Gleichnis des gütigen Vaters steht für Gottes Liebe zu den Menschen und seine Bereitschaft, sie immer wieder aufzunehmen. Kinder kennen es gut, dass etwas schiefgelaufen ist, oder sie sich nicht recht verhalten haben – dann tut es gut, zu wissen: Ich kann trotzdem heimkommen, ich bin angenommen, wie ich bin, ich kann Vergebung erfahren, Gott geht mit mir.

- **Hinführung, Gespräch:** Die Erzieherin setzt sich mit den Kindern in den Kreis um ein braunes Tuch und zündet die Gotteskerze an. Gespräch über Geschwister: *„Oft darf eine(r) mehr als der/die andere. Wie ist das bei euch? Müsst ihr euch auch ärgern über eure Geschwister? Seid ihr aber auch manchmal gemein zu ihnen? Oft mag man die Fehler nicht einsehen und zugeben oder sich entschuldigen, wenn man etwas falsch gemacht hat.“*

- **Geschichte:** Jesus erzählte einmal folgende Geschichte: *„Ein Mann hatte Haus und Hof und viele Landarbeiter, und er hatte zwei Söhne. Die hatte er sehr lieb. Da sagte der Jüngere: ‚Vater, ich will weg von hier, gib mir den Anteil von meinem Erbe, schon heute. Ich will in die Welt hinausziehen und das Leben kennenlernen!‘ Da gibt der Vater schweren Herzens seinem Sohn das Geld, und der Sohn zieht los.* (Geldsäckchen hinlegen) *In einem fremden Land kauft er sich alles, was ihm gefällt und lässt es sich gut gehen.* (Trinkbecher hinstellen) *Er geht in viele Gasthäuser und feiert Feste mit Wein und Tanz. Er lädt seine Freunde zum Essen ein, bis er kein Geld mehr hat. Da kommt eine Hungersnot über das Land, und er geht zu einem Bauern und bittet ihn: ‚Ich will für dich arbeiten, bitte gib mir zu essen“. Jetzt darf er die Schweine hüten, aber er darf nichts von dem Schweinefutter essen.‘* (Trauriges Gesicht legen, Schweinefigur) *Dem Sohn geht es sehr schlecht, und er denkt an seinen Vater. Er möchte nach Hause zurück und seinen Vater bitten, ihn als Knecht auf dem Hof arbeiten zu lassen. Er macht sich also auf den Weg nach Hause und sieht endlich in der Ferne den Hof seines Vaters. Doch der Vater kommt ihm schon von Weitem entgegengelaufen und umarmt ihn. Er freut sich so sehr, dass sein jüngerer Sohn zurückgekehrt ist. Der Sohn sagt zu seinem Vater, dass es sehr dumm war, alles Geld auszugeben, und dass es ihm leid tut. Aber der Vater ruft seine Arbeiter, dass sie ein Fest vorbereiten sollen, und sagt: ‚Mein Sohn ist zurückgekehrt, holt die Festkleider, wir wollen feiern!‘* (Ring, schönes Kleid)“

- **Gespräch:** *„Wie ist es dem Sohn ergangen? Habt ihr auch schon mal was Dummes gemacht und konntet euch nachher dafür entschuldigen? Der Sohn in der Geschichte hat Glück gehabt, dass sein Vater sich so über ihn gefreut hat.“*

- **Lied:** „Miteinander teilen, das kann schön sein …“ (Kinderlied)

- **Eindrücke malen, Ausstellungstisch gestalten:** „Vom Fehler machen und sie auch zugeben können".

„Meide das Böse und tue das Gute; suche den Frieden und jage ihm nach."
(Psalm 34,15)

„Ja manchmal machen wir Fehler, guter Gott, dann hoffen wir, dass du uns beistehst, wenn wir alleine und traurig sind. Hilf uns, dass andere trotzdem zu uns stehen können. Gib uns Augen, zu sehen und zu trösten, denn du magst uns, wie wir sind. Hilf uns, immer wieder neu anzufangen."

Baustein C: Jakob betrügt Esau – aber Gott ist mit beiden (Genesis 27,1–40)

„Vertragt euch gegenseitig, vergebt einander, wenn einer dem andern etwas vorzuwerfen hat. Wie der Herr euch vergeben hat, so vergebt auch ihr. *(Kolosser 3,13)*

Materialien:
Gotteskerze, Gesicht von Esau und Jakob, Abbildungen von den Eltern: Isaak und Rebekka, Ziegen, ein kleiner Bogen, Teller, Fellstücke

Die Geschwistergeschichte von Esau und Jakob steht im Alten Testament. Eigentlich gehört der Segen dem Erstgeborenen, Esau, als Hoffnung der Familie. Doch die Mutter verhilft dem Zweitgeborenen, Jakob, sich den Segen durch List zu erschleichen und zum Stammvater des Volkes zu werden. Neid und die Angst, zu kurz zu kommen, kennen Kinder gut. Aber beide haben Gottes Segen. Es lässt sich eventuell ein Gespräch über den Segen anschließen.

- **Hinführung, Kreisgespräch, Erzählung:** Die Erzieherin setzt sich mit den Kindern in einen Kreis und zündet die Gotteskerze an. *„Wer hat Geschwister? Und ihr streitet sicherlich hin und wieder? Heute erzähle ich euch eine Geschichte aus dem Alten Testament der Bibel, von Isaak, dem Hirten, von seiner Frau Rebekka* (Abbildungen) *und ihren Söhnen, den Zwillingen Esau und Jakob.* (Abbildungen in die Mitte legen) *Esau ist der Ältere und ein begeisterter Jäger. Er ist viel draußen in der Natur und das Lieblingskind des Vaters. Dieser freut sich, wenn Esau ihm ein Wildtier schießt. Rebekka mag Jakob besonders gerne, der am liebsten nahe bei den Zelten ist und sich um Schafe und Ziegen* (Tiere) *kümmert. So vergehen die Jahre, und Isaak ist ein alter Mann geworden, seine Augen sind krank, und er kann nichts mehr sehen. Meist liegt er in seinem Zelt; er ist zu schwach, um noch zu seinen Herden hinauszugehen. Er spürt, dass er bald sterben muss. Doch zuvor möchte er seinen ältesten Sohn segnen, wie es immer üblich war: Der Älteste bekommt den Segen des Vaters und Gottes. Isaak ruft Esau herbei und bittet ihn: ‚Ich bin alt und werde bald sterben. Ich möchte dir meinen Segen geben, doch jage zuvor für mich noch ein Wild und brate es, wie ich es gerne habe.' Esau nimmt Pfeil und Bogen und geht hinaus.*

Streit, Auseinandersetzung, List und Betrug unter Geschwistern, aber trotzdem doch angenommen sein. Gott verlässt Jakob nicht und auch Esau nicht.

Rebekka, die Mutter, hat alles mit angehört. Sie wartet, bis Esau weit genug weg ist, dann ruft sie Jakob. Sie möchte, dass Jakob den Segen des Vaters bekommt, obwohl er der jüngere Sohn ist, und sagt: ‚Schnell geh und hole ein Ziegenböckchen von der Herde. Ich werde deinem Vater ein Essen machen, wie er es mag. Das sollst du ihm bringen, und er wird dich segnen!' Aber Jakob entgegnet: ‚Der Vater wird merken, dass ich ihn betrügen möchte, und nicht Esau bin. Er wird sehr ärgerlich sein, denn Esau hat eine raue Haut und Haare auf den Armen, ich aber habe eine glatte Haut!' Doch seine Mutter besänftigt ihn: ‚Mach dir keine Sorgen, ich werde mich darum kümmern. Geh nun und tue, was ich dir gesagt habe!' Und Jakob geht hinaus und bringt der Mutter ein Ziegenböcklein. Rebekka macht daraus einen leckeren Braten. Dann holt sie Esaus Kleider, und Jakob zieht die Kleider seines Bruders an. Rebekka wickelt ihm Stücke des Ziegenfells um Arme, Hände und Hals, dass sie sich rau anfühlen. (Fellstücke) *Dann gibt sie Jakob das Essen und Brot.*

Jakob geht zu seinem Vater und ruft: ‚Vater, hier bin ich!' ‚Wer bist du?', fragt Isaak. ‚Ich bin dein erster Sohn, Esau', antwortet Jakob, ‚ich habe dir ein Essen bereitet, wie du es gewünscht hast. Setz dich auf, iss den Braten und segne mich dann!' (Teller) *Isaak ist erstaunt, dass Esau so schnell erfolgreich von der Jagd zurück ist und fragt: ‚Bist du wirklich mein Sohn? Komm zu mir, ich will spüren, wie du dich anfühlst! – Du hast eine Stimme, wie Jakob, aber du fühlst dich an, wie Esau. Bist du wirklich mein Sohn Esau?' Und Jakob antwortet: ‚Ja!' ‚Dann gib mir zu essen!', sagt Isaak. Danach legt er Jakob die Hände auf und segnet ihn: ‚Gott segne dich, deine Felder, deine Ernte, und die Völker sollen dir dienen, Gott schütze dich!' Kaum ist Jakob gegangen, da kommt Esau zurück mit dem Braten für den Vater. Doch Isaak sagt: ‚Ich habe keinen Segen mehr, ich habe schon gesegnet'. Da merkt Esau, dass Jakob ihm den Segen gestohlen hat, und ist sehr wütend. Daraufhin flieht Jakob, weil er Angst hat. Doch Gott ist mit ihm und begleitet ihn. Er schickt ihm einen Traum und spricht zu ihm, dass er ihn nicht verlassen wird."*

Was bedeutet Segen? Vgl. Kapitel 2.1

- **Gespräch, Erklärung:** *„Jakob ist ganz schön mutig, einfach zu schummeln und den Vater zu betrügen. Aber Gott lässt Jakob trotzdem nicht im Stich, und auch Esau bekommt Gottes Segen am Ende, wenn sie sich wieder versöhnen."* Der Segen ist heute auch noch in der Kirche üblich. Das will sagen: *„Gott ist mit euch und verlässt euch nicht."*
- **Gestaltung:** Die Kinder können ihre Eindrücke von der Geschichte malen.

Baustein D: Sankt Martin teilt den Mantel

„Du bist da, wo Menschen teilen, hier und auch in jedem Land, du bist da, wo Wunden heilen, wo wir helfen Hand in Hand" *(Kanon)*

Materialien: Gotteskerze, eine Figur für Martin, ein Pferdchen aus Holz, ein Stück Stoff, kleines Kreuz, Abbildung von einem Kloster, Bischofsmütze auf Papier gemalt, Abbildung von einem Kloster.

Das Miteinander-Teilen ist für Kinder hin und wieder schwer. Der heilige Martin ist ein Sinnbild für das Teilen, und der Mann auf dem Pferd hat eine große Faszination für Kinder, wenn er „in echt" angeritten kommt. Sie lieben es, mit gebastelten Laternen und Liedern einen Umzug zu machen. Die vielen farbigen Lichter geben ein Gefühl von Schutz, Geborgenheit und Wärme. Die Laternenumzüge am 11. November (Verehrungstag, Gedenktag) sind ein festes Ritual, dazu das Martinsfeuer und die Martinswecken, die je nach Region unterschiedliche Bezeichnungen haben.

Verständnishintergrund: Martin wurde um 316 in Ungarn geboren und starb 397 in der Nähe von Tours. Der heilige Martin von Tours ist eine der bekanntesten Heiligengestalten und war der erste Heilige des Abendlandes nach der Mutter Maria und dem Apostel Johannes und herausragend durch seine Werke der Barmherzigkeit und Nächstenliebe. Zur damaligen Zeit, im 4. Jahrhundert, gehörten Teile Deutschlands, die Schweiz und Frankreich noch zum Römischen Reich. Martin stammte aus einer Soldatenfamilie und war kein Christ, doch kannte er wohl einige Geschichten aus dem Unterricht, den er heimlich besuchte. Martin war als Sohn eines Berufssoldaten nicht danach gefragt worden, was er werden wollte, und war bereits mit 15 Jahren Leutnant. Er hatte einen Reitknecht und ein eigenes Pferd und war Soldat in der Kaserne von Amiens. Hier knüpft die Geschichte an …

- **Erzählvorschlag, Kreisgespräch mit gestalteter Mitte:** Die Erzieherin setzt sich mit den Kindern in den Kreis und zündet die Gotteskerze an. *„Martin* (Figur für Martin) *war römischer Soldat. Er hatte ein Pferd* (Pferd stellen) *und war mit anderen Soldaten vor der Stadt Amiens, in Frankreich. Da saß am Stadttor ein Bettler. Es war kalt und begann schon zu schneien. Niemand beachtete den alten Mann, wie er frierend an der Stadtmauer saß. Martin ritt näher heran* (mit Kokosnussschalen klappern für das Getrappel der Hufe), *sah, dass der Mann fast nichts an hatte, und stieg vom Pferd. Er hatte Mitleid mit ihm. Mit seinem Schwert schnitt Martin seinen warmen Mantelumhang* (Stoffrest) *in der Mitte durch und gab einen Teil dem Bettler. Dann ritt er wieder weiter. In der Nacht hatte Martin einen Traum: Er sah den Bettler vor sich und zugleich Jesus, der zu ihm sprach: ‚Martin, was du für den alten Mann getan hast, das hast du für mich getan.‘* (ein Kreuz legen) *Und Martin beschloss, sich taufen zu lassen. Er wollte auch kein Soldat mehr sein, das verärgerte den Kaiser, aber Martin ließ sich nicht beirren, obwohl er eine Zeit lang ins Gefängnis musste. Er ging in die Wälder, um zu beten und mit Gott zu sprechen. Viele Menschen brachten Kranke und Trauernde zu ihm und wollten mit ihm sprechen, da er so gut zuhören konnte und die Not heilen konnte. Mit einigen Freunden baute Martin ein Kloster. Das ist ähnlich wie ein Burg, dort leben Menschen zusammen, die ganz für Gott da sein wollen und viele Stunden am Tag beten.* (Abbildung) *Als die Leute ihn zum Bischof wählen wollten, versteckte sich Martin in einem Stall, aber die Gänse verrieten ihn durch ihr Geschnatter. So wurde Martin Bischof von Tours. Ein Bischof ist ein wichtiger Mann in der Kirche. Die Menschen mochten ihn sehr, da er ein weites und verständiges Herz hatte, ihnen viel von Jesus erzählte und ihnen half. Martin schenkte ihnen Mut und Hoffnung und er lebte, wie es Jesus wollte. Deshalb wird er Sankt Martin oder der heilige Martin genannt.“*

- **Gespräch, Gestaltung:** Die Kinder malen ihre Eindrücke, basteln kleine Lichter: Dabei werden Marmeladengläser mit Kleister bestrichen und mit buntem Transparentpapier beklebt.
- Einen Ausstellungstisch mit Bildern und einer Figur sowie Kerzen gestalten.

Baustein E: Sankt Nikolaus sieht die Not

Die Gestalt des Nikolaus ist in vielen Ländern bekannt als Santa Claus, Sinterklass, Samichlaus o. Ä. Über sein Leben gibt es wenig historische Tatsachen. Nikolaus wurde zwischen 270–286 in Patara (Kleinasien) geboren, was damals zum Römischen Reich gehörte. Er stammte aus einem reichen Elternhaus; seine Eltern waren früh gestorben, und er konnte über sein Erbe verfügen. Er war Priester, Abt und Bischof in der Stadt Myra, einer Hafenstadt in der heutigen Türkei. Eine christliche Gemeinde gab es dort schon früh. Viele Bewohner waren Fischer oder Bauern, die Feigen und Oliven anbauten. Er verstarb am 6. Dezember 326, 345, 351 oder 365. Der 6. Dezember ist sein Namenstag und immer ein kleiner Festtag für die Kinder. Nikolaus hat Gutes getan für viele Menschen, und verschiedene Legenden erzählen davon, wie das Kornwunder und die folgende Legende der drei Jungfrauen.

- **Hinführung, Gespräch, Erzählung im Kreis:** Die Erzieherin gestaltet die Mitte und stellt die Gotteskerze dazu: *„Nikolaus, den ihr sicher alle kennt, hat wirklich gelebt. Er war Bischof und hat viel Gutes getan für die Menschen. Einmal im Jahr, am 6. Dezember, erinnern wir uns an ihn. Und das ist eine Erzählung aus seinem Leben: Vor vielen, vielen Jahren lebte einmal ein Mann, der hieß Nikolaus. Er war sehr beliebt bei den Menschen, weil er ein so gutes Herz hatte. Er war auch ein Bischof, das heißt, er hatte eine wichtige Aufgabe in der Kirche.* (Bischofshut auf das Tuch stellen) *Nikolaus ging einmal am Haus eines armen Mannes vorbei, der drei Töchter hatte,* (drei Gesichter von Mädchen und eine Vaterfigur in die Mitte legen) *und hörte, dass sie weinten. Da blieb er stehen. Er hörte, wie der Mann sprach: ‚Ich weiß nicht mehr, wie ich meine Schulden bezahlen soll. Die Ernte war so schlecht, es hat zu wenig geregnet. Ich habe für uns Geld geliehen, das ist jetzt verbraucht. Wenn ich meine Schulden nicht bezahle, komme ich ins Gefängnis. Ich könnte unsere Töchter als Sklavinnen verkaufen!' – So schlecht ging es dem Mann, er hatte kein Geld mehr, er hatte welches geliehen und doch hatte er nichts mehr, denn man muss es wieder zurückzahlen, die Schulden. Was kann er tun? Wer könnte ihm helfen? – Da ging Nikolaus schnell nach Hause, füllte drei kleine Beutel mit Goldmünzen und schlich zurück zu dem Haus des armen Mannes. Er warf die Beutel durch das Fenster ins Haus, als alle schliefen. Die Familie war am nächsten Morgen überrascht und freute sich sehr. Das tat er noch zwei Mal, und der Mann sah ihn und fragte nach seinem Namen. Bald darauf heiratete die erste Tochter, dann auch die anderen Töchter, und der Vater hatte keine Sorgen mehr. Noch heute erinnern wir uns an den Heiligen Nikolaus, den Sankt Nikolaus, weil er anderen geholfen hat, und die Kinder bekommen an diesem Tag ein Überraschungsgeschenk in ihren Schuh oder Stiefel."*

Materialien:
Tuch, Gotteskerze, Mädchengesichter, drei kleine Säcke mit Münzen, Nikolausabbildung

- **Gespräch, Gestaltung:** *„Aber auch wir können andern eine Freude machen. Fällt euch dazu etwas ein?"*
  - Ideen malen, gestalten, bauen, hämmern.
  - Eine Nikolausfigur auf Pappe aufmalen und ausschneiden lassen.

4.3.2 Märchen als Wertegeschichten

Vor einigen Jahren warf man den Märchen vor, grausam zu sein, doch inzwischen hat man sich auf ihren Wert und ihre Bedeutung zurückbesonnen: Märchen helfen Kindern, seelische Nöte zu verarbeiten, und unterstützen sie bei ihrer Suche nach psychischer und moralischer Orientierung durch eine Symbolsprache, die die Kinder unbewusst verstehen. Märchen erzählen von Menschlichkeit, Hilfsbereitschaft, Liebe, Güte, von Extremsituationen und davon, dass das Schicksal sich wendet (Der süße Brei, Hänsel und Gretel), vom langen Weg zum Glück (Rapunzel, Aschenputtel, Die Bienenkönigin, Hans im Glück), vom Verwünschen und Erlösen (Dornröschen, Aschenputtel), von Lüge und Wahrheit (Des Kaisers neue Kleider, Der gestiefelte Kater), von Zwergen (Rumpelstilzchen) und Teufeln, von Riesen (Das tapfere Schneiderlein) und Wunderdingen (Tischleindeckdich), Gefahr und Gewalt, wobei letztere nie ausgeschmückt wird, wie z. B. in den Medien. Kinder bauen sich durch die Märchen ein kindgerechtes Welt- und Wertebild von Gut und Böse auf: Das Gute kann siegen. So sind Märchen Hoffnungsträger für die kindliche Psyche, für den Aufbau von Zuversicht und Selbstbewusstsein (vgl. z. B. „Das große UNICEF-Märchenbuch", 1996). Es gibt viele schöne Märchensammlungen, auch mit Märchen aus aller Welt, Märchenlieder und vielfältige Zugänge zum Erleben mit den Kindern.

Baustein A: Sterntaler

Das Märchen von Sterntaler steht für ein gutes Herz, für Vertrauen und Hingabe, im Augenblick zu handeln, und die Bereitschaft, dem Notleidenden alles zu geben. Dafür wird die Protagonistin reich belohnt. Das Märchen kann ähnlich wie die biblischen Geschichten mit Legematerial verstärkt werden (Kleidungsstücke, Münzen, Brot).

- **Hinführung, Gespräch, Erzählung im Kreis mit Kerze:** Die Erzieherin zündet die Kerze an und spricht mit den Kindern über das Schenken und die Erfahrungen der Kinder damit, ob sie anderen auch schon Überraschungen oder Geschenke gemacht haben. *„Ich erzähle euch heute ein Märchen, in dem es um das Schenken geht: Es war einmal ein kleines Mädchen, dem waren Vater und Mutter gestorben, und es war so arm, dass es kein Zimmer mehr zum Wohnen hatte und auch kein Bett mehr. Nur noch seine Kleider hatte es und ein Stückchen Brot, das ihm jemand geschenkt hatte. Es ging im Vertrauen auf den lieben Gott hinaus auf das Feld. Da begegnete ihm ein armer Mann, der sprach: ‚Ach gib mir zu essen, ich bin so hungrig.' Und es gab ihm ein Stückchen Brot und sagte: ‚Gott segne's dir', und ging weiter. Da kam ein Kind, das jammerte und sprach: ‚Es friert mich so an meinem Kopf, schenk mir doch was, womit ich ihn bedecken kann!' Da tat es seine Mütze ab und gab sie ihm. Und als es eine Weile gegangen war, da kam ein Kind, das jammerte und bat um ein Leibchen und fror; und noch weiter, da bat ihn eins um ein Röcklein, das gab es auch. Endlich kam es in einen Wald und es war schon dunkel geworden; da kam eines und bat ihn um ein Hemdlein; und das fromme Mädchen dachte: ‚Es ist dunkle Nacht, du kannst wohl dein Hemd weggeben', und zog es aus und gab es. Und wie das Mädchen so dastand und gar nichts mehr hatte, fielen auf einmal Sterne vom Himmel und waren lauter harte Taler. Und obgleich es sein Hemdlein weggegeben hatte, so hatte es ein neues, das war vom allerfeinsten Linnen. Da sammelte es die Taler hinein und war reich für sein Lebtag."*
- **Gespräch, Gestaltung:** Die einzelnen Stationen wiederholen, ein Märchenbild von Sterntaler malen und was das Mädchen verschenkt: *„Schenken macht reich."*

Vgl. auch die Lieder zu den Märchen: Hänsel und Gretel, Dornröschen, Frau Holle und aus der Sammlung von Hans Poser, 1995, Boppard, Fidula Verlag.

4.4 Eltern*mit*arbeit

Angebote unter Beteiligung von Eltern und Erzieherinnen

- Man könnte einen Fragebogen zur Werteerziehung erstellen, um einen Wertekonsens mit den Eltern der Kindergruppe zu erzielen, wenn sehr unterschiedliche Auffassungen vorhanden sind.
- Beim Elternabend kann ein Gespräch über Wertepluralität geführt werden: Was wollen wir? – Was wollen Sie? (Oder das Gespräch findet nur mit dem Elternbeirat statt.)

- Es können Gesprächsabende zu Werte-Themen, die aus dem Bedürfnis und Interesse der Elternschaft erwachsen sind, angeboten werden.
- Es kann ein Video-Abend veranstaltet werden, wie z. B. mit der DVD von „Freiheit in Grenzen“ (vgl. Lesehinweise). Erziehungstipps für Eltern mit Kindern im Vorschulalter

Angebote und Aktionen nur für Eltern

- Elternabende oder eine Vortragsreihe mit Expertinnen und Experten von außen, in Verbindung mit dem Bildungswerk, der VHS, der psychologischen Beratungsstelle, werden angeboten zur Stärkung der elterlichen Erziehungskompetenz zu Themen wie: „Kinder brauchen Regeln und Grenzen“, „Starke Eltern, starke Kinder“, „Kinder brauchen Märchen und Geschichten“, „Werte entdecken (Wertevorstellungen, Wertevermittlung, Wertebegleitung)“, „Wertschätzung, Kontakt und Bindung erfahren – Was brauchen Kinder“, „Werterziehung – Friedenserziehung“, „Konflikte gewaltfrei lösen“.
- Man könnte mit Eltern anderer Religionen über ihre ethischen Grundwerte sprechen und diese jenen der christlichen Kultur und der Tageseinrichtung gegenüberstellen, um zu gemeinsamen Ansichten zu kommen.

Angebote unter Beteiligung von Familien und Erzieherinnen

- Eltern unterstützen die Sternsingeraktion.
- Familien helfen mit bei der Vorbereitung und Vorführung einer biblischen Geschichte im Familiengottesdienst.
- Familien werden eingeladen zur Aufführung eines kleinen Theaterstückes oder eines Märchens.
- Gemeinsam wird zu Beginn oder am Ende des Kindergartenjahres ein Gottesdienst gefeiert, z. B. mit dem Motto: „Was das Leben wertvoll macht“.
- Eine Familienbücherei wird eingerichtet.
- Mit einigen Eltern wird die Stadtbücherei besucht, um einige Bücher auszusuchen und vorzulesen.

Informative Angebote

- Eine Buchausstellung der örtlichen Buchhandlung zu den Themen: Werteerziehung, Grenzen setzen, Regeln einhalten, Kinder brauchen Märchen ... wird organisiert.
- Eine Foto-Wand zu den Aktionen wird aufgestellt: „Wir entdecken Werte im Tageslauf“.
- Informationsbroschüren aus dem Internet, der VHS oder anderer Bildungseinrichtungen werden ausgelegt.
- Ein Elternbrief zum Thema Werte, Märchen, Medien wird herausgegeben, um Eltern über aktuelle Projekte zu informieren.

4.5 Vernetzungen und Bezüge

Gemeinde als Wertegemeinschaft erleben

- Kinder erfahren: Menschen aus der Gemeinde, wie z. B. die Gemeindeschwester, kümmern sich um andere Menschen in Not, wie sich Jesus um die Kranken und Notleidenden gekümmert hat.
- Das Sternsingerprojekt ist eine gute Möglichkeit, Kinder zu begeistern, für einen guten Zweck singend durch die Gemeinde zu ziehen und für ein Projekt in der „Einen Welt" zu sammeln. Es ist hilfreich, wenn der Pfarrer oder jemand aus der Pfarrgemeinde durch Schautafeln oder Fotos das Projekt, für das gesammelt wird, vorstellt.
- Unter dem Stichwort Familienzentrum können die Angebote der Tageseinrichtung und Ehrenamtlicher im Pfarrheim ausgedehnt werden, zu z. B.: Elterncafé, Café der Generationen, Eltern- oder Mütter-Frühstück, internationale Spielgruppen, Vermittlung von Tageseltern und „Tagesgroßeltern" (internes Informationsbüro bei Betreuungsbedarf und Hilfe für Familien).
- Der Eine-Welt-Kreis erzählt unter dem Stichwort „Gottes Liebe kennt keine Grenzen" bei einem Pfarrfest von seiner Arbeit.
- Ein Fest der Nationen wird im Sommer rund um das Pfarrhaus/Gemeindehaus gefeiert, und die Tageseinrichtung gestaltet das Programm mit (Theaterstück/Bilderbuch).
- Beim Dorf- oder Stadtteilfest zeigt eine Kindergruppe einen musikalischen Beitrag oder ein kleines Anspiel (Märchen). Der Erlös des Verkaufs von Kuchenspenden der Eltern der Tageseinrichtung geht an eine Partnergemeinde in der Einen Welt.
- Gemeinsam wird Familiengottesdienst gefeiert, bei dem die Familien in das Geschehen mit eingebunden werden.
- In Zusammenarbeit mit der Pfarrgemeinde werden Besinnungsangebote gemacht, wie: „Was im Leben zählt".

Unter dem Stichwort: Werte, Wertvorstellungen und Toleranz im Islam finden sich über das Internet einige Aufsätze, so auch zur Goldenen Regel/ Weltreligionen

Bezüge zum interreligiösen Lernen, zum Islam

Auch der Islam kennt ähnliche Gebote der Nächstenliebe und des Sich-Sorgens um die anderen.

- Das Almosengeben, das Sakkat, gehört mit zu den fünf Säulen des Islams.
- Im Koran findet sich eine ähnliche Aussage wie die der Goldenen Regel:

> *„Keiner von euch ist ein Gläubiger, solange er nicht seinem Bruder wünscht, was er sich selbst erwünscht."*
>
> *(An-Nawawi, Kitab Al-Arbaìn (Vierzig Hadithe), 13)*

Zu den Wertvorstellungen in der muslimischen Familie heißt es:

„Der Respekt vor den Eltern ist im Islam die oberste und heilige Pflicht der Kinder. Wer seinen Eltern keinen Respekt entgegenbringt, verweigert automatisch auch Gott den Gehorsam."
„Wenn diese Werte aber in den innerfamiliären Beziehungen verloren gegangen sind, wird man auch in der Gesellschaft vergeblich nach Mitgefühl und Respekt suchen. (…) Wenn im Monat Ramadan beispielsweise eine Abgabe für die Armen verlangt wird, so sind auch die Kinder dazu aufgerufen, eine gewisse Summe zu spenden (sadaqa-i fitr). Innerhalb der Familie werden alle Güter gerecht unter den Familienmitgliedern aufgeteilt. Wichtig ist, beim Thema Wertvorstellungen in der muslimischen Familie sorgfältig zwischen traditioneller und islamischer Ebene zu differenzieren. (…) Die meisten muslimischen Familien sind heutzutage patriarchalisch strukturiert. Dies ist aber nicht vom Islam so vorgegeben, sondern vielmehr traditionsbedingt."
(Muhammet Mertek, Die Fontäne Online, Ausgabe Nr. 21)

- Der Koran verbietet den Verzehr von Schweinefleisch und Blut (s. z. B. www.islam.de).

5 Die Natur als Gottes gute Schöpfung erleben

5 Die Natur als Gottes gute Schöpfung erleben

Kinder sind Experten der Naturerfahrung. Sie gehen ohne Vorurteile und Scheu auf sie zu.
Kinder lieben die Natur. Sie staunen über sie und freuen sich an ihr.

Frühkindliche religiöse und ethische Bildung und Erziehung im katholischen Kindergarten lädt Kinder dazu ein:

- die Natur mit all ihren Elementen, Pflanzen und Lebewesen als die gute Schöpfung Gottes wahrzunehmen.
- Nahrungsmittel als Gaben zu sehen, die Gott den Menschen schenkt und die Ausdruck seiner Sorge um den Menschen und um seine Schöpfung sind.
- einzelne Naturelemente als religiöse Symbole zu erfahren, in denen sichtbar wird, dass und wie Gott in seiner Schöpfung wirkt und sich um die Menschen sorgt.

Verweise auf andere Kapitel

- Kapitel 2: Wachsen und Vertrauen ins Leben entwickeln
- Kapitel 4: Werte geben Orientierung im Alltag
- Kapitel 6: Gemeinsam Stille und Gebet entdecken

„Wo stehe ich?" – Fragen für die Erzieherin

- Bewege ich mich – gerne und oft – in der Natur?
- Welche Momente, welche Eindrücke liebe ich? Worüber staune ich?
- Wovor schrecke ich zurück? Wo fühle ich mich unwohl? Was ist für mich nicht zugänglich?
- Was weiß ich über Naturerscheinungen und natürliche Prozesse? Interessiere ich mich dafür? Womit beschäftige ich mich am meisten und am liebsten?
- Denke ich bei Naturerlebnissen an Gott? Ist für mich die Naturerfahrung auch eine Gotteserfahrung?
- Verstehe ich die Schöpfungserzählungen in der Bibel? Sind sie für mich plausibel?
- Stehen für mich die Schöpfungserzählungen in der Bibel im Widerspruch zu den naturwissenschaftlichen Erklärungsmodellen?

- Ergänzen sich für mich Bibel und Naturwissenschaft: hier religiöse Poesie und Prosa, dort empirische Forschung?
- Bete ich vor dem Essen? Ist mir das Tischgebet wichtig?

5.1 Bildungsperspektiven für Kindertagesstätten und Schule

Zielperspektiven in den Bildungs- und Erziehungsplänen

Die Kinder können mit vorfindlicher Religiosität und unterschiedlichen Religionen umgehen:

Die Kinder

- setzen sich mit dem biblischen Schöpfungsgedicht, dem Erntedankfest, dem Tischgebet, dem Sonnengesang des Heiligen Franz von Assisi und der Kräuterweihe als vorfindliche Formen der Religiosität auseinander.
- nehmen die genannten Inhalte als zentrale Elemente der christlich-abendländischen Kultur in den Blick.

Die Kinder sind fähig, eigene Sinn- und Bedeutungsfragen zu artikulieren und Antwortversuche zu erproben.

Die Kinder

- nehmen die Natur und das Leben nicht als etwas Selbstverständliches hin, sondern erleben sie als Geschenk.
- entwickeln eine Grundhaltung des Staunens, Dankens und Bittens und entdecken dafür z. B. im Erntedankfest, im Tischgebet oder im Sonnengesang des Heiligen Franz von Assisi Ausdrucksformen.
- erkennen den Unterschied zwischen einer rein naturwissenschaftlichen Sicht auf Lebens- und Weltphänomene und einer Perspektive, die nach Sinn, Bedeutung und nach dem Woher fragt.

Die Kinder sind sensibel für sinnstiftende ganzheitliche Erfahrungszusammenhänge.

Die Kinder

- kennen z. B. im Tischgebet oder Erntedankfest Rituale, die das Leben strukturieren und ordnen helfen.
- erleben religiöse Feste (z. B. Erntedankfest, Kräuterweihe), kennen Erzählungen aus der Bibel, Legenden und liturgische Vollzüge und entdecken Zusammenhänge mit dem eigenen Leben.

- wissen, dass die Natur auch eine bedrohte Schöpfung ist und geschützt und gepflegt werden muss; sie lernen erste Schritte, wie man mit der Natur behutsam und hegend umgehen kann.

Der katholische Religionsunterricht in der Grundschule/Primarstufe

Allgemeine Kompetenzen:

- Wahrnehmen und entdecken
  Über die Welt in ihrer Schönheit und Fremdheit staunen und dies zum Ausdruck bringen
- Fragen stellen und bedenken
  In der Begegnung mit dem christlichen Glauben nach Antworten auf die großen Fragen suchen
- Deuten und gestalten
  Biblische und andere Glaubenszeugnisse deuten und in Bezug zum eigenen Leben setzen
- Sich ausdrücken und mitteilen
  Wesentliche Elemente der christlichen Glaubenssprache verstehen und angemessen anwenden können

5.2 Die Natur ist Gottes gute Schöpfung

5.2.1 Hintergründe

Die Welt des Kindes

Kinder lieben Pflanzen und Tiere. Sie spielen gerne im Freien und entdecken ohne Scheu ihre Umgebung. Kinder experimentieren und arbeiten gerne mit Naturelementen: Sie erspüren den Boden und die Erde, wühlen darin herum, probieren aus und gestalten.
Naturelemente erleben Kinder als Lebewesen: Sie kommunizieren mit Pflanzen und Tieren und sprechen ihnen Gefühle und Gedanken zu. Auf der anderen Seite erleben Kinder die Natur auch als fremd, gefährlich und beängstigend. Sie stürzen und verletzen sich, fühlen sich verloren und bedroht.

Entwicklungspsychologisch besitzen die Kinder im Kindergartenalter ein archaisches und ein artifizialistisches Weltbild. In der Stufe des archaischen (oder ursprünglichen) Weltbildes ist die Welt für die Kinder begrenzt und streng gegliedert: Es gibt ein Oben und ein Unten. Die Erde ist der Mittelpunkt des Ganzen (Geozentrismus).

In der Stufe des artifizialistischen (oder kunsthandwerklichen) Weltbildes schreiben Kinder es einem Wesen, Gott, zu, dass er die Welt und alles auf ihr wie ein Künstler oder Handwerker gefertigt hat. Entsprechend dazu stellen sich die Kinder Gott wie einen Menschen vor, der mit seinen großen Händen alles erschafft (anthropomorphes Gottesbild).

Die Welt der Religion

Die Religion sieht die Natur als Schöpfung. Damit ist gemeint, dass die Natur mehr ist als die biologische und physische Materie, die wir sehen, wiegen und messen können. In den Augen der Religion ist sie das Werk eines Schöpfers, der sie zu dem macht, was sie ist, und der ihr Sinn und Ziel gibt.
Diesen Schöpfer nennt die Religion Gott: Er ist das Wesen, das alles, was ist, erschafft. Gott erschafft aus dem Nichts und erhält das Geschaffene vom ersten Moment seines Seins an in seinem Bestand.
Die Schöpfungserzählungen in der Bibel betonen, dass die Schöpfung Gottes gut, ja sogar sehr gut ist: Gott gibt ihr eine Ordnung, die Leben schützt und fördert. Die Erde ist in dieser Sicht „Raum des geschenkten Lebens" (vgl. Handeln für die Zukunft der Schöpfung in den Lesehinweisen zu diesem Abschnitt). Die Schöpfung hat einen unverfügbaren Eigenwert: Sie ist aus sich selbst heraus wertvoll und nicht aufgrund eines Nutzens.
Die Menschen sind Teil dieser Schöpfung. Sie leben in einer Schöpfungsgemeinschaft mit den anderen Lebewesen. Zugleich haben die Menschen jedoch in der Schöpfungsordnung eine Sonderstellung: Gott vertraut den Menschen seine Schöpfung an. Deswegen tragen sie die Verantwortung.
Die biblischen Schöpfungserzählungen in den ersten Kapiteln des Buches Genesis sind keine naturwissenschaftlichen Berichte. Es sind vielmehr poetische und erzählende Texte. In ihnen geht es deswegen nicht um naturwissenschaftliche Sachaussagen, sondern um religiöse Beziehungsaussagen: Sie erzählen von Gott und seiner Bedeutung für die Welt und drücken Staunen und Bewunderung aus.

5.2.2 Die Schöpfung ist das gute Werk Gottes

Die Schöpfungserzählung im ersten Kapitel der Bibel (Genesis 1,1–2,4) ist ein Gedicht. Es hat sieben Strophen, die alle gleich aufgebaut sind. Die refrainartigen Wiederholungen am Ende jeder Strophe betonen den inneren Bauplan der Schöpfung: Sie ist eine gute Schöpfung, die Leben schützt und fördert. In der Begegnung mit der Schöpfungserzählung

- nehmen die Kinder Natur und Welt als geordnetes Ganzes wahr, das Leben hervorbringt, bewahrt und fördert.
- stellen die Kinder die Fragen nach dem Ursprung und inneren Zusammenhalt der Welt, der diese Lebenskraft spendet und Ordnung gibt.

- kennen die Kinder die Antwort der biblischen Schöpfungserzählung aus dem Buch Genesis und erfassen deren religiösen Bedeutungsgehalt.

Bausteine

- **Vorbereitung: Projektphase**
  Die Erzieherin ermöglicht den Kindern vielfältige Erfahrungen von zentralen Naturelementen und deren ökologischen Zusammenhängen. In den möglichen Projekten sollen auf jeden Fall Sonne, Erde, Wasser, Pflanzen, Tiere und Menschen vorkommen.

Die Erzieherin kann in der Vorbereitungsphase z. B. mit den Kindern:

- einen kleinen Garten anlegen,
- Vorgänge vom Samenkorn zur Pflanze beobachten,
- mit zentralen Elementen wie Wasser, Erde, Sand, Steinen, Feuer, Luft, Gasen experimentieren,
- Tiere beobachten (z. B. ein Regenwürmer-Terrarium anlegen),
- eine Kleintier-Safari unternehmen (mit der Becherlupe im Wald, an einem großen Baum oder Bach Kleintiere entdecken),
- ein Jahreszeitenprojekt durchführen, in dem die Kinder die ökologischen Vorgänge kennenlernen.

Diese Projekte werden begleitet und unterstützt mit vielfältigem und kreativem Arbeits- und Anschauungsmaterial.
Das Material wird übersichtlich geordnet und für die Kinder zugänglich an einem eigenen Ort im Gruppenraum aufbewahrt. Es steht in der Freiarbeit zur Verfügung.

Die Kinder singen in dieser Projektphase verschiedene Schöpfungslieder:
- Wer lässt die Blumen wachsen …
- Die Sonne hoch am Himmelszelt …
- Jeder Teil dieser Erde ist meinem Volk …
- Dumdidare …
- Auf, ihr Kinder, lobet den Herrn …

Material
Bodentuch
Material aus der Projektphase
goldenes Band oder Faden
schwarze Tücher
Gotteskerze
Kinderbibel
Schöpfungsmandala

- **1. Phase:** Die Kinder fassen ihre Wahrnehmungen zusammen.
  Die Kinder versammeln sich im Stuhlkreis. Sie singen eines der Lieder.
  Die Erzieherin weckt durch Fragen die Erinnerungen der Kinder an die verschiedenen Aktionen und Wahrnehmungen des Projektes.
  Dann breitet sie zusammen mit Kindern ein großes rundes Bodentuch im Mittelpunkt des Stuhlkreises aus.
  Sie regt die Kinder an, für sich eine positive Erinnerung zu finden. Dazu ist es hilfreich, für eine Weile still zu werden und auch die Augen zu schließen, um sich vor dem inneren Auge die Erinnerung vorzustellen. Dann lässt sie die Kinder ihre Erinnerungen gegenseitig mitteilen.

Die Erzieherin ruft dazu jeweils ein anderes Kind auf, das das entsprechende Material (das mit der geäußerten Erinnerung zu tun hat) aus der Materialecke in den Kreis holen und auf dem Mitteltuch an einem beliebigen Ort ablegen darf. Die Erzieherin achtet darauf, dass Materialien zu Sonne, Erde, Wasser, Pflanzen, Tieren und Menschen auf das Tuch gelegt werden.

„Woran erinnerst du dich am liebsten? Was hat dir am besten gefallen?"

Die Erzieherin ermöglicht es den Kindern für eine kurze Weile, alle Gegenstände ruhig zu betrachten.
Sie stellt dann fest, dass alles sehr durcheinander auf dem Tuch liegt. Sie fragt die Kinder, ob sie die Gegenstände nicht anders hinlegen und ordnen wollen, z. B. nach den Elementen (alle Materialien, die Sonne oder Wasser oder … thematisieren, jeweils zusammen gruppieren) oder alles gleichmäßig im Kreisrund aneinanderlegen oder … .
Sie lässt die Kinder einzeln agieren und die Gegenstände neu legen. Alle betrachten abschließend noch einmal das entstandene Bild in Ruhe.

- **2. Phase:** Die Kinder deuten ihre Wahrnehmungen religiös.
  Die Erzieherin kündigt eine Aktion an, bei der die Kinder aufmerksam sein sollen.
  Sie nimmt ein goldenes Band oder einen dicken Faden und verbindet damit die einzelnen Gegenstände bzw. Gegenstandsgruppen auf dem Tuch, sodass ein Netzwerk entsteht.
  Sie regt die Kinder an, das neue Bild zu deuten, und sammelt die Antworten. („Das sind Lebenslinien, Kraftbänder … Alles ist eng miteinander verbunden.")
  Dann legt sie schweigend ein Band bzw. einen Faden um das ganze Bodentuch herum und fragt wieder nach der Bedeutung des neuen Bildes. („Alles ist umschlossen und geschützt, umgeben von einem Kraftband …")
  Abschließend singen die Kinder eines der Schöpfungslieder. Das Bodenbild bleibt für die nächste Phase liegen.

„Passt auf! Ich mache jetzt etwas."
„Woran erinnert uns das Band (der Faden)?"

„Was hat sich jetzt verändert?"

- **3. Phase:** Die Kinder übertragen das biblische Schöpfungsgedicht aus Genesis 1, 1–2,4 auf die gesammelten Projekterfahrungen.
  Zur Vorbereitung deckt die Erzieherin das Bodenbild mit schwarzen Tüchern so ab, dass sie die Elemente und goldenen Verbindungslinien jeweils einzeln abdecken kann.
  Die Kinder versammeln sich im Stuhlkreis und singen ein Schöpfungslied.
  Die Erzieherin nimmt die (Kinder-)Bibel der Gruppe und kündigt an, dass sie den Kindern ein besonderes Gedicht vorlesen möchte.
  Wie immer, wenn ein Abschnitt aus der Bibel gelesen wird, wird die Gotteskerze entzündet und (am Rande des Bodenbildes) in den Kreis gestellt.

„Im Anfang schuf Gott Himmel und Erde.
Und Gott sprach: Es werde Licht!
Und das Licht war da."

Bibeltext nach: Die Bibel für Kinder und alle im Haus, erzählt und erschlossen von Rainer Oberthür, München, Kösel Verlag, 2005

Zwei Kinder decken die goldenen Bänder ab, die das Bodenbild einfassen und die Materialien miteinander verbinden.

„Und Gott sah, dass das Licht gut war."

Die Erzieherin wiederholt zusammen mit den Kindern den Satz:

„Und Gott sah, dass das Licht gut war."

Die Kinder singen auf die Melodie des Liedes „Die Sonne hoch am Himmelszelt" folgende Strophe:

„Den Himmel und die weite Welt – alles hat Gott gemacht,
Das Licht, das unsere Welt erhellt – alles hat Gott gemacht."
und den Refrain:

„Und Gott sprach: Das Wasser soll sich sammeln unter dem Himmel an einem Ort.
So geschah es und Gott nannte das Trockene Erde und das gesammelte Wasser Meer."

Zwei Kinder decken auf dem Bodenbild das Material zu Wasser und Erde ab.

„Und Gott sah, dass es gut war."

Die Erzieherin wiederholt zusammen mit den Kindern den Satz:

„Und Gott sah, dass es gut war."

Die Kinder singen auf die Melodie des Liedes „Die Sonne hoch am Himmelszelt" folgende Strophe:
„Die Erde, Flüsse und das Meer – alles hat Gott gemacht,
Darum loben wir ihn sehr – alles hat Gott gemacht." und den Refrain.

„Und Gott sprach: Es werde grün die Erde, das Land bringe Pflanzen hervor, die Samen tragen, und Bäume, die Früchte tragen.
Das Land brachte junges Grün hervor, alle Arten von Pflanzen und fruchtbaren Bäumen mit Samen nach ihrer Art."

Zwei Kinder decken auf dem Bodenbild das Material zu den Pflanzen ab.

„Und Gott sah, dass es gut war."

Die Erzieherin wiederholt zusammen mit den Kindern den Satz:

„Und Gott sah, dass es gut war."

Die Kinder singen auf die Melodie des Liedes „Die Sonne hoch am Himmelszelt" folgende Strophe:
„Blumen, Gräser, Bäume, Früchte – alles hat Gott gemacht,
Sträucher, Beeren, Obst, Gemüse – alles hat Gott gemacht."
und den Refrain.

„Und Gott sprach: Es sollen Lichter werden am Himmel, um Tag und Nacht zu unterscheiden. So geschah es. Gott schuf die beiden Lichter: das größere – die Sonne –, das am Tag leuchtet, das kleinere – den Mond –, das in der Nacht leuchtet, dazu noch die Sterne."

Zwei Kinder decken auf dem Bodenbild das Material zur Sonne ab.

„Und Gott sah, dass die Lichter gut waren."

Die Erzieherin wiederholt zusammen mit den Kindern den Satz:

„Und Gott sah, dass die Lichter gut waren."

Die Kinder singen auf die Melodie des Liedes „Die Sonne hoch am Himmelszelt" folgende Strophe:
„Sonne, Mond und viele Sterne – alles hat Gott gemacht,
alle Lichter sehen wir gerne – alles hat Gott gemacht." und den Refrain.

„Und Gott sprach: Im Wasser wimmle es von lebendigen Wesen, Vögel sollen fliegen über der Erde unter dem Himmel. Und Gott schuf riesige Seetiere, alle Arten von Wassertieren und gefiederten Vögeln.
Und Gott sprach: Die Erde soll hervorbringen alle Arten von lebenden Wesen: Vieh, Kriechtiere und Tiere des Feldes.
So geschah es. Gott schuf die Tiere des Feldes, das Vieh und die Kriechtiere, ein jedes nach seiner Art."

Zwei Kinder decken auf dem Bodenbild das Material zu den Tieren ab.

„Und Gott sah, dass es gut war."

Die Erzieherin wiederholt zusammen mit den Kindern den Satz:

„Und Gott sah, dass es gut war."

Die Kinder singen auf die Melodie des Liedes „Die Sonne hoch am Himmelszelt" folgende Strophe:
„Die vielen Fische und die Vögel – alles hat Gott gemacht,
Hunde, Katzen, Pferde, Kühe – alles hat Gott gemacht." und den Refrain.

„Und Gott sprach: Es sollen Menschen werden nach unserem Bild. Sie sollen sorgen für die Fische des Meeres, für die Vögel des Himmels und das Vieh und für alle Kriechtiere auf dem Erdboden. Und es schuf Gott den Menschen nach seinem Bild.“

Zwei Kinder decken auf dem Bodenbild das Material zum Menschen ab.

„So geschah es und Gott sah alles, was er hatte werden lassen. Es war sehr gut.“

Die Erzieherin wiederholt zusammen mit den Kindern den Satz:

„Es war sehr gut.“

Die Kinder singen auf die Melodie des Liedes „Die Sonne hoch am Himmelszelt“ folgende Strophe:
„Uns Menschen, alle kleinen, großen – alle hat Gott gemacht,
Männer, Frauen, dunkle, helle – alle hat Gott gemacht.“ und den Refrain.

„So wurden vollendet Himmel und Erde in ihrer ganzen Fülle und Pracht.“

Die Erzieherin legt die Bibel geöffnet neben die Gotteskerze.
Die Kinder singen auf die Melodie des Liedes „Die Sonne hoch am Himmelszelt“ folgende Strophe:
„Großer Gott, wir loben dich – alles hast du gemacht,
Wir freu'n uns sehr und danken dir – alles hast du gemacht.“ und den Refrain.

- **Material für die Freiarbeit**
  Die Kinder malen ein Schöpfungs-Mandala aus oder gestalten eins. Dann verbinden sie die einzelnen Elemente mit einem aufgeklebten goldenen Faden (Kopiervorlage, siehe S. 303).

5.2.3 Wir sind eine große Schöpfungsfamilie

Kinder fühlen sich mit Tieren und Pflanzen sehr eng verbunden. Sie sprechen mit ihnen und sehen in ihnen Lebewesen wie Menschen. Diese Wahrnehmung der Natur „auf Augenhöhe" entspricht der religiösen Überzeugung, dass alle Geschöpfe und alles Geschaffene eine Gemeinschaft und eine große Schöpfungsfamilie bilden.
Der *Sonnengesang* des Heiligen Franz von Assisi greift diese Überzeugung auf. Es ist ein Lobgebet und zählt wegen seines Inhalts und seiner sprachlichen Gestalt zur Weltliteratur. Franz von Assisi hat es todkrank im Winter 1224/25 in altitalienischer Sprache verfasst. Es ist bis heute eines der großen Gebete und ist in vielen Übersetzungen und Gestaltungen lebendig. Für das Modell wurde der Originaltext stark vereinfacht.

In der Begegnung mit dem Sonnengesang des Franz von Assisi

- nehmen die Kinder die enge Verbundenheit zwischen den Geschöpfen wahr und drücken sie aus.
- nehmen die Kinder zentrale Naturelemente in ihrer Schönheit wahr.
- drücken die Kinder ihre Freude und ihr Staunen im gemeinsamen Gebet aus.

Franz lebte von 1181/1182 bis 1226 in der italienischen Stadt Assisi. Dort gründete er den Orden der Franziskaner. Er führte ein Leben in radikaler Armut und Einfachheit. Dabei empfand er eine große Verbundenheit mit allen Geschöpfen. Sein Gedenktag ist der 4. Oktober.

Vgl. auch Lesehinweise zu diesem Abschnitt, S. 284

Bausteine

- **1. Phase:** Die Kinder lernen Franz von Assisi kennen.
  Die Kinder versammeln sich im Stuhlkreis.
  Die Erzieherin singt mit den Kindern den Refrain des Sonnengesangs „Laudato si o mi signore" („Gelobt seist du, mein Herr") auf die Melodie von „Rock my soul in the bosom of Abraham".
  Dabei achtet sie darauf, dass die Kinder die italienischen Worte aussprechen und verstehen können. Das Lied soll lebendig und fröhlich gesungen werden. Die Kinder können dabei mitklatschen.

  Die Erzieherin erzählt von Franz von Assisi:
  „Heute möchte ich euch einen besonderen Menschen vorstellen."
  Sie breitet ein großes Bodentuch im Stuhlkreis aus. Dann nimmt sie eine Figur, die mit einem einfachen braunen Gewand bekleidet ist. Sie zeigt den Kindern die Figur und lässt die Kinder sie beschreiben: *„Was seht ihr? Wie sieht der Mann aus? Wie ist der Mann gekleidet? Hast du schon einmal jemanden gesehen, der so bekleidet ist?"*

  Dann beginnt sie zu erzählen: *„Dieser Mann heißt Franz. Er lebte in Italien. Wer von euch kennt Italien? Er lebte dort in der Stadt Assisi. Es ist schon sehr, sehr lange her, dass er gelebt hat. Wir erinnern uns heute noch an ihn. Er hat uns nämlich dieses Lied geschenkt, das wir gesungen haben."*

  Die Erzieherin stellt die Figur auf dem Bodentuch ab und singt mit den Kindern noch einmal den Refrain. Dann stellt sie Fragen zum Refrain:
  „Wen meint Franz mit mein Herr?"
  „Wofür will Franz den Herrn loben?"

Material
Bodentuch, Erzählfigur, Naturfiguren, Tücher in verschiedenen Farben, Kostüme und Masken für Sonne, Mond, Sterne, Feuer, Wasser, Wind, Erde, Tod

Dann erzählt die Erzieherin weiter:
„Franz lebte in keinem großen Haus.
Franz wollte ganz einfach leben.
Franz wollte ganz nahe in der Natur leben.
Er stand immer ganz in der Frühe auf und freute sich auf die Sonne."
Kinder legen ein gelbes Tuch für die Sonne auf das Bodentuch.

„Wen oder was sah er denn noch, wenn er in der Natur war?"
Die Erzieherin sammelt die Antworten der Kinder und lässt dazu entsprechende Tücher oder Figuren (Tiere, Bäume) um die Franz-Figur auf das Bodentuch legen.
Sie betont dabei immer, dass sich Franz freute, all dem zu begegnen. Dazwischen kann öfter der Refrain wiederholt werden.

- **2. Phase:** Die Kinder lernen den *Sonnengesang* kennen
Die Kinder sitzen im Stuhlkreis und singen den Refrain.
Die Erzieherin stellt den Sonnengesang vor:
„Das Lied des Franz geht noch weiter.
Franz sagt:

> *„Wir loben dich, guter Gott,*
> *mit unserer Schwester Sonne."*

Schaut mal auf unser Bild: Finden wir darin die Sonne?"

Die Erzieherin stellt die einzelnen Abschnitte des *Sonnengesangs* vor und fragt jedes Mal die Kinder, ob das angesprochene Element auf dem Bodenbild zu sehen ist. Wenn nicht, dann wird es mit einem entsprechenden Tuch hinzugefügt.

> *„Wir loben dich, guter Gott, mit unserem Bruder Mond und mit unseren Schwestern, den Sternen.*
>
> *Wir loben dich, guter Gott, mit unserem Bruder Wind.*
>
> *Wir loben dich, guter Gott, mit unserem Bruder Feuer.*
>
> *Wir loben dich, guter Gott, mit unserer Schwester Wasser.*
>
> *Wir loben dich, guter Gott, mit unserer Schwester, Mutter Erde.*
>
> *Wir loben dich, guter Gott, mit unserem Bruder Tod."*

Abschließend singen die Kinder den Refrain und machen dazu Bewegungen:

Teil A	
Text	**Bewegungen**
Laudato si, o mi signore,	Nach dem Takt im Stand gehen, sich strecken und über dem Kopf klatschen
laudato si, o mi signore,	Nach dem Takt im Stand gehen, sich beugen und vor den Knien klatschen
laudato si, o mi signore,	Nach dem Takt im Stand gehen, sich aufrichten und vor dem Körper klatschen
laudato si.	Die Hände öffnen und nach oben führen
Teil B	
Text	**Bewegungen**
Laudato si	Mit erhobenen Händen nach rechts um die eigene Achse drehen
signore	Stehen und in die Hände klatschen
Laudato si	Mit erhobenen Händen nach links um die eigene Achse drehen
signore	Stehen und in die Hände klatschen
Laudato si	Mit erhobenen Händen zwei Schritte nach hinten gehen
signore	Stehen und in die Hände klatschen
Laudato si	Mit erhobenen Händen zwei Schritte nach vorne gehen

(Text: nach dem italienischen Sonnengesang des Franz von Assisi, 1225)

- **3. Phase:** Die Kinder übernehmen Rollen.
  Zur Vorbereitung entfernt die Erzieherin alle Elemente auf dem Bodenbild, die nicht im *Sonnengesang* vorkommen.
  Die Kinder sitzen im Stuhlkreis und singen mit den Bewegungen den Refrain.
  Die Erzieherin wiederholt zusammen mit den Kindern die einzelnen Sätze des Sonnengesangs. Dabei kann sie auf die entsprechenden Materialien auf dem Bodentuch deuten und so die Kinder an die Elemente erinnern.
  Sie stellt fest, dass in dem Lied etwas komisch ist. Sie überlegt mit den Kindern. Dann fragt sie die Kinder, warum Franz immer von Bruder oder Schwester spricht und sammelt die Antworten.
  Die Erzieherin kündigt an, dass die Kinder das Lied spielen dürfen.
  Jedes Kind kann sich ein Element heraussuchen und sich verkleiden. Eines kann die Sonne spielen, andere die Sterne usw.
  Die Erzieherin verteilt die Rollen. Dabei kann jeweils nur ein Kind die Sonne, den Mond und den Tod spielen. Vielleicht möchte ein Kind die Rolle des Franz übernehmen, wenn nicht, kann die Erzieherin diese Rolle übernehmen. Alle anderen Elemente (Sterne, Wind, Feuer, Wasser, Erde) können als Rollen mehrfach vergeben werden. Abschließend singen und tanzen die Kinder den Refrain.

„Warum sagt Franz Bruder und Schwester?"

Die Kinder schlüpfen in einzelne Rollen.

Das Spiel kann auch den Eltern vorgeführt werden. Dazu ist es möglich, den Refrain vorzustellen und mit allen kurz einzusingen.

- **4. Phase:** Die Kinder gestalten ihre Rollen.
  Die Erzieherin erarbeitet jeweils mit den Kindern deren Rolle, indem sie mit ihnen ein entsprechendes Kostüm und und eine Maske entwirft und anfertigt. An dem Kostüm und der Maske sollen jeweils die Besonderheiten und die Schönheit des Elements sichtbar werden. Die Kinder bringen sich bei der Gestaltung so aktiv wie möglich ein.

Der Auftritt der einzelnen Elemente kann nach Art einer Klanggeschichte mit Instrumenten (z. B. Glockenspiel) gestaltet werden.

Bei den Elementen können im Text die Ideen und Eindrücke der Kinder bei der Erarbeitung der Masken und Kostüme eingebracht werden. Die Texte werden von den Kindern vorgetragen oder von einem oder mehreren Sprechern bzw. Erzählern.

- **5. Phase:** Die Kinder spielen den *Sonnengesang*.

Es wird eine Bühne vorbereitet. Alle Kinder stehen kostümiert im Hintergrund.
Franz tritt auf. Er stellt sich vor und erzählt von sich: Wo er lebt und wie er sich immer über die Natur freut. Darum hat er ein großes Lied für Gott geschrieben. Er sagt den Refrain und was er bedeutet.
Die Kinder singen den Refrain und tanzen dazu.
Die Sonne tritt auf und zeigt sich in ihrer Schönheit. Franz spricht dazu:
„Wir loben dich, guter Gott, mit unserer Schwester Sonne.
Sie ist … “
Franz beschreibt die Schönheit der Sonne, die auch im Kostüm und Maske sichtbar wird. Beispielsweise: „Sie ist strahlend und schön. Sie schenkt uns den Tag. Sie vertreibt die Nacht. Sie schenkt uns Wärme.“
Abschließend wiederholt er: „Wir loben dich, guter Gott, mit unserer Schwester Sonne.“
Dann tritt die Sonne ab und stellt sich wieder zu den Kindern.
Die Kinder singen den Refrain und tanzen dazu.

In entsprechender Weise treten alle Elemente auf. Dazwischen singen die Kinder immer den Refrain.
Wichtig ist, dass die Kinder nach dem Spiel wieder bewusst ihre Rolle ablegen. Sie können dazu das Kostüm ausziehen und sagen: „Ich lege meine Rolle der Sonne wieder ab und bin nun wieder die Johanna.“ Oder: „Ich lege meine Rolle als Tod ab und bin nun wieder die Steffi.“

Danksagung nach dem Sonnengesang des Heiligen Franziskus

„Wir loben Dich, guter Gott, mit unserer Schwester, der Sonne.

Sie ist strahlend und schön. Sie schenkt uns den Tag. Sie vertreibt die Nacht. In ihrem Licht öffnen sich die Blumen. In ihrer Wärme beginnt alles zu wachsen. Du hast sie erschaffen. Du schenkst sie uns. Wir sagen dir Lob und Dank.

Wir loben Dich, guter Gott mit unserem Bruder Mond und mit unseren Schwestern, den Sternen.

Sie erleuchten mit ihrem Schein die Nacht. Sie sind kostbar und schön. Sie sind groß und weit entfernt. Sie funkeln und glitzern. Sie zeigen den Irrenden in der Dunkelheit den Weg. Du hast sie erschaffen. Du schenkst sie uns. Wir sagen Dir Lob und Dank.

Wir loben Dich, guter Gott, mit unserem Bruder Wind.

Er ist leise und laut. Er kann säuseln und pfeifen. Er kann kühlen und blasen. Er ist sanft und wild. Er bewegt die Luft, die Wolken und die Menschen. Er verändert das Wetter. Du hast ihn erschaffen. Du schenkst ihn uns. Wir sagen dir Lob und Dank.

Wir loben Dich, guter Gott, mit unserem Bruder, dem Feuer.

Es ist mächtig und gewaltig. Es wärmt und glüht. Es schlägt Funken und züngelt. Es lodert und brennt. Es verbrennt und vernichtet. Es macht hell und warm. Du hast es erschaffen. Du schenkst es uns. Wir sagen dir Lob und Dank.

Wir loben Dich, guter Gott, mit unserer Mutter Erde.

Sie ernährt uns. Sie ist unsere Heimat. Sie ist groß und rund. Sie kann bergen und schützen. Aus ihr wachsen Blumen, Bäume und Ähren. In ihr leben Tiere. In ihr sind Wurzeln, Samen, Zwiebeln und Knollen. Wir können sie bewohnen und bepflanzen. Du hast sie uns geschenkt. Du willst, dass wir sie achten, schützen und lieben. Wir sagen dir Lob und Dank.

Wir loben Dich, guter Gott, mit unserem Bruder Tod.

Er ist dunkel und unentrinnbar. Er macht uns Angst. Er kommt unverhofft. Wir kennen den Tag und die Stunde nicht. Du kennst unser Leben. Du hast uns erschaffen. Du schenkst uns Jesus. Er führt uns aus dem Tod zum Leben. Wir sagen dir Lob und Dank."

(Religionspädagogische Praxis, Heft 2, 1984, S. 33–38)

(Vgl. weitere Literatur in den Lesehinweisen, S. 285)

5.3 Was wir essen, schenkt uns Gott

5.3.1 Hintergründe

Die Welt des Kindes

Kinder haben ein sehr ambivalentes Verhältnis zum Essen. Sie sind auf der einen Seite große Feinschmecker und Genießer mit deutlichen Vorlieben und Lieblingsspeisen. Auf der anderen Seite müssen Kinder zum Essen angehalten und motiviert werden. Kinder können radikale Kostverächter und Essensverweigerer sein.

Kinder brauchen Unterstützung, um eine wertorientierte Essenskultur zu entwickeln. Sie lernen, welche Speisen gesund und bekömmlich sind, wie sie sich bei Tisch benehmen können und was mit den Speisen passiert, die übrig bleiben. Christliche Bildung orientiert sich dabei an ökologischen, sozialen und gesundheitlichen Kriterien. Der Aufbau einer wertorientierten Essenskultur wird erschwert durch den Einfluss einer Fast-Food-Mentalität und Wegwerfkultur.

Für Kinder bedeutet Essen nicht nur Nahrungsaufnahme. Essen ist ein Erlebnis: Es macht Spaß, weil es schmeckt und weil es – zusammen mit anderen eingenommen – Gemeinschaft erlebbar macht.

Kinder kochen sehr gerne: Es macht ihnen Spaß, mit Lebensmitteln zu hantieren und Speisen zuzubereiten. Sie übernehmen aber auch gerne die anderen Aufgaben, die mit dem Essen verbunden sind, wie Aufdecken oder Abspülen.

Die Welt der Religion

Jede Religion deutet Essen und Speisen als Gabe und Geschenk Gottes. Essen und Speisen sind der unmittelbare Ausdruck der Sorge Gottes um die Menschen. Dabei wird nicht übersehen, dass die Ernte und Zubereitung von Essen sehr viel menschliche Arbeit und Mühe einschließt.

Gott ermöglicht die menschliche Arbeit, indem er dafür die Vorbedingungen schafft: Als Schöpfer der Welt setzt Gott die grundlegenden ökologischen Zusammenhänge für fruchtbringendes Wachstum in Gang. Er erschafft den Menschen als ein Lebewesen, das fähig ist, sich in ökologischer und sozialer Verantwortung Nahrung zu verschaffen. Schließlich bejaht und unterstützt („segnet") er ökologisch und sozial verantwortetes Handeln: Gott will, dass alle Menschen satt werden, ohne dass dabei der Natur nachhaltige Schäden zugefügt werden. In diesem Sinn beten Christen im Vaterunser *„Unser tägliches Brot gibt uns heute"* und feiern Anfang Oktober das Erntedankfest. An diesem Fest danken die Gläubigen Gott dafür, dass er die Früchte des Feldes und der Gärten hat wachsen lassen, dass die Menschen in unserem Land genug zu essen haben. Zugleich drücken die Christen auch aus, dass sie sich ihrer Verantwortung bewusst sind: der Verantwortung der Schöpfung gegenüber, die es zu hüten und zu pflegen gilt, und der Verantwortung den Menschen gegenüber, die nicht genug zu essen haben, die aber nicht zu hungern bräuchten, wenn die Güter der Erde gerechter verteilt wären.

Denn im Christentum ist das gemeinsame Mahl auch der Ausdruck der Hoffnung auf eine Welt in umfassendem Frieden und wahrer Gerechtigkeit. In besonderer Weise gilt das für die Eucharistiefeier: Sie ist das ritualisierte Mahl mit Brot und Wein, das in der christlichen Messfeier begangen wird. Christen vergegenwärtigen sich damit, dass Jesus weiterhin bei ihnen ist und am Aufbau einer gerechten und friedvollen Welt mitwirkt, in der alle Menschen an einem Tisch sitzen.

5.3.2 Das Tischgebet

Das Tischgebet ermöglicht Kindern

- Essen als Werk der menschlichen Arbeit und als Geschenk Gottes wahrzunehmen.
- die Frage nach Gott zu stellen und sein Mitwirken zu bedenken.
- einen Bezug zwischen der Bibel und eigenem Leben herzustellen.
- Dank und Freude in Gebeten auszudrücken.

Bausteine A: Das Tischgebet einführen

- **Vorbereitung:** Projektphase
  Die Kinder bereiten gemeinsam eine Mahlzeit zu. Dabei lernen sie einzelne benötigte Lebensmittel und ihre Herkunft kennen. Sie kaufen gemeinsam ein und verarbeiten die Lebensmittel. Die Kinder kennen Anbau und Ernte der Lebensmittel, deren Vertrieb und Einkauf bis hin zur Zubereitung und dem gemeinsamen Verzehr der Speisen.
  Das Projekt wird begleitet durch gezielte Angebote, Medien (Bücher) oder durch Exkursionen (Gärtnerei, Wasserwerk).

Material
Bodentuch, Topf mit zubereiteter Speise, Kochinstrumente, Bilder und Naturmaterialien, Gotteskerze, Kinderbibel, Teelichter

- **1. Phase:** Die Kinder erinnern sich an das Essensprojekt (hier das Beispiel einer Gemüsesuppe).
  Die Kinder sitzen im Stuhlkreis. In der Mitte ist ein großes Bodentuch ausgebreitet.
  Die Erzieherin stellt in die Mitte des Tuches einen Topf mit der zubereiteten Speise. Die Kinder erzählen von ihren Erinnerungen: Wie das Essen geschmeckt hat.
  Die Erzieherin fragt die Kinder nach den Zutaten. Sie lässt Kinder die jeweils genannten Zutaten um den Topf herum stellen.
  Dazu kommen die verschiedenen Kochinstrumente, die die einzelnen Kochvorgänge anzeigen (Messer, Schneidbrett usw.)
  Die Erzieherin fragt die Kinder nach der Herkunft der Zutaten. Sie lässt die Kinder Bilder zu den Zutaten legen, die deren Herkunft zeigen: das Bild eines Gemüseladens beim Gemüse, das Bild eines Wasserhahns beim Wasser, das Bild eines Supermarktes bei den Gewürzen (Salz). Dazu kommen Bilder von Verkäufern.
  Die Erzieherin fragt nach der weiteren Herkunft der Speisen und lässt dazu die entsprechenden Gegenstände um den Bilderkreis legen: eine Schale mit Erde beim Gemüse, große Salzkristalle beim Salz und das Bild eines Flusses (Quelle, Bach) beim Wasser.
  Bei der Erde legen Kinder dann das Bild eines Bauern ab, beim Salz das eines Bergarbeiters und beim Wasser das eines Bauarbeiters.
  Die Erzieherin regt die Kinder an, die Vielzahl der Vorgänge und Mitarbeiter wahrzunehmen.

„Was haben wir dazu alles gebraucht?"

„Was haben wir alles gemacht?"

„Wo haben wir alles bekommen?"

„Wer hat uns das gegeben?"

„Wo haben die das her?"

„Wer sorgt dafür?"

„Schaut mal, wie viele Menschen uns geholfen haben! Wen sehen wir?"

- **2. Phase:** Die Kinder verknüpfen ihre Erinnerungen mit der Glaubensüberzeugung.
  Die Erzieherin nimmt die Bibel. Sie zündet die Gotteskerze an und stellt sie neben das Bodentuch. Dann leitet sie ein:
  „In der Bibel lesen wir auch vom Essen. Da gibt es einen besonderen Satz:

  ‚Alle warten auf dich, Gott, und du gibst ihnen Essen.' (Psalm 145,15)

  Die Erzieherin hält eine kurze Stille und wiederholt den Satz noch einmal. Dann legt sie die Bibel bei der Kerze ab.
  Die Erzieherin stellt Fragen:
  - *„Wer weiß noch ein Wort von dem Satz?*
  - *Wer weiß den ganzen Satz noch?*
  - *Was macht Gott?*
  - *Wie kann Gott Essen geben? Schaut doch mal unser Bild an: Da sehe ich doch nur viele Menschen!"*

„In der Bibel gibt es einen besonderen Satz."

Gott schenkt uns unser Essen:
– Er lässt die Früchte und das Gemüse wachsen: Er schenkt die Wachstumskraft.
– Er schenkt den Menschen Kreativität und Freude beim Kochen.
– Er will, dass alle Menschen satt werden, und freut sich daran.

Die Erzieherin sammelt die Antworten der Kinder.
Sie stellt dabei den Kindern die christliche Antwort vor:
„Gott gibt Speise, weil er
- der Natur die Kraft gibt zu wachsen und Frucht zu bringen (Wachstumskraft),
- den Menschen die Kraft gibt, aus den Früchten der Natur Essen zu bereiten (Arbeitskraft und Freude an der Arbeit),
- will, dass Menschen satt werden,
- sich freut, wenn Menschen satt werden."

- **3. Phase:** Die Kinder stellen das Wirken Gottes einzeln dar.

Die Erzieherin fragt:
„Was macht Gott, damit das Gemüse wachsen kann?"
- „Er schenkt die Wachstumskraft."
- Kinder zünden an der Gotteskerze Teelichter an und stellen sie zu den Elementen im äußeren Kreis.
- Alle singen den Liedruf: „Dafür woll'n wir unserm Gott unser Danke sagen".

„Was macht Gott, damit das Gemüse zu uns kommt?"
- „Er schenkt die Arbeitskraft und die Freude an der Arbeit."
- „Er freut sich daran, wenn Menschen für die Verteilung des Essens sorgen."
- Kinder zünden an der Gotteskerze Teelichter an und stellen sie zu den Menschen im mittleren Kreis.
- Alle singen den Liedruf: „Dafür woll'n wir unserm Gott unser Danke sagen".

„Was macht Gott, damit aus den Zutaten ein gemeinsames Essen wird?"
- „Er schenkt uns die Arbeitskraft und die Freude an der Arbeit."
- „Er freut sich daran, wenn wir miteinander und für uns alle das Essen zubereiten."
- Kinder zünden an der Gotteskerze Teelichter an und stellen sie zu den Elementen im inneren Kreis.
- Alle singen den Liedruf: „Für all das woll´n wir unserm Gott unser Danke sagen."

„Was macht Gott, wenn wir essen?"
- „Er schenkt uns die Freude am Essen in der Gemeinschaft."
- „Er freut sich daran, wenn wir miteinander essen, wenn es allen schmeckt und alle satt werden."
- Kinder zünden an der Gotteskerze Teelichter an und stellen sie um den Topf.
- Alle singen den Liedruf: „Für all das woll´n wir unserm Gott unser Danke sagen."

Die Kinder betrachten in Stille einen Moment lang das entstandene Bild.
Alle Kinder fassen sich an den Händen. Die Erzieherin sagt:
„Gott schenkt uns das Essen und unsere Gemeinschaft. Dafür danken wir ihm. Vor jedem Essen werden wir uns daran erinnern."

- **Phase 4:** Die Kinder beten vor dem gemeinsamen Essen.

Die Kinder sitzen am Tisch, auf dem das fertige Essen steht.
Die Erzieherin lässt die Kinder still werden. Wenn es möglich ist, können sich die Kinder an den Händen fassen.
Sie spricht:
„Guter Gott, du schenkst uns das Essen und die Menschen, die es für uns zubereiten."
Die Kinder singen den Liedruf:
„Für all das woll´n wir unserm Gott unser Danke sagen".

Die Erzieherin:
„Amen."
Alle:
„Guten Appetit."

Bausteine B: einen Gebetswürfel anfertigen

Durch einen Gebetswürfel können die Gebete spielerisch und mit Beteiligung der Kinder abgewechselt werden.
Auf allen sechs Seiten des Gebetswürfels stehen Tischgebete. Zu Beginn der Mahlzeit würfelt ein Kind und alle beten das „gewürfelte" Gebet. Gebetswürfel können aus verschiedenen Materialien und Größen sein. Im Handel sind unterschiedliche Modelle erhältlich. Wenn in eine Internetsuchmaschine das Wort „Gebetswürfel" eingegeben wird, sind Adressen oder Schablonen zum Selbermachen problemlos aufzufinden.

Die Kinder fertigen zusammen einen gemeinsamen Gruppen-Gebetswürfel an. Mithilfe der Faltschablone kann jedes Kind für sich auch einen eigenen Würfel basteln, den es dann mit nach Hause nehmen kann.

Der Gruppenwürfel sollte aus einem stabilen Material sein und größer als ein gewöhnlicher Tischwürfel.
Für die einzelnen Gebete stehen Bilder. Die Gebete werden mit den Bildern den Kindern nach und nach vorgestellt. Jedes Kind gestaltet für sich ein solches Bild (frei malen oder eine Vorlage ausmalen oder ausschneiden und kleben). Abschließend werden die Bilder (von einer Mitarbeiterin gestaltet) auf dem Würfel befestigt. Dann kann zu Beginn der Mahlzeit eines der Kinder das jeweilige Tischgebet „würfeln".
Vgl. Literatur zu weiteren Tischgebeten in den Lesehinweisen, S. 286.

Gebete und Bilder für den Gebetswürfel

Gebet	Bild
Für Speis und Trank, für´s täglich Brot – wir danken dir, o Gott.	Teller und Becher
Jedes Tierlein hat sein Essen, jedes Blümlein trinkt von dir. Hast auch uns noch nie vergessen, lieber Gott, wir danken dir.	Blume und Tier
Was wir brauchen gibt uns Gott – Fröhlichkeit und täglich Brot.	Fröhliches Gesicht
Für all das woll´n wir unserm Gott unser Danke sagen.	Herz
Segne Vater diese Speisen. Amen, Amen.	Sonne
Für dich und für mich ist der Tisch gedeckt, hab Dank lieber Gott, dass es uns gut schmeckt.	Gedeckter Tisch

Gebetswürfel (Bastelschablone siehe Anhang, S. 304)

5.3.3 Erntedank feiern

Das Erntedankfest wird am ersten Sonntag im Oktober begangen. In den Kirchen werden dazu Erntealtäre aufgebaut: Am Altar werden zum Teil sehr aufwendige Tische mit vielfältigen Erntegaben gestaltet. In manchen Regionen ist es auch üblich, eine Erntekrone aus Getreide zu flechten.

Wenn Kinder Erntedank feiern,

- nehmen sie die Erntefrüchte als Geschenk Gottes wahr.
- drücken sie Dank und Freude in einer religiösen Feier (Erntedankfeier) aus.
- gestalten sie die kirchliche Erntedankfeier mit.
- erinnern sich die Kinder, dass es Menschen gibt, die nicht genug zu essen haben und mit denen man teilen muss.

Bausteine/Modell

- **Ort der Erntedankfeier**
  Die Erntedankfeier findet im Gruppenraum oder an einem anderen Ort in der Kindertagesstätte statt: ein Raum, der auch sonst für Feiern benutzt wird, oder ein Bereich, der immer mit wechselnden thematischen Ausstellungen gestaltet ist oder der religiös geprägt ist (durch ein religiöses Symbol, wie z. B. ein Kreuz, oder Bild).

- **Vorbereitung**
  Die Kinder machen im Vorfeld einen Ausflug in eine Kirche und sehen dort den Erntedankaltar.

- **Teilnehmer und Leiterin der Erntedankfeier**
  Die Feier wird mit einer einzelnen Gruppe der Tagesstätte durchgeführt oder, falls genügend Platz ist, mit mehreren oder allen Gruppen. Die Leitung der Feier übernimmt eine Erzieherin, die Leiterin der Tagesstätte oder ein pastoraler Mitarbeiter der örtlichen Kirchengemeinde.

Material:
Gotteskerze, Bibel, Tücher, Erntefrüchte (Obst, Gemüse, Getreide, Blumen)

- **Die Erntedankfeier**
  Die Kinder versammeln sich im Kreis. Die Mitte bleibt leer. Seitlich stehen an einem gestalteten Platz gut sichtbar die Gotteskerze und die Bibel.
  - Anfangslied:
    „Du hast uns deine Welt geschenkt, den Himmel, die Erde – Du hast uns deine Welt geschenkt, Herr, wir danken dir."
  - Eröffnung und Begrüßung:
    Die Gottesdienstleiterin:
    „Ich begrüße euch alle zu unserer Erntedankfeier. Wir beginnen mit dem Kreuzzeichen der Kinder: Lieber Gott ich denk an dich"
    Mit dem Daumen zeichnen sich alle ein Kreuzzeichen auf die Stirn.
    „ich sprech von dir"
    Mit dem Daumen zeichnen sich alle ein Kreuzzeichen auf den Mund.
    „ich liebe dich"
    Mit dem Daumen zeichnen sich alle ein Kreuzzeichen auf das Herz.
    „lieber Gott beschütze mich."

  - **Gebet:**
    Die Gottesdienstleiterin:
    „Guter Gott,
    Du schenkst uns die Erde.
    Auf ihr wachsen viele gute Früchte.
    Dafür wollen wir dir jetzt danken. Amen."

  - **Gemeinsame Gestaltung:**
    Die Gottesdienstleiterin oder eine andere Mitarbeiterin:
    „Wer jetzt in die Kirchen schaut, der entdeckt dort einen ganz besonderen Schmuck. Wir waren auch in einer Kirche. Was haben wir dort gesehen?"
    Die Kinder antworten: *„Den Erntedankaltar."*
    Die Gottesdienstleiterin oder die andere Mitarbeiterin:
    „Und wir? Schaut einmal in unsere Mitte! Bei uns ist es leer. Nichts ist da! Noch nicht!
    Was brauchen wir?"

Im Gespräch mit den Kindern und unter deren aktiver Mitarbeit entsteht in der Mitte des Kreises ein Gabenaltar:
Zuerst legen Kinder Tücher als Untergrund. Eventuell werden ein oder mehrere kleine Tische daruntergestellt.
Dann legen die Kinder nach und nach Erntefrüchte auf die Tücher. Die Kinder nennen dabei zuerst die Erntefrucht, dann gibt die Leiterin (oder eine Helferin) dem Kind die von ihr genannte Frucht, damit es diese auf den Tüchern ablegen kann.
Dazwischen singen die Kinder jeweils das Anfangslied. In die Strophe werden die genannten Früchte eingesetzt.
Beispiel:
„Du hast uns deine Welt geschenkt: Gurken, Karotten,
Du hast uns deine Welt geschenkt, Herr, wir danken dir!"

Wenn alle Erntefrüchte auf den Tüchern liegen, betrachten alle gemeinsam in einer kurzen Stille den Tisch.
Die Gottesdienstleiterin oder die andere Mitarbeiterin:
„Schauen wir unseren Gabentisch an. Manches (vieles) fehlt noch. Wir konnten nicht jede Frucht, die ihr genannt habt, dazulegen. Was fehlt denn noch?"
Die Kinder antworten.
Die Gottesdienstleiterin oder die andere Mitarbeiterin:
„Alles, was ihr genannt habt, können wir uns vorstellen.
Jetzt haben auch wir einen wundervollen Gabentisch."
Alle singen das Lied:
„Du hast uns deine Welt geschenkt, Getreide, Gemüse –
Du hast uns deine Welt geschenkt, Herr, wir danken dir!
Du hast uns deine Welt geschenkt, das Obst und die Blumen –
Du hast uns deine Welt geschenkt, Herr, wir danken dir!"

Die Gottesdienstleiterin oder die andere Mitarbeiterin:
„Jetzt stell ich euch eine Frage:
Wer schenkt uns das alles?
Wem dürfen wir dafür Danke sagen?"
Die Gottesdienstleiterin oder die andere Mitarbeiterin sammelt die Antworten der Kinder.
Dann sagt sie:
„Jetzt passt gut auf, was ich mache."
Die Gottesdienstleiterin oder die andere Mitarbeiterin stellt die Gotteskerze in die Mitte der Früchte.

- **Lesung aus der Bibel:**
  Die Gottesdienstleiterin nimmt die Bibel, öffnet sie und liest:

„Freut euch, ihr Menschen, und freut euch über den Herrn, euren Gott!
Denn er gibt euch Essen, wie es recht ist.
Die Vorräte sind voll von Getreide und Saft.
Ihr werdet essen und satt werden und Gott, den Herrn, loben, der für euch solche Wunder getan hat."

(Joel 2,23a–24 und 26)

Die Gottesdienstleiterin hält eine kurze Stille und wiederholt den Abschnitt. Dann fragt sie die Kinder, an welches Wort oder an welchen Satz sie sich erinnern. Sie lässt die Kinder antworten.

- **Lied:**
  „Du hast uns deine Welt geschenkt, den Himmel, die Erde –
  Du hast uns deine Welt geschenkt, Herr, wir danken dir.“
- **Fürbitten:**
  Die Gottesdienstleiterin:
  „Guter Gott, zu dir dürfen wir mit unseren Bitten kommen.“
  Verschiedene Mitarbeiter der Tagesstätte tragen die Fürbitten vor:
  „Lieber Gott, wir bitten für alle Kinder, die nicht satt werden.“
  Alle:
  „Wir bitten dich: Erhöre uns.“
  „Lieber Gott, wir bitten für die Erde, in der alle Früchte wachsen.“
  Alle:
  „Wir bitten dich: Erhöre uns.“
  „Lieber Gott, wir bitten dich für die Kranken, die zum Gesundwerden besondere Nahrung brauchen. Wir denken besonders an die Kinder, die jetzt nicht da sein können, weil sie krank sind.“
  Alle:
  „Wir bitten dich: Erhöre uns.“
  Die Gottesdienstleiterin:
  „Guter Gott, wir bitten dich: Höre alle unsere Bitten. Amen.“
- **Lied:**
  Die Kinder stehen zu diesem Lied (siehe auch Anhang, S. 294) auf und machen dazu Bewegungen.

Text	Bewegungen
Gottes Liebe ist so wunderbar, Gottes Liebe ist so wunderbar,	im Takt klatschen
so wunderbar groß!	mit den Armen einen großen Kreis beschreiben
So hoch, was kann höher sein?	sich mit den Armen so hoch wie möglich nach oben strecken
So tief, was kann tiefer sein?	mit den Händen den Boden berühren
So wunderbar groß.	mit den Armen einen großen Kreis beschreiben

- **Schlussgebet:**
  Die Gottesdienstleiterin:
  „Lieber Gott, alles, was wir essen, sind deine Geschenke an uns.
  Wir danken dir für alle deine guten Gaben, die du uns jedes Jahr von neuem schenkst.
  Amen.“
- **Schlusslied und Entlassung:**
  Alle singen noch einmal *„Gottes Liebe ist so wunderbar“*, dann gehen die Kinder wieder in ihre Gruppen.

5.4 Naturelemente als religiöse Symbole erfahren

5.4.1 Hintergründe

Die Welt des Kindes

Kinder haben von frühestem Alter an einen unmittelbaren Zugang zu Symbolen und handeln symbolisch. Das Kuscheltier oder das Schmusetuch sind als Übergangsobjekte erste Symbole, die die abwesende Mutter vergegenwärtigen und dem Kind helfen, die Trennung zu überstehen.

Kleine Kinder verstehen Symbole konkret und wörtlich. Erst im Schulalter entwickelt sich die Fähigkeit, Symbole als solche zu erkennen und verstandesmäßig zu verstehen.

Im Kindergarten werden die Kinder in ihrer Symbolkompetenz begleitet. Sie nehmen Symbole ganzheitlich wahr und erleben sie mit allen Sinnen und verschiedenen Ausdrucksmitteln (z. B. Lied, Bild, Gegenstand). Die Kinder gehen kreativ-konstruktiv mit Symbolen um: Sie verändern Symbole, bauen sie um und erfinden selbstständig Symbole. Mithilfe der Symbole stellen die Kinder Fragen und entwickeln Antwortmöglichkeiten. Schließlich drücken sie mit Symbolen ihre Gefühle und Erfahrungen aus.

Die Welt der Religion

Die Natur und ihre Elemente sind Symbole für Gott. Das bedeutet, sie zeigen und weisen darauf hin, dass Gott da ist und dass er wirkt. An ihnen können Menschen ganzheitlich und mit allen Sinnen wahrnehmen, was sie von Gott erfahren.

Symbole sind Dinge, die über sich selbst hinausweisen und eine andere Realität bezeichnen, als diejenige, die sie selber sind. Dadurch vergegenwärtigen sie diese andere Realität und machen sie wahrnehmbar. Symbole sind dabei nie eindeutig, sondern immer mehrdeutig: Jeder nimmt Symbole anders wahr und deutet sie unterschiedlich.

Die Naturelemente vergegenwärtigen das Handeln Gottes in der Natur: dass er die Natur ins Dasein und ins Leben ruft, dass er sie mit seiner Lebenskraft am Leben hält und nicht ins Nichts vergehen lässt.

Baum und (Heil-)Kräuter sind Teile der Schöpfung. Sie zeigen, dass die Schöpfung eine gute Schöpfung ist. Die Menschen können über ihre Schönheit staunen und sich an ihr freuen.

In Naturreligionen und archaischen Religionen sind bzw. waren Bäume oder Baumgruppen auch Orte der besonderen Gegenwart einer Gottheit. Deswegen wurden sie oft als Kultstätten genutzt.

Besonders die Kräuter vergegenwärtigen, dass Gott für die Menschen sorgt und dass er ihnen helfen will. Denn sie sind heilsam, sie lindern Krankheiten und machen wieder gesund.

5.4.2 Baum als religiöses Symbol erfahren

Der Baum ist das Symbol für das Leben in der Natur: Wurzeln, Stamm, Äste, Blüten und Früchte sind Gleichnisse und Bilder für das menschliche Leben. Er ist die größte Pflanze in der Natur. In ihm wird die Lebenskraft und Stärke der Natur verdichtet erlebbar. Ein Baum ist unverrückbar und überdauert Jahrzehnte oder sogar Jahrhunderte. Im Wechsel der Jahreszeiten wird der Kreislauf des Keimens, Blühens, Fruchtbringens und Vergehens sichtbar. Als religiöses Symbol eröffnet der Baum die Fragen nach dem Woher und Wohin des Lebens überhaupt und verweist auf einen Schöpfergott.

Die Kinder

- nehmen die Schönheit, Vielfalt und die Lebendigkeit von Bäumen ganzheitlich wahr.
- stellen Fragen nach dem Ursprung der Lebenskraft.
- drücken ihr Staunen und ihre Freude im Gebet aus.
- erkennen aber auch, dass man Bäume hegen und pflegen muss, damit sie nicht Schaden leiden.

Material
Korb, braune, grüne, blaue und gelbe Tücher, Baumsamen in einer schönen Schachtel, Gotteskerze, Teelichter
Für Freiarbeit: Tonpapier, gepresste Blätter

Bausteine

- **Vorbereitung:**
  Die Kinder kennen die Wachstumsvorgänge vom Samenkorn zur Pflanze (z. B. an Kresse- oder an Getreidesamen).
- **1. Phase:** Die Kinder unternehmen einen Ausflug.
  Zunächst versammeln sie sich im Stuhlkreis. Die Erzieherin singt mit den Kindern das Ausflugslied (vgl. auch Anhang, S. 288).

Text	Bewegungen
Wir gehen aus dem Haus heraus, verlassen unsre Räume.	Die Kinder stehen am Platz und machen mit Armen und Beinen deutlich Gehbewegungen
Wir machen unsre Augen auf	Die Kinder legen die Hände an die deutlich geöffneten Augen.
und sehen viele …	

Die Erzieherin fragt die Kinder, was sie alles sehen, wenn sie nach draußen gehen. Sie fügt die Antworten der Kinder in die Verszeile des Liedes ein. Beispielsweise: „und sehen viele Häuser", „und sehen viele Menschen", „und sehen viele Autos".
Wenn das Wort „Bäume" kommt, dann singt sie das Lied weiter. Vielleicht ist es notwendig, den Kindern einen Tipp zu geben.

und sehen viele Bäume.	Die Kinder zeichnen mit den Händen einen Baum in die Luft.
Sie stehen hier und dort,	Die Kinder zeigen mit den Fingern in verschiedene Richtungen.
sie wachsen immerfort.	Die Kinder führen mit den Händen eine Bewegung von unten nach oben aus.
(Wiederholen der ersten beiden Liedverse)	
Da gibt es viele Fragen:	Die Kinder legen seitlich einen Finger an den Kopf.
Wer lässt sie wachsen, grünen? Wer hat sich's ausgedacht?	Die Kinder führen mit geöffneten Handflächen die Hände vor sich halb nach oben.

Bevor die Erzieherin mit den Kindern nach draußen geht, gibt sie ihnen den Impuls, am Weg auf die Bäume zu achten, die sie entdecken.
Die Erzieherin geht mit den Kindern auf einen Weg, an dem Bäume wachsen. Vielleicht kann ein kleines Waldstück oder ein Park erreicht werden. Dort können die Kinder einzeln auf Erkundungsreise gehen, um große, kleine, breite, schmale … Bäume zu entdecken. Die Kinder zeigen sich gegenseitig ihre Entdeckungen. Schließlich versammeln sich die Kinder um einen besonders schönen Baum. Die Kinder beschreiben, was sie sehen. Sie versuchen den Stamm zu umfassen und stellen fest, wie viele Kinder dafür notwendig sind.
Die Erzieherin singt mit den Kindern die zweite Strophe des Liedes und nimmt dabei die Wahrnehmungen der Kinder auf.

2. Strophe

„Wir finden einen großen Baum und staunen über ihn.
Wir stehen hier Hand in Hand und schauen zu ihm hin.
Wie ist er groß und bunt,
wie ist er schön und hell,
wie ist er stark und fest,
wie ist er … und …
Wir finden einen großen Baum und staunen über ihn.
Wir stehen hier Hand in Hand und schauen zu ihm hin.
Da gibt es viele Fragen:
Woher kommt seine Schönheit?
Wer hat sich's ausgedacht?
Woher kommt seine Größe?
Wer hat sich's ausgedacht?
Woher kommt seine Stärke?
… Lebenskraft?
… ?
Wir finden einen großen Baum und staunen über ihn.
Wir stehen hier Hand in Hand und schauen zu ihm hin.“

Schließlich sammeln die Kindern Blätter von dem Baum und legen diese in einen Korb. Dann verabschieden sie sich von ihm. Auf dem Rückweg regt die Erzieherin in Einzelgesprächen die Kinder an, Antworten auf die Fragen des Liedes zu überlegen. Wieder im Kindergarten werden die Blätter gepresst. Auch hier ist die Möglichkeit, mit den Kindern noch einmal die Blätter anzuschauen, über sie zu staunen und den Fragen des Liedes nachzugehen.

- **2. Phase:** Die Kinder verarbeiten ihre Entdeckungen.

Die Erzieherin singt mit den Kindern die zwei Strophen des Liedes und legt mit den Kindern aus Tüchern einen Baum als Bodenbild.

Dabei fragt sie die Kinder nach ihren Erinnerungen vom Ausflug. Für den Stamm wird ein braunes Tuch verwendet und für die Blätterkrone grüne Tücher. Darauf können die Kinder einige der getrockneten Blätter legen.

Die Erzieherin stellt eine Impulsfrage: *„War der Baum immer schon so groß?"*

Sie sammelt die Antworten der Kinder.

Dann nimmt sie feierlich die schöne Schachtel mit den Baumsamen, öffnet sie und gibt jedem Kind die Möglichkeit, den Samen anzuschauen. Sie regt die Kinder an auszudrücken, was sie sehen.

„Wie groß ist das Samenkorn?

Zeigen wir es mit den Händen!

Wie groß ist der Baum?

Zeigen wir das mit unserem ganzen Körper!"

Im Gespräch knüpft sie an die Erinnerungen der Kinder an Wachstumsvorgänge vom Samenkorn zur Pflanze an. Die Kinder übertragen diese Erinnerungen auf das Wachstum von Bäumen.

Sie fragt die Kinder, an welchen Platz sie das Samenkorn in das Bodenbild legen wollen, und lässt die Kinder das Samenkorn dort ablegen.

Die Erzieherin ermöglicht durch Fragen die Beobachtung, dass das Samenkorn sehr klein und der Baum sehr groß ist.

Das Lied schließt die Phase ab. Das Bodenbild bleibt liegen.

Freiarbeit:

Jedes Kind kann mit den gepressten Blättern und einem aus Tonpapier ausgeschnittenen Stamm eine Baumcollage gestalten. Während der Arbeit können die Kinder angeregt werden, Antworten auf die Fragen des Liedes zu überlegen.

In der Freiarbeit können die Kinder eine Baumcollage gestalten.

- **3. Phase:** Die Kinder suchen Antworten auf die Frage nach dem Woher.

Die Kinder singen die dritte Strophe des Liedes.

3. Strophe:

„Vom Samenkorn zum großen Baum, ein Wunder sehen wir.
So klein, so groß, voll Lebenskraft, das Leben wirkt und schafft.
Im Samen steckt das Leben,
im Samen steckt die Kraft.

Vom Samenkorn zum großen Baum, ein Wunder sehen wir.
So klein, so groß, voll Lebenskraft, das Leben wirkt und schafft.
Da gibt es viele Fragen:
Wer schenkt die Lebenskraft?
Wer hat sich's ausgedacht?
Wer wirkt das große Wunder?
Wer hat sich's ausgedacht?
Vom Samenkorn zum großen Baum, ein Wunder sehen wir.
So klein, so groß, voll Lebenskraft, das Leben wirkt und schafft."

Die Erzieherin wiederholt die Frage des Liedes und sammelt die Antworten der Kinder.
Bei den Antworten „Wasser", „Erde" und „Sonne" stellt sie die entsprechenden Gegenstände oder Tücher zum Bodenbild.
Dann bittet Sie die Kinder um Aufmerksamkeit.
Sie stellt ohne Kommentar die leuchtende Gotteskerze in die Mitte des Baumes und fragt die Kinder, was das bedeutet. Sie sammelt die Antworten.

Wenn die Kinder selber die religiöse Antwort finden, fragt die Erzieherin sie, wo sie die Gotteskerze im Bodenbild abstellen wollen.

Die Kinder singen die vierte Strophe des Liedes.

4. Strophe:
„In allem, was wir wachsen sehn, lebt Gottes große Kraft.
Du guter Gott, wir loben dich, wir freuen uns mit dir.
Du schenkst die Lebenskraft –
Du hast dir`s ausgedacht.
Du schenkst das große Wunder –
Du hast dir`s ausgedacht.

In allem, was wir wachsen sehn, lebt Gottes große Kraft.
Du guter Gott, wir loben dich, wir freuen uns mit dir."

Anschließend entzünden die Kinder Teelichter an der Gotteskerze und stellen sie im Bodenbild ab.
Alle betrachten still das entstandene Bild.
Die Kinder wiederholen die vierte Strophe des Liedes.

Die Erzieherin leitet mit dem Liedruf „Wir danken dir dafür" ein freies Gebet ein.

Zur Melodie von „Du schenkst die Lebenskraft":
„Wir danken dir dafür,
für deine Lebenskraft.
Wir danken dir dafür.
für ..."

Abschließend wiederholen die Kinder alle Strophen des Liedes.

Freiarbeit:
Jedes Kind kann an seiner Collage weiterarbeiten und sie ergänzen.

5.4.3 Heilkräuter als religiöses Symbol erfahren

Heilkräuter wurden immer schon mit religiösen Kräften in Verbindung gebracht. Lange wurde ihre Heilwirkung göttlichen Kräften zugeschrieben. Heute kennen die Menschen die physischen Prozesse der Heilung und können vieles naturwissenschaftlich erklären. Trotzdem sind Heilkräuter im Christentum immer noch Symbol für Gott und sein Wirken: Sie vergegenwärtigen seine Sorge um die Menschen und sein Bemühen um Heil und Heilung. Als Schöpfer erschafft er in den Heilkräutern die Substanzen, die Gesundung bewirken. Schließlich schenkt er den Menschen die Möglichkeiten, die heilbringenden Substanzen zu entdecken und als Medizin zu nutzen.

Die Kinder

- nehmen die bunte Vielfalt der Kräuter ganzheitlich wahr und kennen ihre Heilwirkung.
- bringen die Heilwirkung der Kräuter mit Gott in Verbindung.
- drücken Dank, Staunen und Freude im Gebet aus.
- wirken bei der Gestaltung einer Segensfeier mit.
- deuten das Kreuzsymbol und stellen einen Bezug zu Heilung und Gesundung her.

Die Erzieherinnen müssen allerdings auch mit der Frage von Kindern rechnen, warum Gott nicht alle kranken Menschen gesund macht – zum Beispiel den Großvater, der kürzlich gestorben ist, obwohl er doch noch so gerne weitergelebt hätte.

Bausteine

- **Vorbereitung:**
  Die Erzieherin legt (mit den Kindern) im Frühjahr oder im Frühsommer ein Kräuterbeet an, auf dem die verwendeten Kräuter wachsen.
  Die Kinder machen im Vorfeld eine Exkursion zu einer Apotheke, bei der sie erleben können, dass Medizin aus natürlichen Stoffen zubereitet wird.
- **1. Phase:** Ein Kind hat eine leichte Prellung am Bein.
  Die Erzieherin stellt den Kindern eine Handpuppe vor. Die Puppe heißt Lilli, und sie ist ein kleines und lustiges Mädchen. Lilli hat einen Verband an ihrem Bein. Sie erzählt den Kindern, was ihr passiert ist: Sie ist gestürzt und jetzt tut ihr Bein weh. Was soll sie nun machen?
  Die Kinder überlegen, wie Lillis Bein wieder gesund werden kann. Sie erzählen von eigenen Verletzungen und wie diese behandelt wurden.
  Mit den Kindern überlegt die Erzieherin, dass sich Lilli hinlegen und das Bein schonen soll. Sie legt die Puppe in ein Puppenbett.
  Mit den Kindern singt sie ein Wiederheilmachlied: *„Heile, heile Segen, drei Tage Regen, drei Tage Sonnenschein und dann ist es wieder heil.“*

Material:
Handpuppe, Puppenbett, Verband, getrocknete Arnikablüten (in der Apotheke erhältlich), Vaseline, Kochgeräte, Sieb, verschließbare Gefäße, Rotkreuzkoffer

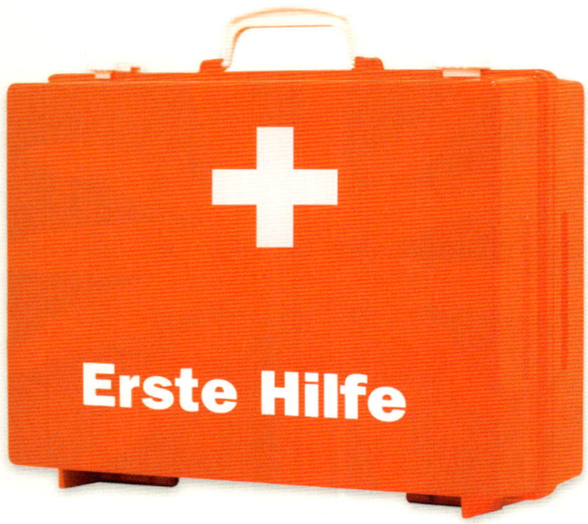

„An was oder wen erinnert das Kreuz? Wo können wir noch Kreuze sehen? Warum ist auf dem Koffer, in dem die Medizin für Lilli ist, dieses Kreuz?"

- **2. Phase:** Die Kinder lernen eine Kräuterarznei kennen: die Arnikasalbe.
  Die Erzieherin teilt den Kindern mit, dass sie eine gute Medizin für Lilli weiß.
  Sie nimmt einen Rotkreuzkoffer bzw. den Erste-Hilfe-Kasten, in dem die Zutaten für die Arnikasalbe aufbewahrt sind: Arnikablüten und Vaseline.
  Sie zeigt den Kindern den weißen Koffer mit dem roten Kreuz. Die Kinder beschreiben, was sie sehen. Sie erzählen, wo sie einen solchen Koffer schon einmal gesehen haben. Die Erzieherin fragt die Kinder nach dem Kreuz.
  Die Erzieherin sammelt die Antworten der Kinder.
  Sie öffnet dann den Koffer, nimmt eine Zutat nach der anderen heraus und stellt sie den Kindern vor. Alle Kinder können an den Blüten und der Vaseline riechen und sie befühlen. Danach werden die Zutaten bei Lillis Bett abgestellt. Die Erzieherin kündigt an, dass sie jetzt gemeinsam die Salbe zubereiten wollen.
- **3. Phase:** Die Kinder bereiten die Arnikasalbe zu.
  Alle gehen in die Küche und rühren dort in Gruppen die Arnikasalbe an:
  - Die Arnikablüten zerkleinern.
  - Blüten und Vaseline erhitzen (200 g Vaseline für eine Handvoll Arnikablüten). Es ist gut, einen größeren Topf zu nehmen, da die Vaseline leicht überschäumt.
  - Das Ganze gut aufkochen und umrühren.
  - Die Masse über Nacht stehen lassen.
  - Die Masse wieder erhitzen, bis sie flüssig ist (nicht mehr kochen) und durch ein feines Sieb die Blütenteile abseihen.
  - Die warme Salbe in ein verschließbares Gefäß abfüllen.

- **3. Phase:** Die Kinder lernen das Lied „In Gottes Garten wächst eine kleine Blume" (vgl. auch Anhang, S. 301) kennen.
  Die Kinder schauen sich die fertige Salbe an. Sie riechen an ihr und probieren sie an sich selber ein wenig aus.
  Lilli kann ihren Verband wieder abnehmen und fröhlich sein. Sie singt mit den Kindern ein Lied:

  Refrain:
  „In Gottes Garten wächst eine kleine Blume.
  In Gottes Garten wächst ein kleines Kraut."

  Strophen:
  „Tief in seinem Herzen verbirgt es eine Kraft, tief in seinem Herzen die Kraft, die heil macht.
  Arnika und Ringelblumen, Thymian und Salbei, Petersiel und Baldrian, Kamille und Melisse.
  Guter Gott wir danken dir, du lässt uns nicht allein, guter Gott wir danken dir, du schenkst uns Kraft und Heil."

Ein Kind stellt die Salbe und die Arnikablüten (in einem verschließbaren Gefäß) in den Rotkreuzkoffer. Wieder überlegt die Erzieherin mit den Kindern, warum auf dem Koffer ein rotes Kreuz zu sehen ist. Der Koffer wird dann an einem besonderen Ort abgestellt.

Weiterführung

Ähnlich kann im Weiteren mit anderen Kräutern verfahren werden, sodass sich der Rotkreuzkoffer nach und nach mit Salben und Tees füllt.

- Wenn Lilli eine leichte Schürfwunde hat, eine Salbe aus Ringelblumen herstellen.
- Wenn Lilli Bauchweh hat, einen Tee aus Kamille,
- wenn Lilli Halsweh hat, Tees aus Thymian und Salbei,
- wenn Lilli nicht gut schlafen kann, Tee aus Baldrian und Melisse zubereiten.

Kräuterarznei: *Ringelblumensalbe bei leichten Wunden, Kamillentee bei Bauchweh, Thymian- und Salbeitee bei Halsweh, Baldrian- und Melissentee bei Schlaflosigkeit*

Alle Kräuter sind getrocknet in der Apotheke erhältlich.

Abschluss – eine Kräutersegnung

Der Abschluss sollte am besten um das Fest Mariä Himmelfahrt am 15. August stattfinden. An diesem Datum feiert die katholische Kirche das Fest Mariä Himmelfahrt. Ein fester Bestandteil dieses Festes ist die Kräuterweihe: Kräuter werden zu einem Buschen zusammengebunden und geweiht. Dann werden sie im Wohnbereich und den Ställen aufgehängt. Sie vergegenwärtigen über das ganze Jahr hinweg, dass Gott sich um die Menschen und Tiere sorgt und ihnen in ihren Krankheiten beisteht. Vielleicht kann ein Vertreter der Pfarrgemeinde, der dem Kindergarten nahesteht, die Kräutersegnung durchführen.

Die Erzieherin geht mit den Kindern in die Kirche. Wenn es möglich ist, bilden die Kinder einen Stuhlkreis. Unter einem Tuch verborgen steht der gefüllte Rotkreuzkoffer.
Die Erzieherin singt mit den Kindern das Lied „In Gottes Garten“. Sie erinnert die Kinder im Gespräch an die Kräuter und die verschiedenen Arzneien, die sie hergestellt haben. Sie fragt nach dem Motiv, das auf dem Koffer zu sehen ist, in dem alle Kräuterarzneien aufbewahrt werden.
Dann legt sie mit den Kindern ein großes, rundes und rotes Tuch in die Mitte. Darüber legt sie mit den Kindern aus weißen Tüchern ein großes Kreuz.
Die Erzieherin entfernt das Tuch vom Rotkreuzkoffer und stellt ihn an den Rand des Bodenbildes. Sie fragt die Kinder nach den einzelnen Kräutern und Arzneien. Die Kinder nehmen die Gefäße nacheinander aus dem Koffer und stellen sie im Bodenbild ab. Die Erzieherin überlegt zusammen mit den Kindern, wo die einzelnen Gefäße gut stehen (auf dem Kreuz oder um das Kreuz herum).
Zwischen den einzelnen Kräutern singen die Kinder den Refrain des Liedes.
Abschließend nimmt die Erzieherin die Gotteskerze und fragt die Kinder, wo sie diese abstellen soll.

Die Erzieherin sagt daraufhin:
„Heute ist ein besonderer Tag. Heute können wir ein besonderes Gebet über den Kräutern und den Arzneien beten. Dazu nehmen wir heute das Weihwasser.
Wir wollen gemeinsam beten:
Guter Gott,
Heute danken wir für alle Wunder in deinem Garten.
Durch die Heilkräuter schenkst du uns Gesundheit und Freude.
Segne diese Kräuter.
Sie erinnern uns an dich. Schenke uns dein Heil.
Amen."

Die Erzieherin taucht einen Zweig in die Weihwasserschale und besprengt damit einmal die Kräuter.
Dann gibt sie die Schale herum, sodass jedes Kind so, wie sie es vorgemacht hat, die Kräuter besprengen kann.
Zum Abschluss singen die Kinder das Lied „In Gottes Garten".

Alle sammeln die Kräuterarzneien wieder in den Rotkreuzkoffer und gehen in den Kindergarten zurück.

5.5 Eltern*mit*arbeit

- Angebote unter Beteiligung von Eltern und Erzieherinnen
  Gruppenelternabend zum Thema „Natur als Schöpfung erleben"
  - Bibel und Naturwissenschaft – ein Widerspruch?
  - Natur als Thema in der religiösen Erziehung: die Welt des Kindes und die Welt der Religion
  - Die „10 Gründe für das Tischgebet mit Kindern" diskutieren: „Wo stimme ich zu? Wo nicht? Welche Gründe gibt es noch?"

Warum wir im Kindergarten mit den Kindern vor dem Essen beten.
10 Gründe für das Tischgebet:

- Die Kinder beginnen ruhig und gemeinsam mit dem Essen.
- Die Kinder stellen sich auf das Essen ein und erleben die Vorfreude darauf.
- Die Kinder können aktiv werden (v.a. bei der Verwendung eines Gebetswürfels).
- Die Kinder freuen sich am gemeinsamen Gebet und sprechen es gerne.
- Die Kinder erleben Gemeinschaft.
- Die Kinder erkennen, dass ein geregeltes Essen keine Selbstverständlichkeit ist.
- Die Kinder entwickeln eine Haltung des Dankens und der Wertschätzung.
- Die Kinder werden sensibel für die Frage nach dem „Woher" der Speisen.
- Die Kinder kennen eine altersgemäße Form, Dank auszudrücken.
- Die Kinder nehmen sich als Person wahr, die selbstständig eine religiöse Handlung ausführt.

Elternbefragung zum Thema Tischgebet:
- *„Welche Tischgebete kennen Sie?“*
- *„Was spricht nach Ihrer Meinung für das Tischgebet, was dagegen?“*
- *„Beten Sie daheim mit Ihren Kindern ein Tischgebet?“*

- Angebote unter Beteiligung von Familien und Erzieherinnen
  - Die Kinder führen das Spiel zum Sonnengesang des Heiligen Franz von Assisi vor den Eltern/Familien auf.
  - Die Eltern/Familien feiern den Erntedankgottesdienst mit.
  - Die Eltern stiften die Gaben für den Erntedanktisch im Kindergarten und ersteigern nach der Feier die einzelnen Gaben. Der Erlös kommt dem Kindergarten oder einer sozialen Einrichtung zugute.

- Eltern als „Miterzieher“
  - Mitarbeit der Eltern bei der Herstellung der Salben
  - Sammeln von Tischgebeten:
    „Welche Tischgebete kennen und schätzen Sie?“

- Einzelkontakte: Tür- und Angelsituationen
  Die Eltern
  - sehen das jeweilige Bodenbild im Gruppenraum und fragen nach.
  - betrachten die Arbeiten der Kinder, die im Gang/Eingangsbereich ausgestellt sind („Mama, schau dir mein Bild an!“).

- Informative Angebote
  - Buchausstellung zum Thema Schöpfung
  - Fotowand zu den Projekten und Aktionen
  - Info-Blätter:
    „Warum wir im Kindergarten mit den Kindern vor dem Essen beten: 10 Gründe für das Tischgebet“
    „Tischgebete mit Kindern“
    „Das religiöse Brauchtum an Erntedank“
    „Das religiöse Brauchtum der Kräuterweihe“
    „Rezepte zur Herstellung von (Heil-)Salben“

Weitere Informationen: Becker-Huberti, Manfred, http://religioeses-brauchtum.de

5.6 Vernetzungen und Bezüge

Kooperationspartner Pfarrgemeinde

- Die Kinder führen das Spiel zum Sonnengesang des Heiligen Franz von Assisi im Erntedankgottesdienst der Pfarrgemeinde vor.
- Die Erntdankfeier wird zusammen mit einem pastoralen Mitarbeiter der Pfarrgemeinde oder einem Vertreter des Kindergottesdienstteams der Pfarrgemeinde gemeinsam gestaltet und durchgeführt.
- Die Feier der Kräutersegnung wird zusammen mit einem pastoralen Mitarbeiter der Pfarrgemeinde oder dem Kindergottesdienstteam der Pfarrgemeinde gestaltet und durchführt.
- Die Kinder besuchen die Kirche, entdecken Abbildungen oder Darstellungen von

Naturelementen und fragen nach deren Bedeutung.

- Die Kinder besuchen zum Erntedankfest die Kirche und entdecken dort den Erntedankaltar.
- Die Kinder besuchen in den Exkursionen (Baumexkursion) den Pfarrgarten.
- Die Erzieherin leiht aus der Pfarrbücherei Bilderbücher zum Thema Schöpfung aus.
- Die Erzieherin leiht aus der Materialstelle der Diözese Medien zum Thema Schöpfung aus.
- Die Erzieherin lädt zum Elternabend einen Vertreter der Pfarrgemeinde als theologische Fachkraft ein.

Bezüge zum Islam

Natur und Schöpfung spielen im Islam nur eine untergeordnete Rolle. Im religiösen Leben gibt es fast keine Formen, die beides thematisieren. So wird zum Beispiel kein Erntedankfest gefeiert und es werden auch keine Pflanzen oder Tiere gesegnet. Eine Ausnahme bildet das Tischgebet, in dem Muslime Gott für die Speise danken.

Im religiösen Leben der Christen gibt es vielfältige Formen, in denen sie ihren Dank für die Schöpfung und ihre Bitten vor Gott ausdrücken. Im Vordergrund steht das Erntedankfest, aber auch Segensfeiern wie die Feier zur Kräuterweihe oder Tiersegnungen, die regional zum Teil sehr aufwendig begangenen werden (Pferdesegnung bei den Leonhardi- oder Georgiritten).

Der Koran beschreibt Gott als den Schöpfer der Welt: Er erschafft die Erde und den Himmel und alles, was dort ist. Die Schöpfung liegt Gott am Herzen: Er will, dass sie keinen Schaden nimmt und es ihr gut geht. Auch der Mensch ist ein Geschöpf Gottes. Ihm übergibt Gott die besondere Aufgabe, für die Schöpfung zu sorgen.

Das Christentum teilt mit dem Islam die schöpfungstheologische Grundüberzeugungen von Gott als dem Schöpfer und der Welt als Gottes guter Schöpfung und schließlich, dass Gott dem Menschen die Schöpfung anvertraut hat.

6 Gemeinsam Stille und Gebet entdecken

6 Gemeinsam Stille und Gebet entdecken

Menschen brauchen Stille und Gebet für ihre Psychohygiene. In besonderer Weise gilt das für Kinder. Sie sind oft hilflos einer lauten und unruhigen Welt ausgeliefert. Für ihr innerliches Wachstum brauchen sie Momente der Stille und Momente des Gebets: die Stille, um sich selbst und ihre Umwelt bewusst wahrzunehmen, und das Gebet, um sich in der Gegenwart dessen wahrzunehmen, der sich ihnen in Liebe zuwendet.

Frühkindliche religiöse Bildung und Erziehung im katholischen Kindergarten lädt Kinder ein, gemeinsam Stille und Gebet zu entdecken in

- Stille-Übungen, Fantasiereisen und Mandalas,
- dem zentralen christlichen Grundgebet, dem Vaterunser,
- der Begegnung mit ganzheitlichen Gebetsformen.

Verweise auf andere Kapitel

- Kapitel 2: Wachsen und Vertrauen in das Leben entwickeln
- Kapitel 3: Herausforderungen für Kinder heute
- Kapitel 4: Werte geben Orientierung im Alltag
- Kapitel 5: Die Natur als Gottes gute Schöpfung erleben
- Kapitel 7: Kirchliche Feste und Feiern im Jahreskreis
- Kapitel 8: Feiern, Feste und Rituale im Leben des Kindes und der Gruppe

„Wo stehe ich?“ – Fragen für die Erzieherin

- Gibt es Momente der Stille in meinem Alltag, oder umgeben mich ständig Geräusche (Radio, iPod, mp3)?
- Erlebe ich Stille als bedrohlich und verwirrend oder als angenehm und entspannend?
- Habe ich Rituale im Alltag entwickelt, die mir Stille ermöglichen?
- An welchen Orten erlebe ich Stille angenehm?
- Kenne und schätze ich bestimmte Stille-Übungen?
- Bete ich in meinem Alltag?
- Ist mir Beten vertraut oder fremd?
- Kenne und schätze ich bestimmte Gebete und Gebetsformen?
- Bevorzuge ich freies Beten oder vorgegebenes Beten? Was fällt mir leicht, was schwer?
- Bete ich lieber zusammen mit anderen und in Gemeinschaft, oder bete ich lieber alleine? Was fällt mir leicht, was schwer?

- Welche Gebetshaltungen kenne und schätze ich?
- Wie wirken betende Menschen auf mich? Nehme ich sie auch dann wahr, wenn ich selbst nicht recht beten kann? Sind betende Menschen in solchen Situationen wichtig für mich?
- Habe ich Erfahrungen im Beten mit Kindern?
- Was spricht mich beim Beten mit Kindern an? Was berührt mich innerlich beim Beten mit Kindern?
- Was tut mir beim Beten mit Kindern gut?
- Was erleichtert mir das Beten mit Kindern? Was hindert und erschwert mir das Beten mit Kindern?

6.1 Bildungsperspektiven für Kindertagesstätten und Schule

Zielperspektiven in den Bildungs- und Erziehungsplänen

Die Kinder können mit vorfindlicher Religiosität und unterschiedlichen Religionen umgehen.

Die Kinder

- setzen sich mit Besinnung und Gebet als vorfindlichen Formen der Religiosität auseinander, nehmen Unterschiede wahr und werden sich der eigenen religiös-weltanschaulichen Identität bewusst.
- nehmen Besinnung und Gebet als zentrale Elemente der christlich-abendländischen Kultur in den Blick (z. B. das Vaterunser).
- lernen den Zusammenhang zwischen dem Gebet und der Art und Weise kennen, wie ein betender Mensch sein Leben und seine Beziehung zu den Menschen gestaltet.

Die Kinder sind fähig, eigene Sinn- und Bedeutungsfragen zu artikulieren und Antwortversuche zu erproben.

Die Kinder

- nehmen das Leben nicht als Selbstverständlichkeit hin, sondern als Geschenk.
- entwickeln in Stille-Erfahrungen und Beten eine Grundhaltung des Staunens, Dankens und Bittens und entdecken dafür Ausdrucksformen.
- erkennen durch die Erfahrung von Besinnung und Gebet den Unterschied zwischen einer rein naturwissenschaftlichen Sicht auf Lebens- und Weltphänomene und einer Perspektive, die nach Sinn, Bedeutung und nach dem Woher fragt.
- beziehen Antworten auf Sinn- und Bedeutungsfragen auf das eigene Leben.

Die Kinder sind sensibel für sinnstiftende ganzheitliche Erfahrungszusammenhänge:

Die Kinder

- kennen Rituale, die das Leben strukturieren und ordnen helfen,
- kennen Erzählungen der Bibel (die Erzählung vom guten Hirten in der Fantasiereise) und liturgische Vollzüge (das gemeinsame Morgengebet) und entdecken Zusammenhänge mit dem eigenen Leben.

Der katholische Religionsunterricht in der Grundschule/Primarstufe

Allgemeine Kompetenzen:

- Sich ausdrücken und einander mitteilen
  - menschliche Grunderfahrungen wie Freude, Trauer, Hoffnung, Schuld und Vergebung sprachlich oder bildlich darstellen
  - elementare Ausdrucksformen des Glaubens verstehen und angemessen verwenden

Vgl. auch Lesehinweise zu diesem Abschnitt, S. 284.

6.2 Gemeinsam Stille entdecken

6.2.1 Hintergründe

Die Welt des Kindes

Kinder leben in einer lauten Welt: Sie sind fast pausenlos umgeben von Geräuschen und Lauten, die nicht immer angenehm sind. Ihre Welt ist ruhelos, mit schnellen Bildern und grellen Tönen, mit Bewegung und Betriebsamkeit, Aktivität und Anspannung. Im Vordergrund stehen Ablenkung und Zerstreuung, Spaß und Action. In einer solchen Lebenswelt erfahren Kinder Stille und Ruhe nur selten. Es ist schwer für sie, die Stille auszuhalten. Sie können mit ihr nichts anfangen, sind verunsichert, empfinden sie als bedrohlich oder als langweilig.

Zugleich haben Kinder eine innere Sehnsucht nach Ruhe und Stille, Sammlung und Konzentration. Diese Sehnsucht äußert sich darin, dass sich Kinder selber zu einer „Auszeit" zurückziehen. Sie zeigt sich aber auch in übersteigerter Aktivität und Unruhe, geringer Konzentrationsfähigkeit und Verhaltensauffälligkeiten.
Kinder brauchen Stille und Ruhe für ihre „Psychohygiene": um zu sich selbst zu finden, um innere Spannungen auszugleichen, um Atem zu holen, um ganz da zu sein. Maria Montessori entdeckte diese Sehnsucht, als sie mit einem Säugling auf dem Arm in die Gruppe trat. Ausgehend von dem Kind entfaltete sich eine Atmosphäre der Stille. Sie schreibt: „Was sich hier kundgab, war eine innere Übereinstimmung, geboren aus einem tief inneren Wunsch." (Montessori, 1979, S. 70 f.) Aus diesem Erlebnis entwickelte sie ihre „Übungen der Stille".

Stille ist mehr als die Abwesenheit von Tönen und Geräuschen. Stille ist eine Art und Weise, da zu sein. Sie ist der Ausdruck eines inneren Zustandes: der Sammlung, der Gelassenheit und der Aufmerksamkeit. Stille fördert eine Kultur der Entschleunigung, des Sich-Einlassens, der Konzentration und der Achtsamkeit.
Stille ist keine leere, sondern eine gefüllte Zeit: Sie ermöglicht Primärerfahrungen („Ich bin da") und ein gesteigertes Wahrnehmen von Wirklichkeit. Stille und Meditation gehen Hand in Hand: Meditative Übungen ermöglichen das Erleben der Stille, und die Fähigkeit zur Stille ist die Voraussetzung zur Meditation.
Vgl. auch Lesehinweise zu diesem Kapitel, S. 284 f.

Die Welt der Religion

Stille und Meditation sind unverzichtbare Bestandteile jeder Religion. Sie öffnen den Menschen für die innere Dimension der Wirklichkeit: Das Geistige wird wahrnehmbar, das, was über das Fass- und Sehbare hinausgeht. In der christlichen Religion bedeutet das: Die Welt wird durchsichtig („transparent") für Gott, sein Wirken und seine Gegenwart. Somit ermöglichen Stille und Meditation die religiöse Primärerfahrung, dass die Welt nicht gottlos ist, sondern dass Gott in ihr da ist. Das drücken die Worte des auferstandenen Jesus aus:

„Ich bin bei euch alle Tage bis ans Ende der Welt." *(Matthäus 28,20)*

6.2.2 Stille-Übungen

„Stille verändert unser Leben." *(Gerda und Rüdiger Maschwitz)*

Die Stille-Übungen können kleine Rituale sein, die regelmäßig durchgeführt werden und die den Gruppenalltag strukturieren. Sie können aber auch als gezielte Angebote einen größeren Zeitrahmen in Anspruch nehmen und zum Tagesthema werden. Es empfiehlt sich, die Kinder langsam und in kleinen Schritten an die Stille-Übungen heranzuführen.

Die Kinder können in den Angeboten

- sich selbst und die Dinge um sie herum verstärkt wahrnehmen,
- mit Konzentration und Achtsamkeit vertraut werden,
- Möglichkeiten des inneren Spannungsausgleichs entdecken.

Bausteine und Modelle

- Vorbereitung für gezielte Angebote:
  - Atmosphäre schaffen: Der Raum hat eine angenehm warme Temperatur und ist gelüftet. Es liegen keine ablenkenden Gegenstände herum, alles ist an seinem Platz und der Innenraum ist leer. Die Fenster sind geschlossen (Schutz vor Lärm) und abgedunkelt bzw. das Licht ist gedämpft. An der Tür ist außen ein Hinweis („Bitte nicht stören!") angebracht.
  - Innerlich vorbereiten: Die Erzieherin stimmt sich selbst auf die Übung ein. Sie hält inne und atmet durch. Sie macht sich die Ausstrahlung ihrer Stimme (ruhig und freundlich), ihres Blicks (die Kinder wahrnehmen), ihrer Bewegungen (ruhig, langsam, harmonisch), ihrer Hände (beruhigend) ... bewusst.

- Die Bereitschaft der Kinder wecken:
  - Vorlieben der Kinder entdecken: Die Erzieherin beobachtet die Kinder danach, bei welchen Tätigkeiten und in welchen Momenten die Kinder still werden und zu einer inneren Konzentration finden. Bei diesen Tätigkeiten kann sie ansetzen und Übungen entwickeln:
    Hören die Kinder gerne Geschichten? Schauen sich die Kinder gerne Bilder an? Mögen die Kinder gemeinsame Spiele? Kimspiele? Brauchen die Kinder Bewegung, um ganz bei sich zu sein?
    (Fragen nach: Maschwitz, Stilleübungen für Kinder, 1993; vgl. Lesehinweise zu diesem Abschnitt.)
  - Ritualisierungen:
    Die Erzieherin führt feststehende und immer gleich bleibende Handlungsabläufe ein:
    Sie ruft die Kinder leise und einzeln beim Namen. Das gerufene Kind setzt sich in den Stuhl- bzw. Sitzkreis.
    Die Kinder bereiten gemeinsam nach vorher vereinbarten und festgelegten Aufgaben den Raum vor und räumen ihn auf. Dazu hören sie leise Musik. Wer fertig und bereit ist, setzt sich in den Sitzkreis.
    Ein bestimmtes Symbol wird in die gemeinsame Mitte gestellt.
    Ein bestimmtes Lied wird gesungen bzw. eine Melodie wird gesummt.
    Alle recken und strecken sich, gähnen und nehmen eine bestimmte Haltung ein.

- Mich selbst (und den anderen) wahrnehmen:
  - Auf der Linie gehen: Im Raum befindet sich eine Bodenlinie. Sie kann mit einem dicken Faden oder Stoffband gelegt werden oder mit einem Klebeband fest am Boden markiert sein.
    Die Kinder gehen auf der Linie. Sie gehen langsam und achten darauf, nicht danebenzutreten. Sie können dazu ruhige Musik hören. Das achtsame Gehen kann gesteigert werden, wenn die Kinder dazu eine brennende Kerze tragen oder ein gefülltes Stoffsäckchen auf dem Kopf balancieren. Wer eine Runde gegangen ist, der setzt sich an der Linie auf den Boden.
    Die Erzieherin kann nun ein inhaltliches Angebot beginnen oder auch leise den Namen eines Kindes aussprechen. Das genannte Kind darf zum Beispiel aufstehen, leise den Raum verlassen, sich (mithilfe der Kollegin) anziehen und in den Garten gehen (oder sich die Hände waschen und zum Essen gehen).

Bei den Paarübungen ist es wichtig, die Kinder füreinander zu sensibilisieren und Regeln festzusetzen, wie die Partner miteinander umgehen sollen.

- Sich gegenseitig den Rücken massieren: Die Kinder finden sich zu zweit zusammen und setzen sich (auf dem Stuhl oder am Boden) hintereinander, sodass das eine Kind den Rücken des anderen vor sich hat. Die Erzieherin hat ebenso ein Kind vor sich und führt an ihm für die anderen Kinder die Bewegungen vor. Anschließend wechseln die Kinder.

„Der andere soll sich sicher und wohl fühlen!"

Anstelle einer „Pizza" gibt es noch andere Geschichten:

- *Das Wetter nachspielen: tröpfelnder Regen, Regengüsse, Hagel, Hin- und Herwiegen im Wind*
- *Einen Teppich reinigen: Fasern des Teppichs prüfen, Schaum auftragen und einmassieren, den Schaum ausstreichen, die Fasern wieder aufrichten, den Teppich ausklopfen*

Text	Bewegungen
„Stellt euch vor, ihr bereitet eine Pizza zu."	
„Dazu mehlt ihr erst die Arbeitsfläche ein."	Locker mit allen Fingern von oben nach unten über die ganze Rückenfläche tupfen.
„Dann knetet ihr den Teig."	Den Rücken entlang des Rückgrats von oben nach unten, von innen nach außen „kneten".
„Dann streicht ihr den Teig glatt."	Mit beiden Händen drückend mehrfach von innen nach außen, waagrecht und senkrecht über den Rücken streichen.
„Jetzt kommt die Tomatensoße drauf."	Mit beiden Händen kreisend und locker über den ganzen Rücken streichen.
„Jetzt tragt ihr das Gewürz, die Salami und den Käse auf."	Mit den Fingern über den ganzen Rücken tupfen.
„Und dann schiebt ihr die Pizza in den Ofen."	Mit beiden Händen von oben nach unten sanft über den Rücken streichen.

- Dinge um mich herum wahrnehmen: sehen, hören, fühlen, riechen, schmecken
  - Kim-Spiele.
  - Duftsäckchen herstellen.
  - Eine kurze Zeit aufmerksam hören und dann austauschen (oder malen), was ich gehört habe.
  - Einem Klang nachlauschen: Alle schließen die Augen, der Klang ertönt (Triangel, Klangschale), wer nichts mehr hört, öffnet die Augen.
  - Blind Gegenstände erfühlen und erkennen.
  - Verschiedene Getränke oder Speisen (verschiedene Brotarten) schmecken, miteinander vergleichen oder blind erkennen.

6.2.3 Fantasiereisen

„Die Arbeit mit inneren Bildern und Fantasiereisen ist eine existenzielle Methode, die den ganzen Menschen anspricht. Ihre Tiefenwirkung besteht darin, dass sie in eine Resonanz und damit in eine intensive Beziehung zu dem Menschen tritt. Fantasiereisen wollen die Erfahrungen, die in Texten und Bildern festgehalten werden, selbst ermöglichen. Das schließt ein Berührt- und Ergriffenwerden ein."
(Rüdiger Maschwitz)

Fantasiereisen sind Stille-Übungen, die Kinder in ihrer Imaginationskraft ansprechen und in denen Kinder ihre inneren Bilder entdecken und bearbeiten können.

Die Kinder können

- innere eigene Vorstellungen entwickeln, zulassen und ansehen,
- sich Unbewusstes und Verdrängtes ins Bewusstsein holen,
- Erfahrungen und Wissen anderer Menschen in einer umfassenden Weise aufnehmen.

Bausteine

- Vorbereitung:
  Wie bei den Stille-Übungen in Kapitel 6.2.2
  Die Kinder können auf (eigenen) Decken oder Matten auf dem Boden sitzen. Jedes Kind sitzt für sich und hat einen ausreichenden Abstand zu den nächsten Kindern.

Die Phasen orientieren sich an Maschwitz: Fantasiereisen, 2007, S. 77–88. Vgl. Lesehinweise, S. 285.

- **1. Phase:** Die Reise
  - Hinführung: Die Kinder werden durch Körperarbeit auf die Fantasiereise eingestimmt: Die Kinder können sich selbst zum Beispiel bewusst und achtsam von den Füßen bis zum Kopf abklopfen. Dann nehmen die Kinder eine bequeme Körperhaltung ein, in der sie über einen längeren Zeitraum bleiben können. Am besten ist es, wenn sich die Kinder (auf dem Rücken oder auf dem Bauch) hinlegen. Wichtig ist, dass die Atmung nicht behindert ist.
  - Durchführung: Die Erzieherin leitet die Kinder zu einer Fantasiereise an. Die Kinder können dazu die Augen schließen.
  - Rückführung: Die Erzieherin lädt die Kinder ein, wieder an den Ort zurückzukehren, an dem sie jetzt tatsächlich sind. Die Kinder öffnen langsam die Augen, können gähnen und sich räkeln.

„Wir kehren wieder zurück. Hier sind wir daheim. Ich spüre meine Hände und meine Füße. Ich kann meine Finger leicht bewegen."

- **2. Phase:** Ausdruck des Erlebten
  Die Kinder drücken ein bestimmtes wichtiges Bild oder die emotionale Erfahrung aus, die sie während der Reise erlebt haben. Das kann durch verschiedene kreative Techniken geschehen: freies, großflächiges Malen, freies Gestalten mit Ton oder Experimentieren mit Tönen und Melodien.
- **3. Phase:** Versprachlichung
  Die Kinder können ihre Erfahrungen (mithilfe ihres kreativen Werkstücks) mitteilen: Sie können erzählen, was sie gemalt und was sie erlebt haben. Älteren Kindern fällt diese Versprachlichung leichter als jüngeren. Es ist deswegen sinnvoll, diese Versprachlichung nicht in der Gesamtgruppe anzuregen, sondern in Kleingruppen oder im Zwiegespräch.

Das Beispiel ist eine einfache Fantasiereise, die Rüdiger Maschwitz „Fantasiegeschichte" nennt. Weitere Beispiele finden sich in: Maschwitz: Phantasiereisen zum Sinn des Lebens, 2006. Vgl. Lesehinweise, S. 285.

Der gute Hirt – eine Fantasiegeschichte zum Thema Vertrauen und Geborgenheit

Im Folgenden ist nur die Durchführung der „Reise" beschrieben. Der Inhalt folgt dem Motiv des guten Hirten, das in der Bibel (Johannes 10,1–18) auf Jesus gedeutet wird: Jesus ist der gute Hirte.

Die Erzieherin spricht: *„Stell dir vor, du bist in einem kleinen Dorf. Es ist früher Morgen. In dem Dorf gibt es nur wenige Häuser. Bei einem Haus ist ein Zaun aus Holz. Der Zaun zäunt einen Platz ein. Darin stehen Schafe. Die Menschen nennen das eine Schafhürde.*
Ein Mann kommt. Er ist der Hirte der Schafe. Er geht an dem Haus vorbei zur Schafhürde. Er macht das Tor auf. Er schaut auf die Schafe, und die Schafe schauen zu ihm. Er kennt jedes einzelne Schaf und ruft jedes beim Namen. Die Schafe kennen seine Stimme. Stell dir vor: Alle Schafe folgen seinem Ruf und gehen aus der Hürde hinaus. Er geht den Schafen voran, und die Schafe folgen ihm. Manchmal dreht sich der Hirte um und schaut die Schafe an. Er kennt alle seine Schafe. Er weiß, was jedes von ihnen gerne frisst, welches Schaf langsam geht und welches Schaf gerne läuft. Der Hirte ist ganz für seine Schafe da. Die Schafe gehen gerne mit ihm auf die Weide.

Der Tag hat erst begonnen. Das Gras ist noch nass vom Tau. Der Hirte führt die Schafe von einer Weide zur nächsten. Er geht langsam, damit alle Schafe mitkommen und damit die Schafe auch beim Gehen knabbern und fressen können.
Mittags steht die Sonne hoch am Himmel. Es ist sehr heiß. Der Hirte führt seine Schafe auf einen schattigen Platz. Dort sind Bäume, in deren Schatten sich die Schafe legen können. Dort können sie sich ausruhen und schlafen. Es tritt Stille ein.
Langsam lässt die Mittagshitze nach. Jetzt stehen alle wieder auf. Der Hirte führt die Schafe zurück nach Hause. Die Schafe folgen ihm. Sie wissen: Jetzt bringt er uns ans frische Wasser.
Am Brunnen schöpft der Hirte Wasser für alle Schafe. Er zählt alle Schafe und weiß, dass alle wieder daheim sind.“

Alternativer Schluss:
„Der Hirt zählt alle seine Schafe. Er zählt einmal und ein zweites Mal. Dann weiß er: Ein Schaf fehlt. Sofort macht er sich auf den Weg und sucht das Schaf. Irgendwann hört er ein leises Blöken. Er kennt die Stimme. Stell dir vor: Er findet das Schaf. Der Hirt nimmt es auf seine Schultern und trägt es nach Hause zurück. Beide sind glücklich.“

Fantasiereise nach Musik

Die Kinder hören ein instrumentales Musikstück, das ihre Fantasie anregt. Jeder sucht sich einen angenehmen Ort, an dem er „ganz Ohr“ sein kann.

„Wir hören eine Musik. Die Musik erzählt uns eine Geschichte.“ Die Erzieherin kündigt mit wenigen Worten die Themen und Motive der Musik an: *„Sie erzählt uns von … Ich bin gespannt, was ihr hört. Schließt eure äußeren Augen und öffnet eure inneren Augen. Schaut mit ihnen die Bilder, welche die Musik in euch weckt. Vielleicht ist es sogar eine ganze Geschichte.“*

Geeignet ist themenbezogene Musik, wie z. B. Der Karneval der Tiere von Camille Saint-Saens (die Erzieherin kann die Zwischentexte lesen), Die Moldau von Bedrich Smetana, Die vier Jahreszeiten von Antonio Vivaldi, die Musikalische Schlittenfahrt von Leopold Mozart oder meditative Naturmusik (z. B. eine Waldlichtung).

6.2.4 Mandalas entdecken

Das Wort „Mandala" kommt aus dem Altindischen und bezeichnet ein kreisförmiges, religiöses Meditationsbild.

„Der Kreis ist jene Grundgestalt, welche uns verbindet und auf die Mitte hin zentriert."
(Winfried Seipolt)

Mandalas sind einfache Kreisbilder, die eine deutliche Mitte haben.
Sie bestehen aus abstrakten Linien oder aus gegenständlichen Figuren. Die Motive gruppieren sich dabei konzentrisch um die Mitte. Besondere Mandalas sind Spiralen und Labyrinthe.

Die Kinder

- erleben Ruhe und Stille, entwickeln Ausgeglichenheit und Konzentration.
- nehmen eine Struktur wahr, die aus der Mitte heraus geordnet ist.
- nehmen die eigene innere Mitte wahr.

Bausteine

Die Erzieherin stellt eine ruhige und angenehme Atmosphäre her.

Mandalas
- *machen Freude,*
- *schauen (fast) immer schön aus,*
- *drücken eine Ordnung aus,*
- *haben eine Mitte,*
- *umfassen die Bewegungen von innen nach außen, von außen nach innen, von der Mitte zum Rand, vom Rand zur Mitte,*
- *drücken Fülle und Ganzheit aus.*

- **Mandalas ausmalen**
  Die Erzieherin kopiert zwei bis drei Mandalamotive in ausreichender Größe. Die Kinder wählen aus den Motiven eines heraus und malen es aus. Anschließend betrachten die Kinder gegenseitig ihre Mandalas und tauschen sich über Gemeinsamkeiten und Unterschiede aus.
  Die Mandalas können zu einer Musik oder einer Geschichte ausgemalt werden. Die Kinder hören zuerst die Musik oder die Geschichte. Sie wählen das Mandala aus, das für sie dazu passt, und malen es entsprechend aus. Wenn die Kinder ihre Mandalas gegenseitig betrachten, können sie äußern, wie sie die gewählte Form des Mandalas und die gewählten Farben an die jeweils gehörte Musik oder Geschichte erinnert.

- **Mandalas selbst gestalten**
  Mandalas können selbst gemalt werden. Dazu ist es hilfreich, den Kindern die grundlegende Kreisform und den Mittelpunkt bereits kopiert vorzugeben. Das ist jedoch nur für ältere Kinder geeignet.

Mandalas können aus vielen verschiedenen Gegenständen gelegt oder geklebt werden. Besonders geeignet sind Naturmaterialien wie farbige Steine, getrocknete Gräser, Blumen, Nüsse, Hülsenfrüchte (Bohnen, Linsen), Baumfrüchte (Zapfen, Bucheckern), Getreidekörner, Samenkörner. Durch das Legen des Mandalas können Naturbeobachtungen und -erfahrungen meditativ vertieft werden.
Mandalas können auch als Wollbilder gefertigt werden, indem ein oder mehrere Wollfäden um Nägel gespannt werden, die auf ein Holzbrett angebracht sind.

- **Mandalas entdecken**
  Die Kinder können in der Natur vielfältige Mandalas entdecken: die Wasserwellen, wenn ein Stein ins Wasser fällt, die Musterung einer Baumscheibe, der Aufbau einer Blüte (z. B. eines Gänseblümchens).

Auf dem Buchmarkt oder im Internet gibt es zahlreiche Vorlagen zu Mandalas.

- **Mandalas als thematische Bodenbilder**
  Bodenbilder sind Bilder, die durch Legen von Materialien bei der Erarbeitung eines Themas gestaltet werden. Sie bilden das Thema und den Erarbeitungsprozess ganzheitlich ab. Dabei können die Kinder durch das Legen einzelner Materialien aktiv beteiligt werden.
  Voraussetzungen:
  - Raumgestaltung: genügend Platz, sauber, aufgeräumt.
  - Positive Atmosphäre.
  - Freiwilligkeit: Kein Kind sollte gezwungen werden, sich bei der Gestaltung aktiv zu beteiligen.
  - Achtsamkeit mit dem Legematerial.
  - Klare und strukturierte Organisation der Handlungsabläufe, damit kein Durcheinander entsteht.
  - Es ist schön, das gestaltete Bodenbild zu fotografieren und als Erinnerung in die Mappe der Kinder zu legen.

- **Einsatzmöglichkeiten:**
  - Gestaltung religiöser Feste, z. B. Obst- und Früchtemandala zum Erntedankfest, Wegmandala (z. B. als Spirale) zum Advent (der Weg nach Bethlehem) oder zur Vorbereitung auf Ostern (der Weg nach Jerusalem, der Weg nach Emmaus)
  - Veranschaulichung biblischer Geschichten (z. B. Schöpfungserzählung, Erzählung vom guten Hirten) oder religiöser Sinngeschichten (z. B. Sterntaler)
  - Veranschaulichung religiöser Grundaussagen (z. B. Jesus unsere Mitte)

6.3 Gemeinsam beten

„Lieber Gott, ich danke dir für den schönen Tag. Besonders gefallen hat mir, dass ich mit meiner Freundin gespielt habe. Amen."

(Sophia, 5 Jahre).

6.3.1 Hintergründe

Die Welt des Kindes

Beten bedeutet für Kinder eine Möglichkeit der „Psychohygiene": Sie sammeln sich und kommen zur Ruhe. Sie drücken sich selbst und ihre Freuden, aber auch ihre Sorgen und Ängste aus und teilen sie mit. Die Kinder nehmen sich selbst und ihre Situation wahr und entdecken, dass sie nicht allein sind: Sie entdecken, dass sie sich an jemanden wenden können, dem sie sich grenzenlos anvertrauen können und der es gut mit ihnen meint.
Kinder verarbeiten und bewältigen dadurch ihre Situation und ihre Erfahrungen. Sie ordnen ihre Erlebnisse ein und deuten sie. So finden sie eine innere Balance und Orientierung. Im Beten nehmen Kinder Vertrauen, Halt und Schutz wahr.
Kinder beten anders als Erwachsene. Sie leben noch in einem unmittelbaren und konkreten Glauben. Sie rechnen deshalb mit der direkten Anwesenheit Gottes und wenden sich an Gott mit konkreten Bitten und Vorstellungen. Kleine Kinder haben Schwierigkeiten mit verbalen Gebeten und äußern ihre Gebete in ganzheitlichen Ausdrucksformen.

Die Welt der Religion

Beten ist der zentrale Ausdruck des Glaubens. Im Gebet wendet sich der Gläubige Gott zu und vergegenwärtigt sich seine Nähe. Es geschieht eine Begegnung zwischen Gott und Mensch, die getragen und durchdrungen ist von der Liebe Gottes. Diese Liebe nimmt der Betende wahr. Er genießt sie und findet in ihr schließlich Zuspruch, Trost und Halt.
Eine solche unmittelbare Gotteserfahrung tritt nicht bei jedem Gebet ein, und erst recht erfahren dies nicht solche Menschen, die zwar an Gott denken, ihm ihre Anliegen, Freudiges und Leidvolles, vortragen wollen, aber nicht recht wissen, wie sie dies anstellen, wie sie eigentlich beten sollen. Doch allein schon ein solches Bedürfnis danach, dass Gott einen hört, dass er weiß, wie es um einen steht, ist eine Form des Gebets.

Christen wissen, dass sie in ihrem Gebet nicht auf sich selbst gestellt sind. Sie sind getragen von Jesus selbst, wenn sie sich an ihm orientieren (wie Jesus beten), wenn sie an seinem Beten teilhaben (mit Jesus beten) und wenn sie in seinem Geist, dem Heiligen Geist, beten (in Jesus beten).
Christen beten oft auch in Gemeinschaft mit anderen Christen – in der Familie, im Kindergarten, im Freundeskreis, in einer Gebetsgruppe, beim Gottesdienst, in der Gemeinde.
Beim Beten werden vorformulierte Gebete nachgesprochen, oder es wird frei formuliert. Beten geschieht aber nicht nur mit Worten. Es gibt darüber hinaus noch andere Ausdrucksformen: tanzen, singen, malen, kreativ gestalten oder rituelle Symbolhandlungen. Aber auch das gesprochene Gebet ist nicht ohne Bewegung. Der Betende betet immer mit dem ganzen Körper: Er sitzt, steht, kniet oder liegt, er hat die Hände gefaltet, die Finger ineinander verschränkt oder die Hände erhoben. Jede Haltung

bedeutet einen anderen Ausdruck: Verehrung (knien), Konzentration und Sammlung (sitzen), Bereitschaft (stehen), Demut (auf dem Bauch liegen).
Im Gebet bringt der Betende sich selbst und seine Situation vor Gott zum Ausdruck. Er teilt Gott seine Freude und sein Staunen mit, aber auch seine Sorgen, seine Anliegen und schließlich seinen Kummer und seine Verzweiflung. Dementsprechend gibt es das Dank- und das Lobgebet, das Bitt- und das Klagegebet.
Besondere Bittgebete sind das Fürbittgebet und das Segensgebet. Im Fürbittgebet solidarisiert sich der Betende mit den anderen, für die er betet. Er kennt deren Not und Schwierigkeiten und bittet Gott um Beistand. Im Segensgebet bittet der Betende Gott um seinen Segen für einen anderen Menschen.
Vgl. die Lesehinweise zu diesem Abschnitt.

Das Vaterunser im Lukasevangelium:
„Vater, dein Name werde geheiligt, dein Reich komme. Gib uns täglich das Brot, das wir brauchen. Und erlass uns unsere Sünden, denn auch wir erlassen jedem, was er uns schuldig ist. Und führe uns nicht in Versuchung.“
(Lukas 11,2–4)

6.3.2 Vaterunser

Das Vater Unser ist das zentrale Grundgebet. Es wird in jeder Konfession gebetet und verbindet alle Christen miteinander. Es stammt von Jesus selbst. Als ihn die Jünger fragen, wie sie beten sollen, spricht er es ihnen vor. In der Bibel ist es in zwei Textfassungen festgehalten, die voneinander abweichen. Die heute gebrauchte Form des Gebets unterscheidet sich von den biblischen Fassungen und ist das Ergebnis eines nachfolgenden geschichtlichen Entwicklungsprozesses.

Das Vaterunser im Matthäusevangelium:
„Unser Vater im Himmel, dein Name werde geheiligt, dein Reich komme wie im Himmel, so der Erde. Gib uns heute das Brot, das wir brauchen. Und erlass uns unsere Schulden, wie auch wir sie unseren Schuldnern erlassen haben. Und führe uns nicht in Versuchung, sondern rette uns vor dem Bösen.“
(Matthäus 6,9–13)

Die Kinder

- kennen das Gebet,
- können das Gebet verbal und/oder nonverbal mitbeten,
- entdecken einen eigenen Bezug zu den einzelnen Gebetsbitten.

Baustein A: das Vaterunser mit Gesten beten

Die Gesten übersetzen die Aussagen des Vaterunsers in Bewegungen. Diese Bewegungen können alle Kinder mitvollziehen, auch die Kinder, denen das Mitsprechen schwerfällt. Die Gesten erleichtern zudem das Verständnis der einzelnen Aussagen. Die Erzieherin stellt die Gesten den Kindern vor oder erarbeitet selber Gesten mit den Kindern.

Die Kinder stehen im Kreis, ohne Handfassung und mit genügend Abstand voneinander. Damit die Bewegungen sinnvoll zu den Aussagen ausgeführt werden können, muss sehr langsam und mit Pausen gesprochen werden.

Text	Bewegungen
„Vater unser im Himmel	Die geöffneten Hände nach oben führen.
geheiligt werde dein Name,	Sich mit erhobenen Händen verneigen.
dein Reich komme, dein Wille geschehe	Sich wieder aufrichten.
wie im Himmel	Mit der rechten Hand nach oben weisen.
so auf Erden.	Mit der linken Hand nach unten weisen.

Unser tägliches Brot gib uns heute	Beide Hände zusammenführen und auf Brusthöhe zu einer Schale formen.
und vergib uns unsere Schuld,	Die Hände vor der Brust überkreuzen.
wie auch wir vergeben unseren Schuldigern	Die Hände lösen und sich mit den Nachbarn verbinden.
und führe uns nicht in Versuchung,	Die gefassten Hände nach oben führen.
sondern erlöse uns von dem Bösen.	Die Hände lösen und öffnen.
Amen."	Die Hände nach unten führen.

Baustein B: „Vater im Himmel" singen

Material: *Bodentuch, Gotteskerze*

Die Erzieherin versammelt die Kinder im Stuhlkreis. In der Mitte ist ein Tuch ausgebreitet, auf dem die brennende Gotteskerze steht.

Die Erzieherin sagt: *„Heute erzähle ich euch von einem Vater. Es ist kein normaler Vater, sondern ein ganz besonderer Vater. Manche von euch kennen ihn schon. Wie ist ein besonderer Vater? Woran erkennt man einen besonderen Vater?"* Die Erzieherin sammelt die Antworten der Kinder.

Die Erzieherin: *„Über den besonderen Vater, von dem ich euch erzählen möchte, erzählt ein Lied. Das Lied möchte ich mit euch singen."*

Die Erzieherin singt den Refrain des Liedes *„Wenn ich Vater sage"* vor und wiederholt ihn mit den Kindern.

Wenn die Kinder das Vaterunser bereits kennen, erinnert die Erzieherin die Kinder daran. (*„Kommt euch das bekannt vor? Wer kann sich erinnern?"*)

- Die Erzieherin spricht im Folgenden jeweils den Text der Strophe vor. Sie macht dazu Bewegungen:
  - Haus: Mit den Händen ein Dach über den Kopf bilden.
  - Licht: (Nachdem sie die Kinder gefragt hat, an welches Licht sich die Kinder erinnern.) Auf die Gotteskerze zeigen.
  - Brot: Die Hände zu einer Schale formen.
  - Hand: Die Hände ineinanderlegen.
  - Liebe: Die Hand auf das Herz legen.
- Nachdem sie den Kindern die Strophe vorgesprochen hat, fragt sie die Kinder nach ihren Assoziationen:
  - *„Welches Haus? Wie sieht das Haus aus? Ist es hell? Ist es dunkel? Hat es Fenster und Türen?"*
  - *„An welches Licht erinnere ich mich? Welches Licht fällt mir ein?"*
  - *„Wann schmeckt mir Brot am besten?"*
  - *„Bei wem gehe ich gerne an der Hand?"*
  - *„Wer umarmt mich? Wie fühle ich mich dann? Von wem möchte ich gerne umarmt werden? Wer denkt an mich? Wer soll an mich denken?"*
- Nach dem kurzen Dialog singt sie jeweils die Strophe vor und wiederholt sie mit den Kindern. Nach jeder neuen Strophe singt sie das Lied noch einmal von Beginn und wiederholt mit den Kindern alle vorherigen Strophen.

Baustein C: Das Vaterunser gestalten

- Die Kinder malen frei ihre Assoziationen, die im Zusammenhang mit dem Lied geweckt werden.
- Die Kinder malen ein Vaterunser-Mandala aus.
- Die Kinder gestalten selbst ein Vaterunser-Mandala, indem sie die Motive aus dem Lied ausschneiden und in einen vorgegebenen Kreis kleben.
- Die Kinder gestalten eine Kerze mit Motiven aus dem Lied (Haus, Hand, Herz).

Vaterunser-Mandala (siehe auch Anhang, S. 302)

6.3.3 Gemeinsames Morgengebet

„Jedem Anfang wohnt ein Zauber inne." *(Hermann Hesse)*

Der Beginn eines neuen Tages stellt einen Übergang dar, den Kinder immer wieder neu erleben. In Übergängen ereignen sich Veränderungen, die herausfordern und bewältigt werden müssen. Wenn das Kind den Kindergarten betritt, wird es zum Kindergartenkind. Seine Identität verändert sich, und es muss Aufgaben kompetent bewältigen. Gefühle entstehen (individuelle Bewältigungsebene), Beziehungen werden wieder aufgenommen oder neu geknüpft (interaktionale Bewältigungsebene), der Lebensraum verändert sich, das Kind tritt aus dem Elternhaus in ein neues Haus mit anderen Regeln (kontextuelle Bewältigungsebene).

Die Kinder

- nehmen den Tagesbeginn als Situation wahr, auf die sie sich vertrauensvoll einlassen können.
- äußern ihre Wünsche und Erwartungen.
- nehmen den neuen Tag als wertvolles Geschenk wahr und finden zu einer Haltung des Danks.

Baustein A

Material
Gotteskerze, Triangel, Glocke o. Ä.

Begrüßungslieder:
- *Wir rufen dich bei deinem Namen*
- *Hallo, ich grüße dich*
- *Viele, viele Kinder haben sich versammelt*
- *Ich grüße dich, du grüßt auch mich*
- *Vom Aufgang der Sonne*

Die Erzieherin (oder ein Kind) gibt ein bestimmtes Signal (Anschlagen einer Triangel, eine kleine Glocke o. Ä.), auf das hin jedes Kind seine momentane Tätigkeit verlässt und sich wie alle anderen im Kreis versammelt.

- Ein Kind entzündet die Gotteskerze.
- Alle singen ein Begrüßungslied.
- Die Erzieherin ruft die Kinder einzeln beim Namen und stellt mit den Kindern zusammen fest, wer heute fehlt.
- Die Kinder können kurz sagen, worauf sie sich heute freuen und was sie heute gerne machen wollen.
- Die Kinder nehmen sich bei den Händen und werden still. Sie schauen auf die Gotteskerze.
- Erzieherin: *„Unsere Gotteskerze leuchtet. Wir wissen, dass Gott bei uns ist. Wir beten zu ihm:*
  Guter Gott,
  alle Kinder, du und ich,
  danken dir und bitten dich:
  Bleib bei uns und schenk uns Freude,
  jeden Tag und auch heute.
  Amen."
- Ein Kind löscht die Gotteskerze aus und alle Kinder kehren zu ihren Tätigkeiten zurück.

Baustein B: Als Alternative für das Gebet in Baustein A bietet sich folgender Segensgruß an:

- Die Erzieherin wendet sich dem Kind zu, das neben ihr ist, und nimmt seine beiden Hände in ihre Hände. Dazu spricht sie: *„(Name des Kindes), Gott schenke dir einen guten Tag!"*
- Das Kind gibt diesen Segensgruß an sein Nachbarkind weiter, das wiederum dasselbe bei seinem anderen Nachbarn macht. Der Gruß durchläuft so die ganze Gruppe, bis er wieder bei der Erzieherin angekommen ist. Kinder, denen es schwerfällt die Worte zu wiederholen, geben nur die Geste weiter.
- Abschließend nehmen sich alle an den Händen und sagen zusammen: *„Amen."*

Baustein C

Material:
Bodentuch, flache und weite Schale, die mit Wasser gefüllt ist, ausgeschnittene, bunte Papierblumen, Glockenspiel

- Vorbereitung
  Die Kinder sind im Kreis versammelt. In ihrer Mitte ist auf einem Bodentuch eine flache und weite Schale, die mit Wasser gefüllt ist. Um sie herum sind die gefalteten Papierblumen gestreut.

Papierblumen (siehe Anhang, S. 305)

- Durchführung

Erzieherin: *„Heute früh bin ich schon durch den Garten gegangen. Ich habe dort die Blumen gesehen. Die Blumen haben noch geschlafen. Was tun Blumen, wenn sie schlafen? Wie sieht das aus? Kann man das sehen, dass sie schlafen?“*
Kinder: „Ihre Blüten sind verschlossen.“
Erzieherin: *„Wie schaut das aus? Wer kann mir das zeigen?“*
Alle ahmen eine geschlossene Blüte nach.
Die Erzieherin spielt auf dem Glockenspiel die Melodie des Liedes „Wenn die Sonne aufsteigt“.
Erzieherin: *„Und dann kam die Sonne. Sie bringt Licht und Wärme.“*
Die Erzieherin singt die erste Strophe des Liedes und wiederholt sie mit den Kindern.
Erzieherin: *„Was tun die Blumen, wenn die Sonne Licht und Wärme bringt?“*
Kinder: „Sie öffnen ihre Blüten.“
Die Erzieherin singt die zweite Strophe vor und wiederholt sie mit den Kindern.
Erzieherin: *„Öffnen sich nur die Blumen, wenn Licht und Wärme kommt? Es öffnen sich auch die Menschen.“*
Die Erzieherin singt die dritte Strophe vor und wiederholt sie mit den Kindern.
Erzieherin: *„Es ist noch ganz früh an diesem Tag. Ich habe euch Blütenknospen mitgebracht. Sie sind aus Papier. Ich habe sie um unsere Schale gelegt. Sie sind noch ganz verschlossen. Sie erinnern uns an die Menschen, die sich noch öffnen dürfen. Wenn wir sie ins Wasser legen, dann können sie sich öffnen. Jeder darf eine Blüte nehmen und sie ins Wasser legen. Ich rufe euch dazu einzeln beim Namen.“*
Die Kinder legen nacheinander einzeln die Papierblüten ins Wasser und schauen in Stille zu, wie sie sich öffnen.
Wenn sich alle Blüten geöffnet haben, spricht die Erzieherin das Gebet:
„Guter Gott,
Du schenkst uns diesen neuen Tag.
Wenn wir unsere Herzen öffnen, können wir dein Geschenk annehmen.
Darum bitten wir.
Amen.“
Die Kinder können auch die einzelnen Sätze des Gebets nachsprechen. Zusammen singen und tanzen alle das Lied „Vom Aufgang der Sonne“.
Die Papierblumen werden aus dem Wasser genommen und getrocknet. Sie können
– den Kindern, wenn sie abgeholt werden, als Erinnerung zum Abschied überreicht werden.
– in die Mitte eines Bildes geklebt werden, auf dem die Kinder malen, was sie alles an diesem Tag machen werden (möchten) bzw. was sie gerne machen.

6.3.4 Mit Liedern und Tänzen beten

„Wer singt, betet doppelt.“ *(Augustinus)*

Lieder und Tänze sind eine besondere Form des Gebets. Kinder können sehr leicht und sehr schnell mitmachen und mitsingen.

Die Kinder

- drücken ihre Freude über Gott, ihr Lob und ihren Dank an Gott ganzheitlich aus.
- kennen Formen ganzheitlichen Betens.
- bauen einen positiven Bezug zum Gebet auf.

Vom Aufgang der Sonne bis zu ihrem Niedergang

Der Kanon zitiert den Psalm 113 (Vers 8).
Die Kinder stehen im Kreis ohne Handfassung.

„Vom Aufgang der Sonne	*bis zu ihrem Niedergang*	*sei gelobet der Name des Herrn,*	*sei gelobet der Name des Herrn!"*
Die Fingerspitzen links vom Boden aus bis über den Kopf führen.	Die Fingerspitzen rechts zum Boden führen.	Sich aufrichten und in die Hände klatschen.	Sich mit seitlich erhobenen Händen einmal um die eigene Achse drehen.
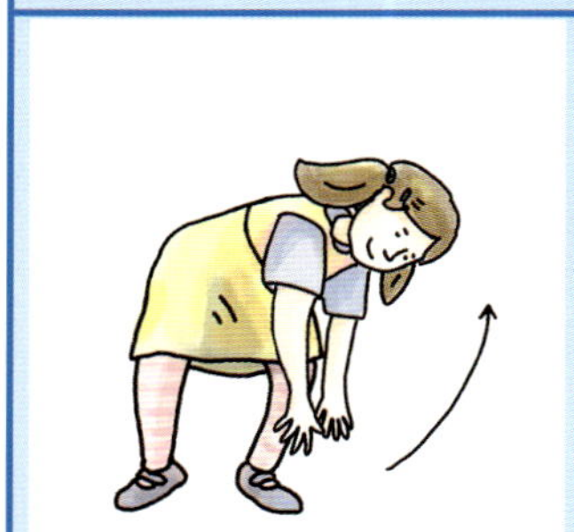			

Lobet und preiset ihr Völker den Herrn

Der Kanon zitiert den Psalm 67 (Vers 4–6).
Die Kinder stehen im Kreis ohne Handfassung.

„Lobet und preiset ihr Völker den Herrn!	*Freuet euch seiner und dienet ihm gern!*	*All ihr Völker, lobet den Herrn!"*
(Vier) kleine Schritte in die Kreismitte machen, dabei die Arme heben und die Hände über den Kopf führen.	Sich in (vier) kleinen Schritten mit erhobenen Händen um die eigene Achse drehen.	(Vier) kleine Schritte rückwärts in die Ausgangsposition machen, dabei die Arme nach unten senken.

Lasst uns miteinander singen, loben, danken dem Herrn

Die Kinder stehen paarweise im Kreis und schauen in die Tanzrichtung (Uhrzeigersinn).

Lasst uns miteinander, lasst uns miteinander	*singen, loben, danken dem Herrn!*	*Lasst es uns gemeinsam tun:*	*Singen, loben, danken dem Herrn!*
Paarweise und mit Handfassung im Kreis (Uhrzeigersinn) gehen.	Die Paare lösen die Handfassung, wenden sich einander zu und klatschen sich im Rhythmus der Melodie achtmal gegenseitig in beide Hände.	Die Paare geben sich beide Hände und drehen sich im Ringelreihen.	Die Paare lösen die Handfassung und klatschen sich wieder gegenseitig in die Hände.

Singen, loben, danken dem Herrn!	*Singen, loben, danken dem Herrn!*	*Singen, loben danken dem Herrn!*	*Singen, loben, danken dem Herrn!*
Alle Kinder fassen sich zu einem großen Kreis an den Händen und gehen im Takt nach rechts.	Die Kinder wechseln die Richtung und gehen im Takt nach links.	Die Handfassung lösen und sich um die eigene Achse drehen.	Nach dem Rhythmus der Melodie achtmal in die eigenen Hände klatschen.

Wo zwei oder drei in meinem Namen versammelt sind

Der Kanon zitiert einen Ausspruch Jesu (Matthäus 18,20)
Die Kinder stehen paarweise mit beidseitiger Handfassung.

Wo zwei oder drei in meinem Namen versammelt sind,	*da bin ich mitten unter ihnen.*	*Wo zwei oder drei in meinem Namen versammelt sind,*	*da bin ich mitten unter ihnen.*
Die Paare drehen sich nach dem Uhrzeigersinn im Ringelreihen.	Die Paare wechseln die Richtung. Die Paare lösen sich auf und werden zu Dreiergruppen. Die drei Kinder bilden jeweils einen kleinen Kreis und fassen sich an den Händen.	Die Dreiergruppen drehen sich nach dem Uhrzeigersinn im Ringelreihen.	Die Dreiergruppen wechseln die Richtung.

Magnificat

Der Kanon zitiert das Lobgebet Marias, das sie bei ihrer Begegnung mit Elisabeth spricht (Lukas 1,46). Der lateinische Text heißt übersetzt: „Meine Seele preist die Größe des Herrn."

Die Kinder stehen im Kreis ohne Handfassung.

Magnificat,	*magnificat,*	*magnificat anima mea Dominum!*
Die Hände (offen mit den Handflächen nach oben) auf Kopfhöhe führen.	Die Hände ebenso (Ellbogen leicht angewinkelt) auf Brusthöhe senken.	In die Hocke gehen und sich entsprechend zur Melodie wieder aufrichten, die Hände in der gleichen Haltung mitführen.

Magnificat,	*magnificat,*	*magnificat,*	*anima mea.*
Die Kinder geben sich im Kreis die Hand und gehen nach rechts.	Die Kinder wechseln die Richtung und gehen nach links.	Die Kinder gehen zwei Schritte nach innen.	Die Kinder gehen rückwärts wieder zwei Schritte nach außen in die Ausgangsstellung zurück.

Wir singen alle Hallelu

Hallelu (eigentlich Halleluja) kommt aus dem Hebräischen und bedeutet „Lobet Jahwe“ (der jüdische Gottesname im Alten Testament).
Die Kinder stehen oder sitzen im Kreis. Sie singen die erste Strophe. Bei den einzelnen Strophen führen sie die jeweilige Bewegung aus.

Klatscht in die Hände

Die Kinder stehen im Kreis ohne Handfassung.

Klatscht in die Hände, lobet Gott! *Klatscht in die Hände, lobet Gott!*	*Lobet Gott! Lobet Gott!*	*Lobet Gott! Lobet Gott!*
In die Hände klatschen.	Hände fassen und nach rechts gehen.	Die Richtung wechseln und nach links gehen.

Bei den nächsten Strophen führen die Kinder die jeweilige Bewegung aus: Schnalzt mit den Fingern, …; stampft mit den Füßen, …; dreht euch im Kreise, …

6.3.5 Frei beten

„Sorgt euch um nichts, sondern bringt in jeder Lage betend und flehend eure Bitten mit Dank vor Gott!“ *(Philipper 4,6)*

Im freien Beten kann sich der Betende mit eigenen Mitteln selber ausdrücken: Er findet seine eigenen Worte, seine eigenen Zeichen und seine eigenen Gesten. Kinder brauchen dazu Anregungen und einen vorbereiteten und geschützten Handlungsrahmen.

Die Kinder

- finden eigene Ausdrucksformen und -weisen des Gebets.
- bauen religiöse Ausdruckskompetenz auf.
- entwickeln religiöse Autonomie.

Bausteine

Freies Beten geschieht gemeinsam, bei gemeinsamen Gebetsanlässen (z. B. gemeinsames Gebet am Morgen oder zum Abschluss des Tages), oder als Baustein thematischer Angebote und Aktivitäten. Freies Beten kann aber auch individuell und einzeln geschehen. Dazu brauchen Kinder Anregungen. Sinnvoll ist die Gestaltung einer „Gebetsecke“ oder einer „Stille-Ecke“. Dort kann sich das Kind während der Freiarbeit individuell zurückziehen und mithilfe des Freiarbeitsmaterials eigene Gebetsformen entwickeln.

- **Freies Gebet mit Worten**
  Das freie Gebet mit Worten setzt Sprachkompetenz und verbale Ausdrucksfähigkeit voraus. Um Kindern dieses Beten zu ermöglichen, ist es hilfreich, freies Beten regelmäßig anzuregen und zu wiederholen, den Gebetsablauf zu ritualisieren, d. h. mit gleichbleibenden Elementen (z. B. Einleitung und Abschluss des Gebets; Handlungen und Gebetsrufe) zu unterstützen und einen inhaltlichen Rahmen anzubieten.
  - *„Lieber Gott, wir danken dir für den schönen Tag. Wofür wollen wir danken? Was war heute schön?“* Die Kinder äußern ihre Erinnerungen. Dazwischen sagen alle „Lieber Gott, wir danken dir“ oder singen „Für all das woll'n wir unserm Gott unser Danke sagen“.
  - Die Kinder äußern Bitten oder Dank. Dazwischen singen sie „Du bist das Licht, Halleluja“. Sie können dazu auch ein Teelicht entzünden und abstellen (etwa um die Gotteskerze herum).
  - Die Kinder variieren den Gebetsruf „Du bist das Licht“, z. B. „Du bist die Wärme“.

- **Freies Gebet mit Gesten**
  - Eine Kerze anzünden und abstellen, z. B. das Kind für sich in der Stille- oder Gebetsecke (Das Kind sollte in einer solchen Situation von der Erzieherin begleitet werden.) oder gemeinsam mit der Erzieherin und anderen Kindern, wenn ein thematisches Bodenbild gestaltet wird, wenn die Kinder bei einem Kirchengang eine Kerze beim „Opferstock" entzünden („Du kannst dabei an einen Menschen denken, der dir nahesteht"), wenn Kerzen am Adventskranz entzündet werden.
  - (Religiöses) Meditationsbild in Stille anschauen.
  - Einen religiös wahrgenommenen Gegenstand berühren, mit den Fingern nachfahren oder umfassen (z. B. ein Bild, ein Kreuz, eine Statue, einen Baum o. Ä.).
  - Einen religiös wahrgenommenen Ort bewusst begehen, z. B. den Kirchenraum, oder umgehen, z. B. ein Bodenbild, einen Baum o. Ä.

- **Freies Gebet im kreativen Gestalten**
  - Gemeinsam oder individuell eine Kerze gestalten.
  - Freies Malen.
  - Mandala oder ein thematisch orientiertes Bild ausmalen bzw. schneiden und kleben.
  - Blumen stecken (in der Stille- oder Gebetsecke).
  - Die Gebets- oder Stilleecke thematisch oder frei gestalten (mit Tüchern, Legematerial, Blumen, Bilder u. Ä.).

6.4 Eltern*mit*arbeit

- **Angebote unter Beteiligung von Eltern und Erzieherinnen**
  - Gruppenelternabend zum Thema „Gebet und Stille in einer lauten Welt"
  - Elternbefragung und Austausch zum Thema Gebet:
    - *„Beten Sie daheim mit Ihren Kindern? Wie beten Sie? Welche Gebete beten Sie?"*
    - *„Was ist Ihnen beim Beten mit Kindern wichtig?"*
    - *„Was erleben Sie beim Beten mit Kindern als hilfreich? Was als hinderlich?"*
    - *„Was befürchten Sie beim Beten mit Kindern? Was möchten Sie vermeiden?"*
    - *„Wenn Sie daheim nicht beten – welche Gründe gibt es dafür? Lehnen Sie beten mit Kindern generell ab? Oder wissen Sie nicht so recht, wie Sie dies praktizieren sollen? Oder gibt es einfach keinen Raum zum Beten bei Ihnen zu Hause?"*

- **Angebote nur für Eltern**
  - Regelmäßiger Gebets- oder Meditationskreis als offenes oder geschlossenes Angebot (feste Gruppe).
  - Besinnungstag („Oasentag") für Mütter, Väter oder Eltern mit Kinderbetreuung durch die Tagesstätte.

- **Informative Angebote**
  - Buchausstellung zum Thema Gebet und Stille
  - Informationsbroschüren

Zwölf Tipps für „gute“ Kindergebete

- Eine kindgemäße und aktuelle Sprache
- Keine unbekannten, unverständlichen und altertümlichen Worte oder Redewendungen, keine verniedlichenden Wörter (z. B. Jesulein)
- Konkrete Wörter und Redewendungen, einfache und kurze Sätze, klare und verständliche religiöse Begriffe
- Ein kindgemäßer und lebensnaher Inhalt
- Lebensmut und Orientierung vermitteln.
- Freude und Staunen ausdrücken, aber auch Bitten formulieren und dem, was Kinder ängstigt, was sie als ungerecht und böse empfinden, Ausdruck geben.
- Die Situation und die Erfahrungswelt der Kinder werden aufgegriffen.
- Bleibt die Aussage des Gebets auch für Erwachsene glaubwürdig?
- Eine christliche Orientierung
- Kommen Liebe und Hoffnung zum Ausdruck?
- Baut das Gebet auf und gibt es Lebensmut? Hilft es, das Leben froh und vertrauensvoll zu gestalten?
- Kommen wichtige Elemente des Redens mit Gott zum Zug: Lob, Dank, Bitte, Klage?

6.5 Vernetzungen und Bezüge

Kooperationspartner Pfarrgemeinde

- Die Kinder entdecken den Kirchenraum als Gebetsraum und als Raum der Stille.
- Die Kinder gestalten und schmücken eine „Gebetsecke“ im Kirchenraum.
- Die Erzieherin bezieht über die Pfarrgemeinde Material (Broschüren, Kindergebete) aus der Materialstelle der Diözese.
- Die Erzieherin leiht aus der Pfarrbücherei Kindergebetbücher aus.
- Die Erzieherin lädt eine religionspädagogische Fachkraft der Pfarrgemeinde zum Gruppenelternabend mit dem Thema Gebet und Stille ein.
- Eine religionspädagogische Fachkraft der Pfarrgemeinde führt einen Besinnungstag für Eltern, Väter und Mütter durch.
- Eine religionspädagogische Fachkraft der Pfarrgemeinde initiiert und begleitet einen Gebets- oder Meditationskreis der Eltern.

Bezüge zum Islam

Muslime kennen das rituelle Gebet und das individuell-persönliche Gebet des Einzelnen.
Das rituelle Gebet *(salat)* ist eine der fünf Säulen des Islams.
Jeder gläubige Muslim betet dieses Gebet zu festgesetzten Zeiten fünfmal am Tag. Er wendet sich in Richtung Mekka und verrichtet dabei eine festgelegte Reihenfolge von Gesten und Gebeten, die Gott bekennen, loben und verehren. Vor dem Gebet reinigt der Betende rituell Gesicht, Hände und Füße.

Mit dem rituellen Gebet vergleichbar ist im Christentum die Tagzeitenliturgie. Auch sie ist eine ritualisierte Gebetsform, die im Tagesverlauf vollzogen wird. Allerdings wird sie in der Regel vollständig nur in Klöstern praktiziert. Als Ersatz hat sich für Laien-Christen das Angelus-Gebet entwickelt: morgens, mittags und abends ein fünfminütiges Gebet, in dem die wichtigsten christlichen Grundgebete miteinander kombiniert werden (Vaterunser, Ave-Maria). Heute erinnert an das Angelusgebet oft nur noch das (ursprüngliche Gebets-)Läuten der Kirchenglocken.

Weitere Gebetsformen des Islams sind die Rezitation und gläubige Betrachtung einzelner Verse des Korans sowie die Meditation der schönsten Namen Gottes mithilfe einer Perlenkette. Diese Formen können in Gemeinschaft oder individuell vollzogen werden.

Das Christentum kennt entsprechende Gebetsformen: die Rezitation und Betrachtung der Bibel und den Rosenkranz als Abfolge der christlichen Grundgebete (Vaterunser, Ave-Maria) mithilfe einer Perlenkette.

Auch die Etappen der Wallfahrt nach Mekka werden von bestimmten Gebeten begleitet. Schließlich ist das tägliche Leben eines Muslims von Gebetsformeln (Lobformeln, Segnungen, Bitten um Hilfe oder Vergebung) durchwirkt. Diese Gebete orientieren sich an alten Formeln, die sich in Orientierung an Koranversen entwickelt haben. Freies Beten mit eigenen Worten und Gesten ist zwar möglich, wird aber wenig praktiziert und angeregt.

7 Kirchliche Feste und Feiern im Jahreskreis

7 Kirchliche Feste und Feiern im Jahreskreis

Allgemeine Informationen zum christlichen Festkreis von: Becker-Huberti, Manfred http://www.festjahr.de und http://religioeses-brauchtum.de

Feste und Feiern strukturieren Zeit:
Für Kinder sind Feste und Feiern Stationen im Jahreslauf, in denen sie neben den jahreszeitlichen Veränderungen das Voranschreiten der Zeit wahrnehmen.

„Feiertags kommt das Vergessene":
Kirchliche Feste und Feiern sind Gedächtnisfeiern, d. h. sie erinnern und vergegenwärtigen Ereignisse aus der religiösen Geschichte. Deswegen haben kirchliche Feste und Feiern jeweils einen bestimmten Inhalt, der jährlich wiederkehrt und jährlich neu begangen wird.

„Osterei und Weihnachtskrippe":
Feste und Feiern besitzen eine Symbolsprache und ein buntes Brauchtum. Mit den Symbolen, Riten und Zeichen drücken sie Grundinhalte des christlichen Glaubens ganzheitlich und sinnenfreudig aus.

Frühkindliche religiöse und ethische Bildung und Erziehung im katholischen Kindergarten lädt Kinder ein, die kirchlichen Feste und Feiern im Jahreskreis als religiöse Feste zu begehen

- in den Erzählungen und Geschichten, die das Fest vergegenwärtigt,
- im christlichen Verständnis der Symbole und des Brauchtums,
- in der Begegnung mit ganzheitlichen Fest- und Feierformen.

Verweise auf andere Kapitel

- Kapitel 2: Wachsen und Vertrauen in das Leben entwickeln
- Kapitel 3: Herausforderungen für Kinder heute
- Kapitel 4: Werte geben Orientierungen im Alltag
- Kapitel 6: Gemeinsam Stille und Gebet entdecken

„Wo stehe ich?" – Fragen für die Erzieherin

- Was weiß ich über die Feste und Feiern? Kenne ich die Termine, die Inhalte und die Feierformen?
- Welche persönlichen und beruflichen Erinnerungen verbinde ich mit den kirchlichen Festen und Feiern?
- Gibt es für mich ein „Lieblingsfest"? Was gefällt mir an diesem Fest?
- Gibt es für mich ein Fest, mit dem ich Schwierigkeiten habe? Was bereitet mir die Schwierigkeiten und woher kommen sie?
- Wie gehe ich mit diesen Schwierigkeiten um? Will ich sie bearbeiten und verändern?

- Was ist mir persönlich bei den Festen und Feiern wichtig bzw. unwichtig?
- Worauf lege ich bei der Gestaltung der Feste und Feiern Wert?
- Wie erlebe ich die Feste und Feiern im pädagogischen Alltag: als Bereicherung, als Chance, als Pflicht, als Problem oder als Belastung?
- Welchen pädagogischen Sinn sehe ich in den Festen und Feiern?

7.1 Bildungsperspektiven für Kindertagesstätte und Schule

Zielperspektiven in den Bildungs- und Erziehungsplänen

Die Kinder können mit vorfindlicher Religiosität und unterschiedlichen Religionen umgehen.

Die Kinder

- setzen sich mit den kirchlichen Festen und Feiern im Jahreskreis als vorfindliche Formen der Religiosität auseinander, nehmen Unterschiede wahr und werden sich der eigenen religiös-weltanschaulichen Identität bewusst.
- kennen die kirchlichen Feste und Feiern als zentrale Elemente der christlich-abendländischen Kultur.

Die Kinder sind fähig, eigene Sinn- und Bedeutungsfragen zu artikulieren und Antwortversuche zu erproben.

Die Kinder

- entwickeln in den Ausdrucksformen der kirchlichen Feste und Feiern eine Grundhaltung des Staunens, Dankens und Bittens.
- beziehen die Antworten auf Sinn- und Bedeutungsfragen, die kirchliche Feste und Feiern thematisieren, auf das eigene Leben.

Die Kinder sind sensibel für sinnstiftende ganzheitliche Erfahrungszusammenhänge.

Die Kinder

- kennen mit den kirchlichen Festen und Feiern Rituale, die das Leben im Jahreskreis strukturieren und ordnen helfen.
- kennen religiöse Feste und liturgische Vollzüge und entdecken Zusammenhänge mit dem eigenen Leben.
- nehmen die Symbolkraft von religiösen Erzählungen (z. B. Heiligenlegenden, biblischen Oster- und Weihnachtserzählungen) und verschiedenen Formen der darstellenden und bildenden religiösen Kunst (z. B. Symbole und Brauchtum der

kirchlichen Feste und Feiern) wahr, indem sie sich und das eigene Leben darin wiederfinden und darin enthaltene Anregungen für die eigene Lebensgestaltung aufnehmen können.

Der katholische Religionsunterricht in der Grundschule/Primarstufe

Allgemeine Kompetenzen:

- Wahrnehmen und entdecken
  - Elementare religiöse Zeichen und Symbole entdecken und ihre Bedeutung benennen.
- Deuten und gestalten
  - Zeichen, Symbole, Bilder, Rituale und Elemente gottesdienstlicher Feiern deuten und in Bezug zum eigenen Leben setzen.
  - An der Gestaltung von Festen und Feiern mitwirken.
- Sich ausdrücken und einander mitteilen
  - Kirchliche Feste und Feiern als elementare Ausdrucksformen des Glaubens verstehen und angemessen verwenden.

7.2 Ostern

7.2.1 Hintergründe

Die Welt des Kindes

Ostern ist das Fest, an dem der Osterhase kommt. Die Kinder hören heitere Geschichten über ihn und freuen sich über die Geschenke, die er bringt. Vor allem aber versteckt er Eier: solche, die bunt bemalt sind, und solche, die aus Schokolade und anderem Süßen bestehen.
Gleichzeitig ist die Osterzeit stark geprägt durch die jahreszeitlichen Vorgänge: Der Frühling hält Einzug, und die Natur erwacht zu neuem Leben. Die Kinder genießen das Spielen im Freien und entdecken neu Pflanzen und Tiere. Die warme Winterkleidung kann abgelegt und gegen leichtere ausgetauscht werden.
Am Osterfest haben die Geschwister Ferien und die Erwachsenen arbeitsfreie Tage. Für viele sind die Ostertage deshalb eine willkommene Gelegenheit für Familienunternehmungen bis hin zum mehrtägigen Urlaub.
Auf diesem Hintergrund ist Ostern für viele Kinder ein buntes Frühlingsfest und ein Familienfest. Es ist gefüllt mit den fantasievollen Geschichten, (Versteck-)Spielen und Geschenken rund um den Osterhasen. Den religiösen Inhalt des Festes lernen die Kinder vielfach nicht kennen.

Die Welt der Religion

Das Osterfest ist das zentrale Fest des christlichen Glaubens. Es feiert das neue Leben und die neue Hoffnung, die Gott in Jesus Christus den Menschen schenkt. Dabei knüpft es in seiner Symbolik an die jahreszeitlichen Vorgänge des Frühlings an. Das Osterfest feiert die christliche Botschaft: Gott zerbricht durch die Auferstehung endgültig die Macht des Lebensfeindlichen. Nicht Leid, Not, Unrecht, Herzlosigkeit und Lieblosigkeit, Verzweiflung, Folter und sogar der Tod haben das letzte Wort, sondern das Leben in der Liebe Gottes. Das Besondere des Christlichen liegt auch in der Art und Weise, wie diese „Erlösung" geschieht: Gott greift nicht von außen machtvoll ein, sondern er durchleidet selbst in Jesus Christus die dunkelsten Momente menschlichen Lebens.
Das Brauchtum des Osterfestes thematisiert diese Grundbotschaft: Das Osterei, die Osterkerze, die Osterfahne, das Osterlamm sind Symbole des neuen Lebens. Der Osterhase kam erst im 19. Jahrhundert dazu. Er ist bis heute eine Figur ohne eigenständige Symbolaussage und hat eigentlich nur die Aufgabe, Geschenke zu bringen und Ostereier zu verstecken.

Das Osterfest ist ein Festkreis, der sich von Aschermittwoch bis zum Pfingstsonntag spannt und in den zahlreiche Einzelfeste verwoben sind. Die Festzeit teilt sich in drei Phasen:

Phase der Vorbereitung	Fastenzeit oder österliche Bußzeit: Aschermittwoch bis zum Beginn der Abendmahlsmesse am Gründonnerstag Abend
Phase des Höhepunkts	die drei österlichen Tage: Abendmahlsmesse am Gründonnerstag bis Ostersonntag
Phase der Entfaltung	Osterzeit: Ostersonntag bis Pfingstsonntag

Zum Brauchtum: Becker-Huberti, Manfred: http://www.religioeses-brauchtum.de

7.2.2 Auf das Osterfest vorbereiten

„Die Fastenzeit (österliche Bußzeit) dient der Vorbereitung auf die Feier des Todes und der Auferstehung Christi." *(Grundordnung des Kirchenjahres)*

Die Vorbereitung auf das Osterfest bedeutet eine intensive Zeit, in der sich der Einzelne mit seinem Glauben auseinandersetzt.

Ältere Kinder und Erwachsene stellen sich Fragen danach, was in ihrem Leben wirklich wichtig ist und welche Impulse ihnen der Glaube dazu gibt. Das Fasten ist für diese Auseinandersetzung eine ganzheitliche Methode: Der Fastende verzichtet bewusst auf Konsum- oder Luxusgüter, auf Gewohnheiten oder Annehmlichkeiten, um für sich eine innere Unabhängigkeit davon zu gewinnen und eine bewusste Veränderung des Lebensstils zu erproben. Das Fasten ist verbunden mit einer inneren „Umkehr": weg von dem, was mich, andere und die Umwelt belastet, hin zu dem, was mir ein Leben in Verantwortung vor mir, vor meinen Mitmenschen, vor der Umwelt und letztendlich vor Gott ermöglicht.

Das Fasten ist eine Methode für ältere Kinder und Erwachsene, um den persönlichen Lebensstil zu überdenken und zu ändern: „Was ist in meinem Leben wirklich wichtig? Welche Impulse kann mir der Glaube geben?"

Bei kleinen Kindern bedeutet die Vorbereitung auf das Osterfest noch kein Fasten oder innere Umkehr. Das ist ihnen aufgrund ihrer moralischen Entwicklung nur sehr begrenzt oder gar nicht möglich. Für sie gibt es in ihrem jungen Leben noch nichts zu überdenken und zu korrigieren. Ihr Leben ist noch voller neuer Entdeckungen. Was kleine Kinder brauchen, sind die Geschichten und Zeichen, die sie darin unterstützen und begleiten, Vertrauen ins Leben zu fassen. Sie wachsen erst noch in den Glauben hinein. Sie freuen sich an Gott und fassen Vertrauen in ihn.

In der Vorbereitungszeit auf Ostern hin

- kennen die Kinder die zentralen Geschichten der Bibel, die von Gott erzählen, dass er es gut mit den Menschen meint und dass man sich auf ihn verlassen kann.
- stellen die Kinder einen Bezug zwischen den eigenen Erfahrungen und den Erfahrungen her, von denen diese Geschichten erzählen.
- nehmen die Kinder das Brauchtum der Osterzeit in seiner religiösen Bedeutung wahr.

Baustein A: Biblische Geschichten erzählen

In den Gottesdiensten der österlichen Bußzeit werden die zentralen Geschichten der Bibel vorgelesen, die auf ihre je eigene Weise die Osterbotschaft „Gott ist da und rettet" erzählen. In der Zeit vor Ostern kann die Erzieherin aus diesen Geschichten auswählen und mit den Kindern gestalten. Das kann jeweils an einem festen Tag in der Woche oder im Rahmen einer Kinderbibelwoche durchgeführt werden.
Die Lesungen der Gottesdienste sind in einem dreijährigen Leserhythmus geordnet: Es gibt das Lesejahr A, B und C. Davon sind folgende geeignet:

- **Lesejahr A (2008; 2011; 2014 ...)**
  - Gott schenkt Abraham seinen Segen und Abraham vertraut darauf (Genesis 12,1–4).
  - Jesus heilt einen Blinden (Johannes 9,1–7).
  - Jesus erweckt den toten Lazarus wieder zum Leben (Johannes 11,1–44).
- **Lesejahr B (2009; 2012; 2015 ...)**
  - Gott schließt seinen Bund mit Noach (Genesis 9).
  - Gott schenkt Moses die zehn Weisungen für ein Leben in Freiheit (die zehn Gebote) (Exodus 20,1–17).
- **Lesejahr C (2010; 2013; 2016 ...)**
  - Moses begegnet Gott am brennenden Dornbusch (Exodus 3,1–15).
  - Jesus erzählt das Gleichnis vom Barmherzigen Vater (Lukas 15,3–32).

Gestaltungsmethoden für die Arbeit mit den biblischen Geschichten:

- *Vorlesen (Kinderbibel)*
- *biblische Erzählfiguren*
- *Rollenspiel*
- *sensitive Übungen (blind sein und sehen können; leblos sein und zu neuem Leben gelangen)*
- *kreative Gestaltungsmethoden (Bodenbild legen, malen)*
- *Musikalische Gestaltungsmethoden: singen, Klanggeschichte*

Die Erzieherin muss sich nicht nach der Leseordnung richten. Die Liste bietet ihr jedoch eine breite und geordnete Auswahl an biblischen Geschichten, die auf die religiöse Botschaft des Osterfestes hinführen.
Bei allen Geschichten wird die österliche Grundbotschaft deutlich: Gott wendet sich den Menschen zu, er begibt sich ganz auf Augenhöhe mit ihnen und er lädt sie ein, ihm zu vertrauen. Dadurch können Menschen ganzheitlich heil werden und voll Vertrauen in die Zukunft blicken.

Die Geschichten können eingebunden sein in einem weiterführenden Erzählzusammenhang:

- **Mit Jesus (oder mit der Bibel) den Weg nach Jerusalem gehen:**
  Die Erzieherin stellt den Kindern die Stadt Jerusalem vor: Sie ist groß und golden. In ihr wohnen viele Menschen, darunter der Statthalter und andere mächtige Leute. In ihr ist auch der Tempel, das Haus Gottes, in dem Gott wohnt. Jesus macht sich auf den Weg nach Jerusalem und begegnet Menschen.
  Im Folgenden erzählt die Erzieherin die Begegnungs- und Heilungsgeschichten. Für jede Geschichte gestaltet sie mit den Kindern eine Station auf dem Weg nach Jerusalem (z. B. eine abgelegte Augenbinde für die Heilung des Blinden, abgelegte Binden für den auferweckten Lazarus).
- **Ein Fastentuch gestalten:**
  Ein Fastentuch ist ein – meist großes – Tuch, auf dem Motive zu sehen sind, die einen Bezug zur Osterbotschaft haben und die auf Ostern vorbereiten. Die Erzieherin kann auf dem Tuch Bilder anbringen, die die Geschichten zeigen, die sie den Kindern erzählt. Die Bilder können von den Kindern auch selbst gemalt sein. Das Tuch kann so nach und nach entstehen. Es wird an einem besonderen Ort in der Einrichtung oder im Gruppenraum aufgehängt.

Baustein B: Ostereier gestalten

Das Osterei symbolisiert das Grab Jesu: Das Ei ist hart wie ein Stein, tot, leblos und kalt. In seiner Mitte wächst jedoch ein neues Leben heran.

Das Osterei ist ein zentrales Symbol der Osterzeit. Es wird in der Vorbereitungszeit auf Ostern hin gestaltet. Die ursprüngliche Farbe des Ostereis ist Rot. Im Laufe der Jahrhunderte haben sich vielfältige Techniken entwickelt, das Ei zu färben und zu verzieren. Der Fantasie sind keine Grenzen gesetzt. Wichtig ist jedoch, dass seine Aussage „Gott vernichtet die Macht des Todes und schenkt neues Leben" deutlich bleibt. Die bemalten und gestalteten Eier sollen die Freude darüber zum Ausdruck bringen. Deswegen sind fröhliche und freudige Farben und Motive geeignet.

Baustein C: Eine Versöhnungsfeier

> *„Gott hilft mir, wenn ich mich mit mir und den anderen versöhne:*
> *Er öffnet mir die Augen, damit ich die Freude wieder sehe und damit sehe, dass der andere mein Freund ist."*

Versöhnungsfeiern, auch Bußfeiern oder Bußgottesdienste genannt, sind feste Bestandteile der österlichen Vorbereitungszeit. In ihnen richtet der Gläubige einen realistischen und kritischen Blick auf das eigene Verhalten. Er bekennt, bereut und bittet um Versöhnung.
Bei kleinen Kindern geht es bei einer solchen Feier in erster Linie nicht um Reue und Schuldbekenntnis, sondern um die Erfahrung von Versöhnung und innerer Heilung.

- **Voraussetzung:** Die Kinder kennen die Geschichte von der Blindenheilung (Johannes 9,1–7).
  Die Kinder und die Gottesdienstleiterin sitzen im Kreis. In der Mitte brennt die Gotteskerze und liegt die Kinderbibel.

Material: Gotteskerze, Kinderbibel, Legematerial, schwarze Chiffontücher (nach Anzahl der Kinder)

- **Die Gottesdienstleiterin:**
  „Ich begrüße euch alle zu unserer Versöhnungsfeier. Wir beginnen mit dem Kreuzzeichen der Kinder:
  ‚Lieber Gott, ich denk an dich,
  (Mit dem Daumen zeichnen sich alle ein Kreuzzeichen auf die Stirn.)
  ich sprech von dir,
  (Mit dem Daumen zeichnen sich alle ein Kreuzzeichen auf den Mund.)
  ich liebe dich,
  (Mit dem Daumen zeichnen sich alle ein Kreuzzeichen auf das Herz.)
  lieber Gott beschütze mich.'"

- **Lied:** Jesus vergibt, weil er uns liebt …
  Bei „weil er uns liebt" legen die Kinder die Hände auf ihr Herz.

- **Gebet:**
  Die Gottesdienstleiterin:
  „Jesus,
  du liebst jeden Einzelnen von uns.
  Das macht uns froh.
  Amen."

- **Die Kinder spüren ihr Herz.**
  Die Gottesdienstleiterin regt die Kinder an, ihr Herz zu spüren. Die Kinder legen ihre Hände auf ihr Herz und spüren, wie es schlägt. Sie horchen bei einem anderen Kind am Herzen und streichen ausgehend vom Herzen über ihre Brust und ihren Bauch.
  Die Gottesdienstleiterin:
  „Das Herz verteilt die Lebenskraft in uns."

- **Lied:** Jedem Menschen schlägt das Herz …

„Im Herzen ist es dunkel, wenn ich traurig bin, wenn ich weinen muss, wenn ich einsam bin, wenn ich neidisch bin auf jemanden, wenn ich gemein bin zu jemandem, wenn ich jemanden übersehe, wenn ich jemandem etwas wegnehme, wenn wir miteinander streiten und uns weh tun, wenn ich …"

- **Die Kinder gestalten künstlerisch ihr Herz.**
  Jedes Kind legt am Boden vor seinem Platz mit Legematerial ein Herz. Anschließend bestaunen die Kinder gegenseitig ihre Herzen.
  Die Gottesdienstleiterin:
  „Ist das Herz immer so schön und so hell?"
  Sie sammelt die Antworten der Kinder und stellt im Gespräch mit den Kindern fest, dass es im Herzen auch einmal dunkel sein kann.
  Die Kinder überdecken ihre Herzen mit schwarzen Chiffontüchern.

- „Wenn es im Herzen dunkel ist, dann ist es blind."
  Die Gottesdienstleiterin:
  „Wenn es in meinem Herzen dunkel ist, dann ist es blind. Dann kann es die Freude nicht mehr sehen, dann kann es auch nicht mehr sehen, dass es dem anderen schlecht geht.
  Dann streiten wir uns und tun einander weh.
  Dann sind wir schlechter Laune und unfreundlich zueinander.

Was braucht dann mein Herz, damit es mir wieder besser geht?
Was schenkt mir die Freude wieder?
Wie können wir nach einem Streit wieder Freunde sein?
Wie können wir wieder gut sein miteinander, wenn wir uns gegenseitig wehgetan haben?“
Die Gottesdienstleiterin sucht im Gespräch mit den Kindern Antworten.

„Wenn ich traurig oder schlechter Laune bin, dann hilft es mir, wenn mich jemand tröstet oder aufmuntert. Dann kann ich mich wieder freuen.“

„Wenn wir gestritten haben, dann hilft es, wenn wir uns beim anderen entschuldigen. Dann können wir uns miteinander versöhnen. Dann können wir wieder Freunde sein.“

- **Jesus heilt den Blinden.**
  Die Gottesdienstleiterin:
  „Wir kennen eine Geschichte, die erzählt, wie Jesus einen blinden Menschen heilt. Wer kann sich noch daran erinnern? Woran erinnerte ihr euch?“
  Die Gottesdienstleiterin sammelt die Antworten und liest daraufhin den Schluss der Geschichte aus der Kinderbibel vor.
  Die Gottesdienstleiterin bezieht die Geschichte auf die Situation:
  „Da ist jemand, der war blind und jetzt kann er wieder sehen.
  Er war traurig, und jetzt kann er froh sein.
  In seinem Herzen war es dunkel, und jetzt ist es voller Freude.
  Er konnte niemanden sehen, und jetzt kann er seine Freunde sehen.“

- **Versöhnungsgeste:**
  Die Gottesdienstleiterin:
  „Jesus hat dem Blinden über die Augen gestrichen. Das hat ihm gutgetan. Das dürfen wir auch spüren. Das tun wir jetzt auch. Ich zeige es euch, und ihr macht es mir nach.“
  Die Gottesdienstleiterin streicht dem Kind, das rechts von ihr sitzt, mit beiden Händen über die Augen und dann auch über das Herz. Das Kind entfernt daraufhin das schwarze Chiffontuch, das über dem Herzen vor seinem Platz liegt. Das Kind gibt dann die Geste an das nächste Kind weiter. So wandert die Geste um den ganzen Kreis, bis sie schließlich wieder bei der Gottesdienstleiterin ankommt. Die Kinder können dazu das Lied „Jesus vergibt, weil er uns liebt“ singen.

- **Gebet:**
  Die Gottesdienstleiterin:
  „Jesus,
  Du willst, dass wir die Freude sehen.
  Du willst, dass wir sehen, dass der andere mein Freund ist.
  Dafür danken wir dir.
  Amen.“

- **Abschließendes Loblied**

Baustein D: Varianten zur Versöhnungsfeier

Die Versöhnungsfeier kann auch mit anderen biblischen Erzählungen gefeiert werden. Dadurch verändern sich jeweils das Motiv und die Versöhnungsgeste.

- „Der Herr sprach zu Abraham: Ein Segen sollst du sein.“ (Genesis 12,2)

  „Gott hilft mir, wenn ich mich mit mir und den anderen versöhne: Er schenkt mir mit seinem Segen neue Freudekraft.“
  Versöhnungsgeste: Sich gegenseitig die Hände auf das Herz legen.

- Jesus sagt: „Lazarus komm heraus! Da kam der Verstorbene heraus." (Johannes 11,43–44)
  „Gott hilft mir, wenn ich mich mit mir und den anderen versöhne: Er holt mich heraus aus meiner dunklen Höhle und schenkt mir neue Lebenskraft."
  Versöhnungsgeste: Den anderen mit beiden Händen an den Schultern fassen und zurufen: „Komm heraus!"

- Gott spricht zu Noach: „Meinen Bogen setze ich zwischen die Wolken. Er soll das Bundeszeichen sein zwischen mir und euch." (Genesis 9,13)

  „Gott hilft mir, wenn ich mich mit mir und den anderen versöhne: Er schenkt uns seine Freundschaft."
  Versöhnungsgeste: Um den Kreis der gelegten Herzen mit farbigen Bändern (Stoff oder Papier) einen Regenbogen legen.

- Gott spricht aus dem brennenden Dornbusch zu Mose: „Ich bin der Ich-bin-da" (Exodus 3,14).

„Gott hilft mir, wenn ich mich mit mir und den anderen versöhne: Er ist bei mir."
Versöhnungsgeste: An der Gotteskerze ein Teelicht entzünden und in das gelegte Herz abstellen.

7.2.3 Die Ostertage gestalten

> *„Die drei österlichen Tage vom Leiden, vom Tod und von der Auferstehung des Herrn sind der Höhepunkt des ganzen Kirchenjahres."*
> *(Grundordnung des Kirchenjahres)*

Die drei österlichen Tage in der Kindertagesstätte: Wenn die Kindertagesstätte am Karfreitag und am Ostersonntag geschlossen ist, kann die Gestaltung dieser Tage auch verlegt werden. Für die Gestal-

Die drei österlichen Tage erinnern an die Geschehnisse um den Tod Jesu. Dabei geht es nicht um einen lückenlosen, historisch-geschichtlichen Tatsachenbericht, sondern um „Heilsgeschichte": Die Geschehnisse werden so erzählt, dass an ihnen die gute Botschaft des Glaubens deutlich wird. Es geht in ihnen um die Überzeugung, dass der Tod Jesu nicht sinnlos ist, sondern dass er einen Sinn hat: Jesus vernichtet in seinem Sterben und Tod und durch seine Auferstehung alles Lebensfeindliche, er besiegt den Tod. Er selbst ist weiterhin bis ans Ende der Tage mit seinem Geist des Friedens, der Gerechtigkeit und der Liebe bei den Menschen gegenwärtig.
Die drei österlichen Tage thematisieren diese Glaubensgewissheiten jeweils mithilfe verschiedener Geschehnisse. Sie setzen somit unterschiedliche inhaltliche Schwerpunkte:

- **Die Feier des Gründonnerstags erinnert an das Letzte Abendmahl:**
  Jesus macht im Letzten Abendmahl deutlich, dass er den Tod aus Liebe zu den Menschen auf sich nimmt. Er stiftet die Feier des Abendmahls als einen Erinnerungsritus: Immer wenn Menschen in seinem Geist dieses Mahl feiern, ist er mit seiner Liebe gegenwärtig. In der katholischen Kirche wird dieses Mahl im Gottesdienst der Messe gefeiert.
- **Die Feier der Karfreitags erinnert an das Leiden und Sterben Jesu:**
  Jesus geht seinen Weg konsequent in den Tod. Die Bibel zeigt, dass Jesus mit allen Menschen solidarisch wird: nicht nur mit denen, denen es gut geht, sondern auch und vor allem mit denen, die unter Unrecht, Gewalt und dem Tod leiden. Deswegen stehen im Gottesdienst am Karfreitag das Gebet für die Notleidenden (Fürbitten) im Mittelpunkt.
- **Die Feier des Ostersonntags erinnert an die Auferstehung Jesu:**
  Gott erweckt Jesus zu neuem Leben. Die Auferstehung vernichtet Leid und Tod. Die Menschen können die realistische Hoffnung auf ein „Leben in Fülle" haben. Für Kinder stehen bei diesen drei österlichen Tagen nicht das Leiden und der grausame Tod Jesu im Vordergrund. Für sie geht es um die Hoffnung, die Christen mit dem Kreuz verknüpfen. Das Kreuz erinnert nicht an den Tod, sondern an das Leben, das Gott den Menschen durch Jesus Christus schenkt. Aus dieser Osterbotschaft können Kinder (und Erwachsene) Hoffnung, Freude und Zuversicht schöpfen.

tung des Karfreitags bieten sich die Öffnungstage in der Karwoche (Palmsonntag bis Karsamstag) an, für die Gestaltung des Ostersonntags die Öffnungstage der Osterwoche (ab Ostersonntag). Es ist auch möglich, die Themen der drei österlichen Tage in der Vorbereitungszeit auf Ostern hin aufzugreifen.

Für Kinder steht nicht der Tod im Vordergrund, sondern die Botschaft von der unzerstörbaren Kraft des Lebens, von der Hoffnung und dem Vertrauen ins Leben.

In der Gestaltung der drei österlichen Tage

- erleben die Kinder die Geschehnisse der Ostertage, die von der Hoffnung auf das neue Leben in Jesus Christus erzählen.
- stellen die Kinder einen Bezug zwischen den Ostergeschichten und den eigenen Erfahrungen her.
- nehmen die Kinder das gemeinsame Mahl, das Kreuz und die Osterkerze als österliche Symbole wahr.

Es geht für Kinder nicht um das Leiden, sondern um Trost, Zuversicht und Freude.

Baustein A: Gründonnerstag „Das Letzte Abendmahl"

Die Kinder sitzen im Stuhlkreis. In der Mitte sind auf einem hellen Bodentuch die Bibel, die Gotteskerze und ein schöner Behälter (Schachtel o. Ä.) mit einem Kelch und einer Patene. In der anderen Raumhälfte oder in einem anderen Raum sind Tische und Stühle für die anschließende Agape vorbereitet.

Material:
Bodentuch, Gotteskerze, Kelch und Patene in einem schönen Behälter (beim Pfarrer anfragen), Bibel

Zur Agape:
Teller, Becher, süßes Brot, Saft

Die Erzieherin klärt nach Bedarf die unbekannten Wörter: Mahl: gemeinsames Essen; Abendmahl: gemeinsames Abendessen.

Die Erzieherin singt mit den Kindern das Lied „Gott lädt uns ein zu seinem Tisch“.
Erzieherin führt ein:
„Der Gründonnerstag ist der erste Tag des Osterfestes. An ihm erinnern sich die Christen an das Letzte Abendmahl, das Jesus mit seinen Freunden gefeiert hat.
Dieses Mahl war eine ganz besondere Mahlzeit. Jesus hat seinen Freunden und den Menschen damit ein großes Geschenk gemacht. Er hat den Menschen seine ganze Liebe gezeigt.
Wir finden die Geschichte von dem Mahl in unserer Bibel.“
Die Erzieherin öffnet die Bibel und zeigt den Kindern das entsprechende Bild. Falls in der Bibel kein geeignetes Bild vorhanden ist, kann sie das Bild auch aus einem anderen Buch oder einer Mappe nehmen.

„Wer ist auf diesem Bild? Kennst du einen Namen? Was machen die Menschen auf dem Bild? Welche Gesichter machen sie? Wie geht es diesen Menschen?“

Sie betrachtet mit den Kindern zusammen das Bild.
Die Erzieherin erzählt die Geschichte:
„An diesem Mahl sitzt Jesus mit seinen Freunden an einem Tisch. Sie essen zusammen. Sie essen auch Brot und sie trinken Wein.
Die Christen erinnern sich oft daran. Jedes Mal, wenn sie in die Kirche gehen und Gottesdienst feiern.
Wer kann uns davon etwas erzählen? Wer hat das schon einmal gesehen?“
Die Erzieherin sammelt die Antworten.
Die Erzieherin:
„In unserer Mitte steht eine schöne Schachtel. Ich öffne sie jetzt und zeige euch, was darin ist.“

„Was ist das? Wer hat so etwas schon einmal gesehen? Wer hat das normalerweise in der Hand? Was tut man damit? Was ist darauf?“

Die Erzieherin öffnet langsam die Schachtel und entnimmt aus ihr die Patene. Sie hält sie als etwas Kostbares in der Hand und geht auf ihren Platz zurück. Sie regt ein Gespräch mit den Kindern über die Patene an: *„Die Patene ist der Teller für das Brot in der Feier der Messe. Sie ist meist aus Metall und kunstvoll gearbeitet.“* Dann darf jedes Kind die Patene selbst in die Hand nehmen und seinem Nachbarn weiterreichen. Die Erzieherin stellt sie dann bei der Jesuskerze ab.

Sie nimmt die Bibel:
„In der Bibel lesen wir, woran uns die Patene erinnert.

> *„Jesus nahm in der Nacht, bevor er starb, das Brot. Er betete, er brach das Brot und sagte: Dieses Brot bin ich für euch. Tut dies zu meinem Gedächtnis.“*
> *(nach 1 Korinther 11,23–24)*

Die Kinder singen das Lied „Gott lädt uns ein zu seinem Tisch.“
Die Erzieherin:

„Was ist das? Wer hat so etwas schon einmal gesehen? Wer hat das normalerweise in der Hand? Was tut man damit? Mit was ist er gefüllt?“

„In der Schachtel ist noch etwas. Wer weiß, was noch fehlt?“ Sie entnimmt der Schachtel den Kelch. Sie verfährt mit dem Kelch so wie mit der Patene: „Der *Kelch* ist der Becher für den Wein in der Feier der Messe. Auch er ist meist aus Metall und kunstvoll gearbeitet.“
Dann nimmt sie die Bibel:
„In der Bibel lesen wir auch, woran uns der Kelch erinnert.“

> *„Jesus nahm den Kelch und sprach: Dieser Kelch ist das Neue Band zwischen Gott und den Menschen. Tut dies zu meinem Gedächtnis.“*
> *(nach 1 Korinther 11,25)*

Die Kinder singen das Lied „Gott lädt uns ein zu seinem Tisch."
Die Erzieherin:
„Was haben wir jetzt gerade gesungen? Gott lädt uns ein an seinem Tisch! Unsere Patene und unser Kelch sind aber leer. Wann sind sie gefüllt? – in der Kirche, wenn die Menschen Gottesdienst feiern.
Wir feiern jetzt keinen Gottesdienst. Darum bleibt beides bei uns jetzt leer.
Wir dürfen uns aber daran erinnern. Dazu hören wir jetzt die Geschichte und dazu essen wir heute gemeinsam eine besondere Mahlzeit."
Die Kinder nehmen an den Tischen Platz. Die Gotteskerze, die Bibel, der Kelch und die Patene werden von Kindern auf einen der Tische gut sichtbar in der Mitte gestellt. Wenn alle sitzen, singen alle noch einmal das Lied. Dann wird ein gemeinsames Tischgebet gesprochen.
Die Kinder essen süßes Brot und trinken Saft.
Das gemeinsame Mahl wird durch ein Gebet beendet. Es kann auch das Vaterunser gebetet werden.

Das gemeinsame Mahl der Kinder ist im religiösen Sinn ein Agape-Mahl. Damit ist ein einfaches, rituell geprägtes Mahl gemeint, das bewusst in einem religiösen Zusammenhang steht. Es will das liebvolle Miteinander ausdrücken, das die christliche Gemeinschaft prägt. Das Wort Agape ist das griechische Wort für Nächstenliebe.

Der *Kelch* und die *Patene* werden an einem besonderen Platz im Gruppenraum mit der Bibel und dem Abendmahlsbild abgestellt. Die Kinder können die Geräte noch einmal anschauen und in die Hand nehmen. Die Erzieherin achtet darauf, dass die Kinder dabei mit den Geräten behutsam und achtsam umgehen. Abschließend können die Kinder die Geräte wieder zurück in die Kirche (Sakristei) bringen.

Baustein B: Karfreitag „Jesus geht zum Kreuz"

Die Kinder sitzen im Stuhlkreis. In der Mitte befinden sich auf einem roten Bodentuch die Bibel und die Gotteskerze. Die Kerze brennt noch nicht. Um den Mittelpunkt liegen fünf schwarze Tücher oder Fotokartons ausgebreitet.

Material: *fünf schwarze Tücher oder Fotokartons, Gotteskerze, Bibel, große Steine (ca. 12 Stück), Spielschwert und Spielschild, grober Strick, zwei Figuren, Dornenkranz, rotes Tuch, einfaches Holzkreuz, Verbandbinde, Salbgefäß (einfacher Cremetopf), graues Tuch*

- Die Erzieherin singt mit den Kindern das Lied „Wir preisen deinen Tod, wir glauben, dass du lebst, wir hoffen, dass du kommst, zum Heil der Welt".
  Erzieherin führt ein:
  „Der Karfreitag ist der zweite Tag des Osterfestes. An ihm erinnern sich die Christen an das Sterben und den Tod Jesu.
  Die Christen sind an diesem Tag ernst. Sie sind aber nicht traurig, denn sie vertrauen darauf, dass Jesus nicht tot geblieben ist. Sie vertrauen darauf, dass Jesus auferstanden ist und dass Jesus lebt.
  Deswegen soll auch heute (am Karfreitag) unsere Gotteskerze hell leuchten." Die Erzieherin entzündet die Gotteskerze.
  Die Erzieherin:
  „Am Karfreitag ist Jesus einen schweren und steinigen Weg gegangen. Ich werde euch heute von diesem Weg erzählen."
  Die Kinder legen Steine zwischen die einzelnen schwarzen „Stationen".

Erste Station: Jesus wird verhaftet.

- Die Erzieherin oder ein Kind stellt die Gotteskerze auf die erste Station.
  Die Erzieherin:
  „Jesus ging mit seinen Freunden in einen Garten. Da kamen Soldaten und Menschen vom Gericht. Sie kamen dorthin mit Waffen."
  Kinder legen ein (Spiel-)Schwert und (Spiel-)Schild auf die Station.
  „Jesus fragte sie: Wen sucht ihr? Sie antworteten ihm: Jesus von Nazareth. Er sagte zu ihnen: Ich bin es."
  Die Kinder singen das Lied „Wir preisen deinen Tod".
  Die Erzieherin zündet ein Teelicht an der Gotteskerze an und stellt es auf die Station:
  „Jesus ist mutig. Er läuft nicht davon."

Zweite Station: Jesus wird von Hannas verhört.

- Die Erzieherin oder ein Kind stellt die Gotteskerze auf die zweite Station.
  Die Erzieherin:
  „Die Soldaten nahmen Jesus fest. Sie fesselten ihn."
  Kinder legen einen Strick auf die Station.
  „Sie führten ihn zu Hannas, einem wichtigen Mann."
  Die Kinder stellen eine Figur auf die Station.
  „Hannas befragte Jesus über seine Freunde und über das, was er gemacht hat. Jesus antwortete: ‚Ich habe immer offen geredet. Warum fragst du mich jetzt?' Auf diese Antwort hin schlug ein Diener Jesus ins Gesicht und sagte: ‚Sei nicht so frech.' Jesus sagte zu ihm: ‚Wenn ich etwas falsch gemacht habe, dann zeige es mir. Wenn ich aber nichts falsch gemacht habe, warum schlägst du mich dann?'"
  Die Kinder singen das Lied „Wir preisen deinen Tod".
  Die Erzieherin zündet ein Teelicht an der Gotteskerze an und stellt es auf die Station:
  „Jesus lässt sich keine Angst einjagen, er lässt sich nicht einschüchtern. Er steht aufrecht vor dem mächtigen Mann."

Dritte Station: Jesus wird von Pilatus verhört und verurteilt.

- Die Erzieherin oder ein Kind stellt die Gotteskerze auf die dritte Station.
  Die Erzieherin:
  „Von Hannas brachten die Soldaten Jesus zu einem anderen wichtigen Mann, zu Pilatus."
  Kinder stellen eine Figur auf die Station.
  „Pilatus fragte: ‚Was hat dieser Mensch verbrochen?' Er fragte: ‚Bist du ein König?' Jesus antwortete: ‚Du sagst es, ich bin ein König.' Darauf flochten die Soldaten einen Kranz aus Dornen. Sie setzten Jesus den Kranz auf und legten ihm einen roten Mantel um."
  Die Kinder legen einen Dornenkranz und ein rotes Tuch auf die Station.
  „Dann übergab Pilatus Jesus den Soldaten, damit er sterbe."
  Die Kinder singen das Lied „Wir preisen deinen Tod".
  Die Erzieherin zündet ein Teelicht an der Gotteskerze an und stellt es auf die Station:
  „Jesus wird verspottet. Die Menschen tun ihm weh."

Vierte Station: Jesus wird gekreuzigt.

- Die Erzieherin oder ein Kind stellt die Gotteskerze auf die vierte Station.
  Die Erzieherin:
  „Jesus trug sein Kreuz."
  Kinder legen ein einfaches Kreuz auf die Station.
  *„Sie gingen vor die Stadt auf einen Berg. Dort kreuzigten sie ihn.
  Jesus sagte: ‚Es ist vollbracht.' Dann starb er."*

Die Erzieherin löscht die Gotteskerze aus und hält eine kleine Weile Stille (ca. 15 Sekunden).
Die Kinder singen das Lied „Wir preisen deinen Tod".
Die Erzieherin zündet ein Teelicht an und stellt es auf die Station:
„Jesus ist stark. Er geht seinen Weg bis zum Ende."

- Die Erzieherin oder ein Kind stellt die Gotteskerze auf die fünfte Station.
Die Erzieherin:
„Zwei Freunde nahmen den Leichnam Jesu vom Kreuz ab. Sie umwickelten ihn mit Leinenbinden und salbten ihn mit Salben."
Kinder legen Verbandsbinden und ein Salbgefäß auf die Station.
„An dem Ort war ein Garten und in dem Garten ein Grab. Dort setzen sie Jesus bei."
Die Kinder legen ein graues Tuch in Form einer Höhle auf die Station.
Die Kinder singen das Lied „Wir preisen deinen Tod."
Die Erzieherin:
„Jesus ist gestorben. Christen glauben daran, dass er wieder lebt."
Die Erzieherin zündet die Gotteskerze wieder an.

Fünfte Station: Jesus wird begraben.

Die Kinder tanzen zum Lied „Wir preisen deinen Tod" (siehe Anhang, S. 295). Alle stehen im Kreis und halten sich an den Händen.

Text	Bewegungen
Wir preisen deinen Tod,	Nach rechts gehen
wir glauben, dass du lebst.	Nach links gehen
Wir hoffen, dass du kommst	In die Mitte gehen und die Arme heben
zum Heil der Welt.	Aus der Mitte herausgehen und die Arme senken
Komm, o Herr,	Die Hände lösen und die Arme heben
bleib bei uns!	Die Arme ganz nach oben strecken
Komm, o Herr,	Die Arme senken
Leben der Welt.	Sich wieder an den Händen fassen

Die Kinder können die Station, an die sie sich erinnern oder die sie am meisten interessiert, mit Legematerial gestalten oder ein persönliches Zeichen (z. B. einen Muggelstein) an jeder Station ablegen, an die sie sich erinnern können. Ältere Kinder können sich darüber austauschen, woran sie sich erinnern und was sie darüber denken.

Freiarbeit

Die Kinder verzieren für sich eine kleine Kerze. Mögliche Motive sind ein Herz, ein Kreuz, eine Blume, ein Kreis … Kleine Kinder haben Freude am gegenstandslosen Gestalten und fügen einfach nur Farbschichten an- und aufeinander.
Jedes Kind bringt außerdem ein eigenes kleines Motiv auf einer größeren Kerze an. Diese größere Kerze wird eine Gemeinschaftskerze. Sie kann die neue Gotteskerze werden.
Die Kinder malen ein Kreuz mit bunten und lebensfrohen Motiven aus: Blumen, Vögel, Sonne, Haus …

Material:
kleine Kerzen (nach Anzahl der Kinder), eine große Kerze, Plattenwachs, Zahnstocher (zum Ausschneiden der Wachsplatten) oder Ausstechformen, Ausmalblätter

El Salvador-Kreuz

Vorlage zum Ausmalen (siehe Anhang, S. 306)

Baustein C: Ostersonntag „Jesus ist auferstanden"

Die Erzieherin führt ein:
„Der Ostersonntag ist der dritte und schönste Tag des Osterfestes. An ihm erinnern sich die Christen an die Auferstehung Jesu. Sie freuen sich und rufen sich zu: Jesus lebt."

Die Erzieherin erzählt den Kindern die Geschichte von den Emmaus-Jüngern (Lukas 24,13–35). Die Geschichte lässt sich gut als Bodenbild und Legearbeit inszenieren. Während der Erzählung brennt die (am Karfreitag neu gestaltete) Gotteskerze. Am Ende der Erzählung stellt die Erzieherin den Kindern die Frage, ob und wie Jesus heute unter uns ist. Die Kinder können dann entdecken, dass ihnen heute die Gotteskerze seine Gegenwart anzeigt:

„Jesus ist dort, wo es hell und warm unter den Menschen ist."
Alle Kinder können dann ihre eigene kleine (Oster-)Kerze an der Gotteskerze anzünden. Abschließend singen die Kinder ein Lied. Beim gemeinsamen Osterfrühstück leuchten Kerzen dann auf den Tischen der Kinder.

Geeignete Lieder sind:

- Der Himmel geht über allen auf ...
- Gottes Liebe ist so wunderbar ...
- Das ist der Tag, den Gott gemacht ... (1. Strophe)

Die Kinder stehen im Kreis ohne Handfassung.

Das ist der Tag, den Gott gemacht,	Mit der rechten Hand vor sich einen großen Kreisbogen beschreiben.
der Freud in alle Welt gebracht.	Die Arme rechts und links zum Nachbarn ausstrecken und sich gegenseitig zulächeln.
Es freu sich, wer sich freuen kann,	In die Hände klatschen.
denn Wunder hat der Herr getan.	Die Hände nach oben führen und sich um die eigene Achse drehen.

Freiarbeit

- Osterlamm backen
- Eine Osterfahne gestalten
  Die Osterfahne ist eine bunt gestaltete, rechteckige Fahne aus Papier, die an einem Schaschlickholz angebracht ist und die in das Osterlamm gesteckt wird. Traditionelle Motive sind das Kreuz und das Osterlamm. Mit Kindern können auch andere Motive gefunden werden, z. B. eine Sonne oder eine Blume.
- Ostereier suchen

- Gemeinsames Osterfrühstück
  Beim Osterfrühstück gibt es süßes Brot, das gebackene Osterlamm, Schinken, gekochte und gefärbte Eier und alles, was den Kindern gut schmeckt.
- Einen gemeinsamen Ostergarten mit Blumen (Osterglocken), Ostereiern und frischem Grün gestalten.
- Ostersträuße stecken: Palmkätzchen oder andere keimende Baumzweige mit Ostereiern schmücken.
- Im Garten einen Osterbusch gestalten: einen keimenden Busch mit Ostereiern schmücken.
- Osternest töpfern
  In das Osternest kommen das Ostergras (oder Moos), (Schokoladen-) Ostereier und selbst verzierte Ostereier.

7.2.4 Die Osterzeit gestalten

Die Osterzeit betont die Bedeutung Jesu, seine Identität und sein Vermächtnis: Er ist der gute Hirte, der den Menschen Frieden und Liebe schenkt.

> *„Die Zeit der fünfzig Tage vom Sonntag der Auferstehung bis Pfingstsonntag wird als ein einziger Festtag gefeiert, als ‚der große Tag des Herrn'."*
> *(Grundordnung des Kirchenjahres)*

„Wie ist der auferstandene Jesus unter den Menschen und in der Welt lebendig?"
Die Osterzeit und das Pfingstfest beantworten mit der Bibel diese Frage: Es ist nicht der Jesus, den die Menschen bisher erlebt haben, denn dieser Jesus „sitzt zur Rechten des Vaters" (Fest Christi Himmelfahrt).

Jesus ist in seinem Geist gegenwärtig, der auch Heiliger Geist genannt wird. Der Heilige Geist oder der Geist Jesu stiftet und ermöglicht die Realitäten, die Menschen zum Leben brauchen: Frieden und Liebe.

Die Gemeinschaft, die in und aus diesem Geist heraus lebt, ist die Gemeinschaft der Kirche. Sie begreift sich als der neue „Leib Christi".

Die fünfzig Tage von Ostersonntag bis Pfingstsonntag entfalten das Osterfest. Gewöhnlich erleben die Kinder und die Familien diese Entfaltung nicht. Für sie ist das Osterfest mit dem Ostersonntag zu Ende. Dabei gehen jedoch wesentliche inhaltliche Aspekte des Festkreises verloren:

- Der auferstandene Jesus ist der gute Hirte. Er ist bei den Menschen, er sorgt für sie und schenkt ihnen Liebe und Geborgenheit.
- Der auferstandene Jesus will, dass Menschen in dem Frieden und in der Liebe miteinander leben, die er selbst vorgelebt hat. Als Hilfe (in der Bibel heißt es „Beistand") schenkt er ihnen seinen Geist.
- Der Geist Jesu stiftet unter den Menschen eine Gemeinschaft. Diese versteht sich als Gemeinschaft, die den Frieden und die Liebe Jesu realisieren will. Diese Gemeinschaft nennt sich Kirche.

Für Kinder bedeuten diese Aspekte, dass

- sie Jesus als den guten Hirten kennen und einen persönlichen Bezug zu ihm aufbauen. (Ich kann ihm vertrauen. Er kennt mich und sorgt für mich. Er hat mich lieb und ist immer für mich da.)
- sie die Werte und Normen eines friedvollen und liebevollen Miteinanders kennen und umsetzen.
- sie den Geist Jesu als Gottes Kraft, die die Menschen unterstützt, kennen und wahrnehmen.
- sie Kirche als Gemeinschaft kennen, die sich auf Jesus bezieht.

Baustein A: Der Geist Jesu schenkt den Menschen Kraft (Pfingsten)

- Die Kinder sitzen im Kreis.
- Die Erzieherin führt das Lied ein „Gottes Kraft geht alle Wege mit".
  „In der Bibel hat die Kraft Gottes einen besonderen Namen: Sie heißt der Heilige Geist. Der Heilige Geist ist die Kraft Gottes. Sie ist sehr stark und sehr gut. Gottes Kraft geht alle Wege mit.
  Ich erzähle euch heute die Geschichte, wie der Geist Gottes zu den Menschen kommt. Die Geschichte erzählt von den Freunden Jesu."
- Die Kinder stellen Figuren in die Mitte.
  „Die Freunde Jesu waren in einem Raum."
- Die Kinder legen aus Stoffbändern oder Tüchern einen Raum um die Figuren herum.
  „Der Raum war verschlossen und von hohen Mauern umgeben."
- Die Kinder setzen möglichst große Holzbausteine auf die Stoffbänder.
  „Die Freunde waren ganz allein. Jesus war nicht bei ihnen. Sie hatten keine Hoffnung mehr. Sie hatten Angst. Sie fühlten sich ganz hilflos und alleine."
- Die Kinder legen dunkle Tücher in den Raum um die Figuren.
- **Lied:** „Gottes Kraft geht alle Wege mit …"
  „Kann Gottes Kraft die Situation verändern? Kann Gottes Kraft den Freunden helfen?"
- Die Erzieherin sammelt die Antworten der Kinder.
  „Da veränderte sich etwas. Die Freunde spürten: Es geht uns besser. Unsere Angst vergeht. Sie spürten: Eine neue Kraft kommt zu uns."
- Die Erzieherin stellt die Gotteskerze zu den Figuren.
  „Da spürten die Freunde neuen Mut. Sie spürten, dass sie wieder stark wurden."
- Die Kinder legen helle (keine roten!) Tücher über die dunklen.
  „Jesus war zu ihnen gekommen. Und er sagt: Empfangt meinen Geist, den Heiligen Geist."
- Die Erzieherin entzündet kleine rote Kerzen an der Gotteskerze und stellt zu jeder Figur jeweils eine Kerze.

Material:
Erzähl-Figuren, Stoffbänder oder neutrale Tücher, dunkle Tücher, helle Tücher, große (Holz-)Bausteine, Gotteskerze, rote Kerzen nach Anzahl der Erzählfiguren (eventuell Kerzenständer), rote Teelichter nach Anzahl der Kinder

Die Situation kann auf die Erfahrungen der Kinder übertragen werden: „Wann fühle ich Angst? Was macht mir Angst? Wie geht es mir dann?"

- Lied: Gottes Kraft geht alle Wege mit …
  „Jeder hat eine neue Kraft bekommen. Was kann jetzt geschehen? Müssen die Türen und die Mauern noch geschlossen bleiben? Müssen sich die Freunde noch verstecken? Können sie jetzt wieder nach draußen gehen?“

Um die Kinder zu motivieren und ihre Erinnerungen zu aktivieren, ist es hilfreich, wenn die Erzieherin von sich selbst ein kindgemäßes Beispiel erzählen kann oder wenn sie Beispiele aus dem Gruppenalltag anführen kann.

- Die Kinder stellen die Bauklötze so, dass Öffnungen in der Mauer entstehen.
  „Wer kann sich an eine Situation erinnern, wo es ihm ähnlich erging? Wo er oder sie neuen Mut bekommen hat?“
- Wenn ein Kind eine Erinnerung erzählt, kann es ein rotes Teelicht an der Gotteskerze entzünden.
- Zum Schluss können auch alle anderen Kinder, die nichts erzählen konnten, für sich ein solches Teelicht entzünden, sodass ein Teelichtkreis entsteht.

Die Kinder stehen im Kreis mit Handfassung und tanzen zum Lied (siehe auch Anhang, S. 294).

Gottes Kraft geht alle Wege mit,	Nach rechts gehen.
Gottes Kraft geht alle Wege mit,	Nach innen gehen und die Hände heben.
alle Wege geht Gott mit.	Nach außen gehen und die Hände senken.

Baustein B: Kirche ist eine Gemeinschaft, die sich auf Jesus bezieht

„Suche ein Bild oder Zeichen, das uns Jesus zeigt. Wenn ihr welche entdeckt habt, dann kommt ihr leise und langsam zu mir und setzt euch hin.“

Die Erzieherin unternimmt mit den Kindern einen Erkundungsgang in die Kirche. Sie sammelt die Kinder vor der Kirchentür und bereitet sie darauf vor, das Gebäude als ein besonderes Haus zu betreten. Dann treten die Kinder einzeln ein und gehen für sich durch den Kirchenraum. Die Erzieherin gibt ihnen für diesen Gang den Wahrnehmungsauftrag, Bilder oder Zeichen zu entdecken, die auf Jesus verweisen. Wenn alle Kinder wieder zur Erzieherin zurückgekehrt sind, zeigen und erzählen sie von ihren Entdeckungen. Die Erzieherin geht dabei den Kirchenraum gemeinsam mit den Kindern ab oder sie teilt ihn ein und fragt jeweils nach den Bildern und Zeichen, die die Kinder in diesem Teil des Kirchenraumes entdeckt haben.

„Warum sind in dieser Kirche so viele Bilder und Zeichen, die uns Jesus zeigen?“

Bei dem Gang soll deutlich werden, dass es in dem Kirchenraum auffallend viele Bilder und Zeichen gibt, die Jesus zeigen oder auf ihn verweisen. Die Erzieherin macht die Kinder darauf aufmerksam und überlegt gemeinsam mit den Kindern, warum das so ist.

7.3 Weihnachten

7.3.1 Hintergründe

Die Welt des Kindes

Weihnachten ist das populärste Fest des christlichen Jahreskreises. Die Kinder erleben diese Zeit sehr intensiv. Sie ist für sie voller Geheimnisse und freudiger Überraschungen.
Das Weihnachtsfest ist ein sinnenfreudiges und ganzheitliches Fest: Das Gebäck und die weihnachtlichen Getränke (Kinderpunsch) duften und schmecken, die Räume, Plätze und Häuser sind mit Lichtern geschmückt, und die Kinder basteln mit Goldpapier. Am Heiligen Abend gibt es Geschenke, die schön verpackt sind.
Gleichzeitig nehmen die Kinder stark die jahreszeitlichen Veränderungen wahr: Die Tage werden kürzer, und es ist länger dunkel. Es wird kalt, und manchmal fällt Schnee. An diesen Tagen ist der Wechsel von draußen nach drinnen sehr stark erlebbar: draußen die Kälte und drinnen die wohlige Wärme.
Im Mittelpunkt steht die Geschichte von der wundersamen Geburt eines Kindes. Die Kinder hören die Geschichten, wie sich Menschen, Tiere und Fantasiegestalten auf den Weg zu diesem Kind machen, das in einem Stall geboren wird. Vielleicht kommen in diesen Geschichten auch Engel, Hirten und Könige vor.
Auf diesem Hintergrund ist das Weihnachtsfest für viele Kinder ein romantisches Winterfest, das viele besondere Freuden für sie bereithält und an dem es für sie viel zu staunen gibt.
Vgl. auch die Lesehinweise zu diesem Abschnitt.

Die Welt der Religion

Am christlichen Weihnachtsfest feiern wir, dass Gott in Jesus Christus Mensch wurde. Gott wurde Mensch, ohne dabei aufzuhören Gott zu sein. Jesus Christus ist Mensch und Gott zugleich. Das ist eine heilsgeschichtliche Revolution. Mit der Geburt Jesu Christi bricht eine neue Zeit an: die Zeit, in der die Beziehung zwischen Gott und Menschen eine neue und intensive Qualität bekommt. Die Symbolik des Weihnachtsfestes knüpft dabei bewusst an die jahreszeitlichen Vorgänge an: So, wie an der Wintersonnwende um den 25. Dezember die Tage wieder heller werden, so bedeutet die Geburt des „Gottessohnes“ Jesus Christus eine Zeitenwende vom Dunkel menschlicher Not und des Suchens zum Hellen.
Das Lichtbrauchtum des Weihnachtsfestes drückt diese Grundbotschaft aus.
Das Weihnachtsfest ist ein Festkreis, der sich vom ersten Adventsonntag bis zum Sonntag nach dem Fest der Erscheinung des Herrn („Heilige Drei Könige“) am 6. Januar spannt. Die Festzeit teilt sich in drei Phasen:

Phase der Vorbereitung	Zeit des Advent mit den vier Adventsonntagen
Höhepunkte	Fest der Geburt des Herrn am 25. Dezember Fest der Erscheinung des Herrn (Heilige Drei Könige) am 6. Januar
Phase der Entfaltung	Zeit zwischen und nach den Höhepunkten Ende: Sonntag nach dem 6. Januar

Das weihnachtliche Fest außerhalb des Festkreises ist das Fest der Darstellung des Herrn („Mariä Lichtmess“) am 2. Februar.

7.3.2 Advent

„Die Adventszeit hat einen doppelten Charakter: Sie ist einerseits Vorbereitungszeit auf die weihnachtlichen Hochfeste mit ihrem Gedächtnis des ersten Kommens des Gottessohnes zu den Menschen. Andererseits lenkt die Adventszeit zugleich durch dieses Gedenken die Herzen hin zur Erwartung der zweiten Ankunft Christi am Ende der Zeiten. Unter beiden Gesichtspunkten ist die Adventszeit eine Zeit hingebender und freudiger Erwartung."

(Grundordnung des Kirchenjahres)

Das Wort *Advent* leitet sich vom lateinischen Wort für *ankommen* „advenire" her. Der christliche Glaube meint damit ein wechselseitiges Ankommen: die Ankunft Gottes bei den Menschen und die Ankunft der Menschen bei Gott, beides vereint und ermöglicht in der Person Jesu Christi.

Für die Menschen bedeutet der Advent eine Zeit des Wartens und der Vorbereitung. Damit ist die äußere und die innere Vorbereitung gemeint.
Wer wartet, der hält Ausschau: Er konzentriert sich auf den, der kommt, und vertraut darauf, dass der, auf den er wartet, auch wirklich auf dem Weg ist.
Für Christen ist dieses Warten der Adventszeit ein Symbol ihrer eigenen Existenz: das Warten auf das reale und endgültige Ankommen Gottes in ihrem Leben.

Kinder erleben im Advent bewusst die Vorbereitung und die Vorfreude auf das Fest:

- Sie kennen Rituale, die diese Zeit strukturieren und einteilen.
- Sie nehmen die religiöse Bedeutung der adventlichen Rituale und des Brauchtums wahr.
- Sie finden zu einer Haltung der Vorfreude und des Staunens.

Vgl. auch die Lesehinweise zu diesem Abschnitt, S. 285.

Baustein A: Der Adventskalender

- Die Kinder basteln einen Adventskalender: Sie fertigen kleine Säckchen an, in die die Erzieherin kleine Geschenke hineingibt, z. B. einen Stern, ein Adventsbildchen (z. B. ein Ausmalbild) und/oder eine Süßigkeit. An jedem Tag kann ein anderes Kind das Säckchen öffnen und sich das Geschenk nehmen. Um die Differenz in der Anzahl der Kinder und der Säckchen auszugleichen, können auch mehrere Kinder gleichzeitig an einem Tag an der Reihe sein bzw. können Kinder mehrfach drankommen.
- Der Adventskalender besteht aus einer Geschichte, die jeden Tag weitererzählt wird. Dazu kann jeweils auch ein Gestaltungselement kommen, sodass z. B. ein Weg nach Bethlehem mit den Stationen der Geschichte gelegt wird.
- Im Adventskalender sind Krippenfiguren und Teile der Krippenlandschaft. Jeden Tag kommt an der Krippe etwas dazu, sodass am Ende des Advents die Krippe vollständig ist.

Das tägliche Öffnen des Adventskalenders ist eingebunden in ein kleines Ritual:

- Die Gotteskerze und die Kerzen am Adventskranz werden entzündet.
- Die Kinder singen ein Adventslied. Dann wird der Kalender von einem Kind geöffnet. Zum Abschluss wird ein zweites Lied gesungen.
- Mögliche Lieder:
  Seht, die gute Zeit ist nah …
  Eine gute Zeit hat angefangen …
  Im Advent, im Advent …

Baustein B: Der Adventskranz

Der Adventskranz ist gebunden aus grünen Zweigen und hat vier rote Kerzen, von denen am Beginn jeder Adventswoche eine weitere angezündet wird.
Die Kinder singen dazu „Wir sagen euch an den lieben Advent". Zu den gesungenen Strophen zündet die Erzieherin die jeweilige Kerze an. Dann betrachten die Kinder eine kurze Zeit still die brennenden Kerzen. Ein Lied beendet das Ritual.

- Mögliche Lieder:
  Wir zünden eine Kerze an …
  Kleine Flamme brenne hell …
  An unserm Kranze brennt das erste Licht …

7.3.3 Fest der Geburt Jesu

> *„Abgesehen von der sich über das Jahr hin erstreckenden Feier des österlichen Mysteriums, hat die Kirche kein ehrwürdigeres Fest als die Gedächtnisfeier der Geburt des Herrn und seines offenbarenden Erscheinens, die die Weihnachtszeit bildet."*
> *(Grundordnung des Kirchenjahres)*

Die Kirche feiert das Fest der Geburt Jesu am 25. Dezember. In Deutschland ist der eigentliche Zeitpunkt bereits der Abend des 24. Dezember.

Die wundersamen Geschehnisse, die die Bibel um die Geburt Jesu erzählt, sind keine erzählerischen Ausschmückungen, sondern sie sind Programm. Wie eine Ouvertüre stimmen sie unmissverständlich die dominierenden Motive an, auf die es im Evangelium ankommt: Gott kommt in Jesus als hilfloses kleines Kind unter ärmlichen und schwierigen Umständen in die Welt. Das bedeutet: Er ist kein Gott der Mächtigen und Reichen, sondern er ist ein Gott der Kleinen – der Kinder, der Machtlosen und Bedürftigen. Mit diesen Menschen solidarisiert sich Gott und macht sich zu deren Anwalt.
Bei der Entstehung des Weihnachtsfestes bewegte die Christen eine wichtige theologische Frage: Ab wann ist Jesus der, der er ist: „Wahrer Mensch und wahrer Gott"? Das Weihnachtsfest gibt darauf eine eindeutige Antwort. Indem es die biblischen Erzählungen um die Geburt Jesu aufgreift, betont es, dass Jesus nicht erst im Laufe seines Lebens zum *„Gottessohn"* geworden ist, sondern dass er es vom Moment seiner Geburt, ja sogar vom ersten Moment seiner irdischen Existenz, dem Moment seiner Empfängnis, an war.
„Gottessohn" oder *„Sohn Gottes"* bezeichnet kein Verwandtschaftsverhältnis, sondern die einzigartige Identität Jesu: Jesus ist kein Mensch wie jeder andere, sondern er ist zugleich auch Gott.

Für Kinder stehen diese theologischen Einzelheiten nicht im Vordergrund. Sie begegnen einer wundersamen und staunenswerten Geschichte von der ungewöhnlichen Geburt eines außergewöhnlichen Kindes.

- Sie kennen die Geschichte der Geburt Jesu.
- Sie nehmen wahr, dass dieses Kind ein besonderes Kind ist.
- Sie bauen einen persönlichen Bezug zum Kind in der Krippe auf.

Material:
Kostüme für die Rollenträger, Handtrommel mit Schläger, Glockenspiel oder Triangel, Krippengestell, Stroh, Jesusbabypuppe, oranges, gelbes Tuch, Taschenlampe; wenn vor einem Hintergrund gespielt wird: Hüttenkulisse, Stern von Bethlehem

Stegreifkrippenspiel

- Die Erzieherin verteilt die Rollen bzw. die Kinder dürfen sich Rollen wählen: Maria, Josef, die Hirten und die Engel.
- Die Kinder sitzen im Halbkreis, sodass eine kleine Bühne entsteht. Die Spieler sitzen bei den Kindern.
- Bei dem Stehgreifspiel spricht die Erzieherin den Text. Die Spieler handeln danach. Dabei kann die Erzieherin zusätzliche Hilfestellungen bzw. Hinweise geben, indem sie z. B. die entsprechenden Regieanweisungen mitliest.
  Wenn das Spiel auf einer Bühne aufgeführt wird, können zwei Spielplätze genutzt werden: im Zuschauerraum die Herbergs-, die Engels- und Hirtenszene; im Bühnenraum die abschließende Krippenszene. Der Vorhang der Bühne ist dabei geschlossen bis zu dem Moment, als die Hirten zur Krippe kommen. Der sich öffnende Vorhang gibt dann den Blick auf Maria, Josef und Engel frei, die dort bereits ihre Plätze eingenommen haben.
- Eine Handtrommel wird laut und energisch angeschlagen.
  „Ein Befehl des Kaisers Augustus: Jeder soll in die Stadt gehen, in der er geboren ist, und sich eintragen lassen.
  Wo seid ihr geboren? Seid ihr alle in (Name des Ortes, an dem das Krippenspiel stattfindet) geboren?“
- Die Erzieherin sammelt die Antworten der Kinder.
  „Stellt euch vor, ihr müsstet in die Stadt gehen, in der ihr geboren seid, und zwar zu Fuß. Auch vor 2000 Jahren machten sich viele Menschen auf den Weg, um in ihre Geburtsstadt zu gehen und sich eintragen zu lassen.
  Wie macht man sich denn auf den Weg? Fröhlich – traurig – voller Sorgen – flott – zügig – langsam – schwer bepackt ...?“

Maria und Josef suchen eine Herberge.

- Die Erzieherin sammelt die Antworten der Kinder.
  „Auch Maria und Josef machten sich auf den Weg.“

- Die Erzieherin holt die Spieler ab.
  „Maria wird bald ein Kind bekommen. Sie und Josef machen sich auf den weiten Weg.“
- Maria und Josef gehen langsam eine Runde bzw. hin und her.
  „Maria ist schon ganz müde, es war ein sehr weiter Weg. Maria spürt, dass bald ihr Baby zur Welt kommen wird.

Sie braucht dringend eine Unterkunft.
Aber: Die Stadt Bethlehem ist überfüllt."

- Maria und Josef halten vor einem Teil der Kinder an.
  „Maria und Josef klopfen bei einer ersten Herberge an."
- Die Spieler klopfen pantomimisch. Eine Trommel ahmt die Klopfschläge nach.
  „Wir brauchen eine Unterkunft und ein Bett zum Schlafen!
  Der Wirt sagt: ‚Nein, wir nehmen keine Armen und Kranken'."
- Die Erzieherin fordert die zuschauenden Kinder, vor denen Maria und Josef stehen, auf, laut Nein zu sagen, mit den Händen abzuwinken und den Kopf verneinend zu schütteln.
  „Maria und Josef gehen weiter, langsam wird der Weg schwer."
- Maria und Josef gehen ein Stück weiter, bleiben wieder vor zuschauenden Kindern stehen und klopfen pantomimisch an einer Tür an.
  „Wir brauchen dringend Unterkunft, wir sind schon sehr müde.
  Der Wirt winkt ab. ‚Wir nehmen keine Fremden'."
- Die Erzieherin fordert die zuschauenden Kinder, vor denen Maria und Josef stehen, wieder auf, laut Nein zu sagen, mit den Händen abzuwinken und den Kopf verneinend zu schütteln.
  „Maria und Josef gehen weiter. Es wird immer anstrengender für Maria."
- Maria und Josef gehen ein Stück weiter, halten und klopfen ein drittes Mal pantomimisch an eine Tür.
  „Wir brauchen ein Bett zum Schlafen, meine Frau bekommt ihr Baby.
  Der Wirt sagt ‚Nein, wir wollen keine Babys im Haus – aber da draußen ist ein Stall, dort ist es warm, und es gibt Heu, auf dem ihr schlafen könnt'."
- Die Erzieherin fordert die zuschauenden Kinder, vor denen Maria und Josef stehen, wieder auf, laut Nein zu sagen, mit den Händen abzuwinken und den Kopf verneinend zu schütteln. Dieses Mal aber zeigen die Kinder in die Ecke des Raumes, an der später der Stall zu sehen sein wird.
  „Maria und Josef gehen in den Stall. Sie sind froh, sich ausruhen zu können."
- Maria und Josef gehen die gezeigte Ecke des Raumes und setzen sich.
- **Lied:** „Seht, die gute Zeit ist nah …"
- Die Erzieherin baut in der Mitte der Szene ein „Lagerfeuer" auf: Unter den Holzscheiten sind die brennende Taschenlampe und die orange und gelben Tücher. Die Hirten setzen sich um das Lagerfeuer.
  „In dieser Nacht waren zur selben Zeit Hirten auf dem Feld.
  Es war ganz dunkel und kalt.
  Es war ganz still.
  Die Hirten sitzen am Feuer. Es wird ein wenig warm.
  Die Hirten frieren nicht mehr und sie reden miteinander."

Die Hirten wachen auf dem Felde bei ihren Schafen.

- Die Hirten reden pantomimisch miteinander und wärmen sich am Feuer.
  „Die Sterne leuchten. Doch plötzlich hören sie etwas. Es ist wie eine Sternenmusik."
- Das Glockenspiel wird angeschlagen.
  „Auf einmal wird es ganz hell, ein großer leuchtender Stern steht am Himmel, und überall funkeln die Sterne."
- Die Erzieherin regt die Kinder an, mit den Händen dazu Bewegungen zu machen.
  „Und dann wird es wieder still.
  Es treten Engel vor die Hirten."

Engel verkünden den Hirten die Geburt Jesu.

- Die Engel kommen zu den Hirten dazu.
  „Die Hirten sind erschrocken, sie sehen nichts, sie sind geblendet von dem Glanz."
- Die Hirten halten sich die Hand vor die Augen.
  „Da spricht ein Engel zu ihnen."

- Ein Engel hebt die Hand.
  „Der Engel sagt: Fürchtet euch nicht, denn euch ist heute eine große Freude geschenkt. Der Heiland Jesus Christus ist geboren. Geht hin zu dem Stall. Dort werdet ihr ein Kind finden, in Windeln gewickelt und es wird in der Krippe liegen."
- **Lied:** „Alle Jahre wieder, kommt das Christuskind …"
  „Da ertönt wieder die Sternenmusik."
- Das Glockenspiel wird wieder angeschlagen.
  „Und die Engel verließen die Hirten."
- Die Engel verlassen die Szene.
  „Die Hirten reden miteinander. Sie fragen sich: Was war das? Was hat der Engel gesagt?"
- Die Leiterin fragt die Kinder und sammelt die Antworten.
  „Die Hirten sagen sich: Kommt lasst uns gehen!"

Die Hirten machen sich auf den Weg zur Krippe.

- Die Hirten stehen auf und beginnen zu gehen. Dazu wird ein Lied gesungen.
- **Lied:** „Ihr Kinderlein kommet …"
- Während des Liedes und während die Hirten eine Weile hin und her bzw. eine oder mehrere Runden gehen, wird die Krippe aufgebaut, Maria sitzt beim Jesuskind, Josef steht bei ihr, auf der andere Seite stehen die Engel. Wenn möglich ist die Szene mit Strahlern beleuchtet.
  „Die Hirten kommen zum Stall. Sie knien ehrfürchtig nieder und betrachten froh das Kind."

Alle schauen auf die Krippe.

- Die Hirten knien vor dem Jesuskind nieder.
  „Alle Kinder dürfen sich nun um die Krippe herumsetzen."
- **Lied:** „Stille Nacht, heilige Nacht …"

7.4 Feste der Heiligen

7.4.1 Hintergründe

Die Welt des Kindes

Heiligenfeste gehören nicht zur Erfahrungswelt von Kindern. Die fast einzigen Ausnahmen bilden die Feste des heiligen Nikolaus und des heiligen Martin. In manchen Einrichtungen kommt vielleicht noch der jeweilige Namenspatron hinzu. Die Kinder erkennen diese Heiligen an ihren unverwechselbaren Attributen, sie kennen das Brauchtum und wissen eine oder mehrere Legenden, die aus dem Leben des Heiligen erzählen.

Über diese Feste hinaus werden Heiligenfeste nur sehr selten begangen. Das spiegelt die allgemeine Situation wider. Mit Heiligen und Heiligenfesten verbindet sich wenig Interesse, Verständnis oder sogar Skepsis. Dabei bieten die Heiligenfeste Gelegenheiten, am Modell historischer oder legendärer Persönlichkeiten Lebenssituationen zu thematisieren, die sinn- und werteorientiert bewältigt werden.

Situationen der Kinder und kindgemäße Themen finden sich zum Beispiel in den Legenden des treuen und mutigen Ritters Georg, der das Böse in der Gestalt des Drachen besiegt, des Franz von Assisi, der in den Tieren und der Natur Freunde findet, der Elisabeth von Thüringen, die mutig ihren Weg geht, des Christophorus, zu dem Jesus selbst kommt, und des Johannes Bosco, der Kindern und Jugendlichen ein Zuhause gibt.

Heilige für Kinder:
- *Georg*
- *Franz von Assisi*
- *Elisabeth von Thüringen*
- *Christophorus*
- *Johannes Bosco*

Die Welt der Religion

Heilige werden oft mit einer religiösen Elite verwechselt und als Menschen wahrgenommen, die, in eine religiöse Sphäre entrückt, außergewöhnliche Leistungen (Wunder) vollbringen.

Aus religiöser Sicht stehen jedoch nicht ihre Taten im Vordergrund, sondern ihre persönliche Situation. Heilige sind Menschen, die in ihrem Leben Gott sehr nahekommen. Sie fühlen die Liebe Gottes und lassen sich ganz von ihr ausfüllen und ergreifen. Diese Liebe verändert sie selbst und ihr Leben: Sie gibt ihnen die Kraft, die Liebe Gottes in die Welt und zu ihren Mitmenschen zu tragen. Das macht sie zu Botschaftern Gottes. Heilige sind Vorreiter einer neuen, friedvollen Welt. Dadurch werden sie Jesus Christus ähnlich. Heilige sind deshalb lebende Zeichen der bleibenden und wirksamen Gegenwart Jesu. Darum sind sie aktuelle Modelle des Christlichen. Sie gehen den Gläubigen dabei nicht nur als Vorbilder voran, sondern begleiten, unterstützen und motivieren sie auch.

Über die Heiligen und ihr Leben entstanden im Laufe der Zeit Legenden. Die Heiligenlegende ist eine literarische Form, mit der religiöse Überzeugungen anhand und in Form von biografischen Ereignissen ausgedrückt werden. Dabei fließen historisches Ereignis und religiöse Deutung kunstvoll ineinander und werden miteinander verflochten. In jeder Legende steckt ein historischer Kern, der im Sinne der religiösen Aussage mehr oder weniger verarbeitet und idealisiert wurde.

Die Heiligenfeiern halten die Erinnerung an die Heiligen wach. Der Kalender ist wie ein Erinnerungsalbum, das jährlich einmal „durchgeblättert“ wird. Der Gedenktag

des Heiligen ist meist sein historischer Todestag. An diesem Tag gedenkt die Kirche seiner: Sie erinnert sich des Heiligen und feiert seine bleibende Bedeutung für das Heute und das Morgen. Bei populären Heiligen ist dieses Gedenken mit buntem Brauchtum verbunden.
Vgl. die Lesehinweise zu diesem Abschnitt, S. 285.

7.4.2 Nikolaus von Myra (6. Dezember)

Die Nikolaus-Legenden sind Geschichten, in denen fundamentale religiöse Erfahrungen verdichtet sind, die mit der Gestalt des Nikolaus verknüpft wurden. Sie haben deswegen weniger einen historischen Aussagegehalt als vielmehr einen religiösen. Einige Geschichten haben eine große Ähnlichkeit zu Wundergeschichten, die die Bibel von Jesus erzählt. Hier wird deutlich: In Menschen wie Nikolaus ist Jesus lebendig.
Der Nikolaustag kann auf eine jahrhundertealte Tradition zurückblicken mit vielen wechselnden und regionalen Brauchtümern. Heute verschmilzt der Nikolaus weitgehend mit dem Weihnachtsmann und wird zu einer kommerzialisierten und inhaltsleeren Fantasiefigur, deren Hauptaufgabe es ist, Geschenke zu bringen.

Bei Kindern ist der Einkehr-Brauch noch weitgehend üblich: Ein als Nikolaus verkleideter Erwachsener besucht die Kinder, lobt und tadelt sie und bringt ihnen Geschenke. Ihn begleiten dabei unterschiedliche Gestalten. Bei kleinen Kindern sind es meist Engel oder eine dämonische Gestalt, die jedoch keinen Schrecken (mehr) verbreiten will. Die Kinder erleben bei diesem Besuch den Nikolaus als eine ehrfurchtgebietende Figur, die sie fasziniert, aber auch verunsichert und ängstigt.
Aus religionspädagogischer Sicht ist der Nikolaustag eine Situation, in der die Kinder einer Person begegnen können, die ein Botschafter der Liebe Gottes ist. Dazu

- kennen die Kinder authentische Nikolaus-Legenden und entdecken einen persönlichen Bezug dazu.
- kennen die Kinder die Attribute des Nikolaus als religiöse Symbole.
- nehmen die Kinder die Gestalt des Nikolaus als liebenswürdige Person wahr.

Vgl. auch die Lesehinweise zu diesem Abschnitt, S. 286.

Baustein A: Die Legenden vom heiligen Nikolaus

Nicht alle Legenden über den heiligen Nikolaus greifen kindgemäße Themen und Situation auf. Geeignet sind:

- Die Rettung aus der Flut
- Die Rettung aus dem Gefängnis
- Die drei goldenen Kugeln

- Das steinerne Herz
- Das Teppichwunder
- Das Kornwunder
- Die Heilung der gelähmten Hand

Den Kindern wird in allen Geschichten deutlich, dass Nikolaus der Bote der Liebe Gottes ist. Er zeigt, worin diese Liebe besteht und wie sie realisiert wird:

- Nikolaus bemerkt die elementare Not des anderen und nimmt sie wahr – er übersieht und verdrängt sie nicht.
- Nikolaus lässt sich von der Not der anderen angehen und ergreift Partei für ihn – er verschließt sich nicht durch Ablehnung, Ausreden und Hartherzigkeit.
- Nikolaus greift rettend ein und hilft, unkompliziert, spontan, sofort, mit persönlichem Einsatz – er fragt nicht nach Schuld und Verschulden, er hebt keinen Zeigefinger und tadelt und ermahnt nicht.

Baustein B: Die Attribute des heiligen Nikolaus

„Wie schaut der Nikolaus aus? Woran erkennt ihr den Nikolaus? Was hat der Nikolaus an? Was hat er in der Hand?"

Die Erzieherin fragt die Kinder nach der Kleidung und den Gegenständen des Nikolaus. In der Reihenfolge der Kinderäußerungen zeigt sie den Kindern die einzelnen Gegenstände und Gewänder. Die Kinder können ihre Eindrücke äußern und die Erzieherin erzählt ihnen deren Bedeutung.

- **Untergewand (mit Gürtel): die Albe (mit dem Zingulum)**
  Die Albe ist ein hemdartiges, bodenlanges weißes Gewand. Die Bezeichnung stammt vom lateinischen Wort für weiß, *„albus"*. Die Albe erinnert an die Taufe. Sie ist ursprünglich das Gewand, das der Neugetaufte als Zeichen seiner neuen Lebenssituation anlegte. Die Farbe weiß zeigt die religiöse Reinigung durch die Taufe. Heute taucht die Albe als das Taufkleid auf, das über das neu getaufte Baby gelegt wird. In kirchlichen Gottesdiensten ist sie das Untergewand für die Personen, die gottesdienstliche Aufgaben wahrnehmen (Papst, Bischof, Priester, Ministranten oder Messdiener).

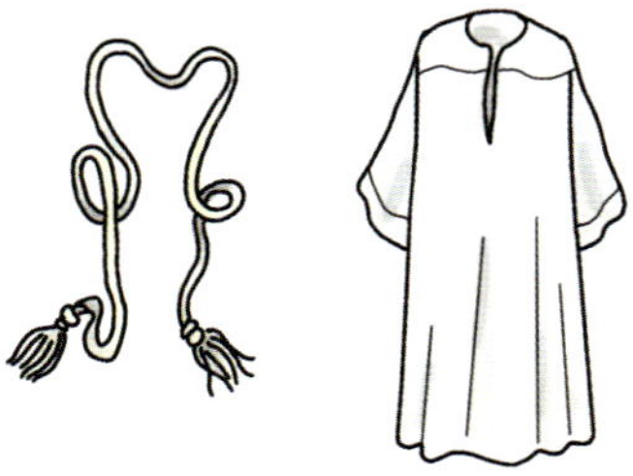

- **Obergewand: das Messgewand (meist in Form eines „Rauchmantels")**
  Das Messgewand ist ein ärmelloser, bodenlanger Überwurf, der vorne und hinten geschlossen ist und nur eine Kopföffnung hat. Meist wird jedoch bei Nikolausdarstellern ein „Rauchmantel" verwendet: ein meist prunkvoller Überwurf, der vor der Brust mit einer Schnalle geschlossen ist und den früher der Priester anlegte, wenn er mit dem Weihrauch hantierte. Die Farbe des Obergewandes ist nicht eindeutig. Meist wird ein roter Mantel verwendet. Das Obergewand erinnert daran, dass Nikolaus ein Priester war.

- **Die Kopfbedeckung: die Mitra**
  Die Mitra ist eine hohe, spitz zulaufende Kopfbedeckung. Auf ihr ist vorne ein Kreuz zu sehen. Die Mitra wird nur von Bischöfen getragen und erinnert daran, dass Nikolaus ein Bischof war.

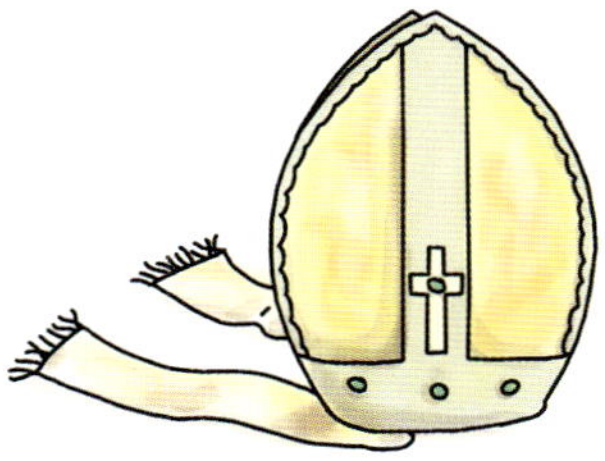

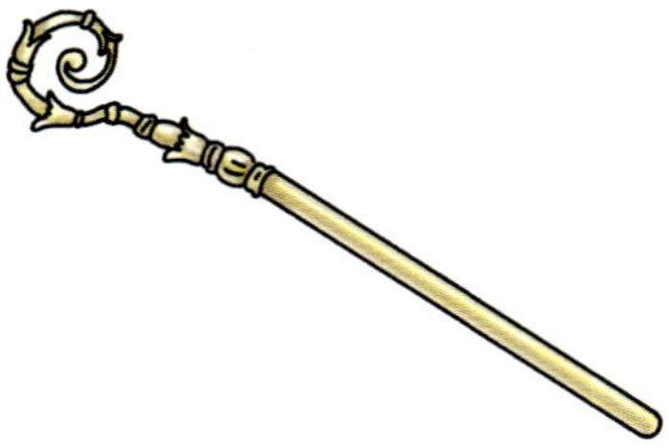

- **Der Stab**
  Der Stab ist ein stilisierter Hirtenstab. Er ist wie die Mitra das Zeichen des Bischofs. Als Hirtenstab erinnert er an Jesus, der sich als der „gute Hirte“ bezeichnet. Wie jeder Bischof steht Nikolaus im Dienst des „guten Hirten“ und sorgt wie dieser für die Menschen.

- **Das Kreuz**
  Nikolaus trägt ein Kreuz um den Hals: das Zeichen, dass er zu Jesus gehört.

- **Das Goldene Buch**
  Das Buch, das Nikolaus in den Händen trägt, ist die Bibel: Von ihr und ihrer Botschaft erzählt sein Leben.
- **Der Sack**
  Im Sack sind die Geschenke für die Kinder. Nikolaus ist ein Heiliger, der deutlich macht, dass die Liebe Gottes Menschen beschenkt und froh machen will.

Freiarbeit

Eine Bastelvorlage gibt es beim Bonifatiuswerk der deutschen Katholiken, bestellbar unter http://www.bonifatiuswerk.de

- Die Kinder falten selbst eine Mitra aus Papier und verzieren sie.
- Die Kinder nehmen einen Schokoladenweihnachtsmann und „ziehen“ ihn als Nikolaus „an“. Dazu schneiden sie aus farbigem Papier eine Mitra und einen Mantel aus, verzieren diese und kleben sie mit einem Stab, den sie aus Alu-Folie gebogen haben, an die Schokoladenfigur.

Baustein C: Der Besuch des heiligen Nikolaus

„Dürfen und sollen die Kinder wissen, dass ihnen der Nikolaus nur vorgespielt wird?“

Die Kinder sind auf den Besuch des Nikolaus vorbereitet: Sie wissen, wer er ist, kennen eine Legende und Lieder.
Der Nikolaus-Besuch ist ein Rollenspiel. Kinder erleben gemäß dem Stand ihrer Entwicklung dieses (und auch andere) Rollenspiel(e) unterschiedlich:
Jüngere Kinder lassen sich ganz auf das Spiel ein und erleben es als konkrete Realität. Ältere Kinder hingegen hinterfragen das Spiel bereits und zeigen so, dass sie bereit sind, die Realität hinter dem Rollenspiel zu entdecken: die religiöse Realität, dass in und durch Menschen die Liebe Gottes in der Welt ist.
Die Erzieherin sollte sensibel sein für diese Fragen und entsprechend der Entwicklung des Kindes darauf eingehen.

Modell A:
Die Kinder sitzen im Stuhlkreis.
Der Nikolausdarsteller kommt als Nikolaus verkleidet zu den Kindern. Er wird von der Erzieherin begrüßt, und auch er grüßt die Kinder und bedankt sich für die Einladung. Ein Kind darf den Stab halten und eines die Mitra.

Die Kinder singen ein Advents- oder Nikolauslied („Sei gegrüßt, lieber Nikolaus" oder „Lasst uns froh und munter sein").
Der Nikolaus führt einen Dialog mit den Kindern darüber, was sie vom Nikolaus bereits wissen und was ihnen an ihm gefällt. Die Kinder erzählen und zeigen ihm eventuell ihre Bastelarbeiten zum Nikolaus.
Er erzählt ihnen gegebenenfalls eine weitere Legende.
Die Kinder singen ein Adventslied.
Dann gibt der Nikolaus jedem Kind einzeln ein Geschenk.
Zum Abschluss wird noch einmal ein Lied gesungen oder sogar ein Loblied (vgl. Kapitel 6.3.4) getanzt.

Tipps für Nikolaus-Darsteller:
Einen freundlichen Kontakt zu den Kindern herstellen
- *Augenkontakt anstreben*
- *Den Kindern Fragen stellen*
- *Sich natürlich verhalten*
- *Nach den Namen der Kinder fragen*

Modell B: Wald-Nikolaus
Der Nikolausbesuch ereignet sich im Wald bzw. auf einer Waldlichtung.

Modell C:
Der Nikolaus erzählt, dass Jesus sein Vorbild ist. Dazu liest er eine Geschichte aus der Bibel, die zur Legende passt, die die Kinder kennen:

Nikolaus-Legende	Bibelstelle	
Rettung aus der Flut	Stillung des Seesturms	Matthäus 8,23–27
Kornwunder	Speisung der Fünftausend	Matthäus 14,13–21
Heilung der gelähmten Hand	Heilung des Gelähmten	Matthäus 9,1–8

Zu allen Legenden passt das Gleichnis vom guten Hirten (Johannes 10,11–16).

Alles, was Kinder verängstigt, vermeiden:
- *Die Stimme nicht künstlich tiefer verstellen*
- *Das Gesicht durch Kunstbart nicht völlig verdecken, oder sogar ganz auf den Bart verzichten*
- *Sich nicht zu den Kinder herabbeugen, besser in die Knie gehen*
- *Gegebenenfalls die Mitra abnehmen*

Modell D:
Der Nikolausdarsteller kommt unverkleidet zu den Kindern und zieht sich mithilfe der Kinder vor ihnen an. Dann beginnt das Rollenspiel.
Dieses Modell sollte vorher mit den Eltern abgesprochen werden, da viele Eltern befürchten, dass dadurch den Kindern der Nikolaustag verdorben und das Nikolauserlebnis entzaubert wird.

7.4.3 Martin von Tours (11. November)

Der heilige Martin ist die populärste Leitfigur menschlicher und christlicher Ethik, und die Mantelteilung ist die Urgeste menschlicher und christlicher Solidarität. Sie umfasst zwei Seiten, die sich auch aus der Sicht reiner Menschlichkeit (Humanität) zeigen:

- die Seite Martins: Wer als Christ und als Mensch solidarisch handelt, der gibt die Hälfte und nicht nur einen kleinen Teil.
- die Seite des Bettlers: Wer Not leidet, der kann auf solidarische Hilfe hoffen.

Das religiöse Vorzeichen erhält die humane Geste Martins durch den Traum, in dem Christus in Gestalt des Bettlers ein Grundwort aus dem Evangelium zitiert: „Was ihr dem geringsten meiner Brüder tut, das habt ihr mir getan" (Matthäus 25,40). Aus dieser Sicht wird die menschlich-humane Geste zu einer christlichen: Christus iden-

Die Kirche, in der die Mantelreliquie aufbewahrt wurde, hieß nach der lateinischen Bezeichnung des Mantels cappa „Kapelle". Nach dieser Kapelle wurden schließlich alle kleinen Kirchen bezeichnet.

tifiziert sich mit dem Notleidenden. Er bestätigt dadurch dessen Würde und macht sich zu seinem Anwalt. Der Bettler ist nicht der „Abschaum" der Gesellschaft und ein würde- und wertloser „Versager", sondern er ist ein „Bruder" Jesu, von ihm geliebt und geachtet. Wenn Martin hilft, handelt er im Geist Jesu und erkennt im Bettler einen „Bruder".

Das religiöse Brauchtum drückt die Botschaft des Festes in Symbolen bzw. symbolischen Gesten aus:

- die Lichtsymbolik der Martinslaterne: Durch Martin scheint das Licht Jesu in die Dunkelheit menschlicher Not.
- Martinszug: Wie Martin bringen die Menschen dieses Licht zu allen Menschen.
- Das Teilen der Martinsbrezen (oder anderen Gebäcks): Solidarität heißt die Hälfte geben und empfangen.
- Martinsspiel

Bei Kindern ist das Martinsfest besonders beliebt. Sie sind fasziniert von der Gestalt des starken Ritters, der ein Schwert hat und der auf einem Pferd reitet. Sie freuen sich auf den Martinszug, an dem sie im abendlichen Dunkel mit ihren Laternen durch die Straßen ziehen.

- Kinder kennen die Legende des heiligen Martin und entdecken einen persönlichen Bezug dazu.
- Kinder entdecken die Symbole des Martinsfestes in ihrer religiösen Bedeutung.

Vgl. auch die Lesehinweise zu diesem Abschnitt, S. 286.

Baustein A: Die Martinsgeschichte erzählen

(Vgl. Kapitel 4.3.1)
Dazu passt der Liedruf „Immer wenn es dunkel ist, warten wir auf Licht".

Baustein B: Eine Martinslaterne basteln

Die Erzieherin stellt in die Mitte eine Laterne. Sie wiederholt die Wahrnehmungsübung licht/dunkel oder weckt bei den Kindern die Erinnerung an die Wahrnehmungsübung, die sie im Zusammenhang mit der Martinserzählung erlebt haben. Dabei kann es hilfreich sein, den Liedruf „Immer wenn es dunkel ist, warten wir auf Licht" zu wiederholen.
Mit den Kindern zusammen betrachtet sie die Bildmotive und stellt durch Fragen einen Bezug zur Martinsgeschichte her.

Die Motive der Martinslaterne bringen Grundelemente der Martinslegende zu Ausdruck:

- Herz (Liebe)
- Hände (Hilfe)

- Sonne, Mond und Sterne (Licht)
- Menschen
- Gesicht mit Bischofsmitra (Martin)
- lachendes Gesicht (Freude)
- erleuchtete Häuser
- Tiere und Pflanzen (Martin lebt als Einsiedler unter Tieren)

Anschließend beginnt sie, mit den Kindern die Laterne zu basteln.

Baustein C: Das Martinslied singen

Die Erzieherin singt mit den Kindern das Martinslied „St. Martin, St. Martin“.
Die Erzieherin kann dazu den Kindern die Strophen jeweils vorstellen, indem sie den entsprechenden Abschnitt der Geschichte erzählt und auch mit Legematerial gestaltet. Wenn die Kinder die Legende bereits kennen, können sie selbst überlegen, wie es in der nächsten Strophe weitergeht.

Baustein D: Ein (Stegreif-)Martinsspiel mit Laternenmeditation

Das Martinsspiel kann innerhalb der Gruppe oder mit mehreren Gruppen in einem größeren Raum aufgeführt werden. An einem besonderen Platz steht die brennende Gotteskerze. (Mit Bühne ist hier der Spielort gemeint.)

- Die Kinder sitzen. Sie halten ihre Laternen hoch und bewundern sie gegenseitig.
  „Was ist denn in den Laternen drinnen?“ – „Ein Licht!“
- Die Erzieherin stellt gut sichtbar eine große Martinslaterne auf.
  „Schaut mal: Ich habe auch eine Laterne. Sie ist sehr groß und sie hat schöne Bilder. Sie hat aber noch kein Licht! Was mache ich jetzt? Woher soll ich ein Licht nehmen?“
- Die Erzieherin sammelt die Antworten der Kinder.
- Dann nimmt sie die Gotteskerze und stellt sie in die Laterne.
  „Was habe ich jetzt gemacht? Ist das richtig so? In meiner Laterne leuchtet jetzt das Licht der Gotteskerze.
  Leuchtet nur in meiner Laterne das Licht Gottes?
  Nicht nur in meiner! In all unseren Laternen!“
- Das Kind, das Martin spielt, tritt auf die Bühne.
  „(Name des Kindes) wird für uns Martin spielen.
  Martin lebte vor langer Zeit, vor über tausend Jahren.
  Martin war Soldat. Ein Soldat hat ein Schwert.“
- Die Erzieherin zeigt das Schwert und führt mit den Kindern ein kurzes Gespräch über das Schwert (spitz, scharf, Waffe, gefährlich).

Material
große Martinslaterne, Martinskostüm (Helm, Schwert, roter Mantelumhang, der aus zwei Teilen besteht, die mit Klettstreifen verbunden sind), Bettlerkostüm, Triangel, Klangstäbe oder Kokosnussschalen

Rollen
Martin, Bettler, Hund, Katze

- Dann bindet sich „Martin“ das Schwert um.
  „Ein Soldat hat einen Mantel.“

- Die Erzieherin zeigt den Mantel und führt ebenso mit den Kindern ein kurzes Gespräch über den Mantel (warm, schön, kostbar, wertvoll). Dann legt „Martin“ den Mantel an.
  „Ein Soldat hat einen Helm.“

- Die Erzieherin zeigt den Helm und führt mit den Kindern ein kurzes Gespräch über den Helm (Schutz, verbirgt das Gesicht, schaut gefährlich aus). Dann setzt sich „Martin“ den Helm auf.
  „Wir können jetzt sehen, was Martin gemacht hat.
  Es war in einer kalten Nacht. Es war Winter. In dieser Nacht schneit es. Es geht ein kalter, ein eisiger Wind. Fast alle Menschen sind schon in ihre Häuser gegangen, um sich dort zu wärmen. Nur noch wenige sind draußen.
  Eine Katze läuft nach Hause.“

„Wie macht man, wenn man friert?“

- Ein Kind, das die Katze spielt, huscht frierend über die Bühne.
  „Ein Hund ist noch draußen. Schnell läuft auch er heim.“

- Ein Kind, das den Hund spielt, huscht frierend über die Bühne.
  „Jetzt ist keiner mehr draußen, bis auf einen einzigen. Es ist ein Bettler. Er sitzt da vor der Stadt und friert.“

- Das Kind, das den Bettler spielt, setzt sich hin und friert.
  „Er hat kein Zuhause, kein Haus, in das er reingehen und sich aufwärmen kann. Keinen Freund, der ihn einlässt. Er ist ganz arm und allein. Er friert. Wenn keiner kommt und ihm hilft, muss er erfrieren.“

- Klangstäbe oder Kokosnussschalen werden wie bei galoppierenden Pferden aufeinandergeschlagen, erst leise, dann lauter.
  „Doch da hört der Bettler etwas. Kommt da nicht jemand auf einem Pferd geritten?
  Ja, da kommen mehrere Reiter, und sie reiten schnell – sie wollen in eines der warmen Häuser. Ihre Gesichter sind ganz vermummt. Sie sehen den Bettler gar nicht.“

- Martin tritt auf und bleibt auf der anderen Seite der Bühne stehen.
  „Einer der Soldaten ist Martin. Martin hat einen wichtigen Auftrag. Er muss eine Nachricht in die Stadt bringen. Er hat es sehr eilig und auch ihm ist kalt. Er freut sich auf ein warmes Haus und auf ein warmes Essen.
  Es ist Nacht, es schneit. – Sieht Martin den Bettler am Straßenrand?“

- **Lied:** „St. Martin, St. Martin“ …, Strophe 1 und 2 (siehe Anhang, S. 295)
  „Der arme Mann glaubt schon, dass alle an ihm vorbeireiten, da passiert etwas. Einer der Reiter bringt sein Pferd zum Stehen und hält an. Der Bettler traut seinen Augen nicht.
  Es ist Martin. Er steigt ab von seinem Pferd und tritt zu ihm.“

- Martin tritt zu dem Bettler hin.
  „Martin weiß, was er jetzt tun muss.“

- Martin nimmt seinen Mantel und teilt ihn in der Mitte durch. Mit der einen Hälfte hüllt er den Bettler ein. Dann geht er von der Bühne.
  „Was hat Martin getan?“

- **Lied:** „St. Martin, St. Martin" ..., Strophe 3 und 4 (siehe Anhang, S. 295)
- Der Bettler geht von der Bühne.
  „Die Geschichte geht noch weiter:
  Martin legt sich schlafen."
- Martin legt sich schlafend auf die Bühne.
  „Er ist sehr müde und er schläft schnell ein.
  In dieser Nacht hat er einen Traum.
  Martin träumt von einem Mann. Er trägt die Hälfte seines Mantels. Wer ist dieser Mann?
  Martin erkennt zuerst, dass es der Bettler ist.
  Dann aber sieht er besser, wer dieser Mann ist: Es ist niemand anderes als Jesus selbst."
- Die Erzieherin stellt die Laterne mit der Gotteskerze zu Martin.
  „Jesus sagt zu ihm etwas. Martin hört genau hin und merkt sich jedes Wort:
  Den Mantel, den du dem Bettler geschenkt hast, den hast du mir geschenkt. Alles, was du anderen tust, die Hilfe brauchen, das tust du mir."
- **Lied:** „St. Martin, St. Martin" ..., Strophe 5 und 6 (siehe Anhang, S. 295 f.)

Baustein E: Der Martinszug mit Martinsfeuer

Die Kinder gehen in der abendlichen Dunkelheit mit ihren leuchtenden Laternen durch die Straßen. Es empfiehlt sich, keinen allzu weiten Weg zu wählen. Man kann einen Kreisweg begehen (Start- und Ankunftsort sind gleich) oder eine Strecke von Ort A nach Ort B. Damit sich der Zug nicht in die Länge zieht und auseinanderreißt, ist es gut, wenn die Kinder in kleineren festen Gruppen miteinander gehen, die sich dann auch erst am Zielpunkt wieder treffen. Wenn viele Kinder beteiligt sind, könnte auch ein Sternweg begangen werden: Die einzelnen Gruppen starten von verschiedenen Orten und treffen sich am gemeinsamen Zielort.
Während des Zuges werden Martinslieder gesungen. Da es für Kinder schwierig sein kann, gleichzeitig zu gehen und zu singen, ist es sinnvoll, auf dem Weg Stationen zu machen, dort stehen zu bleiben und gemeinsam ein Lied zu singen. Während des Gehens sind die Kinder sehr mit ihren Laternen beschäftigt und gehen meist sehr andächtig und konzentriert.

Zu Beginn des Martinszugs kann das Martinsspiel aufgeführt werden. Wenn es möglich ist, geht dem Zug ein als Martin kostümierter Reiter auf einem Pferd voran.

Am Zielort brennt das Martinsfeuer. Dort versammeln sich die Kinder und können ihre Laternen abstellen. Bevor das Martinsbrot oder ein anderes, regional übliches Gebäck an die Kinder ausgeteilt wird, kann über die Kinder, die Laternen und das Brot ein Segensgebet gesprochen werden.

„Guter Gott,
Du schenkst uns den heiligen Martin.
Die Laternen und das Martinsbrot erinnern uns an ihn.
Die Laternen machen unsere dunkle Nacht hell.
Wenn wir das Brot teilen, werden wir zu einer Gemeinschaft.
Wir bitten dich,
segne diese Laternen und dieses Brot.
Wir bitten dich auch,

Das Martinsfeuer ist ein kleines Lagerfeuer, das auf einem feuerfesten Untergrund (Erde, metallene Feuerwanne) entzündet wird.

Ohne religiösen Hintergrund verändert sich der Martinstag. Er wird zum herbstlichen Laternenfest, an dem die Kinder mit Laternen durch die Straßen gehen. Zum anderen wird er verdrängt von Halloween mit seinen Kürbisleuchten. Beide Events übernehmen eine zentrale Ausdrucksform des Martinsfestes und füllen diese mit nichtreligiösen oder diffus religiösen Inhalten. Die zentrale Aussage des Martinsfestes (Motiv und Gestalt christlicher Solidarität) verschwindet.

segne diese Kinder. Schenke ihnen die Freude, andere Menschen froh zu machen,
darum bitten wir durch Christus unseren Herrn,
Amen."

Dann werden die Martinsbrote ausgeteilt. Die Kinder sollen sich zu zweit zusammenfinden und das Brot miteinander teilen und essen.
Zum Abschluss wird ein Lied gesungen.

Lieder für den Martinsumzug:

- St. Martin, St. Martin ...
- Ich gehe mit meiner Laterne ...
- Laterne, Laterne ...
- Wir tragen dein Licht ...
- Tragt in die Welt nun ein Licht ...
- Mache dich auf und werde Licht ...
- Du bist da, wo Menschen teilen ...
- Wo Güte und wo Liebe wohnt ...

7.5 Eltern*mit*arbeit

- Angebote unter Beteiligung von Eltern und Erzieherinnen
  - Gemeinsames Basteln des Adventskalenders
  - Gruppenelternabende zu den Themen „Mit Kindern auf Ostern/Weihnachten zugehen", „Weihnachtsmann oder Nikolaus?"
- Angebote unter Beteiligung von Familien und Erzieherinnen
  - Gemeinsame Versöhnungsfeier in der Zeit vor Ostern
  - Vorweihnachtliche Feier mit Aufführung des Krippenspiels
  - Gemeinsame Martinsfeier mit Martinsspiel, Martinszug und Martinsfeuer
- Informative Angebote
  - Buchausstellung zu den Themen Ostern, Weihnachten, Heilige
  - Fotowand zu den einzelnen Aktionen
  - Informationsbroschüre zum häuslichen Nikolausbesuch

Siehe auch oben in Kapitel 7.4.2, Baustein C, die Tipps für den Nikolausdarsteller.

Tipps für den häuslichen Nikolausbesuch

Grundorientierungen

Der Nikolaus will Kinder stärken und ihnen eine Freude machen – nicht ängstigen und ermahnen.

Der Nikolaus will der Bote von der Liebe und Freundlichkeit Gottes sein – nicht ein Bote der Strenge und Härte Gottes.

Der Nikolaus will Kinder ernst nehmen – und ihnen nichts Unglaubwürdiges vorgaukeln, das sie (zu Recht!) zum Zweifeln bringt.

Der Nikolaus bringt mit Augenmaß Geschenke – und überhäuft sie nicht mit Konsumgütern und Leckereien.

Ablauf

Die Familie bereitet sich auf den Besuch vor: Sie liest Nikolaus-Geschichten, singt Nikolaus-Lieder, kündigt den Kindern den Besuch an und richtet den Raum für den Besuch her (aufräumen, dekorieren, eine Kerze bzw. die Kerzen des Adventskranzes anzünden).

Der „Nikolaus" kommt und wird begrüßt. Alle stellen sich vor und geben sich die Hand. Der „Nikolaus" nimmt freundlichen Kontakt zu den Kindern auf.

Ein Kind hält den Stab, ein anderes die Mitra. Der„Nikolaus" und die Familie nehmen Platz. Der „Nikolaus" führt ein Gespräch mit den Kindern über das, was sie von ihm wissen. Alle singen ein vorbereitetes Lied.

Der „Nikolaus" erzählt eine Nikolaus-Legende. Alle singen ein weiteres Lied.

Der „Nikolaus" fragt die Familie, ob sie Menschen kennt, die in eine ähnliche Not geraten sind, wie die Menschen, von denen die Legende erzählt. Er überlegt gemeinsam mit der Familie, wer diese Menschen sind und wie diesen Menschen heute geholfen werden kann.

Alle halten einen kleinen Moment der Stille und denken an diese Menschen. Eventuell beten alle für diese Familien mit einem Vaterunser oder mit Fürbitten, die mit einem Vaterunser abgeschlossen werden.

Der „Nikolaus" kündigt an, dass er den Kindern eine Freude bereiten will und dass er dazu in seinem Sack Geschenke mitgebracht hat. Er verteilt die Geschenke.

Alle singen ein Lied und verabschieden den „Nikolaus".

Bei Kindern, die das Rollenspiel bereits hinterfragen („Wie kann das der echte Nikolaus sein? Da verkleidet sich doch jemand!"), ist es besser, wenn sich der Nikolaus-Darsteller vor den Kindern ankleidet bzw. sich von ihnen dabei helfen lässt. Er kann mit den Kindern bei diesem Vorgang ein Gespräch über die Bedeutung des Gewandes und der Attribute führen.

7.6 Vernetzungen und Bezüge

Kooperationspartner Pfarrgemeinde

- Die Erzieherin lädt eine religionspädagogische Fachkraft der Pfarrgemeinde zum Gruppenelternabend mit Themen über die kirchlichen Feste und Feiern im Jahreskreis ein.
- Die Kindertagesstätte veranstaltet gemeinsam mit der Pfarrgemeinde Elternabende zur kindgemäßen Vorbereitung und Gestaltung der kirchlichen Feste und Feiern im Jahreskreis.
- Die Erzieherin kooperiert bei der Gestaltung und Durchführung von Kindergottesdiensten zu den kirchlichen Festen und Feiern mit dem Kindergottesdienstkreis der Pfarrgemeinde vor Ort oder lädt Eltern und Kinder zu den Kindergottesdiensten ein, die die Pfarrgemeinde während der Festzeiten anbietet.

- Ein religionspädagogischer oder pastoraler Mitarbeiter der Pfarrgemeinde bietet für die Kindertagesstätte zum Martinsfest eine religiöse Feier mit Kindersegnung an.
- Kindertagesstätte und Pfarrgemeinde kooperieren bei der Planung und Durchführung des Martinsspiels mit anschließendem Martinszug und Martinsfeuer.
- Die Sternsinger der Pfarrgemeinde besuchen die Kindertagesstätte und schreiben den Segen über die Türen zu den Gruppenräumen.
- Die Kinder lernen den Namenspatron der Pfarrgemeinde kennen und entdecken seine Darstellungen im Rahmen einer Kirchenerkundung.

Bezüge zum Islam

Im Islam gibt es zwei große Festkreise: das Opferfest und den Fastenmonat Ramadan mit der Nacht der Bestimmung und dem Ramadanfest, das in der Türkei Zuckerfest genannt wird.
Die Termine der Feste richten sich nach dem Mondkalender, der im Vergleich zum üblichen Sonnenkalender kürzer ist. Deswegen variieren die Festtermine von Jahr zu Jahr.

Der einzig variable Festtermin im Christentum ist der Ostertermin. Er verbindet beide Kalender, indem der Ostersonntag der Sonntag (Sonnenkalender) nach dem Frühlingsvollmond (Mondkalender) ist.

Das islamisch Opferfest feiert den Glauben Abrahams. Im Mittelpunkt steht die Bereitschaft Abrahams, Gott seinen einzigen Sohn Ismael zu opfern. Gott erkennt seinen Glauben, verlangt jedoch nicht die Durchführung des Opfers und sendet Abraham dafür einen Widder. Verbunden ist das Opferfest mit der alljährlichen Wallfahrt nach Mekka, die eine der fünf Säulen des Islams ist und die jeder Muslim einmal im Leben unternehmen soll.

Im Christentum gibt es kein vergleichbares Fest. Theologisch entspricht dem Opferfest das Osterfest. Darin geht es jedoch nicht um das Opfer, das ein Mensch bereit ist für Gott zu bringen, sondern um das Opfer, das Gott im „Osterlamm" Jesus Christus für die Menschen bringt, um sie von Hass, Leid und Tod zu erlösen.

Der Fastenmonat Ramadan feiert die Offenbarung des Gotteswortes im Koran. Im Mittelpunkt steht das Fest der Nacht der Bestimmung, das die Übergabe des Korans an den Propheten Mohammed begeht.

Das Christentum kennt auch hier kein vergleichbares Fest. Theologisch entspricht dem Ramadan das Weihnachtsfest: Es feiert im Unterschied zum Islam die Offenbarung des Gotteswortes nicht in einem Buch, sondern in einer Person: Jesus Christus.

8 Feiern, Feste und Rituale im Leben des Kindes und der Gruppe

8 Feiern, Feste und Rituale im Leben des Kindes und der Gruppe

Feiern, Feste und Rituale im Leben des Einzelnen und der Gruppe helfen, Übergangssituationen entwicklungsförderlich zu begehen und zu gestalten: Sie thematisieren die jeweilige Situation und die damit verbundenen Gefühle. Freude und Angst, Neugier und Furcht, Hoffnung und Trauer werden in einer geschützten und geborgenen Atmosphäre ausgedrückt und verarbeitet.
Feiern, Feste und Rituale im Leben des Einzelnen und der Gruppe stützen und festigen die Identität des Kindes, indem sie es in seiner Situation wahrnehmen und wertschätzen.
Feiern, Feste und Rituale im Leben des Einzelnen und der Gruppe lassen Gemeinschaft erleben und bauen das Gefühl der Zugehörigkeit auf.

Frühkindliche religiöse und ethische Bildung und Erziehung im katholischen Kindergarten lädt Kinder in den Feiern, Festen und Ritualen im Leben des Einzelnen und der Gruppe ein,

- Übergangssituationen im Vertrauen auf Gott zu begehen und zu bewältigen.
- die Erfahrung der mitmenschlichen Zuwendung und Wertschätzung auf Gott zu übertragen.
- die Gruppe als religiöse Gemeinschaft zu erfahren, die sich gegenseitig durch das Vertrauen auf Gott stützt und stärkt.

Verweise auf andere Kapitel

- Kapitel 2: Wachsen und Vertrauen in das Leben entwickeln
- Kapitel 3: Herausforderungen für Kinder heute
- Kapitel 4: Werte geben Orientierung im Alltag
- Kapitel 6: Gemeinsam Stille und Gebet entdecken

„Wo stehe ich?“ – Fragen für die Erzieherin

- Welche persönlichen und beruflichen Erinnerungen verbinde ich mit Feiern, Festen und Ritualen in meinem Leben?
- Welche Feiern, Feste und Rituale begehe ich in der Gruppe?
- Gibt es für mich ein „Lieblingsfest“? Was gefällt mir an dieser Feier, diesem Fest bzw. Ritual?
- Gibt es eine Situation, mit der ich persönlich und beruflich Schwierigkeiten habe? Kann mir ein Ritual helfen, meine Schwierigkeiten abzubauen und die Situation zu bearbeiten?
- Wie erlebe ich die Feiern, Feste und Rituale im pädagogischen Alltag: als Bereicherung, als Chance, Pflicht, als Problem oder als Belastung?
- Welchen pädagogischen Sinn sehe ich darin, Übergangssituationen mit Feiern und Ritualen zu gestalten?

8.1 Bildungsperspektiven für Kindertagesstätte und Schule

Zielperspektiven in den Bildungs- und Erziehungsplänen

Die Kinder können mit vorfindlicher Religiosität und unterschiedlichen Religionen umgehen:

Die Kinder

- setzen sich mit christlichen Feiern, Festen und Ritualen im Leben des Einzelnen und der Gruppe als vorfindliche Formen von Religion, Religiosität und Glaube auseinander, nehmen Unterschiede wahr und werden sich der eigenen weltanschaulichen Identität bewusst.
- erwerben durch die entwicklungsförderliche Erfahrung christlicher Feiern, Feste und Rituale an den Übergangssituationen im Leben des Einzelnen und der Gruppe ein Grundverständnis über den Stellenwert und die Bedeutung von Religion, Religiosität und Glaube für sich selbst und andere Menschen.
- erfahren die handlungsleitende Funktion von Feiern, Festen und Ritualen, indem sie erkennen, für welche Glaubensaussagen diese stehen und welche Konsequenzen für das Verhalten und Handeln des Menschen daraus folgen.

Die Kinder sind fähig, eigene Sinn- und Bedeutungsfragen zu artikulieren und Antwortversuche zu erproben:

Die Kinder

- nehmen in den Feiern, Festen und Ritualen das Leben nicht als Selbstverständlichkeit hin und erleben es als Geschenk,
- entdecken und entwickeln in den Feiern, Festen und Ritualen eine Grundhaltung und Ausdrucksformen des Dankens und Bittens,
- beziehen in den Feiern, Festen und Ritualen Sinn- und Bedeutungsfragen auf das eigene Leben.

Die Kinder sind sensibel für sinnstiftende ganzheitliche Erfahrungszusammenhänge:

Die Kinder

- kennen Rituale, die das Leben strukturieren und ordnen helfen.
- erleben religiöse Feste sowie religiöse Erzählungen und liturgische Vollzüge und entdecken Zusammenhänge mit dem eigenen Leben.

Der katholische Religionsunterricht in der Grundschule/Primarstufe

Allgemeine Kompetenzen:

- Wahrnehmen und entdecken
  - Elementare religiöse Zeichen und Symbole entdecken und ihre Bedeutung benennen.

- Fragen stellen und bedenken
  - Fragen nach sich und den anderen, nach Herkunft und Zukunft, nach Freude und Leid, nach Gut und Böse, nach dem Sinn von Leben und Tod stellen und bedenken.
- Deuten und gestalten
  - Zeichen, Symbole, Bilder, Rituale und Elemente gottesdienstlicher Feiern deuten und in Bezug zum eigenen Leben setzen.
  - An der Gestaltung von Festen und Feiern mitwirken.
- Sich ausdrücken und einander mitteilen
  - Menschliche Grunderfahrungen wie Freude, Trauer, Hoffnung sprachlich, bildlich und szenisch darstellen.
  - Wesentliche Elemente der christlichen Glaubenssprache verstehen und angemessen verwenden.
  - Elementare Ausdrucksformen des Glaubens verstehen und angemessen verwenden.
  - Den so ausgedrückten und dargestellten Glauben als lebensbestimmend und handlungsleitend verstehen.

Vgl. auch die Lesehinweise zu diesem Abschnitt.

8.2 Feiern, Feste und Rituale im Leben des Kindes

8.2.1 Hintergründe

Die Welt des Kindes

Die Feste und Feiern im Leben des Kindes sind Situationen, die eine Bedeutung für seine Persönlichkeitsentwicklung und Identitätsbildung haben, weil sie Übergänge erfahrbar machen. In ihnen halten die Beteiligten einen Moment inne und unterbrechen den Alltag. Es wird dem Kind und den Menschen seiner Umgebung bewusst, dass das Leben von Veränderungen geprägt ist. Diese Veränderungen können mit Ereignissen oder mit Entwicklungen verbunden sein: Das Kind wird älter, es lernt dazu, sein Status und seine Rollen verändern sich. Im Innehalten der Feste und Feiern können das Kind und die Menschen seiner Umgebung diese Veränderungen wahrnehmen, sie ausdrücken, sie bestätigen und Ja dazu sagen. In den Veränderungen entstehen Gefühle und neue Situationen, die das Kind bewältigen muss. Die positive Atmosphäre der Feste und Feiern hilft ihm und seiner Umwelt dabei.

Das Kind erlebt: „Ich stehe heute im Mittelpunkt!" Es macht die Erfahrung von wertschätzender, liebender Zuwendung und Aufmerksamkeit: „Ich werde wahrgenommen und gemocht!" Aus dieser Erfahrung heraus können Zuversicht und Vertrauen ins Leben wachsen.

„Ich stehe heute im Mittelpunkt!"

Die Feste und Feiern gestalten diese Situation. Sie stellen Rituale zur Verfügung, die Sicherheit in den Ausdrucksformen gibt. Rituale sind symbolische und ganzheitliche Handlungsformen, die sinngeleitete und wertorientierte Kommunikation ermöglichen. In den Festen und Feiern im Leben des Kindes drücken Rituale das Selbstkonzept des Kindes, seine Individualität, seinen Selbstwert und seine positive Weltwahrnehmung aus.

„Ich bin einzigartig und wertvoll. Ich nehme mich in meiner Situation wahr und sage ja dazu."

Die Welt der Religion

Die religiöse und ethische Erziehung orientiert sich an der Situation des Kindes und bieten ihm an, seine Feste und Feiern im religiösen Licht zu sehen. In diesem Licht wird wahrnehmbar, wie die Situationen, die in den Festen und Feiern thematisiert werden, in einem religiösen Sinn- und Wertehorizont eingebettet sind: Das Kind kann sein Leben im religiösen Sinn deuten und mit religiösen Werten in Verbindung bringen. Im christlichen Glauben bedeutet das, dass das Kind in den Feiern einem Gott begegnet, der es in seiner individuellen Einzigartigkeit erkennt, der es annimmt und wertschätzt und der es in die Freiheit eines Lebens ruft, das sich in Werten wie Nächstenliebe und solidarischer Gerechtigkeit verwirklicht.
Der Glaube stellt den Festen und Feiern im Leben eines Kindes Symbole und Rituale zur Verfügung, die im Sinn- und Wertehorizont des christlichen Glaubens verankert sind. Beispiele sind der Umgang mit Symbolen wie Kerzen, Segensgesten, Gebeten, Liedern und Tänzen.
Neben den Festen und Feiern im Leben eines Kindes, die christlich gedeutet werden, bietet der Glaube Feste und Feiern an, die religiöse Wurzeln haben (Feier des Namenstags oder der Taufe).

8.2.2 Geburtstag feiern

> *„Denn du hast mein Inneres geschaffen, mich gewoben im Schoß meiner Mutter. Ich danke dir, dass du mich so staunenswert gestaltet hast."* *(Psalm 139,13–14)*

Der Geburtstag ist einer der wichtigsten Tage im Leben eines Kindes. An diesem Tag darf es konkurrenzlos etwas Besonderes sein. Wer Geburtstag feiert, der ist an diesem Tag ein König oder eine Königin: Alle nehmen das Kind in die Mitte und gratulieren ihm. Am Geburtstag erlebt es besondere Zuwendung und fühlt sich wahrgenommen und wertgeschätzt, es spürt die Freude am Dasein und Mitsein der Gemeinschaft.
In einer religiös geprägten Feier

- übertragen und verbinden die Kinder die Erfahrung der mitmenschlichen Zuwendung und Wertschätzung mit Gott.
- nehmen Kinder ihr Leben als wertvolles Geschenk wahr.
- finden Kinder eine Haltung der Dankbarkeit und Achtsamkeit.

Das Kind fühlt sich von Gott wahrgenommen und angenommen, unterstützt und begleitet.

Material:
Gotteskerze, Bodentuch, Jahreskerzen mit Kerzenständer

Baustein A: Ein Dankritual zum Geburtstag

Die Kinder versammeln sich im Kreis. Das Geburtstagskind hat einen Ehrenplatz. In der Mitte stehen auf einem Bodentuch die Gotteskerze und Jahreskerzen für die Jahre, die das Kind vollendet hat.
Alle singen ein fröhliches Geburtstagslied.
Die Erzieherin entzündet die Gotteskerze.
Die Kinder singen das folgende Lied:

„(Name des Kindes)
Gott kennt deinen Namen. Er sagt Ja zu dir.
Gott ruft dich ins Leben. Gott, wir danken dir.“

Bei „Gott, wir danken dir“ klatschen alle im Takt in die Hände.

Die Erzieherin entzündet an der Gotteskerze die erste Jahreskerze.
Sie fragt die Kinder, was Gott dem Geburtstagskind geschenkt hat. Die Kinder wiederholen das Lied und verändern entsprechend zu den Äußerungen der Kinder den Text. Zwischen den Strophen entzündet sie nach und nach die weiteren Jahreskerzen.

„Wir haben gesungen: ‚Gott ruft dich ins Leben‘. Was hat Gott (Name des Kindes) ins Leben mitgegeben? Was hat Gott (Name) für sein Leben geschenkt?“

Gott kennt deinen Namen. Er sagt Ja zu dir.
… Du kannst tanzen, springen. Gott wir danken dir.
… Du kannst laufen, hüpfen. Gott wir danken dir.
… Du kannst rufen, singen. Gott wir danken dir.
… Du kannst lachen, weinen. Gott wir danken dir.
… Du kannst kleben, schneiden. Gott wir danken dir.
… Du kannst malen, schreiben. Gott wir danken dir.
… Du kannst essen, trinken. Gott wir danken dir.
… Du kannst trösten, helfen. Gott wir danken dir.
… Du spürst Glück und Freude. Gott wir danken dir.
… Du kannst Freude machen. Gott wir danken dir.
… Du hast Freund und Freundin. Gott wir danken dir.
…

Zum Abschluss singen die Kinder noch einmal die erste Strophe des Liedes.

Baustein B: Segensrituale zum Geburtstag

Segensrituale bringen die liebevolle und schützende Zuwendung Gottes ganzheitlich zum Ausdruck.

Modell A:
Kirchgang

Die Kinder gehen am Ende des Geburtstages in die Kirche und bringen die Jahreskerzen in die Anbetungsnische der Kirche bzw. in die Anbetungskapelle. Dort ist ein Kerzenständer, an dem Gebetskerzen aufgestellt und entzündet werden können.
Die Kinder gehen geordnet den Weg durch den Kirchenraum. Es ist für die Kinder hilfreich, wenn das Gehen in ein Lied eingebunden ist. Die Kinder singen „Segen, Segen, Segen sei mit dir“.

Am Kerzenständer angekommen, stellen sich die Kinder im Halbkreis auf. Die Erzieherin entzündet nach und nach die Jahreskerzen und stellt sie auf. Die Kinder singen dazu jeweils den Segensruf. Sie fragt die Kinder zwischen dem Aufstellen nach ihren Wünschen und Bitten für das Geburtstagskind.
„Guter Gott, wir bitten dich, dass (Name) Freunde hat."
„Guter Gott, wir bitten dich, dass (Name) fröhlich sein kann."
„Guter Gott, wir bitten dich, dass (Name) gesund wird."
„Guter Gott, wir bitten dich, dass (Name) Freunde findet."
...

Zum Abschluss fassen sich die Kinder an den Händen zu einem Kreis, nehmen das Geburtstagskind in ihre Mitte und singen den Segensruf.
Dann verlassen die Kinder die Kirche.

Modell B:
„Ich fass dich golden ein."

Die Kinder versammeln sich im Kreis. Das Geburtstagskind hat einen Ehrenplatz. In der Mitte stehen auf einem hellen Bodentuch die Gotteskerze und die Jahreskerzen. Bei jeder Jahreskerze liegt umgedreht ein größeres Foto. Die Erzieherin entzündet die Gotteskerze. Alle singen ein fröhliches Geburtstagslied. Die Erzieherin entzündet an der Gotteskerze die Jahreskerzen. Sie oder einzelne Kinder drehen nach und nach die Fotos um. Sie zeigt den Kindern jeweils das Foto und regt die Erinnerung der Kinder an.
Wenn alle Kerzen brennen, nimmt sie einen goldenen Rhythmikreifen und stellt ihn den Kindern vor. „Woran erinnert euch das Gold? Was kann man mit einem solchen Reifen alles machen?"
Dann legt sie den Reifen um das Mittelbild. Sie fragt die Kinder, was sich jetzt verändert hat. Sie singt das Lied: „Ich fass dich golden ein, ein Platz soll dir bereitet sein".
Die Kinder denken über die Frage nach, wer das äußert.

Material:
Gotteskerze, helles Bodentuch, Jahreskerzen, Fotos (im größeren Format, auf denen das Geburtstagskind mit einem Jahr, mit zwei Jahren ... abgebildet ist. Schön ist, wenn Fotos aus dem Leben des Kindergartens dabei sind). Rhythmikreifen, der mit Goldpapier eingefasst ist

Die Erzieherin spricht das Segensgebet:
„Guter Gott,
du fasst (Name) golden ein und bereitest ihm einen Platz.
Du freust dich von Herzen über ihn.
Amen."

Die Erzieherin nimmt den Reifen und wählt noch zwei oder drei weitere Kinder aus, die den Reifen mit ihr tragen. Sie gehen zum Geburtstagskind und fassen es mit dem Reifen ein. Dazu singen alle den Liedruf. Der Vorgang wird so oft wiederholt, dass möglichst alle Kinder bei der Geste mitmachen konnten. Dann wird der Reifen wieder um die Jahreskerzen und Fotos abgelegt.

Tischgebet zum Geburtstag:
Auf die Melodie von „Das wünsch ich sehr, dass immer einer bei dir wär, der lacht und spricht, fürchte dich nicht!" singen die Kinder: „Gott ist bei dir, er schenkt dir immer Speis und Trank, Er lacht und spricht, fürchte dich nicht!"

„Guter Gott,
wir feiern heut Geburtstag,
wir freuen uns so sehr.
Wir bitten dich:
Sei bei uns und schenk uns deinen Segen.
Amen."
Vgl. auch die Lesehinweise zu diesem Abschnitt, S. 286.

8.2.3 Dank feiern

„Danke, dein Heil kennt keine Schranken, danke, ich halt mich fest daran. Danke, ach Herr, ich will dir danken, dass ich danken kann."
(aus dem Lied „Danke für diesen guten Morgen" von Martin Gotthard Schneider)

Kinder empfinden unmittelbar die Freude über ein gutes Ereignis oder eine gute Entwicklung. Der Dank dagegen ist kein unmittelbares Gefühl, sondern setzt eine Reflexion und eine bewusste Haltung voraus: Das Kind nimmt den Zusammenhang zwischen der erlebten Realität und ihrer Herkunft bzw. Ursache wahr. Es erkennt den Geschenkcharakter bestimmter Realitäten, es fühlt sich beschenkt und findet zu einer Haltung der Dankbarkeit.
In der religiösen Dankfeier

- nimmt das Kind Gott als den Schenkenden wahr.
- drückt das Kind seinen Dank aus.
- erfährt das Kind die Gruppe als Gemeinschaft, die seine Freude und seinen Dank teilt.

Baustein A: Dankritual für die Genesung von einer Unfallverletzung

Material: Medizinische Geräte, Puppenbett als Krankenbett, Verbandsmaterial, Blumen (echte oder Stoffblüten aus dem Legematerial)

Die Kinder sind im Stuhlkreis versammelt. Die Erzieherin begrüßt das betroffene Kind und äußert ihre Freude, dass es ihm wieder gutgeht.
Alle singen: „Du bist da, du bist da, du bist da, das ist wahr, das ist wunderbar!" (auf die Melodie „Ich bin da …").

Das betroffene Kind erzählt (kurz) über den Unfall, seine Verletzungen und die Schritte seiner Genesung. Es zeigt an sich oder an einer Puppe das betroffene Körperteil und medizinische Hilfsmittel (Schiene, Krücke). Die Geräte werden in die Mitte gelegt. Falls keine solchen Geräte da sind, stehen in der Mitte ein Krankenbett und Verbandsmaterial.

„Das war eine schwere Zeit für dich. Was hat dir in dieser Zeit geholfen? Was hat dir gutgetan?"

Die Erzieherin stellt fest, dass das Kind in dieser Zeit der Genesung Hilfen und Unterstützung bekommen hat. Sie fragt das betroffene Kind und die anderen Kinder, was ihm in dieser Zeit gutgetan und geholfen hat.
Für jede Äußerung legt das jeweilige Kind eine Blume über das Bett bzw. über die medizinischen Geräte, die im Mittelpunkt stehen. Alle singen dazu: „Für all das woll´n wir unserm Gott unser Danke sagen". Kinder, die nichts sagen wollen oder können, aber etwas beitragen wollen, dürfen stumm eine Blume in die Mitte legen.

„Jemand (Vater/Mutter) war bei mir. Mich haben Kinder besucht. Mich hat jemand getröstet. Ich habe Geschenke bekommen. Ich habe im Krankenhaus einen Freund gefunden. Die Menschen im Krankenhaus waren nett."

Die Erzieherin fasst den Dank zum Abschluss in einem Gebet zusammen:
„Guter Gott,
(Martin) hat sich sehr wehgetan.
Jetzt ist er wieder gesund.
Du warst bei ihm und hast ihm geholfen:
Du hast ihm Menschen geschickt, die … (die Erzieherin greift die Äußerungen der Kinder auf).

Dafür danken wir dir.
Amen!"
Zum Abschluss singen und tanzen alle „Lasst uns miteinander singen, loben, danken dem Herrn".

Baustein B: Dankritual für die Geburt eines Geschwisterkindes

Die Mutter kommt mit dem Neugeborenen in die Gruppe des Kindergartens. Alle sitzen im Stuhlkreis. Die Erzieherin begrüßt das Neugeborene, seinen Bruder oder seine Schwester und seine Mutter.
Alle singen das Lied „Wir fangen an fröhlich zu sein".
Die Erzieherin wiederholt die Worte des Refrains und entzündet die Gotteskerze.
Wenn möglich nimmt die Mutter oder das größere Geschwisterkind das Baby auf den Arm und zeigt es den Kindern. Diese können ihre Beobachtungen äußern.

Die Kinder singen das Lied:

„(Name des Kindes)
Gott kennt deinen Namen. Er sagt Ja zu dir.
Gott ruft dich ins Leben. Gott, wir danken dir."

Die Erzieherin fragt die Kinder, was Gott dem Kind mit ins Leben gegeben hat.
Als Hilfe nimmt sie einen Korb, in dem Gegenstände sind, die zeigen, was Gott dem Neugeborenen mitgegeben hat. Das größere Geschwisterkind nimmt die Gegenstände aus dem Korb. Die anderen Kinder benennen sie und beschreiben die Fähigkeit, die damit gemeint ist. Der Gegenstand wird dann bei der Gotteskerze abgelegt.
Dazwischen singen die Kinder das Lied.

Material:
Gotteskerze, Bodentuch, Korb, Schuhe, Handschuhe, Triangel, Mikrofon, Feder, Teller, Becher, Blume, die duftet

Im Korb sind:

- Schuhe als Zeichen für strampeln, gehen, laufen, springen, hüpfen, tanzen …
- Handschuhe als Zeichen für greifen, tasten, klatschen, nehmen …
- Bilderbuch als Zeichen für sehen, staunen, strahlen, weinen …
- Triangel als Zeichen für hören, lauschen, Töne und Stimmen unterscheiden …
- Mikrofon als Zeichen für schreien, lachen, rufen, reden …
- Feder als Zeichen für spüren, kitzeln …
- Teller und Becher als Zeichen für essen, trinken, beißen, schmecken …
- Blume als Zeichen für riechen, schnuppern, atmen …

Baustein C: Weitere Anlässe für Dankfeiern

- Geburtstag
- Genesung von einer schweren oder langen Krankheit
- Umzug einer Familie

8.2.4 Willkommen feiern

Wenn ein Kind unter dem laufenden Jahr neu in eine bestehende Gruppe kommt, ist das ein Übergang, der nicht leicht zu bewältigen ist. Das Kind empfindet widersprüchliche Gefühle: Furcht und Angst, aber auch Neugier und Interesse.
In einer Willkommensfeier, die religiös geprägt ist,

- verankert und überträgt das Kind die mitmenschliche Zuwendung, die es von der Gruppe erfährt, auf Gott.
- erfährt das Kind die neue Gruppe als religiöse Gemeinschaft, die sich ihm zuwendet und es stärkt.

Baustein: Religiöses Willkommensritual

Vorbereitung: *Die Erzieherin bereitet das neue Kind und die Gruppe auf die Situation vor. Im Vorfeld stellt sie den Eltern Formen und Anliegen der religiösen Erziehung und Bildung im Kindergarten vor und stimmt sie mit deren Anliegen ab. Sie erkundigt sich über die religiösen Erfahrungen und Bezüge des Kindes.*

Die Kinder haben sich im Stuhlkreis versammelt. Das neue Kind, nennen wir es Martin, sitzt neben der Erzieherin.
Sie begrüßt das neue Kind und stellt seinen Namen vor.
Alle singen „Hallo, hallo, schön, dass du da bist".
Die Kinder wiederholen das Lied und setzen den Namen des neuen Kindes ein:
„Martin, Martin, schön, dass du da bist!"
Die Erzieherin stellt die Frage:
„Wer freut sich denn alles? Wie heißen die Kinder, die sich freuen?"
Die Kinder wiederholen das Lied und setzen nun der Reihe nach die Namen der Gruppenkinder ein:
„Martin, Martin, schön, dass du da bist!
Martin, Martin, schön, dass es dich gibt.
Es freuen sich die Kinder hier,
der Kevin und der Maris, Alexandra und Sabrina,
Leonhard und Maxi, Teresa und Sophia, ..."

Das Lied wird so langsam gesungen, dass die Kinder, deren Name an der Reihe ist, die Zeit haben, zur Nennung des Namens aufzustehen, die Arme zu heben und sich wieder zu setzen. Zur Abwechslung kann die Aufzählung durch den Refrain unterbrochen werden.

Wenn die Namen aller Kinder genannt worden sind, singen alle noch einmal die erste Strophe des Liedes.
Die Erzieherin breitet eine Bodendecke im Mittelpunkt aus, stellt darauf die Gotteskerze ab und entzündet sie.

„Alle Kinder freuen sich, dass Martin zu uns kommt. Es gibt noch jemanden, der sich freut. Wer weiß das? Wer möchte das sagen?“
„Gott freut sich!“
Alle singen eine neue Strophe:
„Martin, Martin, schön, dass du da bist!
Martin, Martin, schön, dass es dich gibt.
Der liebe Gott, der freut sich sehr,
wir danken ihm, du bist jetzt hier!
Hallo, Hallo, schön, dass du da bist!
Hallo, Hallo, schön, dass es dich gibt!“

Erzieherin:
„Wir haben viele gute Wünsche für dich, Martin. Diese Wünsche können wir Gott sagen. Wir wissen, dass er uns hört und uns hilft, dass unsere Wünsche wirklich werden.“
Die Wünsche bereitet die Erzieherin mit den Kindern im Vorfeld vor. Dazu fertigen die Kinder einen Gegenstand an, den sie zum Wunsch bei der Gotteskerze ablegen. Diese Gegenstände sind zugleich ein Willkommensgeschenk für das neue Kind.
Ein solcher Gegenstand kann ein aus Papier ausgeschnittenes Motiv sein. Die Erzieherin klebt dann die Motive mit dem neuen Kind auf ein Blatt, auf dem die Gotteskerze abgebildet ist.

„Guter Gott, ich wünsche mir,
dass Martin Freunde findet, viel Freude hat, mit den anderen Kindern spielt, sich wohlfühlt, gerne im Garten ist ...“

Zum Abschluss singen alle noch einmal „Hallo, hallo, schön, dass du da bist“.

8.2.5 Abschied feiern

Wenn ein Kind im laufenden Jahr die Gruppe verlässt, ist das ein Übergang, der nicht leicht zu bewältigen ist. Das Kind empfindet widersprüchliche Gefühle: Trauer und Unsicherheit, aber auch Vorfreude und Neugier auf das Kommende.
In einer Abschiedsfeier, die religiös geprägt ist,

- verankert und überträgt das Kind die mitmenschliche Zuwendung, die es von der Gruppe erfährt, auf Gott.
- erfährt das Kind die Gruppe als religiöse Gemeinschaft, die sich ihm zuwendet und es stärkt.

Bausteine: Religiöse Abschiedsrituale

Modelle in Anlehnung an die Segensrituale zum Geburtstag
Die Modelle werden ähnlich durchgeführt, wie bei einem Geburtstag. Anstelle des fröhlichen Geburtstagsliedes singen die Kinder ein Lieblingslied des Kindes, das Abschied nimmt, und anstelle der Lebensjahre zeigen die Jahreskerzen die Jahre an, in denen das Kind den Kindergarten besucht hat (bzw. die Monate oder Jahreszeiten, wenn es nicht mehr als ein Jahr da war).

Material:
siehe Abschnitt 8.2.2, Baustein B: Segensrituale zum Geburtstag

Material:
Koffer oder Schachtel als Abschiedskoffer (Der Koffer wird im Vorfeld von Kindern gestaltet.)
Gegenstände für den Inhalt

Modell „Abschiedskoffer packen"
Die Kinder haben sich im Stuhlkreis versammelt. Das Kind, das Abschied nimmt, sitzt an einem Ehrenplatz. Alle singen ein Lieblingslied des Kindes.
Die Erzieherin kündigt den Abschied an.
„Wenn man Abschied nimmt, dann packt man einen Koffer. Darin sind alle wichtigen Dinge, die man braucht. Heute wollen wir dir einen Koffer packen, damit du an uns denkst und es dir gut geht. Dieser Koffer ist ein besonderer Koffer: Er ist ein Segenskoffer. In ihm ist alles, was dein Herz braucht."

Die Erzieherin stellt einen kleinen Koffer oder eine Schachtel vor das Kind. Die Kindergruppen geben nacheinander einzelne Gegenstände hinein. Sie zeigen zuerst den Gegenstand, benennen ihn und sagen, wozu er wichtig ist. Die Erzieherin hilft den Kindern dabei.
In den Segenskoffer kommen:

- Gegenstände, die gute Erinnerungen anzeigen (ausgeschnittene Blume als Erinnerung an den Garten, Ball als Erinnerung an die Spiele ...).
- Taschentücher als Wunsch, dass das Kind immer Trost erfährt.
- ein Gebetswürfel mit den (Tisch-)Gebeten, die in der Gruppe üblich sind.
- ein Gruppenfoto.
- ein laminiertes Blatt mit einem Foto der Gotteskerze und einem Segensspruch.
- ein kleines Kreuz aus Südamerika mit bunten Naturmotiven.

Zum Abschluss singen die Kinder ein Segenslied: „Segen, Segen, Segen sei mit dir" oder „Möge der Segen Gottes mit dir sein".

Segensgebet
„Gott sei vor dir, um dir den rechten Weg zu zeigen.
Gott sei neben dir, um dich zu begleiten.
Gott sei hinter dir, um dich zu beschützen.
Gott sei unter dir, um dich aufzufangen.
Gott sei in dir, um dich wachsen zu lassen.
Gott sei über dir, um dich zu segnen.
Amen."
(Weidinger, 2007, S. 39)

8.2.6 Abschied nehmen: Trauerrituale

In jedem Abschied und in jeder Trennung steckt Trauer. Sie ist der Schmerz über den erlittenen Verlust. Damit der Verlust angenommen werden kann und wieder neue Lebensfreude wächst, muss das Kind begleitet werden. Trauerfeiern thematisieren die Situation und die Gefühle. Sie gestalten den Abschied und eröffnen so einen Neuanfang.

In einer religiösen Trauerfeier

- schöpft das Kind Trost und Hoffnung aus der Glaubenszusage, dass jedes Leben für immer in Gott geborgen ist,
- verankert und überträgt das Kind die mitmenschliche Zuwendung, die es von der Gruppe erfährt, auf Gott,
- erfährt das Kind die Gruppe als religiöse Gemeinschaft, die sich ihm zuwendet und es stärkt.

Trauersituationen sind sensible und krisenhafte Phasen. Kinder sind nicht immer bereit, über den Verlust und ihre Trauer zu sprechen. Im Vordergrund steht in einer solchen Situation die persönliche, pädagogisch-psychologische Begleitung des Kindes.
Auch die anderen Kinder brauchen in einer Situation besondere Zuwendung und wollen in ihrem Bedürfnis nach Orientierung und Verstehen („Was ist da los?“) wahrgenommen werden.
Im Zusammenhang mit Tod und Trauer entstehen Fragen und Ängste. Die vorgestellten Trauerrituale greifen nicht alle Fragen und Bedürfnisse der Kinder auf. Sie sind deswegen ein Baustein unter anderen (religions-)pädagogischen Maßnahmen.

Baustein A: Abschied von einem geliebten Menschen

Modell: Teilnahme am Begräbnis
Die Kinder des Kindergartens und die Erzieherin nehmen am Begräbnis des/der Verstorbenen teil.

- **Vorbereitung der Kinder**
  Die Erzieherin bespricht mit den Kindern im Vorfeld den Vorgang und die Gefühle, die damit verbunden sind. Sie verwendet dazu
  - ein Bilderbuch,
  - lädt einen pastoralen Mitarbeiter der Pfarrgemeinde ein, der Begräbnisse durchführt,
  - besucht mit den Kindern den Friedhof oder ein Bestattungsinstitut, regt die Kinder zu Fragen an und ermöglicht Entdeckungen („Wie schaut ein Sarg von innen aus?“).

  Durch die Vorbereitung
  - kennen die Kinder den Ablauf eines Begräbnisses,
  - drücken ihre Fragen aus und suchen nach Antworten,
  - drücken ihren Umgang mit Trauer und Traurigkeit aus,
  - erhalten Hilfestellungen für einen entwicklungsförderlichen Umgang mit Trauer und Traurigkeit,
  - erarbeiten Gestaltungselemente, die sie zur Begräbnisfeier beitragen.
- **Vorbereitung der betroffenen Familie**
  Die Erzieherin klärt mit der betroffenen Familie ab, ob sie mit der Teilnahme der Kindergruppe einverstanden ist, und bespricht mit den Angehörigen die religionspädagogische Absicht.

- Vorbereitung mit dem pastoralen Mitarbeiter, der das Begräbnis durchführt
  Die Erzieherin klärt mit dem pastoralen Mitarbeiter, der das Begräbnis durchführt, an welchen Elementen der Feier die Kinder der Gruppe teilnehmen und wie sie einbezogen werden können.

Gestaltungsmöglichkeiten

- Die Kinder singen ein Lied in der Friedhofskapelle bzw. Trauerhalle (Liedvorschläge siehe „Modell Besuch des Grabes").
- Die Kinder gehen beim Gang zum Grab an einer bestimmten Stelle (vor, neben oder hinter dem Sarg).
- Die Kinder werfen am Grab Blumen auf den Sarg.

Nacharbeit mit den Kindern:
Die Kinder drücken ihre Eindrücke verbal oder gestalterisch (malen) aus und tauschen sie aus.

Modell: Besuch des Grabes

Die Kinder des Kindergartens und die Erzieherin besuchen das Grab des/der Verstorbenen. Vorbereitung der Kinder: siehe Modell: Teilnahme am Begräbnis.

Am Grab singen die Kinder ein Lied. Sie betrachten zusammen das Grab und tauschen Eindrücke aus. Wenn das betroffene Kind bereit ist, erzählt es, wie es das Grab in sein Leben integriert hat: Wie oft es das Grab besucht, was es am Grab macht, wie es ihm dabei geht, was es sich am Grab denkt und vorstellt und wie es das Grab (mit)gestaltet. Die Erzieherin spricht mit den Kindern ein Gebet: das Vaterunser oder:

Die Kinder singen ein Wunschlied des betroffenen Kindes oder:

- *Gottes Kraft geht alle Wege mit (siehe Anhang, S. 294)*
- *Fürchte dich nicht (siehe Anhang, S. 300)*
- *Herr, gib uns deinen Frieden (siehe Anhang, S. 296)*

„Guter Gott,
wir stehen am Grab von (Name des/der Verstorbenen).
Wir denken an sie/ihn und
sind traurig, dass sie/er nicht mehr bei uns ist.
Wir bitten dich:
Sorge du für sie/ihn, dass es ihm/ihr gut geht.
Wir bitten dich auch:
Sorge für (Name des betroffenen Kindes) und tröste sie/ihn.
Amen."

Dann hinterlassen die Kinder ein Zeichen ihres Mitgefühls (vorher mit der Familie absprechen!): Sie besprengen das Grab mit Weihwasser oder/und pflanzen ein Blumenstöckchen ein oder legen einzelne Blumen ab oder/und verbrennen einzelne Weihrauchkörner. (Jedes Kind legt ein Weihrauchkorn in die Schale. Gemeinsam erleben die Kinder, wie das Korn schmilzt und als Rauch aufsteigt.) Zum Abschluss singen sie ein Lied.

Bei den Modellen Begräbnis- und Grabbesuch sollen die Kinder nicht zu lange der belastenden Atmosphäre akuter Trauer ausgesetzt sein. Kinder brauchen für ihre Psychohygiene einen Ausgleich durch laute Heiterkeit und Bewegung.

Das betrifft nicht nur Kinder: Der Brauch des Leichenmahls nach dem Begräbnis erfüllt für die Erwachsenen dieselbe Funktion.

Baustein B: Abschied von einem geliebten Tier

Die Kinder gestalten einen kleinen Sarg. Im Stuhlkreis zeigt das betroffene Kind ein oder mehrere Fotos seines verstorbenen Haustieres. Es erzählt von dem Tier: Was es mit ihm erlebt hat, was es besonders an ihm geschätzt hat, wie es gestorben ist und was schließlich mit dem Kadaver passiert ist.
Die Erzieherin entzündet die Gotteskerze und fragt die Kinder, was mit dem Tier jetzt ist: Ob es ganz und gar tot ist, ob es noch lebendig ist, wo es jetzt ist.
Die Erzieherin nimmt eine Kerze und stellt sie den Kindern als Lebenskerze vor. Sie entzündet sie an der Gotteskerze.
„Der/die (Name des Tieres) hat gelebt
Dann ist er/sie gestorben."
Sie löscht die Lebenskerze.
„Wir wissen in unseren Herzen: (Name des Tieres) ist nicht ganz tot."
Sie entzündet die Lebenskerze erneut an der Gotteskerze.
„Wir wissen in unseren Herzen, dass er/sie noch lebt."
Die Kinder malen Bilder von dem Ort, an dem das Tier jetzt ist, und tauschen sich darüber aus.

Weitere Möglichkeit:
Kinder gestalten zusammen einen „Sarg" mit Lebensmotiven (Blumen, Sonne, helle Farben), in den sie die Bilder des verstorbenen Tieres legen und den sie dem betroffenen Kind überreichen oder den sie symbolisch im Garten bestatten.

Wenn ein Kind Zeuge eines Unfalls wird, bei dem ein unbekanntes Tier zu Tode kommt (z. B. eine Katze wird bei der Fahrt in den Kindergarten vom Auto überfahren), wird der Tod des Tieres ähnlich thematisiert. Wenn möglich, besuchen die Kinder die Unfallstelle und legen dort Blumen ab.

8.2.7 Taufe feiern

Die Taufe ist ein Sakrament der Kirche: Sie begeht die persönliche Glaubensentscheidung des Kindes bzw. seiner Eltern. Wer sich taufen lässt, zeigt, dass er sein Leben im christlichen Glauben führen will, d. h. dass er in einer persönlichen Gottesbeziehung leben will, die durch Jesus Christus geprägt ist und die in der Gemeinschaft der Kirche realisiert wird.
Die Taufe ist auch eine biografische Feier. Sie ist ein wichtiger Moment im Aufbau der eigenen Identität. Deswegen ist die Taufe auch mit der Namensgebung verbunden.

Wer sich taufen lässt, zeigt, dass er sich von Gott als „geliebtes Kind" angenommen weiß: Er kann sein Leben führen in der Liebe Gottes, im Frieden und in der Gerechtigkeit Gottes, die von Versöhnung und Heilung geprägt ist und nicht von Strafe und Unbarmherzigkeit.
Als „geliebtes Kind" weiß er sich zugehörig zur Gemeinschaft der Christen, der Kirche. Der Brauch, sich bei der Auswahl des Namens an herausragenden Personen der Kirche zu orientieren, drückt aus, dass die Taufe Identität und Zugehörigkeit aufbaut und prägt.

In der Tauffeier

- verankert und überträgt das Kind die mitmenschliche Zuwendung, die es von der Gruppe erfährt, auf Gott.
- erfährt das Kind die Gruppe als religiöse Gemeinschaft, zu der es gehört, die sich ihm zuwendet und die es stärkt.

Baustein A: Vorbereitung

- Die Erzieherin klärt mit dem Priester und den Eltern die Gestaltungsmöglichkeiten ab. Der Ort der Taufe ist nach Möglichkeit die Kirche.
- Die Kinder kennen die zentralen Zeichen und Gesten der Taufe und erfassen deren Bedeutung: das Wasser und die Geste des Übergießens, den Chrisam, das Taufkleid und die Taufkerze. Dazu kann der Priester, der die Taufe leitet, in die Gruppe kommen, um den Kindern die Zeichen und Gesten zu zeigen und Fragen zu klären. Vielleicht nehmen die Kinder dazu im Vorfeld an einer Tauffeier teil und tauschen sich dann über ihre Eindrücke und Erinnerungen aus.
- Die Kinder kennen den Abschnitt aus der Bibel, der in der Tauffeier gelesen wird.

Ein zentrales Element der Tauffeier ist die Lesung aus der Bibel. Sie ist nicht festgelegt und kann frei gewählt werden. Geeignet sind Abschnitte, die die Kinder und vor allem das Kind, das getauft werden soll, besonders mögen und die inhaltlich das Taufgeschehen aufgreifen.

Möglich sind:

- Jesus segnet die Kinder (Markus 10,13–16).
- Das Gleichnis vom guten Hirten (Johannes 10,1–21 in Auszügen)

Es ist schön, wenn die Kinder zu dem Bibelabschnitt ein Gestaltungselement erarbeiten, das sie in die Tauffeier aktiv einbringen können, z. B. Bilder bzw. Werkstücke, die gezeigt werden, oder ein Lied bzw. einen Tanz.

Baustein B: Die Feier

Es werden im Folgenden nur einzelne Elemente der Tauffeier mit Gestaltungsvorschlägen angeführt (vgl. „Die Feier der Kindertaufe in den katholischen Bistümern des deutschen Sparchgebiets", siehe Anhang, S. 286).

- Die Kinder bringen die Gotteskerze der Gruppe, entzünden sie am Taufort und stellen sie an einem vorbereiteten Ort ab.
- Die Erzieherin bezeichnet das Kind zusammen mit dem Priester, den Eltern und den Paten mit einem Kreuzzeichen (Rituale 39).
- Die Kinder kennen die Lesung aus der Bibel und tragen ein Gestaltungselement bei (s.o.). (Rituale 41–43)
- Bei der Anrufung der Heiligen werden auch die Heiligen genannt, deren Namen Kinder aus der Gruppe tragen (Rituale 45).
- Zu den Fürbitten treten einzelne Kinder aus der Gruppe und überreichen dem Kind, das getauft wird, symbolische Gegenstände, mit denen sie Bitten für das Kind verbinden. Die Gegenstände werden dann bei der Gotteskerze abgestellt (Rituale 48).
- Zur Taufwasserweihe (Rituale 54) bringen Kinder einen Wasserkrug. Der Priester oder ein Kind:
  „Lieber (Martin), (Susanne) und (Klaus) bringen für dich das Wasser für deine Taufe. Mit dem Wasser löschen wir unseren Durst und waschen wir uns. An heißen Tagen erfrischt es uns. Ohne Wasser können wir nicht leben."
- Nach der Taufhandlung bringen Kinder die Zeichen der ausdeutenden Riten (Rituale 65–68) und überreichen sie dem Täufling. Dieser legt sie an einem vorbereiteten Platz ab.
  - Ein Kind bringt den Chrisam.
    Die Erzieherin: *„Lieber (Martin), (Hans) bringt für dich den Chrisam. Er ist eine Heilsalbe für die Seele. Er hilft deiner Seele, gesund und sicher durch das Leben zu kommen."*
  - Ein Kind bringt das weiße Taufgewand.
    Die Erzieherin: *„Lieber (Martin), (Markus) bringt für dich das Taufkleid. Es ist weiß und es zeigt, dass Jesus dein Freund ist."*
  - Ein Kind bringt die Taufkerze.
    Die Erzieherin: *„Lieber (Martin), (Leonie) bringt dir deine Taufkerze. Wir zünden sie an der Osterkerze an. Die Kerze bringt Geborgenheit und Wärme. Sie spendet dir Licht. Sie erinnert dich an Jesus. Lieber (Martin), du bist ein Kind des Lichts."*
- Die Kinder überreichen dem getauften Kind ein Geschenk der Gruppe, z. B. ein laminiertes Blatt mit einem Foto der Gotteskerze und einem Segensspruch (siehe Kapitel 8.2.5 Abschied feiern) oder Schutzgebet oder dem Vaterunser oder ein kleines Kreuz aus Südamerika mit bunten Naturmotiven.
- Alle beten das Vaterunser mit Gesten (Rituale 72).

Die Kinder bringen nach der Reihe Chrisam, Taufgewand und Taufkerze und überreichen sie dem Täufling. Die Worte der Erzieherin kann (in vereinfachter Form) auch ein Kind sagen. Dazwischen liest der Priester die Abschnitte, die jeweils im Rituale vorgesehen sind.

- Die Kinder singen und tanzen ein Segenslied.
  Die Kinder stehen im Kreis und halten sich an den Händen. In ihrer Mitte steht das getaufte Kind.

Segen, Segen, Segen sei mit dir!	Die Kinder gehen im Kreis nach rechts.
Segen, Segen, Segen sei mit dir!	Die Kinder gehen im Kreis nach links.
Segen, Segen, Segen sei mit dir!	Die Kinder stehen im Kreis und heben ihre Arme.

- Die Kinder singen und tanzen Lieder:
  - Wir fangen an fröhlich zu sein ...
  - Wir singen alle Hallelu ...
  - Wir feiern heut ein Fest ...
  - Viele, viele Kinder haben sich versammelt ...
  - Gottes Liebe ist so wunderbar ...
  - Lasst uns miteinander singen, loben, danken dem Herrn ...
  - Klatscht in die Hände, lobet Gott ...
  - Vom Aufgang der Sonne bis zu ihrem Niedergang ...

Schutzgebet:

„Sei unbesorgt.
Gott beschützt dich.
Er steht an deiner Seite
und behütet dein Leben,
wenn du fortgehst
und wieder nach Hause kommst –
alle Tage, bis die Zeit zerbricht."
(Weidinger, 2007, S. 38)

Wenn es nicht möglich ist, an der Tauffeier der Familie teilzunehmen, kann das Modell entsprechend verändert in der Gruppe (im Kindergarten oder am Taufort in der Kirche) als Tauf-Erinnerungsfeier durchgeführt werden, in der die Lieder gesungen werden, das Kind von der Taufe erzählt, die Zeichen der Taufe von Kindern vorgestellt werden, die Kinder ein Geschenk überreichen, die Fürbitten und das Vaterunser beten.

8.3 Feiern, Feste und Rituale im Leben der Gruppe

8.3.1 Hintergründe

Die Welt des Kindes

Die Feste und Feiern im Leben einer Gruppe sind Höhepunkte im Gruppenleben. Sie feiern die Gruppe und ihre Übergänge. In ihnen wird Gemeinschaft und Zugehörigkeit wahrnehmbar. Eine Gruppenidentität kann wachsen und sich festigen. Alle spüren: „Wir gehören zusammen!" In der positiven Atmosphäre eines Festes wird diese Wahrnehmung zu einer guten Erfahrung, verbunden mit Gefühlen wie Freude und Heiterkeit.

Allerdings geht es in den Gruppen in der Kindertageseinrichtung nicht immer so harmonisch zu. Das Zusammengehörigkeitsgefühl und Gemeinschaftsbewusstsein müssen immer wieder neu aktiviert und belebt werden. Dazu können Feste und Feiern besonders viel beitragen.

Zu den Festen und Feiern der Gruppe gehören Spiel und Spaß, Musik und Tanz, fröhlich bunte Dekoration und Verkleidungen, Essen und Trinken. Zu ihnen gehört auch eine Zeit der Vorbereitung und Planung. Die Kinder basteln und schmücken ihren Gruppenraum. Sie üben Lieder und Tänze oder sogar ein Theaterstück ein. Diese Zeit der Vorbereitung ist eine intensive Zeit gemeinsamer Vorfreude. Alle geben ihren Teil, damit das Fest gelingen kann.

Zu den Festen und Feiern im Leben der Gruppe werden meist die Eltern und Geschwisterkinder eingeladen. Die Gruppe führt ihnen etwas vor und lädt sie dann zum Essen und Trinken ein. Die Kinder erfahren eine Verbindung zwischen daheim und der Tagesstätte. Sie erleben sich als Gastgeber für ihre Eltern und Geschwister. Das stärkt sie und bereitet ihnen Freude. Für die Eltern ist das Gruppenfest eine gute Gelegenheit zur ungezwungenen Begegnung untereinander und mit den Erzieherinnen.

Die Welt der Religion

Der Glaube bettet die Gruppe und ihre Übergänge in einen religiösen Sinn- und Wertehorizont ein. Die Gemeinschaft der Gruppe wird als religiöse Gemeinschaft erfahrbar, deren Angehörige sich gegenseitig im Glauben bereichern und die sich als Glaubende stützen und stärken.
Im christlichen Glauben begegnen die Kinder einem Gott, der die Gemeinschaft zwischen den Menschen untereinander und die Gemeinschaft mit ihm ermöglicht, unterstützt und fördert: Er erschafft den Menschen als ein Wesen, das von seinen Anlagen her in Gemeinschaft lebt. Er selbst sucht stets und wiederholt Gemeinschaft mit den Menschen und bemüht sich anhaltend, alle Menschen zu sich in die Gemeinschaft zu rufen. Andererseits unterstützt und fördert er die Gemeinschaften, die die Menschen untereinander bilden. Im Alten Testament der Bibel geht Gott die Gemeinschaft mit dem Volk Israel ein und im Neuen Testament entsteht die Gemeinschaft der Christen: die Kirche. Die zentralen christlichen Werte stützen und regeln das Miteinander im Geist Jesu Christi: gegenseitige Achtung und Solidarität.
Der Glaube stellt den Festen und Feiern im Leben der Gruppe nicht nur diesen umfassenden Sinn- und Wertehorizont zur Verfügung, sondern auch Symbole und Rituale, die in diesem Horizont verankert sind. Diese machen das gemeinschaftsfördernde Engagement des christlichen Glaubens erfahrbar und ermöglichen den Kindern, sich selbst in ihrem Bezug zur Gemeinschaft auszudrücken und darin einzubringen.

8.3.2 Das Gruppenfest

Jede Gruppe feiert im Jahr ein Gruppenfest. Die Gestaltung richtet sich nach dem Termin des Festes: So kann es zum Beispiel im Sommer als Gartenfest, in der Faschingszeit als Faschingsfest oder in der Adventszeit als adventliche Feier begangen werden. Bei einer religiösen Gestaltung

- stellen die Kinder einen Bezug zwischen ihrem Gruppenerleben und dem Glauben her.
- begegnen einem Gott, dem Gemeinschaft wichtig ist, der sie stützt und fördert.
- drücken ihren Dank an Gott aus.

Bausteine

- **Das Gruppenfest in Verbindung mit einem religiösen Fest**
  Wenn der Termin des Gruppenfestes in die Nähe eines religiösen Jahresfestes gelegt wird, kann der Inhalt des Festes aufgegriffen und in Bezug zum Erleben der Gruppe gebracht werden. Die Gruppe kann dazu eine entsprechende Darstellung vorbereiten und diese vor den anderen Gruppen oder den Familien, die zum Gruppenfest eingeladen sind, aufführen.

  Beispiele:
  - *Gedenktag des Namenspatrons der Einrichtung: Inszenieren der Lebensgeschichte des Heiligen*
  - *Weihnachtszeit: Vorführen eines Krippenspiels*
  - *Ostern: gemeinsames Osternest suchen und aufführen einer österlichen Geschichte*

- *Osterzeit (Zeit zwischen Ostersonntag und Pfingstsonntag): Aufführen des Schöpfungsliedes von Franz von Assisi (siehe oben Kapitel 5.2.3) oder biblischer Rettungsgeschichten, z. B. die Geschichte der Arche Noach*

- **Das Gruppenfest und ein Kinderbibeltag**
  Das Gruppenfest findet unmittelbar nach einem Kinderbibeltag oder einer Kinderbibelwoche zum Thema Gemeinschaft statt. Die Kinder haben dabei ein Theaterstück und Dekoration erarbeitet. Mögliche Abschnitte aus der Bibel zum Thema Gemeinschaft sind z. B.:
  - Hochzeit zu Kana (Johannes 2,1–10)
  - Marta und Maria (Lukas 10,38–42)
  - Jesus segnet die Kinder (Markus 10,13–16)
  - Das Gleichnis vom barmherzigen Vater (Lukas 15,11–32)
  - Das Gleichnis vom guten Hirten (Johannes 10,1–18)
  - Die Speisung der 5000 (Matthäus 14,13–21)
  - Die Arche Noach (Genesis 6–9)

- **Die Kinder gestalten ein Dankritual.**
  Die Kinder versammeln sich im Stuhlkreis. In der Mitte brennt die Gotteskerze. Die Erzieherin hat verschiedene Fotos und Werkstücke des vergangenen Jahres verdeckt ausgelegt. Die Kinder decken nach und nach die Gegenstände auf und erinnern sich an die Arbeiten und die bearbeiteten Themen, an gemeinsame Ausflüge und Erlebnisse. Sie tauschen kurz ihre Erinnerungen aus. Dazwischen singen sie immer wieder „Für all das woll´n wir unserm Gott unser Danke sagen“. Zum Abschluss singen und tanzen die Kinder „Gottes Liebe ist so wunderbar“.

Das Dankritual kann auch an einem geeigneten Ort in der Kirche stattfinden. Danach ziehen die Kinder in den Gruppenraum, um dort zu spielen, zu essen und zu trinken.

- **Die Kinder gestalten ein Tischritual.**
  Modell A
  Die Kinder und die Gäste des Gruppenfestes nehmen an den gedeckten Tischen Platz. Alle werden still und ein Kind entzündet feierlich die Gotteskerze. Ein oder alle Kinder sprechen ein Tischgebet. Alle singen ein Loblied.
  Modell B
  Die Kinder und die Gäste des Gruppenfestes nehmen an den gedeckten Tischen Platz. An den Tischen stehen Tischkerzen, die noch nicht brennen. Alle werden still und ein Kind entzündet feierlich die Gotteskerze. Die Erzieherin oder ein oder mehrere Kinder sprechen abwechselnd in Teilen das Tischgebet:
  „Guter Gott, du schenkst uns unsere Gemeinschaft.
  Du gibst uns das Essen und machst uns satt.
  Wir haben das Essen auf die Tische verteilt. Jeder kann sich davon nehmen.
  Guter Gott, du schenkst uns unsere Gemeinschaft.
  Das Licht unserer Gotteskerze erinnert uns immer daran.
  Deswegen verteilen wir jetzt von unserer Gotteskerze aus das Licht an die Tische und wünschen allen einen gesegneten Appetit.“
  Kinder verteilen das Licht auf die Tische. Abschließend singen alle ein Lied, z. B. „Was wir brauchen, gibt uns Gott: Fröhlichkeit und täglich Brot“.

- **Die Kinder singen religiöse Gemeinschaftslieder.**
  - Auf die Melodie von „Schwarze, Weiße, Rote, Gelbe, Gott hat sie alle lieb“ die Namen der Gruppenkinder.
    „Martin, Susi, Rebecca, Josef, Gott hat euch alle lieb.
    Ludwig, Georg, Laura, Hans, Gott hat euch lieb.

Gott macht keine Unterschiede. Gott hat uns alle lieb.
Gott ist Liebe, Gott gibt Gemeinschaft. Gott hat uns lieb."
In den nächsten Strophen die weiteren Namen der Kinder, bis alle Namen genannt sind.

– Auf die Melodie von „Hallo, hallo, schön, dass du da bist" singen die Kinder die Namen der Gruppenkinder:
„Hallo, hallo, schön, dass du da bist!
Hallo, hallo, schön, dass es dich gibt:
Martin und Susi, Laura und Claudia,
Maxi und Carmen, Erik und Alexandra, …"
Das Lied wird so langsam gesungen, dass die Kinder, deren Name an der Reihe ist, die Zeit haben, zur Nennung des Namens aufzustehen, die Arme zu heben und sich wieder zu setzen. Zur Abwechslung kann die Aufzählung durch den Refrain unterbrochen werden.
Abschließend singen alle eine neue Strophe:
„Hallo, hallo, schön, dass wir da sind!
Hallo, hallo, schön, dass es uns gibt.
Dafür woll´n wir unseren Gott
danken, loben, preisen!
Hallo, hallo, schön, dass wir da sind!
Hallo, hallo, schön, dass es uns gibt!"
Die Strophe kann weiter verändert werden:
„Dafür woll'n wir unserm Gott
singen, stampfen, klatschen"
oder:
„Dafür woll'n wir unserm Gott
hüpfen, laufen, schnalzen".

8.3.3 Das Jahr im Kindergarten beginnen

Herzlich willkommen!

Nach den großen Sommerferien beginnt mit dem Schuljahr auch ein neues Jahr im Kindergarten. Ein solcher Beginn bedeutet einen Übergang: Es kommen neue Kinder in die Gruppe und die Gruppenzusammensetzung verändert sich. Alle Kinder müssen neue Beziehungen oder alte Beziehungen neu knüpfen und sich im Kindergarten zurecht finden. Ein Baustein dieser Startphase ist eine religiöse Feier bzw. ein religiöses Ritual, in dem

- sich die Kinder bei Gott und den anderen willkommen und aufgenommen fühlen.
- die Kinder vor Gott und den anderen ihre Hoffnungen und Wünsche ausdrücken können.
- Gott als dem begegnen, der ihnen Geborgenheit schenkt.

Baustein A: Die Gotteskerze gestalten (Vorbereitung)

Material:
größere, schmucklose Kerze, Plattenwachs, Holzzahnstocher zum Ausstechen oder Ausstechformen

Eine solche Feier bzw. ein solches Ritual findet in der ersten Zeit des neuen Jahres im Kindergarten statt. Die Kinder bereiten es vor, indem sie eine Gotteskerze gestalten. Die Erzieherin sensibilisiert die Kinder für die Lichtsymbolik. Die Kinder nehmen durch ganzheitliche Übungen das Licht der Kerze wahr und erfahren, dass sie lebendiges Licht, Geborgenheit und Wärme spendet.
Die Kinder übertragen diese Erfahrungen auf Menschen, die ihnen nahestehen. Sie entdecken, wo und wie sie diese Erfahrungen spüren.
Die Erzieherin regt an, diese Erfahrungen schließlich in Verbindung mit Gott zu bringen.
„Es gibt jemanden, von dem alle Wärme und alle Geborgenheit und alles Licht kommen. Dieser Jemand ist immer für mich da und ich kann mich immer an ihn wenden. Dieser Jemand ist etwas ganz Besonderes. Wer ist das?“

„Bei wem fühle ich mich geborgen? Bei wem brauche ich nicht zu frieren? Wer schenkt mir Wärme, wenn es mir kalt ist? Bei wem fühle ich mich wohl?“

Die Erzieherin führt ein Gespräch mit den Kindern über diese Frage.
„Manche nennen diesen Jemand Gott. Die Kerze erinnert uns an die Geborgenheit und an die Wärme, die von Gott kommt. Sie zeigt uns Gott ein wenig. Sie erinnert uns an ihn. Deswegen heißt sie unsere Gotteskerze.
Immer wenn es uns um Geborgenheit und Wärme geht, wenn wir spüren wollen, was unser Herz braucht, damit es sich wohlfühlt, dann reden wir auch über Gott. Dann brennt unsere Gotteskerze.“

„Wo spüre ich das, wenn ich mich wohlfühle? Spüre ich das im Kopf? Oder im Fuß? Im Bauch? Im Herzen?“

Jedes Kind kann aus Plattenwachs mit einem Holzzahnstocher ein Motiv ausstechen, das es an der Gotteskerze anbringt. Die Erzieherin überlegt jeweils mit den Kindern einzeln das Motiv.

„Wenn ich mich wohlfühle, dann wird es mir warm um mein Herz.“

Besondere Hilfe brauchen nur die Kinder, die neu in die Gruppe kommen. Die anderen Kinder kennen das Ritual bereits und wissen die Motive.

„Was steht für dich für Wärme und Geborgenheit? Ein Herz? Eine Sonne? Eine Blume? …“

Es können Motive auch mit Ausstechformen vorgegeben werden.

Material:
Gotteskerze, Bodentuch, Streichhölzer, eventuell Teelichter nach Anzahl der Kinder und pädagogischem Personal

Baustein B: Das Anfangsritual

Die Kinder sitzen im Stuhlkreis. In der Mitte ist ein Bodentuch ausgebreitet.
Die Kinder singen ein Willkommenslied, bei dem die Namen der Kinder genannt werden: „Hallo, Hallo, schön, dass du da bist“ (siehe Kapitel 8.3.2) oder *„Wir rufen dich bei deinem Namen“* (siehe Kapitel 6.3.3).

„Worauf freust du dich, wenn du an den Garten denkst? Worauf freust du dich, wenn du die Spiele, Bücher … hier im Gruppenraum siehst? Worauf freust du dich, wenn du die vielen Kinder hier siehst?“

„Wir stehen am Beginn eines neuen Jahres.
Wir freuen uns darauf. Alle sind da, und jeder ist willkommen.
Jeder von uns freut sich auf etwas Bestimmtes.
Jeder von uns hat Wünsche, Träume und Ideen.
Worauf freue ich mich hier im Kindergarten?
Was wünsche ich mir im Kindergarten?
Was macht meinen Tag hier schön?
Worüber freue ich mich?“

Die Erzieherin regt Antworten an und sammelt sie.
„Wir haben viele Ideen und Wünsche gehört. Es sind unsere Hoffnungen und Vorfreuden. Wem können wir die wohl anvertrauen? Bei wem sind sie geborgen und aufgehoben? Wer vergisst sie nicht?“

Die Erzieherin sammelt die Antworten.
„Es gibt jemanden, zu dem wir immer kommen können.
Der uns immer zuhört. Bei dem unsere Wünsche und unsere Vorfreuden gut aufgehoben sind und der sie nicht vergisst.
Wer ist das?“

Die Erzieherin wartet die Antworten ab und sammelt sie. Dann nimmt sie die gestaltete Gotteskerze und stellt sie in die Mitte. Sie lässt sich von den Kindern erzählen, was diese Kerze bedeutet. Gemeinsam mit den Kindern bewundert sie die Motive, die die Kinder auf der Kerze angebracht haben. Dann stellt sie die Kerze in die Mitte zurück und entzündet sie.
„Heute leuchtet unsere Gotteskerze zum ersten Mal. Dazu singen wir:
Gott ist das Licht, Halleluja, Gott ist das Licht, Halleluja.“
„Wir können Gott unsere Wünsche und Vorfreuden anvertrauen.
Wer will kann einen aussprechen.“

Zwischen den einzelnen Äußerungen singen die Kinder den Liedruf. Die Kinder können auch zu ihren Äußerungen jeweils ein Teelicht anzünden und um die Gotteskerze stellen.
Die Erzieherin betet zum Abschluss:
„Guter Gott, du bist bei uns.
Du willst, dass es uns gutgeht.
Du schenkst uns Freude und Geborgenheit.
Wir freuen uns auf die gemeinsame Zeit.
Amen.“
Die Kinder singen das Willkommenslied vom Anfang.

8.3.4 Die Vorschulkinder verabschieden

Wenn Kinder aus dem Kindergarten herauswachsen und in eine nachfolgende Bildungseinrichtung wechseln, bedeutet das für alle Beteiligten einen einschneidenden Übergang. Das Kind, die Erzieherin, die Familie des Kindes und die Kinder der Gruppe bzw. des Kindergartens sind davon in unterschiedlicher Weise und Intensität betroffen. Das Kind und auch seine Eltern verlassen vertraute und lieb gewonnene Personen und die gewohnte Umgebung. Für das Vorschulkind bedeutet dieser Übergang einen Wechsel in seiner Identität: Es wird vom Kindergartenvorschulkind zum Schulkind.

In einer religiös geprägten Verabschiedungsfeier

- drücken die Kinder im Vertrauen auf Gott ihre Erinnerungen, Hoffnungen und Wünsche aus, danken und bitten Gott.
- erfahren die Kinder die Gruppe als religiöse Gemeinschaft, die im Vertrauen auf Gott Anteil nimmt an ihrer Situation.
- begegnen die Kinder Gott als demjenigen, der ihnen Mut macht und sie beschützt.

Baustein A: Verabschiedungsritual

Material:
Gotteskerze, Motive, die das Gruppensymbol ergeben, eventuell eine Pinnwand, eventuell für jedes Vorschulkind eine gestaltete Kerze

Die Gruppe oder mehrere bzw. alle Gruppen des Kindergartens versammeln sich. An einem gestalteten Platz sind die entzündete Gotteskerze der Gruppe bzw. die Gotteskerzen der teilnehmenden Gruppen. Wenn das Ritual in einer Feier in der Kirche stattfindet, werden die Gotteskerzen der Gruppen von Kindern in einer Einzugsprozession an einen besonderen Platz getragen, dort an der Osterkerze entzündet und abgestellt.
Alle singen ein Lied „Heut ist ein Tag, an dem ich singen kann“.

Die Vorschulkinder bringen Motive, die sie im Vorfeld aus Papier ausgeschnitten haben, in die Mitte und legen sie dort ab. Die Motive ergeben nach und nach das Gruppensymbol. Wenn mehrere Gruppen beteiligt sind, stellen die Motive die einzelnen Gruppensymbole dar.
Diese können für alle gut sichtbar an eine Pinnwand geheftet werden. Wenn die Vorschulkinder jeweils das einzelne Motiv bringen, sagen sie, woran sie sich aus ihrer Kindergartenzeit gerne erinnern. Es ist gut, die Vorschulkinder auf diesen Moment vorzubereiten und mit ihnen Erinnerungen abzusprechen. Es sind auch Hilfestellungen durch die Erzieherin möglich: „Woran erinnerst du dich gerne, wenn du an den Garten denkst?“ Die Gruppe singt dann das Gruppenlied oder ein Lieblingslied des Vorschulkindes.
Wenn alle Vorschulkinder bzw. von allen Gruppen jeweils ein oder mehrere Vorschulkinder an der Reihe waren, stellt die Erzieherin oder stellen Kinder die Gotteskerze der Gruppe in das Bild bzw. die Gotteskerzen der beteiligten Gruppen vor die Pinnwand.
Wenn nicht zu viele Vorschulkinder verabschiedet werden, kann für jedes Vorschulkind eine Kerze, die im Vorfeld gestaltet wurde, zur Gotteskerze gestellt werden. Die Kerzen werden einzeln an der Gotteskerze der Gruppe entzündet.

„Ich erinnere mich gerne an den Garten mit seinen Turngeräten.“

„Ich erinnere mich gerne an die Bauecke im Gruppenraum.“

„Ich erinnere mich gerne, wie du uns vorgelesen hast.“

„Ich erinnere mich gerne an die vielen Ausflüge, die wir gemacht haben.“

In das Ritual kann auch die Übergabe eines Abschiedsgeschenks integriert werden. (Vgl. Kapitel 8.2.5)

Zwischen dem Entzünden der einzelnen Kerzen für die Kinder bzw. dem Bringen der einzelnen Gotteskerzen sagen Kinder Bitten und Wünsche für die Vorschulkinder. Wie die Erinnerungen müssen auch die Bitten und Wünsche der Kinder für die Vorschulkinder im Vorfeld vorbereitet und abgesprochen werden. Diese Bitten können auch in Form von Fürbitten gesprochen werden:
„Guter Gott, ich bitte für Paul, dass er an der Schule viel Freude hat.“
„Guter Gott ich bitte für Susi, dass sie in der Schule Freunde findet.“
„Guter Gott ich bitte für Leon, dass er in der Schule viel lernt.“

Dazwischen singen die Kinder auf die Melodie von „Für all das woll´n wir unserm Gott unser Danke sagen“:
„Dafür woll´n wir unserm Gott, unsre Bitten sagen.“
Zum Abschluss singen die Kinder ein Segenslied: „Segen, Segen, Segen sei mit dir.“ oder „Möge der Segen Gottes mit dir sein“.

Baustein B: Verabschiedung mit Segensritual

Material:
Bänder nach Anzahl der Vorschulkinder für den Einzelsegen

Das Segensritual kann an das Verabschiedungsritual angeschlossen werden.
Das Ritual führt ein Priester durch. Es ist gut, wenn er den Kindern vertraut ist. Der Ort kann der Kindergarten oder eine Kirche sein.
Vor dem Segensritual wird ein Abschnitt aus der Bibel gelesen. Diese Lesung ist kindgemäß gestaltet, z. B. durch eine szenische Aufführung, durch lebendige Dialoge oder indem der Abschnitt unterteilt wird, sodass dazwischen ein Lied gesungen wird. Es ist sehr gut, wenn die Kinder den Abschnitt aus der Bibel bereits kennen, damit vertraut sind und sogar bei der „Lesung“ aktiv mitgestalten können.

Geeignet sind Abschnitte, die Mut machen und die das bergende Vertrauensverhältnis zwischen Gott und den Kindern zum Ausdruck bringen, z. B.:
Das Gleichnis vom guten Hirten (Johannes 10,1–10; Abraham macht sich auf den Weg, Genesis 12,1–9; Psalm 23; Psalm 139).
Der Priester kann die Vorschulkinder zu sich rufen und sie auffordern, sich im Halbkreis un ihn herum aufzustellen.

- Zum Segen spricht der Priester:
  „Gott schenkt euch Vorschulkindern seinen Segen. Er will immer bei euch sein und euch begleiten. Deshalb beten wir:
  Guter Gott,
  Du begleitest uns immer.
  Du bist uns immer nah und machst uns stark.
  Wir bitten dich:
  Schenke den Kindern, die wir verabschieden, deinen Segen und halte sie geborgen in deinem Licht.
  Amen.“
  „Ich werde jetzt zu jedem von euch einzeln gehen und euch ein Band um die Schultern legen. Es soll euch daran erinnern, dass Gott euch seinen Segen schenkt.“

Das Band ist ein schönes, einfarbiges Stoffgeschenkband. Auf ihm kann der Name des Kindes geschrieben sein. Die Kinder können mit dem Band am ersten Schultag ihre Schultüten binden.

- Der Priester geht zu jedem Vorschulkind. Er legt ihm ein Band um die Schultern und macht ein Kreuzzeichen auf seine Stirn oder legt ihm die Hände auf den Kopf.

- Dazu spricht er:
  „(Name), Gott schenke dir seinen Segen. Im Namen des Vaters und des Sohnes und des Heiligen Geistes, Amen."
- Wenn es viele Vorschulkinder sind und die Einzelsegnung deswegen sehr lange dauert, singen die anderen Kinder Lieder.

8.3.5 Beim Tod eines Gruppenkindes: Trauerrituale

Der Tod eines Gruppenkindes ist für die Gruppe und die Erzieherin eine einschneidende Erfahrung. Das verstorbene Kind ist plötzlich nicht mehr da. Sein Platz an der Garderobe bleibt leer. Seine Bilder und Werkstücke sind vielleicht noch ausgestellt. Trauerfeiern thematisieren die Situation und die Gefühle. Sie gestalten den Abschied und eröffnen so einen Neuanfang.

Die Trauerfeier ist ein wichtiges, aber nicht das einzige Element der Trauerarbeit. Sie ist eingebettet in die situationsbezogene persönliche und pädagogische Begleitung der Kinder. Die Kinder setzen sich mit Tod und Sterben auseinander. Sie stellen die Frage, ob und wie das Leben nach dem Tod weitergeht. Die Trauerfeier greift schließlich auf Hoffnungsgeschichten und Hoffnungsrituale zurück, die den Kindern bereits vertraut sind. Die vorausgehende religiöse Erziehung und Bildung, auf die die Trauerfeier aufbaut, hat in diesem Sinn präventive Bedeutung (vgl. Kapitel 2).

In einem religiösen Trauerritual

- drücken die Kinder im Vertrauen auf Gott ihre Gefühle und Gedanken aus.
- fühlen sich die Kinder getragen und geborgen von Gott.
- erfahren Kinder die Gruppe als religiöse Gemeinschaft, die die Situation im Vertrauen auf Gott wahrnimmt.

Baustein A: Für gute Erinnerungen danken

- Die Kinder versammeln sich im Kreis. Die Gotteskerze steht in der Mitte auf einem Bodentuch und ist entzündet. Daneben liegt ein Porträtfoto des verstorbenen Kindes.
- Erzieherin:
  „Wir wissen, (Name) ist gestorben. Er kommt nicht mehr zu uns in die Gruppe. Das macht uns traurig. Wir trauern um (Name). Auch Gott ist traurig. Gott trauert mit uns."
- Die Erzieherin bringt an der Gotteskerze einen schwarzen Trauerflor an.
  „Heute wollen wir uns noch einmal an (Name) erinnern. Was mochte oder konnte (Name) besonders gut? An welches Erlebnis, welches Spiel mit (Name) kannst du dich erinnern? Was hast du mit (Name) getan? Was hast du an (Name) gemocht?"
- Die Kinder erinnern sich und tauschen ihre Erinnerungen aus.
  Für jede Erinnerung kann das Kind eine Blume am Foto ablegen. So haben auch Kinder die Möglichkeit, sich am Austausch zu beteiligen, die keine Erinnerung formulieren können.

- Die Erzieherin führt zwischen den einzelnen Erinnerungen den Liedruf ein: *„Das sind alles gute Erinnerungen, die uns (Name) geschenkt hat. Diese Erinnerungen machen uns froh. Wir danken (Name) dafür."*
- Die Kinder singen auf die Melodie *„Für all das woll´n wir unserm Gott unser Danke sagen" „Für all das woll´n wir (Name) unser Danke sagen."*
- Abschließend betet die Erzieherin:
  „Guter Gott,
  wir sind mit dir traurig, weil (Name) nicht mehr bei uns ist.
  Wir sind dankbar für die vielen guten Erinnerungen. Sie machen uns immer noch froh.
  Amen."

Baustein B: „Ich fass dich golden ein"

- Die Kinder versammeln sich im Kreis. Die Gotteskerze steht in der Mitte auf einem Bodentuch und ist entzündet. Daneben liegt ein Porträtfoto des verstorbenen Kindes.
- Die Erzieherin nimmt den goldenen Reifen, den sie auch beim Geburtstagsritual verwendet (vgl. Kapitel 8.2.2). Sie zeigt ihn den Kindern und aktiviert ihre Erinnerungen:
  „Was ist das für ein Reifen? Was machen wir sonst damit? Welches Lied singen wir dazu? Was zeigt uns der Reifen?"

„Fasst Gott (Name) jetzt auch noch golden ein?

Hat Gott auch jetzt noch einen Platz für (Name)?

Freut sich Gott jetzt auch noch über (Name)?"

- Dann nimmt sie den Reifen und legt ihn um das Foto und die Gotteskerze. Sie fragt die Kinder, ob das jetzt stimmt bzw. ob sie das jetzt richtig gemacht hat, und sammelt die Antworten.
- Erzieherin:
  „Manche Menschen hoffen, dass Gott (Martin) auch jetzt golden einfasst und ihm einen Platz bereitet."
- Mehrere Kinder können den Reifen nehmen und damit einmal rechtsherum um den Kreis gehen, sodass sich der Reifen um das Bild des verstorbenen Kindes einmal im Kreis dreht. Die anderen Kinder singen dazu das Lied „Ich fass dich golden ein". Das wird sooft wiederholt, bis alle Kinder, die wollen, an der Reihe waren.

Baustein C: Koffer packen – Abschied nehmen

Die Erzieherin packt mit den Kindern einen Koffer mit Gegenständen, die sie (Name) mitgeben wollen (vgl. Kapitel 8.2.5). Den Koffer überreichen sie der Mutter bzw. dem Vater.
Zum Abschluss singen die Kinder ein Segenslied: „Segen, Segen, Segen sei mit dir" oder „Möge der Segen Gottes bei dir sein".

Material:
Foto, Gotteskerze mit Trauerflor, Blumen, Vasen, Papier und Stifte, Malvorlagen, Kerze und Plattenwachs, Foto

Baustein D: Erinnerungs- und Gebetsecke

Die Kinder stellen das Foto des verstorbenen Kindes und die Gotteskerze (mit Trauerflor) an einem besonderen Ort im Gruppenraum auf. In dieser Erinnerungs- und Gebetsecke stellt die Erzieherin für die Kinder Material zur Verfügung, mit dem sie in der Freiarbeit ihre Trauer und ihre Erinnerung ausdrücken können.

Beispiele:

- Blumen stecken: kleine Schnittblumen oder selbst gepflückte Blumen in Vasen anrichten und am Bild abstellen
- Bilder malen
- Bildvorlagen mit Hoffnungsmotiven ausmalen, z. B. Schmetterling, Kreuz mit Tier- und Blumenmotiven, Sonne.
- Mandalas ausmalen
- Steine bemalen
- Eine Trauerkerze wird von den Kindern gestaltet, indem sie einzelne Motive aus Plattenwachs an der Kerze anbringen. Diese Motive können durch Ausstechformen vorgegeben werden. Die Erzieherin kann aber auch den Kindern im Einzelgespräch helfen, ein eigenes Motiv zu finden. Kleinere Kinder können an der Kerze nur Farbpunkte anbringen, wobei die Erzieherin mit den Kindern über die Bedeutung der von ihnen gewählten Farbe redet.
- Ein Foto des verstorbenen Kindes wird in die Mitte eines Blattes Papier geklebt, und die Kinder können um das Bild herum malen: ihre Erinnerungen, was sie dem Kind wünschen, wie es dem Kind jetzt geht, wo es sich jetzt aufhält …

Die Erzieherin sucht während dieser Phase den Kontakt zu den Kindern, die sich an diesem besonderen Platz aufhalten.
Die Arbeiten der Kinder werden gesammelt und den Eltern des verstorbenen Kindes übergeben.

Baustein E: Teilnahme am Begräbnis und Besuch des Grabes (vgl. Kapitel 8.2.6, S. 250 ff.)

8.4 Eltern*mit*arbeit

- **Angebote unter Beteiligung von Eltern und Erzieherinnen**
  - Elternabend über religiöse Rituale und die religiöse Gestaltung der Feste und Feiern im Leben des Einzelnen und der Gruppe: Welche Feste und Feiern werden religiös begangen? Welche religiösen Gestaltungsformen und Ausdrucksmittel werden verwendet? Welcher pädagogische Sinn bzw. welches pädagogische Ziel soll erreicht werden? Worin besteht der Zusammenhang zur Konzeption des Kindergartens?

Warum Rituale so wichtig sind

In Ritualen wird die Unterstützung des Einzelnen durch die Gruppe erlebbar und das damit assoziierte Gefühl der Verwurzelung gefördert. Das „Urvertrauen" als das Gefühl, nicht fallen gelassen zu werden, und als das Gefühl, dass das Leben zu bewältigen ist, wird verstärkt.

Rituale definieren soziale Beziehungen, festigen die eigene Rolle und vermitteln durch die in ihnen enthaltenen Symbole und Handlungen Sinn und Zuversicht.

Rituale eröffnen eine Perspektive, die gleichzeitig die Vergangenheit achtet, die Gegenwart umgestaltet und Zukunft ermöglicht.

Rituale sind gemeinsam vollzogene Handlungen zum Ausdruck gemeinsamer Strebungen und Sinnorientierungen, die in gemeinsamen Werten wurzeln.

Rituale stellen das Gleichgewicht zwischen Vertrautem und Überschaubarem sowie Neuem und Gefährlichem her, indem sie sich auf das Vertraute konzentrieren.

- **Angebote unter Beteiligung von Familien und Erzieherinnen**
  - Die Gruppe nimmt am Begräbnis eines verstorbenen Angehörigen teil.
  - Die Gruppe nimmt an der Tauffeier eines Gruppenkindes teil.
  - Die Eltern und Geschwisterkinder nehmen an der Gruppenfeier teil.
  - Die Eltern und Geschwisterkinder nehmen an der Verabschiedungsfeier der Vorschulkinder teil und gestalten sie mit, z. B. bei den Fürbitten.
  - Die Gruppe nimmt an der Begräbnisfeier eines verstorbenen Gruppenkindes teil oder besucht mit der Familie des verstorbenen Kindes das Grab.
- **Eltern als Miterzieher**
  - Eltern entwickeln religiöse Gestaltungselemente für die Übergangssituationen im Leben des Einzelnen und der Gruppe.
  - Vater oder Mutter nimmt am Dankritual für die Genesung von einer Unfallverletzung teil.
  - Die Mutter besucht mit dem neugeborenen Geschwisterkind die Gruppe und nimmt am Dankritual teil.
  - Vater oder/und Mutter nehmen an dem religiösen Wollkommens-, bzw. Abschiedsritual teil.
- **Angebote nur für Eltern**
  - Gesprächskreis bzw. Forum über den Sinn und die Möglichkeiten der religiösen Gestaltung von Festen und Feiern im Leben des Kindes (Geburtstag, Taufe …)
- **Informative Angebote**
  - Liederheft mit den Liedern der einzelnen Rituale und Feiern
  - Gruppenzeitung, die über die verschiedenen Rituale bzw. religiösen Gestaltungen informiert
  - Gruppenzeitung mit Tipps zur religiösen Gestaltung der Feiern und Feste im Leben des Kindes (Geburtstag …)
  - Gruppenzeitung mit Tipps zur religiösen Gestaltung von Einzelsituationen (z. B.: Wenn das geliebte Haustier stirbt)

8.5 Vernetzungen und Bezüge

Kooperationspartner Pfarrgemeinde

- Bei Trauersituationen begleitet ein pastoraler Mitarbeiter der Pfarrgemeinde die Gruppe, indem er die Kinder für die Teilnahme an einer Begräbnisfeier vorbereitet (z. B. den Ritus vorstellen, Möglichkeiten der aktiven Teilnahme erarbeiten).
- Der Pfarrer der Pfarrgemeinde bereitet die Gruppe auf die aktive Teilnahme an der Tauffeier eines Gruppenkindes vor (z. B. den Ritus vorstellen, Möglichkeiten der aktiven Teilnahme erarbeiten).
- Kinder nehmen im Vorfeld der Taufe des Gruppenkindes an einer Taufe teil und tauschen ihre Eindrücke aus.
- Die Verabschiedungsfeier der Vorschulkinder wird in der Pfarrkirche begangen und vom Pfarrer geleitet.
- Ein pastoraler Mitarbeiter der Pfarrgemeinde nimmt als religionspädagogische Fachkraft am Elternabend über Formen, Inhalte und Ziele der religiösen Gestaltung von Situationen im Leben des Einzelnen und der Gruppe teil.

Bezüge zum Islam

Im Islam gibt es nur wenige situationsbezogene religiöse Feiern und Rituale. Dafür gibt es hauptsächlich zwei Gründe:
Der erste Grund ist, dass das Leben des Muslims geprägt und durchwirkt ist von einer umfassenden Gebetspraxis. Da ist zum einen das rituelle Gebet, das fünfmal am Tag vollzogen wird. In dieses Gebet werden die Situationen des Lebens aufgenommen und in die vertrauensvolle Beziehung zu Gott gebracht. Darüber hinaus gibt es Gebetsformeln, mit denen Muslime Situationen spontan religiös deuten, wie zum Beispiel *„Gott sei Dank“* oder *„So Gott will“*. Da die religiöse Erziehung in der Familie stattfindet, wachsen die Kinder in diese lebendige Gebetspraxis der Erwachsenen hinein und übernehmen sie.

> Im katholischen Christentum gibt es ebenfalls eine umfassende Gebetspraxis. Sie wird jedoch nur noch von wenigen Gläubigen, meist Ordensangehörigen, vollzogen. Die üblichen Gebetsformeln des „Gott sei Dank“ haben oft ihren religiösen Hintergrund verloren und sind nur noch Redewendungen.

Der zweite Grund ist, dass eine muslimische Religionspädagogik in Deutschland und Europa noch in den Anfängen steht. Der Bedarf an kindgerechten Gebetsformen und Feierritualen, die situationsbezogen sind, wird deswegen erst seit Kurzem religionspädagogisch wahrgenommen.
Die muslimischen Feiern, Feste und Rituale im Leben des Einzelnen und der Gruppe, die im Islam praktiziert werden, sind überwiegend familiäre Feiern und Rituale, die zum Teil jeweils unterschiedlich stark kulturell geprägt sind. Es sind Feiern und Rituale im Zusammenhang mit Geburt und Aufwachsen (z. B. Beschneidung) und mit Sterben, Tod und Begräbnis. Darüber hinaus gibt es bei Erwachsenen Rituale, die situationsbezogen persönlichen Dank an Gott (z. B. Koranrezitation durch den Iman mit anschließendem gemeinsamen Essen, Spende an Bedürftige, Verteilen von Süßem

wie dem „Türkischen Honig“) oder Buße (z. B. Fasten außerhalb des Ramadan) ausdrücken. Auch hier fehlen noch kindgerechte Formen und Modelle.

Im Christentum entstanden erst im 20. Jahrhundert Modelle für kindgerechte religiöse Rituale und Feierformen. Ausschlaggebend war die Reform des Gottesdienstes (die „Liturgiereform“) in der Folge des Zweiten Vatikanischen Konzils der katholischen Kirche (1963–1965). Das Konzil setzte fest, dass es allen Gläubigen möglich sein soll, tätig und bewusst an der gottesdienstlichen Feier teilzunehmen. Aufgrund dieser Entscheidung konnte eine Kinderliturgie mit Modellen für Kindergottesdienste und kindgerechte religiöse Feiern entstehen.

9 Anhang

9.1 Literatur und Links

Bücher

Beer, Peter: Die Frage im religionspädagogischen Kontext (Benediktbeuerer Hochschulschriften 12), München, Don Bosco Verlag, 1999.

Beer, Peter: Religiöse Erziehung. Grundinformation, hrsg. vom Bayerischen Landesverband Katholischer Tageseinrichtungen für Kinder e. V. (KTK), München, 2000.

Beer, Peter: Wozu brauchen Erzieherinnen Religion? Ein Arbeitsbuch für die Praxis, München, Don Bosco Verlag, 2005.

Betz, Otto: Elementare Symbole. Die Zeichensprache der Seele, Freiburg im Breisgau, Herder Verlag, 2009.

Biesinger, Albert: Kinder nicht um Gott betrügen. Anstiftungen für Mütter und Väter, Freiburg im Breisgau, Herder Verlag, 14. Aufl. 2006.

Daffner, Franz-Reinhard: Gottes Kraft geht alle Wege mit (Deutsche Sendungen von Radio Vatican), Radio-Exerzitien 1989, Leutesdorf, Johannes-Verlag, 1989.

Erikson, Erik: Identität und Lebenszyklus, Frankfurt, Suhrkamp Verlag, 1995.

Fowler, James: Glaubensentwicklung. Perspektiven für Seelsorge und Kirche, hrsg. Von Friedrich Schweitzer, München, 1989.

Guggenmos, Josef: Groß ist die Welt der schönsten Gedichte, Landsberg, Beltz & Gelberg, 2006.

Habringer-Hagleitner, Silvia: Zusammenleben im Kindergarten. Modelle religionspädagogischer Praxis, Stuttgart, Kohlhammer Verlag, 2006.

Hugoth, Matthias/Benedix, Monika (Hrsg.): Religion im Kindergarten. Begleitung und Unterstützung für Erzieherinnen, München, Kösel Verlag, 2008.

Hugoth, Matthias/Fritz, Alexandra: Bildungsjournal Frühe Kindheit: Ethik, Religion & Philosopie, Berlin, Cornelsen Verlag Scriptor, 2009.

Kohlberg, Lawrence: Zur Kognitiven Entwicklung des Kindes, Ffm, 1974.

Kohlberg, Lawrence/Oser, Fritz/Fowler, James: Was im Leben wirklich zählt. Mit Kindern Werte entdecken, München, Kösel Verlag, 2008.

Montessori, Maria: Spannungsfeld Kind-Gesellschaft-Welt. Aus nachgelassenen Texten, hrsg. von Günter Schulz-Benesch, Freiburg, 1979, S. 70 f.

Oser, Fritz/Gmünder, Paul: Der Mensch – Stufen seiner religiösen Entwicklung. Ein strukturgenerierter Ansatz, Gütersloh, 1988.

Peterseil, Josef/Stadlbauer Ulrike: Religion macht Kinder kompetent. Elf Themen praxisnah aufbereitet (Fachbuchreihe Pädagogik im Verlag Unsere Kinder), Linz, Verlag der Fachzeitschrift Unsere Kinder. Caritas für Kinder und Jugendliche, 2006.

Poser, Hans: Märchenlieder und Songs für Kinder, Boppard, Fidula Verlag, 1995.

Schmitt-Tonner, Cornelia: Essen und Trinken in biblischer Zeit. Rezepte aus der Zeit Jesu, Düsseldorf, Patmos, 2005.

Stöcklin-Meier, Susanne: Von der Weisheit der Märchen. Kinder entdecken Werte mit Märchen und Geschichten, München, Kösel Verlag, 2008.

Weidinger, Norbert: Meine schönsten Gebete. Kinder sprechen mit Gott, Augsburg, Weltbild Buchverlag, 9. Aufl., 2007.

Einzelschriften und Grundlegungen

Der Neue Trierer Plan. Eine Didaktik der religiösen Erziehung im Elementarbereich, hrsg. vom Katechetischen Institut des Bistums Trier, 1996.

Die deutschen Bischöfe (Nr. 89): Welt entdecken, Glauben leben. Zum Bildungs- und Erziehungsauftrag katholischer Kindertageseinrichtungen, 25. September 2008, hrsg. vom Sekretariat der Deutschen Bischofskonferenz, Bonn, 2009 (online unter http://www.dbk.de)

Ein Eckpunktepapier: Gott und den Menschen nahe. Das Profil katholischer Kindertageseinrichtungen, hrsg. vom Verband katholischer Tageseinrichtungen für Kinder (KTK) – Bundesverband e.V., o. O., 2009 (online unter http://www.ktk-bundesverband.de)

Gott und den Menschen nahe. Das Profil katholischer Kindertageseinrichtungen. Ein Eckpunktepapier, hrsg. vom Verband katholischer Tageseinrichtungen für Kinder (KTK) – Bundesverband e. V., o. O., o. J.

Grundordnung des Kirchenjahres. unter http://www.sbg.ac.at/pth/links-tipps/past_ein/gok/inhalt.htm, Institut für Praktische Theologie der Universität Salzburg (Hrsg.).

KTK-Gütesiegel. Bundesrahmenhandbuch, hrsg. vom Verband Katholischer Tageseinrichtungen für Kinder (KTK) – Bundesverband e. V., München, Kösel Verlag, 2004 (Version 2003).

Lebensräume erschließen. Überlegungen zur religiösen Erziehung im Elementarbereich, hrsg. vom Verband Katholischer Tageseinrichtungen für Kinder (KTK) – Bundesverband e. V., Freiburg i. Breisgau, 3. Aufl., 2005.

Marchtaler Kindergartenplan. Pädagogische Grundlagen für Kindergärten an Katholischen Freien Schulen in der Diözese Rottenburg-Stuttgart, hrsg. von der Stiftung Katholische Freie Schule der Diözese Rottenburg-Stuttgart, Meersburg 2002.

Menschen-Bildung. Leben und Lernen in katholischen Tageseinrichtungen für Kinder, hrsg. vom Erzbistum Köln, Köln, 2006.

Mit Kindern Glauben leben. Qualitätsmerkmale religiöser Bildung und Erziehung für katholische Kindertagesstätten in der Erzdiözese München und Freising, o. O., o. J.

Religiöse Erziehung als Bildung begreifen. Ein Argumentationspapier, hrsg. vom Verband Katholischer Tageseinrichtungen für Kinder (KTK) – Bundesverband e. V., o. O., o. J.

Welt entdecken, Glauben leben. Zum Bildungs- und Erziehungsauftrag katholischer Kindertageseinrichtungen (2008), hrsg. vom Sekretariat der Deutschen Bischofskonferenz, Bonn, 2009 (Die deutschen Bischöfe; 89); online unter http://www.dbk.de.

Zeitschriften

Religionspädagogische Praxis, Landshut, Verlag Religionspädagogische Arbeitshilfen, seit 1978, erscheint vierteljährlich, http://www.rpa-verlag.de

Welt des Kindes. Fachzeitschrift für Kindertageseinrichtungen, hrsg. vom Verband Katholischer Tageseinrichtungen für Kinder (KTK) – Bundesverband e. V., München, Kösel Verlag, erscheint sechsmal im Jahr.

Links zu Verlagen und Informationsquellen

Fthenakis, Wassilios E./Textor, Martin R. (Hrsg.): Online-Familienhandbuch, unter http://www.familienhandbuch.de.

Deutscher Katecheten Verein: http://www.katecheten-verein.de.

tvd-Verlag GmbH: http://www.tvd-verlag.de: Das Liederbuch – Lieder zwischen Himmel und Erde, Düsseldorf, 2006

Verlag Katholisches Bibelwerk: http://www.bibelwerk.de.

Lieder

Der Himmel geht über allen auf. In: Evangelisches Gesangbuch für Bayern und Thüringen, München: Claudius Verlag, 1994.

Die Sonne hoch am Himmelszelt. In: Deutscher Chorverband (Hrsg.), FELIX Liederbuch – Wir singen gern. Liedauswahl von Gregor Knop. Mainz: Schott Music GmbH & Co. KG, S. 60/61.

Du bist das Licht. In: Religionspädagogische Praxis, Heft 1, 1996, Landshut: RPA-Verlag, S. 61.

Du hast uns deine Welt geschenkt. In: Efinger-Keller, Rita: Dir sing ich mein Lied. Das Kinder- und Familiengesangbuch. Ostfildern: Schwabenverlag, 2006.

Gott lädt uns ein zu seinem Tisch. In: Religionspädagogische Praxis, Heft 2, 1989, Landshut: RPA-Verlag, S. 25.

Immer wenn es dunkel ist. In: Religionspädagogische Praxis, Heft 4, 2007, Landshut: RPA-Verlag, S. 4.

Jesus vergibt, weil er uns liebt. In: Coulter, Christine/Neurohr, Markus (Hrsg.): Lieber Gott, du hörst mein Lied, Christlicher Bilder-Liederbuch-Verlag, Lindau/Schweiz, 1991, S. 18.

Schwarze, Weiße, Rote, Gelbe. In: Coulter, Christine/Neurohr, Markus (Hrsg.): Lieber Gott, du hörst mein Lied, Christlicher Bilder-Liederbuch-Verlag, Lindau/Schweiz, 1991, S. 27.

Seht, die gute Zeit ist nah. In: Religionspädagogische Praxis, Heft 4, 1990, Landshut: RPA-Verlag, S. 4.

Sei gegrüßt, lieber Nikolaus. In: Efinger-Keller, Rita: Dir sing ich mein Lied. Das Kinder- und Familiengesangbuch. Ostfildern: Schwabenverlag, 2006.

Tragt in die Welt nun ein Licht. In: Deutscher Chorverband (Hrsg.), FELIX Liederbuch – Wir singen gern. Liedauswahl von Gregor Knop. Mainz: Schott Music GmbH & Co. KG, S. 56.

Viele, viele Kinder haben sich versammelt. In: Aus: Religionspädagogische Praxis, Heft 1, 1996, Landshut: RPA-Verlag, S. 19.

Vom Aufgang der Sonne. In: Efinger-Keller, Rita: Dir sing ich mein Lied. Das Kinder- und Familiengesangbuch. Ostfildern: Schwabenverlag, 2006.

Wir feiern heut ein Fest. In: Efinger-Keller, Rita: Dir sing ich mein Lied. Das Kinder- und Familiengesangbuch. Ostfildern: Schwabenverlag, 2006.

Wir rufen dich bei deinem Namen. In: Religionspädagogische Praxis, Heft 1, 1996, Landshut: RPA-Verlag, S. 18.

Wir zünden eine Kerze an. In: Religionspädagogische Praxis, Heft 4, 1983, Landshut: RPA-Verlag, S. 36.

Wo Güte und wo Liebe wohnt. In: Religionspädagogische Praxis, Heft 4, 1987, Landshut: RPA-Verlag, S. 37.

9.2 Lesehinweise

1 Religiöse und ethische Bildung und Erziehung im katholischen Kindergarten …

1.1 … orientiert sich an der Situation und Lebenswelt des Kindes

Verband Katholischer Tageseinrichtungen für Kinder (KTK) (Hrsg.): Lebensräume erschließen. Überlegungen zur religiösen Erziehung im Elementarbereich, Freiburg i. Breisgau, 3. Aufl., 2005, S. 51–52.

1.2 … orientiert sich an allgemeinen Standards der Elementarpädagogik

Verband Katholischer Tageseinrichtungen für Kinder (KTK) (Hrsg.): Erziehung und Bildung in den Überlegungen zur religiösen Erziehung im Elementarbereich: Lebensräume erschließen, Freiburg i. Breisgau, 3. Aufl., 2005, S. 40–41, 45.
Verband Katholischer Tageseinrichtungen für Kinder (KTK) (Hrsg.): KTK-Gütesiegel. Bundesrahmenhandbuch, München, Kösel Verlag, 2004 (Version 2003).

1.3 … realisiert anschlussfähig das Grundrecht des Kindes auf Religion

Die Bildungs- und Erziehungspläne der deutschen Bundesländer sind online publiziert: Deutsches Institut für internationale pädagogische Forschung. Informationszentrum Bildung. Geschäftsstelle deutscher Bildungsserver, http://www.bildungsserver.de.

1.4 … geht vom christlichen Menschenbild aus

Verband Katholischer Tageseinrichtungen für Kinder (KTK) (Hrsg.): Lebensräume erschließen. Überlegungen zur religiösen Erziehung im Elementarbereich, Freiburg i. Breisgau, 3. Aufl., 2005, S. 36.

1.5 … begleitet und fördert Kinder in ihrer religiösen Entwicklung und entfaltet ein umfassendes Bildungspotenzial

Eine kurze Beschreibung der moralischen Entwicklungsstufen mit weiterführenden Literaturangaben findet sich in: **Beer, Peter:** Wozu brauchen Erzieherinnen Religion? Ein Arbeitsbuch für die Praxis, München, Don Bosco Verlag, 2005, S. 34–36.

1.6 … bietet ganzheitliche Entwicklungsräume und unterschiedliche Intensitätsstufen an

Neher, Peter: Der Beitrag des Deutschen Caritasverbandes zum Bündnis für Erziehung, in: Bündnis für Erziehung. Unsere Verantwortung für gemeinsame Werte, hrsg. von Friedrich Schweitzer und Albert Biesinger, Freiburg im Breisgau, Herder Verlag, 2006, S. 97–102.

1.7 … ist Ausdruck der christlichen Nächstenliebe, der Caritas

Die deutschen Bischöfe: Caritas als Lebensvollzug der Kirche und als verbandliches Engagement in Kirche und Gesellschaft, 23. September 1999, online publiziert unter http://www.dbk.de.

1.8 … ist christlich und konfessionell geprägt

Ministerium für Bildung, Jugend und Sport (MBJS) (Hrsg.): Religiöse Grunderfahrungen und Werteentwicklung in Tageseinrichtungen für Kinder. Gemeinsame Erklärung der kirchlich-konfessionellen Träger von Tageseinrichtungen im Land Brandenburg, 2004, online publiziert unter http://www.mbjs.brandenburg.de/sixcms/media.php/1234/erklaerung.pdf (14. April 2008).

Katholisches Institut des Bistums Trier (Hrsg.): Der Neue Trierer Plan. Eine Didaktik der religiösen Erziehung im Elementarbereich, 1996, S. 25.

1.9 … weist über den Kindergarten hinaus

Textor, R. Martin/Blank, Brigitte: Elternmitarbeit. Auf dem Wege zur Bildungs- und Erziehungspartnerschaft, hrsg. vom Bayerischen Staatsministerium für Arbeit und Sozialordnung, Familie und Frauen, München, 2., überarbeitete Fassung 2004, S. 14.

1.10 … nimmt religiöse und weltanschauliche Diversität wahr

Ausführliche Ziele und Praxistipps interreligiöser Lernprozesse in:

Hugoth, Matthias: Fremde Religionen – fremde Kinder? Leitfaden für interreligiöse Erziehung, Freiburg im Breisgau, Herder Verlag, 2003, S. 37–59.

1.12 Themenübergreifende Fragen zur Qualitätssicherung

Wunderlich, Theresia/Flaig, Werner/Jansen, Frank: Starke Aussichten. Qualitätsmanagement in katholischen Kindertageseinrichtungen, hrsg. vom Verband Katholischer Tageseinrichtungen für Kinder (KTK) – Bundesverband e. V., Freiburg, 2001.

2 Wachsen und Vertrauen in das Leben entwickeln

Verband Katholischer Tageseinrichtungen für Kinder (KTK) (Hrsg.): Anschlussfähig und bildungsstark. Anforderungen an die religionspädagogische Praxis in katholischen Kindertageseinrichtungen, Freiburg, 2006.

Beer, Ulrich: Vertrauen. Ein Jahresbegleiter, München, Claudius Verlag, 2006.

Bernhard, Grom: Religionspädagogische Psychologie, Düsseldorf, Patmos Verlag, 5. Aufl., 2000

Gebauer, Karl/Hüther, Gerald (Hrsg.): Kinder brauchen Wurzeln. Neue Perspektiven für eine gelingende Entwicklung, Düsseldorf, Patmos Verlag, 2001.

Hug, Barbara und Hans: Wurzeln, die uns tragen. Für jeden Tag ein gutes Wort. Ein immerwährender Kalender, Stuttgart, Kreuz Verlag, 2000.

Juul, Jesper: Was Familien trägt. Werte in Familie und Partnerschaft, München, Kösel Verlag, 2006.

Juul, Jesper: Die kompetente Familie. Neue Wege in der Erziehung, München, Kösel Verlag, 2. Aufl., 2007.

2.1 Bildungsperspektiven für Kindertagesstätte und Schule

Bayrisches Staatsministerium für Arbeit und Sozialordnung, Familie, Frauen/ Staatsinstitut für Frühpädagogik (Hrsg.): Der bayerische Bildungs- und Erziehungsplan in Tageseinrichtungen bis zur Einschulung, München, Beltz Verlag, 1. Aufl., 2006.

Betz, Felicitas: Die Seele atmen lassen. Mit Kindern Religion entdecken, München, Kösel, 3. Aufl., 1992.

Die deutschen Bischöfe: Der Religionsunterricht vor neuen Herausforderungen, Bonn, 2005.
Verband Katholischer Tageseinrichtungen für Kinder (KTK) (Hrsg.): Anschlussfähig und bildungsstark. Anforderungen an die religionspädagogische Praxis in katholischen Kindertageseinrichtungen, Freiburg, 2006.
Verband Katholischer Tageseinrichtungen für Kinder (KTK) (Hrsg.): Religiöse Erziehung als Bildung begreifen. Ein Argumentationspapier des KTK, Freiburg, 2006.

2.2 Vertrauen hilft zu wachsen

2.2.1 Hintergründe

Scheilke, Christoph/Schweitzer, Friedrich: Kinder brauchen Hoffnung. Religion im Alltag des Kindergartens, Gütersloh, Gütersloher Verlagshaus, 1999.
Brooks, Robert/Goldstein, Sam: Das Resilienz-Buch. Das Geheimnis der inneren Widerstandskraft. Wie Eltern ihre Kinder fürs Leben stärken, Stuttgart, Klett Cotta Verlag, 2007.

2.2.2 Vertrauensbildende Erfahrungen in der Tageseinrichtung

Lobe, Mira: Das kleine Ich bin ich, Wien, Jungbrunnen Verlag, 32. Aufl. 1992.
Amt für Kirchenmusik der Diözese Rottenburg-Stuttgart (Hrsg.): Dir sing ich mein Lied. Das Kinder- und Familiengesangbuch, Stuttgart, Schwabenverlag, 2. Aufl. 2006.

2.3 Vertraut werden mit der Welt des Glaubens

2.3.1 Hintergründe

Bucher, Anton: Das Handbuch der Kindertheologie, Stuttgart, Calwer Verlag, 2003 (seit 2002, bislang 6 Jahrbücher und 4 Sonderbände, wie z. B.: Im Himmelreich ist keiner sauer, Kinder als Exegeten)
Verband Katholischer Tageseinrichtungen für Kinder (KTK) (Hrsg.): Religion für alle Kinder? Leitlinien und Materialien für die religiöse Erziehung, Freiburg, 2003.

2.3.2 Biblische und andere Geschichten erzählen von Vertrauen und Zutrauen

Deutschen Bibelgesellschaft (Hrsg.): Das große Bilderbibelbuch. Stuttgart, 1998.
Lusseyran, Jacques: Das wiedergefundene Licht, München, Deutscher Taschenbuch Verlag, 1992.
Sehr eindrücklich beschreibt Jacques Lusseyran (1924–1971) in: „Das wiedergefundene Licht" sein Leben als Blinder: Er verlor als Achtjähriger bei einem Schulunfall sein Augenlicht und konnte später vieles „in seinem Inneren sehen". Er wurde nach dem Krieg und der Résistance Hochschullehrer.
Oberthür, Rainer: Die Bibel für Kinder und alle im Haus, München, Kösel Verlag, 2004.
Schindler, Regine/Zavrel, Stepan: Mit Gott unterwegs. Die Bibel für Kinder und Erwachsene neu erzählt, Zürich, Bohem Press, 1996.
Saint-Exupéry, Antoine de: Der kleine Prinz, Düsseldorf, Karl Rauch Verlag, 2000.
Schupp, Renate: Meine Kinderbibel, Lahr, Kaufmann Verlag, 2007.
Thelen, Norbert: Wir erleben die Bibel. Kindergottesdienste im Kreis, Mainz, Matthias Grünewald Verlag, 1999.

2.3.3 Weitere Geschichten

Esser, Wolfgang/Kothen Susanne: Die Seele befreien. Spiritualität für Kinder. Ein Praxisbuch, München, Kösel Verlag, 2005.

Hasler, Eveline: Elisabeth von Thüringen, Düsseldorf, Patmos Verlag, 1983.

Kaiser, Heidi (Hrsg.): Das große Kinderbuch von Himmel und Erde, München, Annette Betz Verlag, 1993.

Trapp, Kyrima: Wir entdecken die Ritterburg. Reihe: Wieso? Weshalb? Warum? Ravensburg, Ravensburger Buchverlag, 2000.

2.3.4 Symbole als vertrauensstiftende Bilder erfahren

Bihler, Elsbeth: Kindergottesdienste mit Symbolen. Bausteine fürs Kirchenjahr, Limburg, Lahn-Verlag 2006.

Betz, Otto: Elementare Symbole. Zur tieferen Wahrnehmung des Lebens, Freiburg, Herder Verlag, 1992.

Kindersley, Barnabas und Anabel/Unicef: Kinder aus aller Welt, Bindlach, Loewe Verlag, 1996.

Weinhold, Angela: Unsere Religionen, Reihe: Wieso? Weshalb? Warum?, Ravensburg, Ravensburger Verlag, 2007.

Weinhold, Angela: Wir entdecken die Welt, Reihe: Wieso? Weshalb? Warum?, Ravensburg, Ravensburger Verlag, 2008.

Straeck, Burkhard (Hrsg.): Was & Wie. Kinder religionspädagogisch begleiten. Ideen/Aktionen/Projekte, Gütersloh, Gütersloher Verlagshaus, Heft 1/2006.

Pfister, Marcus/Scheidl, Gerda Marie: Die vier Lichter des Hirten Simon, Zürich, NordSüd Verlag 1991.

Mühlberger, Christine: Wie die Sonne in das Land Malon kam, Landshut, RPA Verlag, 1982.

2.4 Mit Kirche und Gemeinde vertraut werden

2.4.2 Die Kirche vor Ort erkunden

Goecke-Seischab, Margarete/Harz, Frieder: Komm, wir entdecken eine Kirche. Räume erspüren, Bilder verstehen, Symbole erleben. Tipps für Kindergarten, Grundschule, Familie, München, Kösel Verlag, 2001.

Knisel-Scheuring, Gerlinde: Wir besuchen unsere Kirche. Kleine Projekte für Hort und Kindergarten, Lahr, Kaufmann Verlag, 2002.

2.5 Eltern*mit*arbeit

Interessante Homepage des katholischen Bildungswerkes, Bonn, zur religiösen Begleitung mit weiteren Links, online publiziert unter www.Kinder-brauchen-feste-Wurzeln.de.

Elternbriefe zur religiösen Erziehung online publiziert unter www.vertrauen-von-anfang-an.de

Horst, Christof/Kunze, Petra/Maaß-Keibe, Erika/Mazzolla, Rudolf/Raulfs, Regina: Der Elternkurs. KESS. Kooperativ, ermutigend, sozial, situationsorientiert erziehen. Wege zu einem entspannten und liebevollen Erziehungsstil, München, Knaur Ratgeber Verlage, 2005.

2.6 Vernetzungen und Bezüge

Frisch, Josef (Hrsg.): Himmelsleitern. Religionen der Welt in Bildern, Düsseldorf, 1999.

Ganeri, Anita: Unter dem weiten Regenbogen. Biblische Geschichten und Mythen aus den Religionen der Welt, Stuttgart, 1997.
Gavin, Camila: Unsere Lieblingsgeschichten, Bindlach, 1998.
Tworuschka, Monika und Udo: Die Weltreligionen Kindern erklärt. Wie andere leben – was andere glauben, Gütersloh, 1996.
Verband Katholischer Tageseinrichtungen für Kinder (KTK) (Hrsg.): Gemeinsam Gemeinde gestalten. Ziel und Aufgabe von katholischen Tageseinrichtungen für Kinder und Kirchengemeinden, Freiburg, 2001.
Verband Katholischer Tageseinrichtungen für Kinder (KTK) (Hrsg.): Vielfalt bereichert. Interkulturelles Engagement katholischer Tageseinrichtungen für Kinder. Positionen und Materialien, Freiburg, 1999.

3 Herausforderungen für Kinder heute

Hüther, Gerald: Kinder brauchen Orientierung. Anregungen für eine sinnstiftende Erziehung, Düsseldorf, Patmos Verlag, 2. Aufl., 2003.
Juul, Jesper: Das kompetente Kind. Auf dem Weg zu einer neuen Wertgrundlage für die ganze Familie, Reinbek, Rowohlt Verlag, 2003.

Zahlreiche Aufsätze zur emotionalen Erziehung online publiziert unter www.kindergartenpädagogik.de (Hrsg. Martin Textor).

www.erziehung-in-grenzen.de

3.2 Herausforderungen meistern

3.2.1 Hintergründe

Laucht, Lydia: Heute will ich zu dir kommen. Gottesdienste, die Kinder trösten und ermutigen, Stuttgart, Junge Gemeinde Verlag, 1994.
Solter, Aletha: Wüten, toben traurig sein. Starke Gefühle bei Kindern, München, Kösel Verlag, 7. Aufl., 2001.

3.2.2 Sich Herausforderungen stellen und Gefühle äußern

Brownjohn, Emma: Zittern. Bibbern. Schüchtern sein. Angst kennt jeder. Groß und klein, Stuttgart, Gabriel Verlag, 2007.
Hille, Astrid/Schäfer, Dina: Meine Welt der Gefühle. Entdecken und Begreifen, Freiburg, Velber Verlag, 2004.
Korschunow, Irina: Wuschelbär, München, dtv junior, 19. Aufl., 2007.
Korschunow, Irina: Wuschelbär hat keine Lust, München, dtv junior, 2000.
Manske, Christa/Löffel, Heike: Ein Dino zeigt Gefühle. Fühlen. Empfinden. Wahrnehmen, Köln, Mebes und Noack Verlag, 1996.

3.2.3 Vom Starksein und Schwachsein

Korschunow, Irina: Der Findefuchs. Wie der kleine Fuchs eine Mutter bekam, Stuttgart, Thienemann Verlag, 1982.
Korschunow, Irina: Es muss auch kleine Riesen geben, München, dtv junior, 1997
Leaf, Munro: Ferdinand der Stier (gibt es auch als Musik CD), Zürich, Diogenes Verlag, 4. Aufl., 1993.
Pfister, Markus: Der Regenbogenfisch (mit MC), Zürich, NordSüd Verlag, 1999.
Ruck-Paquet, Gina: Der kleine König, Münster, Coppenrath Verlag, 1999.

Ruck-Paquet, Gina: Das kleine Einhorn. Eine Geschichte über Fremde und Freunde, Freiburg, Velber Verlag, 2006.

3.2.4 Konflikte und Streit gehören dazu

Bolliger, Max: Die Kinderbrücke, Zürich, Bohem Press, 1999.
Bröger, Achim: Gefühle machen stark. Geschichten von Mut, Selbstbewusstsein und Versöhnung, Würzburg, Arena-Verlag, 2008.
Geisler, Dagmar: Streiten gehört dazu, auch wenn man sich liebhat, Ravensburg, Ravensburger Buchverlag, 1996.
Moost, Nele: Ich bin der Rabe Socke. Drei Bilderbuch-Geschichten, Esslingen, Esslinger Verlag Schreiber, 2006. (1.: Alles Meins! 2. Macht nix! oder: Das kann jedem mal passieren. 3. Alles erlaubt? Immer brav sein schafft keiner!)
Moost, Nele: Alles verzankt! Und ruckzuck wieder vertragen, Esslingen, Esslinger Verlag Schreiber, 2003.
Weigelt, Udo: Alex wars's!, Zürich, NordSüd Verlag, 2002.

3.3 Biblische Geschichten und Märchen erzählen von Herausforderungen

3.3.1 Hintergründe

Grüsshaber, Alma (Hrsg.): Vom Mitmachen und Mutmachen. Kindergottesdienst mit 4- bis 7-Jährigen, Stuttgart, Verlag Junge Gemeinde, 2. Aufl., 1993.

3.3.2 Biblische Geschichten gegen die Angst

Eindrückliche Bilder der Kunstgeschichte sind zu finden in:
Oberthür, Rainer: Die Bibel für Kinder und alle im Haus, München, Kösel Verlag, 2004.

Bilderbuchempfehlung zu Jona:
Tonner, Sebastian: Rica erzählt: Jona und der Fisch, Lahr, Kaufmann Verlag, 2007.

Weitere biblische Geschichten zum Thema „Herausforderung":
Die Geschichte von Josef (1 Genesis 37 ff.)
Noach und seine Familie (Genesis 6–8)
Der Turmbau zu Babel (Genesis 11,1–9)
Die Gleichnisse Jesu: Der Feigenbaum (Lukas 13,6–9)
Vom Senfkorn (Markus 4,30–32)
Heilung des Gelähmten (Markus 2,1–12),
Bartimäus kann wieder sehen (Lukas 18,35–43)
Alle werden satt – Die Speisung der 5000 (Matthäus 14,13–21)

3.3.3 Ausgrenzung überwinden – Freundschaft erleben

Tonner, Sebastian: Rica erzählt: Jesus und Zachäus, Lahr, Kaufmann Verlag, 2006.
Einige Spiellieder dazu finden sich in:
Krenzer, Rolf: Das große Liederbuch. 135 religiöse Lieder für Kindergarten, Schule und Gottesdienst, Limburg, Lahn-Verlag, 3. Aufl., 1993.

3.3.4 Märchen und Legenden erzählen von Herausforderungen

Sehr schöne Bilder der Malerin Barbara Bedrischka-Bös, die verschiedene Szenen der Märchen auf einer Doppelseite abbilden, finden sich in:

Meine wunderbare Märchenwelt. Die 20 schönsten Märchen der Brüder Grimm, Freiburg, Kerle Verlag Herder, 11. Aufl., 2007.

Janosch: Das Apfelmännchen, Zürich, NordSüd Verlag, 15. Aufl., 2004.
Jehle, Frank: Das kleine Legendenbuch, Lahr, Kaufmann Verlag, 1983; 2. Aufl.: Zürich, Benziger Verlag, 1985.
Jooß, Erich: Der Meister, der Träume schicken konnte. Das Buch der Heiligenlegenden, Freiburg, Herder Verlag, 2000.
Kaiser, Heidi (Hrsg.): Das große Kinderbuch von Himmel und Erde, Wien, Annette Betz Verlag, 1993.
Schindler, Regine: Christophorus. Religion für kleine Leute, Lahr, Kaufmann Verlag, 1985.

3. 4 Abschied und Übergänge bedenken

Grollmann, Earl A.: Mit Kindern über den Tod sprechen, Neukirchen-Vluyn, Aussaat Verlag, 3. Aufl., 2000.

3.4.2 Dem Tod begegnen

Abedi, Isabel: Abschied von Opa Elefant, Hamburg, Ellermann Verlag, 2006.
Olbrich, Hiltrud: Abschied von Tante Sophia, Lahr, Kaufmann Verlag, 2. Aufl., 2003.
Schneider, Antonie: Leb wohl Chaja, Zürich, NordSüd Verlag, 1997.
Weigelt, Udo: Der Alte Bär muss Abschied nehmen, Zürich, NordSüd Verlag, 2003.

3.4.3 Bilder und Symbole fordern heraus

Abedi, Isabel: Das 99. Schaf reist um die ganze Welt, München, ars Edition, 2005.
Bihler, Elsbeth: Kindergottesdienste mit Symbolen. Bausteine fürs Kirchenjahr, Limburg, Lahn-Verlag, 2006.
Mix, Margarete/Rödding, Max: Symbole im Kindergarten verstehen und gestalten. Ein Praxisbuch für die religiöse Früherziehung der 3- bis 7-Jährigen, Gütersloh, Gütersloher Verlagshaus, 2. Aufl., 2001.

3.5 Eltern*mit*arbeit

Horst, Christof/Kunze, Petra/Maaß-Keibe, Erika/Mazzolla, Rudolf/Raulfs, Regina: Der Elternkurs. KESS. Kooperativ, ermutigend, sozial, situationsorientiert erziehen. Wege zu einem entspannten und liebevollen Erziehungsstil, München, Knaur Ratgeber Verlage, 2005.
Aufsätze zu Erziehungsfragen publiziert unter: www.familienhandbuch-online.de
Weitere Informationen publiziert unter: www.kindergartenpaedagogik.de

3.6 Vernetzungen und Bezüge

Allgemein:
www.religion-online.info/islam

Tod und Bestattung im Islam:
www.sankt-georgen.de: Krankheit, Leiden und Tod im islamischen Denken

4 Werte geben Orientierung im Alltag

Ein Artikel zum Thema findet sich auch in: www.familienhandbuch.de.

Krenz, Armin: Werteentwicklung in der frühkindlichen Bildung und Erziehung, Berlin, Cornelsen Verlag Scriptor, 2007.
Krenz, Armin: Wie Kinder Werte erfahren. Wertevermittlung und Umgangskultur in der Elementarpädagogik, Freiburg, Herder, 2002.
Miller, Jamie: Mit Kindern Werte entdecken. Spiele und Ideen, Freiburg, Herder, 2000.
Stöcklin-Meier, Susanne: Was im Leben wirklich zählt. Mit Kindern Werte entdecken, München, Kösel, 9. Aufl., 2007.

4.1 Bildungsperspektiven für Kindergarten und Schule

Fthenakis, Wassilios E. (Hrsg.): Der Bayerische Bildungs- und Erziehungsplan für Kinder in Tageseinrichtungen bis zur Einschulung, Weinheim, Beltz Verlag, 2006.
Sekretariat der Deutschen Bischofskonferenz (Hrsg.): Kirchliche Richtlinien zu Bildungsstandards für den katholischen Religionsunterricht in der Grundschule/Primarstufe. Die deutschen Bischöfe 85, Bonn, 24. April 2006, online unter Pressestelle der Deutschen Bischofskonferenz: http://www.dbk.de

4.2 Werte und Werthaltungen unterstützen ein gutes Miteinander

www.freiheit-in-grenzen.org
www.familienhandbuch.de des Staatsinstitutes Frühpädagogik (IFS) zur religiösen und moralischen Entwicklung
Winterhoff, Michael: Warum unsere Kinder zu Tyrannen werden, Gütersloh, Gütersloher Verlagshaus, 2008.

4.2.2 Ein Werteklima schaffen – Gemeinsam erleben, was wertvoll ist

Janosch: Komm, wir finden einen Schatz. Die Geschichte, wie der kleine Bär und der kleine Tiger das Glück der Erde suchen, Weinheim Beltz Verlag, 1979.
Kindersley, Barnabas und Anabel/Unicef: Kinder aus aller Welt, Loewe Verlag, Bindlach 1996.
Scheffler,Ursel/Timm, Jutta: UPPS, benimm dich! Das vergnügte Benimmbuch für Kinder, München, ars edition, 2004.
Weiss, Ruth/de Smidt, Graham: Feresia (in Verbindung mit der Welthungerhilfe): Ein Mädchen aus Simbabwe erzählt, Wuppertal, Peter Hammer Verlag, 1998.
Weiss, Ruth/de Smidt, Graham: Komm mit nach Timia. Unser Leben im Sahel, Wuppertal, Peter Hammer Verlag, 1998.
Weiss, Ruth/de Smidt, Graham: ZwaZulu. Ein Mädchen aus Südafrika erzählt, Wuppertal, Peter Hammer Verlag, 1998.
Weiss, Ruth/de Smidt, Graham: Arhuco: Ein Indio-Junge erzählt, Wuppertal, Peter Hammer Verlag, 1998.

Unter www.kinderkirche.de/Themen finden sich auch ausgearbeitete Entwürfe und Hinweise.

4.2.3 Werthaltungen erfahren und einüben

Bröger, Achim: Leonie hält zu David. Geschichten vom Helfen und Freundlich-Sein, Edition Bücherbär, Würzburg, Arena Verlag, 2005.

Pfister, Marcus: Regenbogenfisch, komm hilf mir!, Zürich, NordSüd Verlag, 1995.

Preußler, Otfried: Die kleine Hexe, Stuttgart, Thienemann Verlag, 1957.

Schneider, Antonie: Sankt Martin und der kleine Bär, Zürich, NordSüd Verlag, 2000.

4.2.4 Werte sind sinnvoll und geben Sinn

Juul, Jesper: Aus Erziehung wird Beziehung, Freiburg, Herder TB, 5. Aufl. 2008.

Reider, Katja: Versöhnungsgeschichten, die Kindern helfen, Bindlach, Loewe Verlag, 2003.

4.3 Biblische Geschichten und andere Geschichten beinhalten Werte

4.3.1 Hintergründe

Esser, Wolfgang/Kothen, Susanne: Die Seele befreien. Spiritualität für Kinder. Ein Praxisbuch, München, Kösel, 2005.

Jehle, Frank: Das Kleine Legendenbuch, Lahr, Benziger/Kaufmann, 2. Aufl. 1985.

Kasuya, Massahiro: Martin, der Schuster, nach einer Legende von Leo Tolstoi, Wittig, Friedrich Verlag, 10. Aufl., 1990.

Tonner, Sebastian: Sankt Martin, Lahr, Ernst Kaufmann Verlag, 2005.

Tonner, Sebastian: Rica erzählt: Nikolaus und das Kornwunder, Lahr, Kaufmann Verlag, 2006.

4.3.2 Märchen als Wertegeschichten

Gebrüder Grimm: Der gestiefelte Kater, Zürich, NordSüd Verlag, 1996.

Gebrüder Grimm: Die Sterntaler: Ein Märchen der Brüder Grimm, Ravensburg, Otto Maier Verlag, 1986.

Kahn, Walter (Hrsg.): Das große UNICEF-Märchenbuch, München, Ellermann Verlag, 1996.

Mönckeberg-Kollmar, Vilma/Betz, Felicitas: Die Märchentruhe, München, Ellermann Verlag, 1997.

Stöcklin-Meier, Susanne: Von der Weisheit der Märchen. Kinder entdecken Werte mit Märchen und Geschichten, München, Kösel Verlag, 2008.

4.4 Eltern*mit*arbeit

Schneewind, Klaus: Freiheit in Grenzen, online publiziert unter: www.freiheit-in-grenzen.org.

Schneewind, Klaus: So bekommen Sie ihre Erziehung in den Griff. Was ist eigentlich gute Erziehung? In: Psychologie heute, Beltz Verlag, Juli 2008, unter: www.psychologie-heute.de als DVD oder CD-ROM, 6–10 Euro, plus Versand.

5 Die Natur als Gottes gute Schöpfung erleben

5.1 Bildungsperspektiven für Kindertagesstätten und Schule

Sekretariat der Deutschen Bischofskonferenz (Hrsg.): Kirchliche Richtlinien zu Bildungsstandards für den katholischen Religionsunterricht in der Grundschule/Primarstufe. Die deutschen Bischöfe 85, Bonn, 24. April 2006, online unter Pressestelle der Deutschen Bischofskonferenz http://www.dbk.de.

5.2 Die Natur ist Gottes gute Schöpfung

5.2.1 Hintergründe

Sekretariat der Deutschen Bischofskonferenz (Hrsg.): Handeln für die Zukunft der Schöpfung. Die deutschen Bischöfe. Kommission für gesellschaftliche und soziale Fragen 19, Bonn, 22. Oktober 1998, online unter Pressestelle der Deutschen Bischofskonferenz http://www.dbk.de.

5.2.2 Die Schöpfung ist das gute Werk Gottes

Oberthür, Rainer: Die Bibel für Kinder und alle im Haus, München, Kösel Verlag, 5. Aufl., 2007.

5.2.3 Wir sind eine große Schöpfungsfamilie.

Textversion des Sonnengesangs des Heiligen Franziskus aus:
Religionspädagogische Praxis, Heft 2: Schauen, hören, kosten, wie gut unser Herr ist, 9. Jahrgang, 1984, Landshut, Verlag Religionspädagogische Arbeitshilfen (RPA), S. 33–38, Bestelladresse: http://www.rpa-verlag.de.
Eine weitere Textversion ist in:
Weidinger, Norbert: Meine schönsten Gebete. Kinder sprechen mit Gott, Augsburg, Weltbild Buchverlag, 9. Aufl., 2007, S. 140–143.
Eine deutsche Übersetzung der zehn Strophen des Originaltextes findet sich online unter: Deutsche Franziskaner. Provinzialat der Kölnischen Franziskanerprovinz: http://www.franziskaner.de (letzter Zugriff: 31.03.2008).

5.3 Was wir essen, schenkt uns Gott.

5.3.2 Das Tischgebet

Weidinger, Norbert: Meine schönsten Gebete. Kinder sprechen mit Gott, Augsburg, Weltbild Buchverlag, 9. Aufl., 2007, S. 28–35.

6 Gemeinsam Stille und Gebet entdecken

6.1 Bildungsperspektiven für Kindertagesstätten und Schule

Sekretariat der Deutschen Bischofskonferenz (Hrsg.): Kirchliche Richtlinien zu Bildungsstandards für den katholischen Religionsunterricht in der Grundschule/Primarstufe. Die deutschen Bischöfe 85, Bonn, 24. April 2006, online unter Pressestelle der Deutschen Bischofskonferenz http://www.dbk.de.

6.2 Gemeinsam Stille entdecken

Maschwitz, Gerda und Rüdiger: Gemeinsam Stille entdecken. Wege zur Achtsamkeit – Rituale und Übungen, München, Kösel Verlag, 2004.

Küstenmacher, Marion/Louis, Hildegard: Mystik für Kinder. Kreative Anregungen und Übungen, München, Kösel Verlag, 2005.

6.2.3 Fantasiereisen

Maschwitz, Rüdiger: Fantasiereisen, in: Ganzheitliche Methoden im Religionsunterricht, hrsg. von Ludwig Rendle, München, Kösel Verlag, 2007.
Maschwitz, Gerda und Rüdiger: Phantasiereisen zum Sinn des Lebens, München, Kösel Verlag, 2006.

6.2.4 Mandalas entdecken

Modelle zur religionspädagogischen Arbeit mit Mandalas:
Religionspädagogische Praxis, Heft 2: Welt entdecken – deuten, 20. Jahrgang, 1995, Landshut, Verlag Religionspädagogische Arbeitshilfen, Bestelladresse http://rpa-verlag.de.

6.3 Gemeinsam beten

6.3.1 Hintergründe

Reinders, Angela: Kinder können beten, in: Fthenakis, Wassilios E./Textor, Martin R. (Hrsg.): Online-Familienhandbuch. http://www.familienhandbuch.de/cms/Erziehungsbereiche-beten.pdf (letzter Zugriff: 1. März 2008).
Weidinger, Norbert: Meine schönsten Gebete. Kinder sprechen mit Gott, Augsburg, Weltbild Buchverlag, 9. Aufl., 2007.

7 Kirchliche Feste und Feiern im Jahreskreis

7.3 Weihnachten

7.3.1 Hintergründe

Ufertinger, Volker: Warum feiern wir Weihnachten? München, Deutsche Verlags-Anstalt, 2. Aufl., 2005.

7.3.2 Advent

Das Bistum Essen gibt jedes Jahr einen Impulskalender für die Advents- und Weihnachtszeit mit Kindern heraus mit vielen Ideen und Anstößen zur Adventszeit.
Bestellung und Auslieferung unter Bonifatiuswerk der deutschen Katholiken: http://www.bonifatius.de/advent oder Deutscher Katecheten Verein: http://www.katecheten-verein.de.
Auch der Adventskranz kann mit den Kindern gemeinsam gestaltet werden; ein Modell in: Religionspädagogische Praxis, Heft 4: Adventliche Zeichen, 8. Jahrgang, 1983, Landshut, Verlag Religionspädagogische Arbeitshilfen, S. 8–14, Bestelladresse: http://www.rpa-verlag.de.

7.4 Feste der Heiligen

7.4.1 Hintergründe

Becker-Huberti, Manfred: http://www.heilige.de.
Joos, Erich/Seelig, Renate: Der Meister, der Träume schicken konnte. Das Buch der Heiligenlegenden, Freiburg im Breisgau, Herder, 2007.
Schäfer, Joachim (Hrsg.): Ökumenisches Heiligenlexikon: http://www.heiligenlexikon.de.

7.4.2 Nikolaus von Myra (6. Dezember)

Becker-Huberti, Manfred: http://www.nikolaus-von-myra.de.
Bonifatiuswerk der deutschen Katholiken (Hrsg.): Achtung, Weihnachtsmannfreie Zone! Legenden, Lieder, Geschichten und Anregungen zu St. Nikolaus, Paderborn, 2004, Bestelladresse: http://www.bonifatiuswerk.de.
Bonifatiuswerk der deutschen Katholiken (Hrsg.): St. Nikolaus. Geschichten und Lieder vom Schenken, Paderborn, 2002, Bestelladresse: http://www.bonifatiuswerk.de.
Religionspädagogische Praxis, Heft 3: Gottes Liebe spüren lassen. Legenden vom Hl. Nikolaus. Deutung und Feier, 26. Jahrgang, 2001, Landshut, Verlag Religionspädagogische Arbeitshilfen, Bestelladresse: http://www.rpa-verlag.de.

7.4.3 Martin von Tours (11. November)

Legenden, Brauchtümer, Lieder, Lexikon:
Becker-Huberti, Manfred: http://www.martin-von-tours.de.
Tonner, Sebastian: Sankt Martin, Lahr, Kaufmann-Verlag, 2007.

8 Feiern, Feste und Rituale im Leben des Kindes und der Gruppe

8.1 Bildungsperspektiven für Kindertagesstätte und Schule

Sekretariat der Deutschen Bischofskonferenz (Hrsg.): Kirchliche Richtlinien zu Bildungsstandard für den katholischen Religionsunterricht in der Grundschule/Primarstufe. Die deutschen Bischöfe 85, Bonn, 24. April 2006, online unter Pressestelle der Deutschen Bischofskonferenz http://www.dbk.de.

8.2 Feiern, Feste und Rituale im Leben des Kindes

8.2.2 Geburtstag feiern

Güntner, Diana: Segensfeiern mit Kindern. Vorschläge für Kindergarten und Gemeinde, Freiburg im Breisgau, Herder Verlag, 2005.

8.2.3 Dank feiern

Anregungen für eine Segensfeier anlässlich der Geburt eines Geschwisterkindes finden sich in:
Güntner, Diana: Segensfeiern mit Kindern. Vorschläge für Kindergarten und Gemeinde, Freiburg im Breisgau, Herder Verlag, 2005, S. 86–97.

8.2.6 Abschied nehmen: Trauerrituale

Religionspädagogische Praxis, Heft 3: Abschied nehmen, 32. Jahrgang 2007, Landshut, Verlag Religionspädagogische Arbeitshilfen, Bestelladresse: http://www.rpa-verlag.de.
Nilsson, Ulf/Eriksson, Eva: Die besten Beerdigungen der Welt, Frankfurt a. M., Moritz-Verlag, 2006.

8.2.7 Taufe feiern

Bischofskonferenzen Deutschlands, Österreichs und der Schweiz und des Bischofs von Luxemburg (Hrsg.): Die Feier der Kindertaufe in den katholischen Bistümern des deutschen Sprachgebiets, 2. authentische Ausgabe auf der Grundlage der Editio typica altera 1973, Freiburg im Breisgau, Herder Verlag, 2007.

9.3 Liedtexte

Vgl. 5.3.2 Tischgebet, 8.2.3 Dank feiern, 8.3.2 Gruppenfest, 8.3.5 Trauerrituale
Für all das woll'n wir Danke sagen

Text und Melodie: Franz Kett

Vgl. 5.3.2 Tischgebet
Jedes Tierlein hat sein Essen

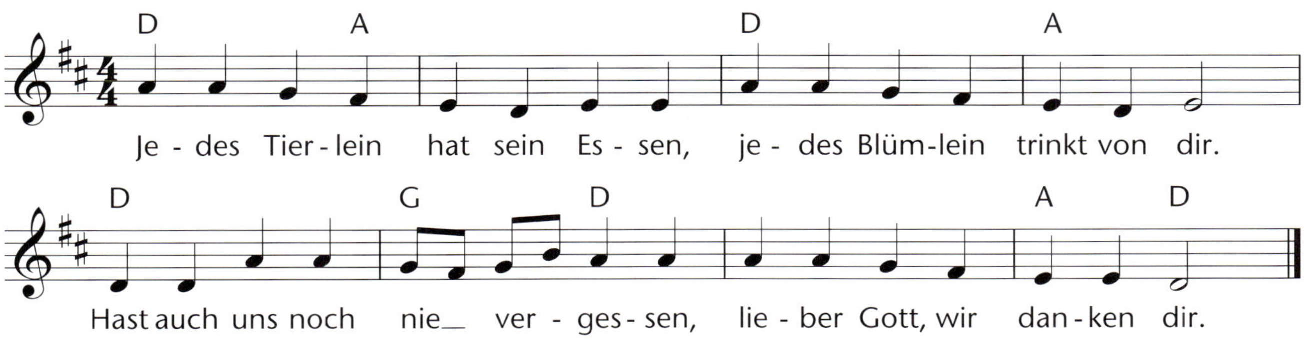

Text: überliefert
Melodie: Christian Lahusen

Vgl. 5.3.2 Tischgebet
Segne, Vater, diese Speise

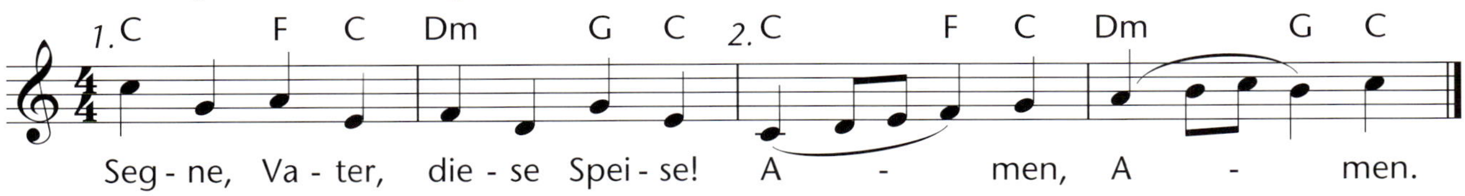

Text: mündlich überliefert (frei)
Melodie: Herbert Beuerle

Vgl. 5.3.2 Tischgebet
Für Speis und Trank – Kanon für vier Stimmen

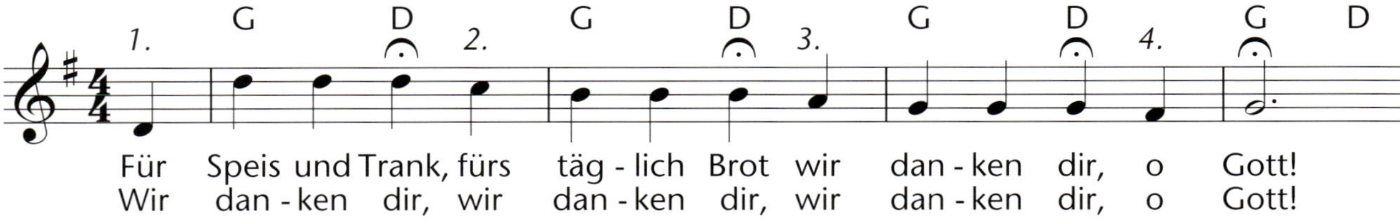

Text: mündlich überliefert
Melodie: Aus den Niederlanden

Vgl. 5.4.3 Heilkräuter als religiöses Symbol erfahren
Heile, heile Segen

Text und Melodie: Traditionell

Vgl. 5.4.2 Baum als religiöses Symbol erfahren
Wir gehen aus dem Haus heraus

2. Wir finden einen großen Baum und staunen über ihn.
wir stehen hier Hand in Hand und schauen zu ihm hin.
Wie ist er groß und bunt,

wie ist er schön und hell,
wie ist er stark und fest,
wie ist er … und …
Wir finden einen großen Baum und staunen über ihn.
Wir stehen hier Hand in Hand und schauen zu ihm hin.

Da gibt es viele Fragen:
Woher kommt seine Schönheit?
Wer hat sich's ausgedacht?
Woher kommt seine Größe?
Wer hat sich's ausgedacht?
Woher kommt seine Stärke?
… Lebenskraft?
… ?
Wir finden einen großen Baum und staunen über ihn.
Wor stehen hier Hand in Hand und schauen zu ihm hin.

3. Vom Samenkorn zum großen Baum, ein Wunder sehen wir.
So klein, so groß, voll Lebenskraft, das Leben wirkt und schafft.
Im Samen steckt das Leben,
im Samen steckt die Kraft.
Vom Samenkorn zum großen Baum, ein Wunder sehen wir.
So klein, so groß, voll Lebenskraft, das Leben wirkt und schafft.

Da gibt es viele Fragen:
Wer schenkt die Lebenskraft?
Wer hat sich's ausgedacht?
Wer wirkt das große Wunder?
Wer hat sich's ausgedacht?

Vom Samenkorn zum großen Baum, ein Wunder sehen wir.
So klein, so groß, voll Lebenskraft, das Leben wirkt und schafft.

4. In allem, was wir wachsen seh'n, lebt Gottes große Kraft.
Du guter Gott, wir loben dich, wir freuen uns mit dir.
Du schenkst die Lebenskraft –
du hast dir's ausgedacht.
Du schenkst das große Wunder –
du hast dir's ausgedacht.

In allem, was wir wachsen seh'n, lebt Gottes große Kraft.
Du großer Gott, wir loben dich, wir freuen uns mit dir.
(Zur Melodie von „Du schenkst die Lebenskraft“)
Wir danken dir dafür,
für deine Lebenskraft.
Wir danken dir dafür,
für …

Text und Melodie: Diana Güntner

Vgl. 6.3.3 Morgengebet
Wenn die Sonne aufsteigt

Text und Melodie: Diana Güntner

Vgl. 6.3.4 Mit Liedern und Tänzen beten, 8.2.3 Dank feiern, 8.2.7 Taufe feiern
Lasst uns miteinander – Kanon für vier Stimmen

Text und Melodie: mündlich überliefert

Vgl. 6.3.4 Mit Liedern und Tänzen beten
Wo zwei oder drei – Kanon für zwei Stimmen

Text: Matthäus 18,20
Melodie: Kommunität Gnadenthal

Vgl. 6.3.4 Mit Liedern und Tänzen beten
Magnificat – Kanon für vier Stimmen

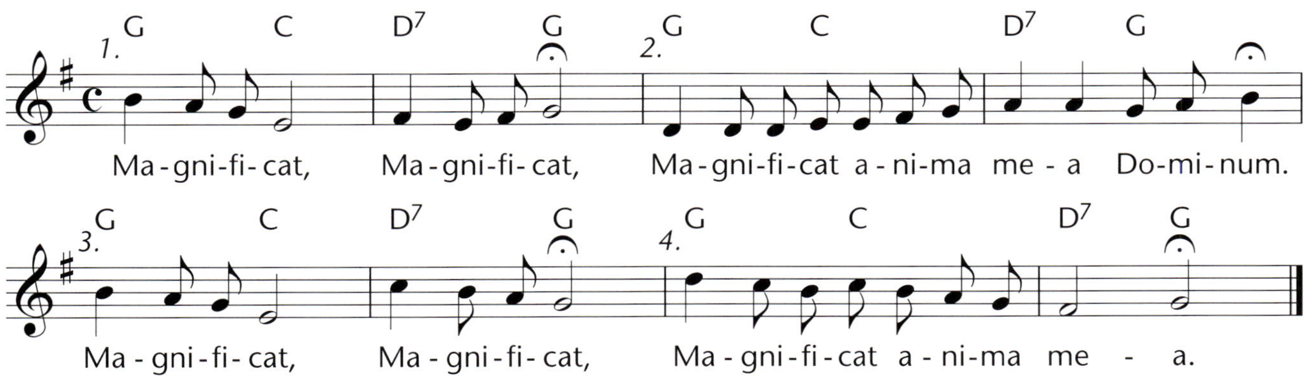

Text: Liturgie (frei)
Melodie: Jacques Berthier

Vgl. 6.3.4 Mit Liedern und Tänzen beten
Lobet und preiset, ihr Völker – Kanon für drei Stimmen

Text: nach Psalm 67,4-6
Melodie: mündlich überliefert

Vgl. 6.3.4 Mit Liedern und Tänzen beten, 8.2.7 Taufe feiern
Wir singen alle Hallelu

2. Wir tanzen alle Hallelu, …
3. Wir klatschen alle Hallelu, …
4. Wir stampfen alle Hallelu, …
5. Wir schnalzen alle Hallelu, …
6. Wir patschen alle Hallelu, …
7. Wir pfeifen alle Hallelu, …

Text: Rolf Krenzer
Melodie: aus Finnland (frei)

Vgl. 6.3.2 Vaterunser
Wenn ich Vater sage, denk ich an ein Haus

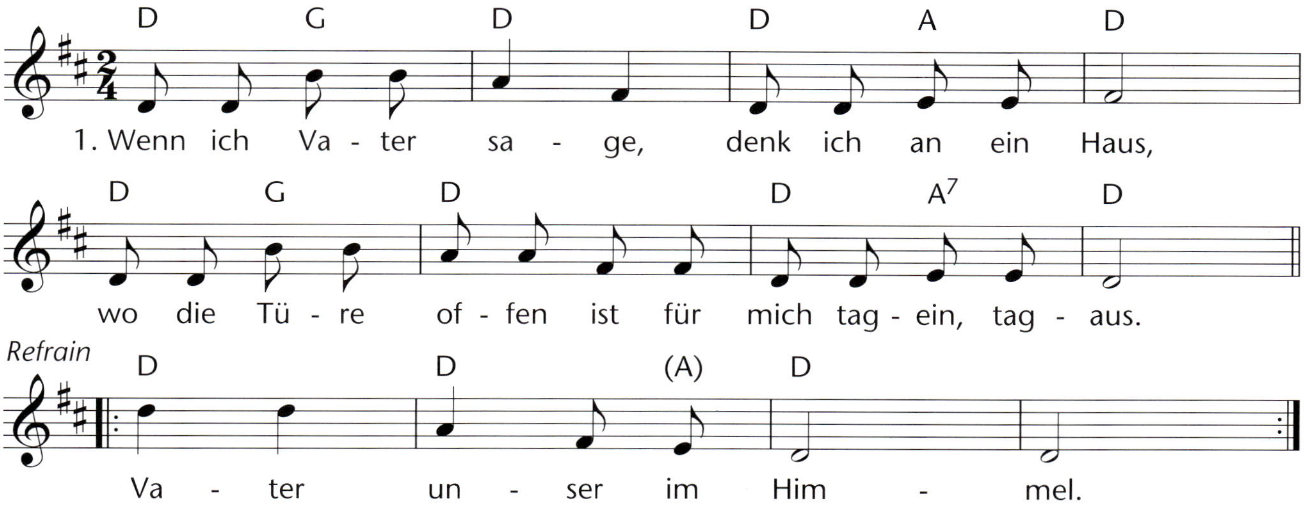

2. Wenn ich Vater sage, denk ich an ein Licht,
das mich wärmt, mir leuchtet, dass ich mich nicht fürcht.
3. Wenn ich Vater sage, denke ich an Brot;
Brot, das mir gereicht wird gegen alle Not.
4. Wenn ich Vater sage, dank ich an die Hand,
die mich führt und leitet und umschließet ganz.
5. Wenn ich Vater sage, denk an Liebe ich,
Liebe, die umarmt und mich nicht vergisst.
6. Wenn ich Vater sage, denke ich an Dich,
Vater, Du im Himmel, ja, Dein Kind bin ich.

Text: Hanni Neubauer
Melodie: Frank Kett

Vgl. 7.2.3 Ostersonntag
Das ist der Tag, den Gott gemacht

Text: nach Heinrich Bone, 1851
Melodie: nach Johannes Leisentrit, 1567

Vgl. 7.2.4 Pfingsten, 8.2.6 Trauerrituale
Gottes Kraft geht alle Wege mit

Text: Alfred Delp (frei)
Melodie: Franz-Reinhard Daffner

Vgl. 5.3.3 Erntedank, 7.2.3 Ostersonntag, 8.2.7 Taufe feiern, 8.3.2 Gruppenfest
Gottes Liebe ist so wunderbar

2. Gottes Güte ist so wunderbar, …
3. Gottes Treue ist so wunderbar, …
4. Gottes Gnade ist so wunderbar, …
5. Gottes Hilfe ist so wunderbar, …
6. …

Text: unbekannt
Melodie: nach einem Spiritual

Vgl. 7.2.3 Karfreitag

Wir preisen deinen Tod – Kanon zu zwei Stimmen (Tu als connu la mort)

Text: Diethard Zils

Melodie: Michel Ambroise Wackenheim

Vgl. 7.4.3 Martin

Sankt Martin, Sankt Martin

2. Im Schnee saß, im Schnee saß,
im Schnee, da saß ein armer Mann,
hatt Kleider nicht, hat Lumpen an:
„O helft mir doch in meiner Not,
sonst ist der bittre Frost mein Tod!“

3. Sankt Martin, Sankt Martin,
Sankt Martin zieht die Zügel an,
das Ross steht still beim armen Mann.
Sankt Martin mit dem Schwerte teilt
den warmen Mantel unverweilt.

4. Sankt Martin, Sankt Martin,
Sankt Martin gibt den halben still,
der Bettler rasch ihm danken will.
Sankt Martin aber ritt in Eil
hinweg mit seinem Mantelteil.

5. Sankt Martin, Sankt Martin
Sankt Martin liegt in tiefem Traum
da tritt der Bettler in den Raum.
Sankt Martin sieht ein helles Licht,
der Bettler zu Sankt Martin spricht.

6. Sankt Martin, Sankt Martin,
Sankt Martin hört des Bettlers Wort,
ich komm von einem anderen Ort.
Ich komm' vom hohen Himmelszelt,
ich bin der Herr von dieser Welt.

Text (Strophe 1–4) und Melodie: aus dem Rheinland
Text (Strophe 5–6): unbekannt

Vgl. 8.2.5 Abschied feiern
Herr, gib uns deinen Frieden – Kanon für vier Stimmen

Text: Liturgie (frei)/Wolfgang Poeplau
Melodie: Ludger Edelkötter

Vgl. 8.2.2 Geburtstag feiern, 8.2.5 Abschied feiern, 8.3.4 Vorschulkinder verabschieden, 8.3.5 Trauerrituale
Segen sei mit dir (Kanon)

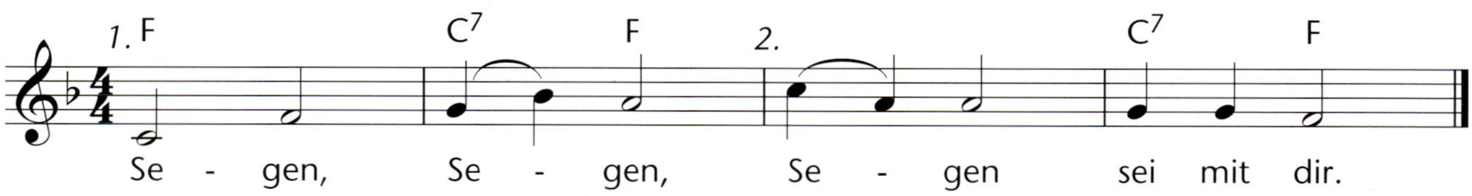

Text und Melodie: überliefert

Vgl. 8.2.3 Dank feiern, 8.2.7 Taufe feiern
Wir fangen an fröhlich zu sein

Text: Rolf Krenzer
Melodie: Detlev Jöcker

Vgl. 8.2.2 Geburtstag feiern, 8.2.3 Dank feiern
Martin! Gott kennt deinen Namen

Text und Melodie: Franz Kett

Vgl. 8.2.2 Geburtstag feiern, 8.3.5 Trauerritual
Ich fass' dich golden ein

Text und Melodie: Thomas Brunnhuber

Vgl. 8.2.3 Dank feiern
Ich bin da

2. Ich bin da, ich bin da, ich bin da, das ist wahr.
   Mit dem Kopfe, mit den Füßen, mit den Händen zu begrüßen.
   Mit dem Herzen bin ich da, einfach da, das ist wahr.
3. Ich bin da, ich bin da, ich bin da, das ist wahr.
   Um zu hören, um zu sehen, um zu riechen, um zu schmecken.
   Um zu rufen, ich bin da, einfach da, das ist wahr.

Text und Melodie: Hanni Neubauer

Vgl. 8.2.4 Willkommen feiern, 8.3.2 Gruppenfest, 8.3.3 Jahr beginnen
Hallo, hallo! Schön, dass du da bist

2. Lasst uns den Tag beginnen, indem wir uns besinnen
auf all die guten Gaben, die wir empfangen haben.
Capo III, dann: – II: D | – | e A | D | – | – | e A | D :|| ||: – | – | – | A | D : ||

Text und Melodie: Andreas Hantke

Vgl. 8.3.4 Vorschulkinder verabschieden
Heut ist ein Tag, an dem ich singen kann

2. … lachen
3. … klatschen
4. … rennen
5. … schnarchen
6. … flöten

Text: Lore Kleikamp
Melodie: Detlev Jöcker

Vgl. 8.2.5 Abschied feiern
Fürchte dich nicht

2. Bist du auch schwach, voller Fehler gar sehr – Gott ist immer bei dir.
   Ist es auch dunkel rings um dich her – Gott ist immer bei dir.
3. Ist weit der Weg und auch voller Gefahr – Gott ist immer bei dir.
   Und hast verirrt auf dem Wege dich gar – Gott ist immer bei dir.

Text: Hanni Neubauer
Melodie: Klaus Gräske

Vgl. 8.2.5 Abschied feiern, 8.3.4 Vorschulkinder verabschieden, 8.3.5 Trauerrituale
Möge der Segen Gottes mit dir sein

2. Möge die Hoffnung Gottes mit dir sein.
   Möge die Hoffnung Gottes in dir wohnen. ...
3. Möge die Liebe Gottes mit dir sein. ...
4. Möge der Friede Gottes mit dir sein. ...
5. Möge der Himmel Gottes mit dir sein. ...

Text und Melodie: Detlev Jöcher

Vgl. 5.4.3 Heilkräuter als religiöses Symbol erfahren
In Gottes Garten wächst eine kleine Blume

Strophen

2. Arnika und Ringelblumen, Thymian und Salbei, Petersiel und Baldrian, Kamille und Melisse.
3. Guter Gott wir danken dir, du lässt uns nicht allein, guter Gott wir danken dir, du schenkst uns Kraft und Heil.

Text und Melodie: Diana Güntner

9.4 Kopiervorlagen

Vaterunser-Mandala zum Ausmalen

Schöpfungsmandala zum Ausmalen

Bastelschablone für den Gebetswürfel

Papierblumen (s. Kapitel 6.3.3 Gemeinsames Morgengebet, S. 191)

Kreuz mit Tier- und Naturmotiven zum Ausmalen

Bildquellenverzeichnis

akg-images/Pietro Baguzzi: S. 211; Bildungsverlag EINS, Troisdorf/Christian Schlüter, Essen: S. 11, 67; Bildungsverlag EINS, Troisdorf/Susanne von Poblotzki, Düsseldorf: S. 49 (unten), 50, 60, 73, 89, 129, 133, 135, 136, 150 (unten), 151, 160 (oben), 167, 180, 187, 188, 189 (oben), 191, 192, 193, 194, 195, 209, 210 (oben), 216.2, 216.3, 216.4, 224, 225, 226, 229, 230, 244, 245, 250, 253 (unten), 302, 303, 304, 305, 306; bpk/ Bayerische Staatsgemäldesammlungen: S. 94; © Fotolia.com: S. 27 (Anatoly Tiplyashin), 29 (Sandy Schulze), 31, 32, 243 (Pavel Losevsky), 40 (oben) (Bernd Kröger), 51 (Dawn), 75, 80 (Grischa Georgiew), 101 (henryart), 115 (Swifter), 120 (Carla Marcellini), 121 (Kate Shephard), 123 (oben) (Angela), 123 (unten) (theres), 148 (oben) (luc martin), 148 (unten) (Galina Barskaya), 149 (oben) (Wolfgang Kloehr), 150 (oben) (Erika Walsh), 155 (Renata Osinska), 162.1 (Rebel), 162.2 (Carmen Steiner), 162.3 (LP47), 162.4 (Baloncici), 164 (Mat Hayward), 166 (Papirazzi), 169 (Marion Neuhauß), 170 (Christian Stoll), 175 (Lucky Dragon), 178 (picturemakers), 179 (Wladimir Tolstich), 181 (Sunlove), 183 (crimson), 184 (oben) (Akova), 184 (unten) (pics), 189 (unten) (Kwest), 196 (Elena Elisseeva), 197 (taekwondude), 199 (oben) (DXfoto.com), 199 (unten) (Daniel Tibi), 204 (Tramper2), 207 (Heino Pattschull), 210 (unten) (Jafeth Mariani), 220 (Edsweb), 238 (toufikbobo), 252 (Peter Vogel), 257 (sonya etchison), 263 (Activa), 271 (Steven Belanger); Ignatovic, Johanna, aus: Schupp/Ignatovic, Meine Kinderbibel, © Verlag Ernst Kaufmann, Lahr: S. 87; © KNA-Bild/Harald Oppitz: S. 39, 64, 65, 70, 159, 160 (unten), 201, 217, 228, 248; © KNA-Bild/Benedikt Plesker: S. 49 (oben), 231; © KNA-Bild/Nadine Loesaus: S. 62; © KNA-Bild/Markus Nowak: S. 78; © KNA-Bild/Wolfgang Radtke: S. 93, 107, 156, XX; mauritius images/ Brand X Pictures: Umschlag; mauritius images/Photri: S. 105; mauritius images/Nonstock: S. 142; mauritius images/Phototake: S. 239; mauritius images/John Curtis: S. 242; mauritius images/Dani Rodriguez: S. 247; mauritius images/imagebroker/Lothar Steiner: S. 265; MEV Verlag GmbH, Augsburg/digiphot: S. 149 (unten); Schmitt-Tonner, Cornelia/Seelbach: S. 12, 15, 17, 20, 36, 37, 40 (unten), 44, 45, 46, 47, 48, 53, 54, 55, 57, 59, 61, 72, 74, 85, 91, 95, 99, 100, 110, 113, 114, 122, 126, 128, 130, 141, 144, 145, 165, 253 (oben); ¡vamos! Deutschland GmbH, Ludwig-Thoma-Str. 12, 82205 Gilching, Tel. 08105-22193: S. 216.1

Kreativ und aktiv

Breyhan

Malen, Formen und Gestalten

Konzepte frühester ästhetischer Bildung

Bestell-Nr. **50290**

- bietet Konzepte zur Beschäftigung mit Farben, Formen und Materialien
- regt die Kinder an, frei zu experimentieren und sich selbstständig auszudrücken
- fördert differenziert die individuellen Fähigkeiten und Stärken der Kinder im Alter von drei bis sechs Jahren

Modrow-Artus
Hrsg.: Wehrmann

Bewegung, Rhythmik und Tanz

Kreative Bausteine für die Kita-Praxis

Bestell-Nr. **BV50095**

- ermöglicht Kindern zwischen drei und sechs Jahren, über Bewegung, Rhythmik und Tanz den eigenen Körper kennenzulernen
- unterstützt die gesunde Entwicklung der kleinen Persönlichkeiten
- enthält Anregungen für variantenreiche Bewegungsangebote